Dowman Geheimes, heiliges Tibet

Keith Dowman

Geheimes, heiliges Tibet

Ein Führer zu den Mysterien des verbotenen Landes

Aus dem Englischen von Eluan Ghazal

ATLANTIS

ATLANTIS wird herausgegeben von Hans Christian Meiser.

Die Originalausgabe erschien bei Thorsons,
a Division of HarperCollinsPublishers Ltd.
unter dem Titel *The Sacred Life of Tibet*

Gewidmet den Menschen Tibets und ihrer Freiheit

Die Deutsche Bibliothek – CIP-Einheitsaufnahme
Dowman, Keith:
Geheimes, heiliges Tibet : ein Führer zu den Mysterien des verbotenen Landes /
Keith Dowman.
Aus dem Engl. von Eluan Ghazal. – Kreuzlingen ; München : Hugendubel, 2000
(Atlantis)
Einheitssacht.: The sacred life of Tibet <dt.>
ISBN 3-7205-2134-6

Umschlaggestaltung: Zembsch' Werkstatt, München
Produktion: Maximiliane Seidl
Satz: EDV-Fotosatz Huber/Verlagsservice G. Pfeifer, Germering
Druck und Bindung: Druckerei Huber, Dießen
Printed in Germany

ISBN 3-7205-2134-6

INHALT

EINLEITUNG

Vorwort

Das sakrale Leben Tibets entfaltet sich im sakralen Raum des tibetischen Buddhismus. Und dies ist eine transformierte Landschaft, die von Göttern und Dämonen, von Buddhas und Bodhisattvas, von Yogis und Magiern bewohnt ist. Es ist ein Raum, der vom profanen politischen und sozialen Raum des kommunistischen Tibet, aber auch von unserem normalen Alltagsbewusstsein vollkommen getrennt ist.

Der erste Teil dieses Buches beschreibt verschiedene visionäre Perspektiven dieses sakralen Raumes und erklärt, wie diese Visionen die tibetische Landschaft transformieren. Im zweiten Teil werden die buddhistischen Orden Tibets vorgestellt – zusammen mit einer historischen Übersicht, in der die wichtigsten menschlichen Gestalten im mystischen Drama einer Jahrhunderte alten Geschichte auftreten. Der dritte Teil zeigt einige der göttlichen Gestalten und ihre Erscheinungsform innerhalb der Kunst, präsentiert verschiedene Kunstgattungen und nennt die Orte, an denen es noch heute wichtige tibetische Kunstwerke gibt. Der vierte Teil beschreibt verschiedene Arten von Kraftplätzen, vor allem aber die großen heiligen Berge, aus der Sicht des Pilgers.

Heute gibt es nicht mehr so viele Hindernisse für ausländische Pilger, die nach Tibet reisen wollen, aber es ist noch immer nicht leicht. Die Herrschaft einer fremden kommunistischen Macht über das Land bedeutet, dass Pilgerreisen von den Behörden ungern gesehen werden und dass Ausländer mit Misstrauen behandelt werden. Das sakrale Tibet ist noch immer erreichbar. Reisende können mit dem Bus alle denkbaren Ziele erreichen – aber wenn sie angekommen sind, spüren sie manchmal, dass die herrschende Atmosphäre der meditativen Hingabe kaum förderlich ist. Auch die Höhe, das Klima und physische Erschöpfung können eine Reise behindern. Aber wenn das Erlebnis des sakralen Lebens eine innere Reise ist, kann keine äußere Autorität diese Suche zunichte machen. Wie Leser oder Leserinnen dieses Buches vielleicht bestätigen können, ist es nicht immer notwendig, sich der physischen Anstrengung der Pilgerschaft zu unterziehen, um die visionäre Wirklichkeit eines Kraftplatzes zu erfahren.

Als ethnische Region entspricht Tibet nicht den heutigen politischen Grenzen, und das ist schon seit dem 9. Jahrhundert der Fall. Die Autonome Region Tibet der Volksrepublik China entspricht jedoch ungefähr dem Gebiet, das früher von Lhasa aus von den Dalai Lamas regiert wurde. Osttibet – der größte Teil der alten Provinzen Kham und Amdo – gehört nicht dazu, aber das sakrale Tibet reicht über diese Grenzen hinweg. Die Chinesen haben Tibet in neue Verwaltungsbezirke eingeteilt und dabei Namen verwendet, die mit den älteren Einteilungen nicht übereinstimmen. Um zwischen den ethnischen und kulturellen Teilen von Tibet zu unterscheiden, habe ich die Begriffe West-, Zentral- und Osttibet verwendet. Westtibet besteht aus der Ngari-Präfektur, Zentraltibet aus den Präfekturen Lhasa Shigatse und Lhokha, Osttibet aus der Präfektur Chamdo in der Autonomen Region Tibet und den alten Provinzen Kham und Amdo, die zum größten Teil innerhalb der chinesischen Provinzen Qinghai und Sichuan liegen.

Tibetische Wörter und ihre Aussprache

Für die Umwandlung der tibetischen Sprache in die deutsche und englische Phonetik gibt es kein Standardsystem. Gegenwärtig versucht man lediglich, sich der tibetischen Aussprache anzunähern, ohne die Eigenheiten dieser Sprache zu verlieren. Ich habe die tibetischen Namen der Buddhas beibehalten, damit ihr Klang das mythische Reich Tibets evoziert. Einige Ortsnamen wie Shigatse und Kang Rimpoche werden entsprechend der üblichen Schreibweise buchstabiert.

Das *e* am Schluss eines Wortes wird immer ganz ausgesprochen und betont. *Pi* wird geschlossen und mit starker Aspiration ausgesprochen, etwa wie in dem deutschen Wort Knappheit. Für das *th* gilt das gleiche. Die Aussprache von *ts* und *tsh*, sowie von *ch* und *chh* ist jeweils identisch.

Immer wenn ein tibetischer Ausdruck zum ersten Mal genannt wird, ist er kursiv gedruckt.

(Anmerkung der Übersetzerin: Da auch die Übertragung der englischen Transkription des Tibetischen in die deutsche Transkription des Tibetischen uneinheitlich ist, wurde im vorliegenden Text die Transkription des Autors beibehalten, nur einige Wörter wie *chörten*, *tertön*, *Bön* oder *Kagyü*, die in deutschen Texten über Tibet meist – aber auch nicht immer – mit Umlauten geschrieben werden, habe ich gegenüber der englischen Transkription des Autors verändert.)

Danksagung

Ich danke all jenen, die mir auf irgendeine Weise bei der Abfassung dieses Buches geholfen haben, sei es durch praktische Hilfe vor Ort in Tibet, durch Inspiration in Bezug auf die Vision des sakralen Tibet oder durch ihre Forschungen. Dank schulde ich vor allem Toni Huber für sein Material über die Berge Labchi, Tsari und Kang Rimpoche, Charles Ramble für seine Führung zum Berg Bönri und zusätzliches Material über die Bön-Religion, Katia Buffetrille für veröffentlichtes und unveröffentliches Material über den Berg Amnye Machen, Ian Baker und Hamid Sardar für Quellen über Pema Ko, Peggy Day für eine Beschreibung des Nering Senge Dzong und Steve Leclerc für Quellen über die verborgenen Täler. Für das Material über Osttibet danke ich Tashi Namgyal und Gyurme Dorje, der Osttibet in seinem Tibet-Handbuch überaus gründlich schildert. Sehr dankbar bin ich auch Amely Becker für ihre Großzügigkeit, wie auch für die Unterstützung durch meine Tochter Ariane und meine Frau Meryl.

TEIL I
DAS VISIONÄRE TIBET

Das Land und seine Menschen

Das tibetische Hochland ist eine der unwirtlichsten Gegenden auf unserer Erde. Zerklüftetes Gelände, klimatische Extreme, stürmisches Wetter und die Höhenlage machen es zu einer feindseligen Umgebung. Arktische Wintertemperaturen, brütend heiße Sommer, heftige Temperaturunterschiede zwischen Sonne und Schatten, zwischen Tag und Nacht belasten den menschlichen Kreislauf. Hier erweist sich die Natur als Herrscherin: Von bedrohlichen Berggipfeln schickt sie Lawinen, Bergrutsche und Wassermassen, die Flüsse über die Ufer treten lassen und verheerende Überschwemmungen erzeugen. Und gleichzeitig enthält sie den Wüstengebieten das Wasser vor. Im einen Augenblick badet eine Sommerlandschaft in strahlendem Sonnenlicht, im nächsten fegen heftige Stürme mit Sand oder Hagel daher, die den Gerstenfeldern in gleichem Maße Schaden zufügen. Wind- und Regenstürme, Blitz und Donner toben über das Grasland und gefährden die Menschen und ihre Herden. Die Elemente sind in Tibet heftig und maßlos, und die Bühne, auf der sie sich entladen, ist ein riesiges, unpersönliches Hochland, das von massiven Bergen überragt wird, die sich jenseits aller menschlichen Maße wie Säulen zu den Wolken erheben.

Von der westtibetischen Halbwüste bis zum Grasland von Kham und Amdo, von den Eisfeldern des Himalaya bis zu den Steppen des nördlichen Tibet wird dieses Hochplateau von Bergketten und tiefen Tälern zerschnitten. Vor nur vierzig Millionen Jahren lagen die Gebirge des Himalaya und der tibetischen Hochebene unter dem sogenannten Tethys-Meer. Seit dieser Zeit zwingt der Druck des indischen Subkontinents, der nach Norden strebt, dieses Plateau nach oben. Und gleichzeitig gruben sich seine Flüsse immer tiefer in den Felsen. Die geologische Jugend des Himalaya, der sich ständig nach oben schiebt und sich neu formieren muss, erzeugt häufige Erdbeben. Nirgends gibt es dort viel fruchtbaren Boden, und selbst dort, wo die Täler breiter sind, ist der Grund meistens steinig. Nur in den Tälern der südöstlichen Regionen, die etwas tiefer gelegen sind und mehr Regen bekommen, können Wälder die Berghänge bedecken.

Der durchschnittliche Höhenunterschied zwischen Bergen und Tälern liegt bei etwa 4270 Metern. In Zentraltibet hat sich das Yarlung-Tsangpo-Tal in eine Tiefe von 3350 Metern eingefressen. In Osttibet liegt das Plateau mitsamt seinen Flusstälern tiefer, aber selbst hier erschwert die Höhe in erheblichem Ausmaß alle menschlichen Aktivitäten. Die Tibeter wie auch ihre Tiere haben sich an diese harten Tatsachen sowohl genetisch wie auch physiologisch angepasst. Der Anteil ihrer roten Blutkörperchen liegt um dreißig Prozent höher als bei Menschen, die im Flachland leben. Da die Tibeter nichts anderes kennen, betrachten sie die dünne Luft, die sie atmen, als normal. Trotzdem schleppt in Tibet niemand schwere Lasten. Selbst auf flachem Boden geht man langsam und gemessen, um Energie zu sparen. »Wenn du auf einen Berg steigst, so bewege dich mit der Schnelligkeit eines Kindes«, sagt ein alter tibetischer Leitsatz.

Die Nomaden oder *drokpas* leben in Zelten in den hoch gelegenen Zonen und hüten ihre Yak- oder Schafherden. Die Dorfbewohner, *rongpas* oder *yupas*, wohnen in Steinhäusern in den Tälern und bestellen ihre Felder. Ob *drokpa* oder *yupa*, alle Tibeter kennen den Ursprungsmythos, der die relative Ärmlichkeit ihres menschlichen Loses erklärt, und sie kennen auch die Prophezeiungen, die vor der Verkommenheit der menschlichen Existenz – und zwar vor allem der tibetischen Existenz – gegen Ende des *kaliyuga* warnen, jener düsteren Endzeit, in der wir uns nun befinden. Das tibetische Identitätsgefühl beruht – mit einer gewissen Selbstironie – auf dieser Legende.

Angeblich war Tibet noch eine unbewohnte Wildnis von Sümpfen und Wüsten zwischen Gebirgsketten – ungeeignet für menschliche Besiedlung und nur eine Heimstatt für Wasservögel und wilde Tiere – als Buddha Shakyamuni ins Nirvana einging. Aber bevor er verschied, segnete er den Bodhisattva des Mitgefühls, *Chenrezik*. Und Chenrezik schickte eine Bodhisattva-Emanation seines Herzens in Form eines Affen nach Tibet, während die Göttin der frommen Hingabe, *Drölma* oder Arya, Tara, als Emanation einer Träne von Chenrezik ihrerseits eine Felsriesin nach Tibet sandte. Diese beiden, der Affe und die Riesin, vereinten sich und erzeugten männliche und weibliche Nachkommen, die sich weiter fortpflanzten und das Land bevölkerten. Deshalb war der Vater der tibetischen Rasse ein Affe, der wortreichen Unsinn sprechen konnte, und die Mutter war eine Menschen fressende Riesin ohne Mitgefühl, die sich an der Sünde erfreute und der Weisheit feindlich gesinnt war.

Die Nachkommen des Affen und der Riesin waren nicht nur geschwätzig, mitleidlos und hart, sondern auch barbarische und skrupellose Wilde. Dies war das Menschenmaterial, das die frühen tibetischen Könige zu einer kämpfenden Masse formten, die ähnlich wie die Horden Dschingis Khans in die angrenzenden zivilisierten Königreiche eindrang, plünderte und zerstörte. So konnte der *König Trisong Detsen* aus dem 8. Jahrhundert mit Recht sagen (und dabei erlaubte er sich ein wenig Selbstkritik, da er ja vor seinem spirituellen Meister stand): »Dieses Land Tibet ist ein Land von kannibalischen Dämonen, ein Land der Finsternis, in dem das Buddha-Dharma nie vernommen wurde.«

Die Härte des Lebens auf dem tibetischen Hochland und das Fehlen eines Einflusses von höheren Zivilisationen trug zu einer primitiven Kultur bei, die nicht aus edlen Wilden, sondern aus tierischen Rohlingen bestand. Schamanische Priester vollzogen Menschenopfer für eine Bevölkerung, die sich selbst für Nachkommen von rot gesichtigen Affen hielt.

Der zivilisierende Einfluss der Hochkulturen Chinas und Indiens, der im 7. Jahrhundert begann, sowie die Errichtung eines Mönchssystems im 11. Jahrhundert nahm dieser rudimentären Kultur die scharfen Kanten. Das Ethos des Buddhismus wurde als Ideal assimiliert, und dieses einstmals grobschlächtige Kriegervolk strebte nun nach spiritueller Vollkommenheit. Die grundlegenden Lehren des Buddhismus besagten jedoch, dass Menschen zwar die Fähigkeit zur Höherentwicklung besitzen, dennoch aber aufgrund ihrer Triebhaftigkeit den Status von Tieren kaum übertreffen. Und über allen Formen des menschlichen Lebens lag das Rätsel des Leidens, von dem sich nur jene wenigen Glücklichen befreien konnten, welche die schwer zu fassenden Voraussetzungen für die Einweihung in den tantrischen Buddhismus und seine Meditationspraxis erlangten.

Aber die tibetischen Klöster wurden zu Heimstätten einer tief greifend religiösen und kulturellen Tradition, aus der ungewöhnliche Yogis, Heilige und Seher entsprangen, und Tibet wurde nun in ganz Asien für seine Buddhas und Magier bekannt. Die hierarchische Sozialstruktur ließ indes eine gähnende Kluft zwischen den Mönchen und den Sklaven entstehen und auch zwischen inkarnierten Buddhas – *tulkus* und Yogis – und den Mönchen, die im Kloster nur dienten.

Der heutige Zustand der tibetischen Gesellschaft wird durch Prophezeiungen angezeigt, die von einer Endzeit sprechen, in der die moralische Verkommenheit der menschlichen Gesellschaft und all ihrer Ziele ihren niedrigsten Stand erreichen. Dies ist das *kaliyuga*. Heutige Kommunisten – chinesisch oder tibetisch – beziehen diese düstere Zeit jedoch auf die religiöse Gesellschaft Tibets und lokalisieren sie im mittelalterlichen Tibet, dessen Spuren noch heute erkennbar sind. Dieser Ansicht zufolge wurden die religiösen Formationen seit mittelalterlichen Zeiten von Lamas beherrscht, die nur aus Geldgier rituelle Exorzismen vollzogen, tantrische Geheimnisse verkauften, Gläubige in tantrische Mysterien einweihten und Reliquien und religiöse Schätze anhäuften; ferner von Gelehrten, die dogmatische Haarspaltereien betrieben und mit ihren Novizinnen sexuell verkehrten, von betrunkenen und päderastischen Mönchen, von Eremiten, die in der Sonne lagen und auf eine willige Nonne warteten oder von Habgier verzehrt wurden – und Pilgerreisen zu Kraftplätzen fanden nur als Vorwand für Handel oder sexuelle Abenteuer statt.

Und was die tibetischen Laien betrifft, so galten Nomaden als Wegelagerer und Mörder, während die Dörfler betrügerisch und verschlagen waren. Es gibt allen Grund, solchen Beschreibungen von Nomaden durch Sesshafte und von Sesshaften durch Nomaden zu misstrauen, aber andererseits sind diese Äußerungen so verbreitet, dass sie nicht nur eine gewisse reale Grundlage haben müssen, sondern auch die Ansicht der Tibeter über sich selbst beeinflussen. Tatsächlich hatten die Nomaden in der Provinz Amdo im äußersten Nordosten bis vor kurzem eine Räuberkultur, und selbst heute noch können Chinesen, die sich in ihr Territorium verlaufen, durchaus ihren Zorn zu spüren bekommen. Für ihre diebischen Gewohnheiten und ihren Blutdurst waren Handelsreisende und Pilger immer willkommene Opfer, haarsträubende Geschichten über ihre Grausamkeit unterstrichen ihren zweifelhaften Ruhm. Man glaubte allgemein, dass sie die Herzen ihrer Gefangenen aßen, um ihre Tapferkeit aufrechtzuerhalten und zu stärken.

In ähnlicher Weise gelten die Khampas, ein hauptsächlich nomadisches Volk im Süden von Amdo, als gerissene Händler ohne irgendwelche moralischen Skrupel, die ohne Bedenken die Brooklyn Bridge mehrere Male verkaufen würden und auch könnten, wenn sie überhaupt wüssten, wo sie liegt. Ein wohlwollender Autor aus dem 19. Jahrhundert fasst den Charakter der Khampas folgendermaßen zusammen:

»Die Menschen von Kham sind stark in ihrem aufrechten Charakter, und ihren Herren sind sie sehr zugetan. Im Glauben übertreffen sie andere Tibeter, und an ihren Überzeugungen lassen sie nicht rütteln. Fremden gegenüber verhalten sie sich unhöflich, ihren besten Freunden dagegen helfen sie ohne zu zögern, und sie haben den Fehler, dass sie zu naiv und vertrauensvoll sind.« WYLIE 1962:104

Der verschlagene Charakter der Ackerbauern wiederum lässt sich am besten aus den Schilderungen der Menschen von Südtibet ersehen. Die Dorfbewohner der Provinzen des südlichen *Kongpo* und *Powo* gelten als Giftmischer, die ihren Gästen, Familien oder reisenden Pilgern und Kaufleuten heimlich Gift verabreichen, um sie zu schwächen und ihnen das Geld aus der Tasche zu ziehen oder sie durch langsam wirkendes Gift zu ermorden, um ihren gesamten Besitz zu erlangen. Der betreffende Bericht eines in *Lhasa* stationierten *Kapuzinermönches* aus dem Jahre 1741 ist vielleicht übertrieben und könnte besser die Lopas beschreiben, die noch weiter südlich leben, aber sie trifft die Vorstellung, die Außenstehende von den Kongpo haben:

»Die Menschen dieser Region können nicht unterworfen werden, da sie sehr stolz sind und sich von Menschenfleisch ernähren. Wenn die Missionare durch diese Provinz reisen könnten, so würde ihre Reise viel kürzer werden; aber sie können es nicht tun, ohne dabei zu riskieren, dass sie geröstet oder gekocht und als schmackhafte Speise von diesen Menschen verzehrt werden.« RAMBLE, MS

Es wird auch behauptet, dass die Nomaden, und zwar vor allem diejenigen aus Amdo und Kham, viel von Ehre und Loyalität halten, während die Bevölkerung der Täler keine Selbstachtung kennt und zu den gemeinsten Betrügereien greift, um bei ihren Geschäften – mit Freunden oder Feinden – zu gewinnen. Die Bewohner von Zentraltibet, deren Ansichten über Nomaden und Dorfbewohner den oben zitierten entsprechen, gelten bei Besuchern aus anderen Provinzen als hochmütig und arrogant oder auch als unterwürfig und eselhaft – je nach ihrem sozialen Status. Aber im Allgemeinen wird ihr überlegenes Wissen und ihr Vollzug der buddhistischen Lehren anerkannt, und dieses Wissen scheint auch ihr moralisches Verhalten positiv zu beeinflussen.

Westliche Vorstellungen von Tibet und den Tibetern haben sich in der Vergangenheit an den genannten Stereotypen orientiert – in

Tibet selbst aber hatten sie keine Wirkung. Der Dichter Walter Savage Landor schenkte der spätviktorianischen Gesellschaft Geschichten über die Grausamkeit und Unmenschlichkeit der Tibeter, nachdem er während seines Tibetaufenthalts von tibetischen Beamten mit einer ganzen Reihe von ausgesucht barbarischen Methoden gefoltert worden war. Ausländer glaubten allgemein, dass der militärische Abenteurer *Zarowar Sing*, ein Sikh, der im 19. Jahrhundert eine Niederlage in Westtibet erlitt, von den Tibetern zerstückelt wurde. Die einzelnen Stücke wurden dann in den Häusern als Glücksbringer aufgehängt. Es gibt Geschichten, dass Forschungsreisende, die das Pech hatten, auf die Amdowas in ihren osttibetischen Territorien zu treffen, nicht mehr zurückkehrten, und auch dies stützte die Vorstellung von den Tibetern als gnadenlosen Mördern.

Aber als Gegengewicht zu dieser Wahrnehmungsweise gibt es auch eine Tradition des Mitgefühls, die aus Kiplings Buch »Kim« entstand, in dem der Tibeter als wichtigtuerischer Mystiker dargestellt wurde, als Lama, der an indischen Kraftplätzen nach dem Nektar der Unsterblichkeit sucht. Der befehlshabende Offizier der britischen Militärexpedition nach Lhasa im Jahre 1904, *Leutnant Francis Younghusband*, nährte diese Vorstellung noch, als er von einer Einweihungserfahrung in Lhasa erzählte. Zuvor hatte er die Seele Tibets im unbezähmbaren Mut der Tibeter gesehen, die bei *Gyantse* den britischen Schnellfeuergewehren standhielten. *Alexandra David-Neel* berichtete der Welt, nachdem sie von ihrer Inkognito-Pilgerreise nach Lhasa zurückgekehrt war, dass die tibetischen Lamas tatsächlich die Kräfte der Buddha-Verwirklichung besäßen, die ihnen von den Theosophen zugeschrieben wurden; das gemeine Volk dagegen bezeichnete sie als Diebe und Banditen. Vielleicht war es tatsächlich diese außergewöhnliche französische Pilgerin, die das Bild schuf, das westliche Anhänger heute von den Lamas haben – ein Bild, in dem sie idealisiert und in reinstem Weiß dargestellt werden. Aber diese Vorstellung trifft auf die Bewohner der Hochebene, die diesen Ort noch nie verlassen haben, nur annähernd zu. In ähnlicher Weise ist auch Hergés Vorstellung von Tibet in seinem Buch »Tintin in Tibet« nur eine Shangri-La-Projektion rein westlicher Herkunft.

Ein Tibetreisender – *Professor Giuseppe Tucci* – richtete seine Aufmerksamkeit auf einen Aspekt des tibetischen Charakters beziehungsweise der tibetischen Religion, der von westlichen Anhängern meist übersehen wird: Er beobachtete, dass es den Tibetern auffallend an sozialem Mitgefühl mangelt. Der tibetische Laie ist bei seinen schamanischen Bräuchen davon besessen, sein Glück zu optimieren und sein Unglück zu minimieren, indem er die Götter und Dämonen, die sein Schicksal bestimmen, günstig stimmt, während buddhistische Gläubige vor allem damit beschäftigt sind, ihre Verdienste durch formale Akte der Anbetung zu steigern, ohne an die Bedürfnisse ihrer Mitmenschen zu denken, die mit ihrem eigenen ungünstigen Karma zu kämpfen haben. Es gibt nur wenige Yogis, die durch ihre Meditation zum Herzen von Chenrezik gefunden haben, jenem mitfühlenden Bodhisattva, dessen gesamtes Wesen aus strahlender und aktiver Freundlichkeit besteht.

Am schlimmsten hat sich jene ausländische Sichtweise auf Tibet ausgewirkt, die in unserem Jahrhundert durch die chinesischen Kommunisten verbreitet wurde, aber eigentlich dem westlichen Marxismus entstammt. Nichts in den letzten tausend Jahren hat die Tibeter und ihre Kultur so getroffen, wie die Eroberung und Unterdrückung durch die Chinesen. Die Ausmerzung der herrschenden Klasse und der Intelligentia, die Vernichtung eines jeden Zuganges zur Hochkultur sowie die Zerstörung der Klöster war das Resultat einer rücksichtslosen maoistischen Herrschaft und vor allem der Kulturrevolution. Das grob materialistische Ethos des chinesischen Kommunismus, die Paranoia, die durch die Zerstörung der familiären und religiösen Bindungen entstand, und die Herabwürdigung aller Menschen Tibets zu einer verachteten und ausgebeuteten Unterschicht haben zu einer neuen Barbarisierung der Menschen beigetragen. Aber wenn sich die Tibeter von ihren traditionellen Haltungen und Glaubensvorstellungen losgesagt haben, so war dies zum größten Teil nur ein formales Lippenbekenntnis gegenüber ihren politischen Herren, denn der tibetische Charakter ist vor allem äußerst konservativ, hartnäckig und widerstandsfähig. Die tibetische Neigung zum Träumen und zur Visionssuche kann nicht in einer einzigen Generation einer kulturellen Implosion ausgemerzt werden. Der Grund für diese Visionen – ja, ihre Notwendigkeit – ist eine Antwort auf die schwierige physische und menschliche Umwelt, die ja noch immer vorhanden ist.

Die Vision des Schamanen

Seit Anbeginn der menschlichen Besiedlung von Tibet galt die Hauptbeschäftigung der Religion der Feindseligkeit der Natur. Bevor der Buddhismus mit seiner Betonung von Moral, Wachsamkeit und spiritueller Befreiung ins Bewusstsein treten kann, muss eine Auseinandersetzung mit der Landschaft und der Macht ihrer Elemente stattfinden. Die Zähmung der Landschaft ist die Hauptbeschäftigung des Schamanen. Indem wir in seine Vision eintreten, finden wir Einlass in das mythische Reich des sakralen Tibet.

Der Schamane ist ein Magier, der imstande ist, die spirituellen Energien der Umwelt zu manipulieren, zu befrieden, zu kontrollieren oder sie zu unterwerfen. Diese Energien können von den Elementen ausgehen, sie können pflanzlicher, tierischer und menschlicher Herkunft sein oder sich auf die Reiche der Götter, Dämonen und Geister beziehen. Durch seine Magie kann der Schamane jene Elemente beeinflussen, die für Regen, Trockenheit, Überflutung, Erdbeben, Lawinen, Erdrutsche, Donner und Blitz verantwortlich sind. Er kann die Fruchtbarkeit des Bodens kontrollieren und dadurch reiche Ernten sichern, um den Hunger abzuwenden. Er kann Krankheiten verhindern. Er kann das Leben von Männern und Frauen, das Leben ihrer Tiere, die Fruchtbarkeit ihrer Saat und ihre eigene Fortpflanzungskraft schützen. Er kann die Zukunft vorhersagen und familiäre und politische Prozesse beeinflussen.

Die Vision des Schamanen ist ganzheitlich – die Grenze zwischen der äußeren physischen Umwelt und dem inneren menschlichen Wesen verschwimmt. In der Vorstellungswelt des Schamanen gibt es keine radikale Unterscheidung zwischen äußeren Phänomenen und inneren Bewusstseinsformen. Dieses Denken ist vor-rational. Die Bewusstseinsentwicklung, die im westlichen Denken nach der Renaissance und der wissenschaftlichen Aufklärung mit ihren rationalen, logischen Denkprozessen stattfand, hat diese ganzheitliche Wahrnehmung der Wirklichkeit unterminiert. In dem Maße, wie die begrifflichen Fähigkeiten unseres Verstandes zunahmen, haben wir unser Einheitsgefühl mit der Umwelt verloren. Äußere Phänomene wurden für uns zu abgetrennten Objekten einer entfremdeten wissenschaftlichen Beobachtung. Es kam zu einer scharfen Trennung – einem Dualismus – zwischen dem Selbst und dem Anderen. Denn das rationale Bewusstsein hängt ja tatsächlich von der Unterdrückung ganzheitlicher Bewusstseinsformen ab. Aber dieser entfremdete, dualistische Bewusstseinszustand des westlichen Menschen ist inzwischen so krebsartig gewachsen, dass es uns schwer fällt, einen Zugang zu den Spuren der ganzheitlichen schamanischen Vision zu finden.

Die Auseinandersetzung zwischen dem holistisch-schamanischen und dem rational-dualistischen Bewusstsein ist hier nicht relevant. Aber es ist notwendig, die Gültigkeit der holistischen und mythischen Vision des Schamanen zu akzeptieren, um die Dimensionen seiner Vision, seine Terminologie und die Methoden zu verstehen, die er zur Transformation der Landschaft und ihrer spirituellen Phänomene einsetzt – denn auf diese Weise können wir Eingang in das geheime, heilige Tibet finden. Es wäre nützlich, die Vision des Schamanen als Sichtweise zu betrachten, welche die Dualität des normalen Bewusstseins aufhebt, in dem das Selbst und das Andere, das Physische und das Mentale, das Innere und das Äußere getrennt sind. Insofern ist jede Sinneswahrnehmung eine Totalität, die den gesamten Kosmos beinhaltet. Deshalb nennen wir sie ganzheitlich oder holistisch – weil sie umfassend und vollständig ist.

Die Kosmologie des mythischen Schamanenreiches lässt sich am besten durch die traditionell schamanische Vorstellung von drei Reichen der Existenz beschreiben. Dieses Konzept ist in Tibet, aber auch in ganz Süd- und Südostasien wohl bekannt. Diese drei Reiche der Existenz sind Himmel, Erde und Unterwelt. Sie werden von drei verschiedenen Lebensformen bewohnt und beherrscht. Im Himmel weilen die Götter, in der Unterwelt die Schlangen, und die Menschen leben auf der Erde dazwischen. Im Sinne der Elemente ist der Himmel über uns das Reich des Raumes, der Luft und des Feuers, das Reich der Tiefe besteht aus Erde und Wasser, und im Zwischenreich sind alle Elemente vorhanden. Unter Göttern versteht man die eigentlichen Götter (*lha*), die Dämonen (*dre*) und zahllose Geister verschiedener Arten. Schlangengeister (*lu* oder *nagas*) sind Halbgötter, und außer ihnen gibt es auch viele andere Geister in der Unterwelt. Das menschliche Bewusstsein ist die Bühne, die mittlere Welt, auf der diese Götter, Dämonen und Geister mit den Menschen in Kontakt treten.

Zu den Himmelsgöttern gehören Götter wie Brahma aus dem hinduistischen Pantheon, aber auch Geister wie die Geruchfresser (*driza*). Die Himmelsgötter, die in der tibetischen Vision am größten sind, wohnen auf Berggipfeln; es sind Berggötter oder *noijin* und *ny-*

en. Diese mächtigsten Gestalten unter den Geistern des Pantheons, die sowohl in weiblicher als auch in männlicher Form auftreten, scheinen mit den Bergen selbst gleichgesetzt zu werden. Es sind Gottheiten des Krieges, deren Zorn, Eifersucht und Gewalt sehr leicht hervorgerufen werden können, und ihr Wesen ist Macht. Aus menschlicher Sicht sind sie Geister, die stören, quälen und Schrecken verbreiten, es sind Teufel, die auf ihren Gebirgsthronen sitzen und ohne oder mit nur wenig Grund Leiden auf ihre menschlichen Opfer herabregnen lassen. Sie verhalten sich wie reizbare, gewalttätige Betrunkene. Sie halten sich auf den Bergpässen auf, und wenn sie nicht durch Opfergaben besänftigt werden, sind sie für Reisende tödlich – ihr Atem ist Gift. Sie wechseln ihre Gestalt je nach Stimmung und Notwendigkeit. Der indische Dämon Ravana, der Ramas Gattin Sita in seine Räuberhöhle nach Sri Lanka entführte, war ein Gebirgsgott, nur fehlt ihm die Bestialität der tibetischen Version.

Die Berggottheiten sind auch territorial – je höher der Berg, umso größer ihr Reich. *Nyenchen Thanglha*, der auf einem Berg gleichen Namens residiert und sowohl die nördlichen Ebenen wie auch Zentraltibet beherrscht, kann als König der Gebirgsgötter von ganz Tibet betrachtet werden. Der Gott eines Berges, der sich über einem Tal erhebt, herrscht auch über das Tal, wie etwa *Yarlha Shampo* das *Yarlung-Tal* beherrscht.

Die enge Bindung der Tibeter an ihre Berggötter und deren Launen entspricht der Beziehung zwischen Enkel und Großvater. Die Berggötter sind die ursprünglichen Ahnen der zentraltibetischen Stämme, und sie tragen eine gewisse Verantwortung für ihre Nachkommenschaft. Aber auch sorgfältige Rituale stimmen sie nicht immer günstig, sodass der erhoffte Schutz durch diese unverantwortlichen Wächter oftmals ausbleibt. Sie sind launenhaft wie das Wetter, und hauptsächlich auf diese Weise unterjochen und tyrannisieren sie ihre Nachkommen. Man muss sie mit komplizierten Ritualen und Opfergaben günstig stimmen.

Die wichtigsten Bewohner der Unterwelt sind die halbgöttlichen männlichen und weiblichen Schlangengötter – *lu* und *luma*. Wir können sie uns in animistischer Weise als die Geister von Erde und Wasser vorstellen. Sie sind die Fußsoldaten einer vergöttlichten Naturmacht, die der Beziehung der Menschen zu ihrer Umwelt Ordnung auferlegt. Während die Berggötter mit strenger, aber launischer patriarchalischer Autorität regieren, haben die Schlangengeister ein dünnhäutiges, hypersensibles Wesen, verfügen aber ebenfalls über ein ungeheures Waffenarsenal.

Die Schlangengeister leben in der Erde, im Fels, in Seen und Flüssen. Meist haben sie Schlangengestalt. Sie sind schwarz, rot oder weiß. Sie können menschliche Gestalt annehmen oder ihre Erscheinung je nach Bedarf verwandeln. Sie schützen die Mineralien in der Erde, einschließlich des Felsens und des Bodens selbst. Sie sind Hüter und Hüterinnen des ökologischen Gleichgewichtes und damit eine höchst konservative Kraft, die menschliche Übergriffe auf die Erde verhindert. Ihnen gehören die Edelsteine. Die magische Kraft von Korallen oder Türkisen ist günstig oder ungünstig, je nachdem, wie sie ausgegraben und behandelt werden. Eisen oder Gold zu fördern gilt als Beleidigung der Schlangengeister und ist gleichbedeutend mit Diebstahl, es sei denn, es wurde ein Vertrag geschlossen, um sie zu besänftigen. Der niedrige Status von Eisenarbeitern in Tibet beruht auf ihrer Abhängigkeit von den Schlangengeistern, die auch Felsen beschützen und es gar nicht schätzen, wenn Steine fortbewegt oder behauen werden. Deshalb müssen sie vor jeder Bautätigkeit günstig gestimmt werden. Selbst wenn man ein Loch in den Boden gräbt oder den Pflug einsetzt, riskiert man, sie zu beleidigen. Die gesamte Landwirtschaft hängt von einer funktionierenden Beziehung mit den Schlangengeistern ab. Denn sie bewachen auch Bäume und Pflanzen.

Zwar können alle Götter, Dämonen und Geister Krankheit über die Menschen bringen, indem sie durch das zu ihnen gehörige Element ein Ungleichgewicht schaffen oder unmittelbar auf das menschliche Bewusstsein einwirken, aber die Schlangengeister sind die wichtigsten Schiedsrichter über die menschliche Gesundheit. Diese Macht wird hauptsächlich von ihrer Affinität zum Wasser abgeleitet. Als Wächter über Quellen und Flussläufe schützen sie deren Reinheit und Lebendigkeit. Im kalten tibetischen Klima ist die Gefahr von Magen-Darm-Erkrankungen durch verschmutztes Wasser minimal, wenn man es mit dem entsprechenden Risiko in der indischen Ebene vergleicht. Dennoch ärgern sich tibetische Schlangengeister nicht weniger über die Verschmutzung des Wassers als ihre indischen Cousinen, und ihr Zorn trifft all jene, die es an Hygiene mangeln lassen. Da der Körper zu 98 Prozent aus Wasser besteht, herrschen sie über Krankheiten, die mit einem Ungleichgewicht dieses Elements zu tun haben – Abszesse, Geschwüre, Gliederschwellungen und Austrocknung. Auch Krankheiten, die mit Süchten zu tun haben, werden von den Schlangengeistern kontrolliert, ferner auch Lepra und Tuberkulose, Wunden und Juckreiz. Aber durch Opfergaben und Räucherungen mit Kräutern können sie besänftigt werden.

Die Herrin der Schlangengeisterheere ist die Dämonin (*sinmo*), die man in der Landschaft sehen kann. Z.B. liegt die Dämonin von Zentraltibet quer über den mittleren Provinzen und verkörpert die Kräfte aller feindseligen Elemente. In der tibetischen Mythologie sind inkarnierte Dämoninnen oder Felsriesinnen die ursprünglichen Bewohnerinnen von Tibet. Sie schleichen über die Erde, suchen nach menschlicher Beute und verbinden so die chaotische und gnadenlos zerstörerische Kraft der äußeren Umwelt mit der grausamen Bestialität des latenten inneren weiblichen Archetypus.

Spezifisch weibliche Himmelsgöttinnen werden »Himmelswandlerinnen« (*khandromas* oder im Sanskrit *dakinis*) genannt und bilden in ihrem Vorstadium zur Buddhaschaft das bösartige Wesen der Naturelemente. Wie die Muttergöttinnen (*mamo*) essen sie manchmal das Fleisch eines Mannes oder schaden ihm durch eine sexuelle Beziehung.

Die Gottheiten der mittleren Welt, die über der Erde leben, dennoch aber keine Himmelsgötter sind, haben eine engere Beziehung zu den Menschen und ihren täglichen häuslichen Geschäften als die Berggötter und die Schlangengeister. Obwohl diese Wesen ebenfalls als »Götter« (*lha*) bezeichnet werden, haben sie eher geringfügige und unbedeutende Funktionen und Wohnstätten. Bei einer einzelnen Person sitzt der »Feindgott« (*dralha*) auf der rechten Schulter, die männlichen und weiblichen Ahnengottheiten in den Achselhöhlen, und der »mütterliche Onkel-Gott« (*zhanglha*) im Herzen. Innerhalb des Hauses gibt es eine Hausgottheit, die im Hauptbalken weilt, eine weitere Gottheit im Hauptbalken des Daches, eine im Herd und eine, die den Speicherraum bewacht. All diese Gottheiten haben eine Schutzfunktion, zu der auch ein Sinn für Familie gehört; sie muss man eigens günstig stimmen, wenn man sich Familienzuwachs wünscht. Außerhalb des Hauses wacht der Pferdegott über alle Angelegenheiten, die mit Pferden zu tun haben, und eine Gottheit für das Vieh sowie für die Felder erfüllt entsprechende Funktionen. Das Land selbst gehört den Erdherren (*sadak*) und den Besitzern des Bodens (*zhidak*). Dies sind Fels- und Erdgeister, an die man denken sollte, wenn man irgendetwas unternimmt, das zu ihrem Zuständigkeitsbereich gehört. All diese Gottheiten kann man durch das Räuchern von Kräutern besänftigen.

Das Reich der Erde wird auch von verschiedenen Totengeistern bevölkert. Manchen Geistern gelang es nicht, eine Wiedergeburt zu erreichen, weil sie so sehr an diese Welt gebunden waren. Deshalb wandern sie nun in diesem Zwischenzustand umher und versuchen, mit den Lebenden zu kommunizieren und sie zu beeinflussen. Hungrige Geister (*yidak*) sind Menschen, deren früheres Leben so sehr von Gier und Lust beherrscht wurde, dass ihr Karma qualvolle Wiedergeburten mit ewig enttäuschtem Hunger und Durst verursachte. Nun lauern sie am Rande der Menschenwelt und nehmen manchmal auch menschliche Gestalt an. Auch Fleisch fressende Geister (*shaza*) bewohnen dieses Reich.

Es ist sehr schwierig, alle Unterarten von Geistern zu beschreiben und ein einheitliches Pantheon vorzulegen, das die Beziehung zwischen den verschiedenen Geistern und Menschen zeigt. Ich erwähne nur einige wenige von all den unzählbaren Kategorien von Bewohnern der mythischen Reiche. Diese spirituellen Wesenheiten sollten erkannt werden, bevor sie durch ihre Anwesenheit die Welt der Menschen beeinträchtigen können. Sie müssen benannt werden, und ihre Wohnstätten müssen identifiziert werden. Auf diese Weise kann der Schamane ihre ganze Macht in seinem Bewusstsein evozieren. Dann ist er nicht mehr nur passiver Zeuge eines göttlichen Dramas, sondern kann es aktiv beeinflussen. Ja, es ist seine religiöse Pflicht, die Geister des Himmels und der Unterwelt zu besänftigen. Dadurch kann er die Energie im mittleren Reich im Gleichgewicht halten und damit für sich und seine Gemeinschaft die günstigsten Überlebensbedingungen in einer feindlichen Umwelt garantieren. Die Rituale zur Besänftigung der Götter beinhalteten einstmals auch Menschen- und Tieropfer, aber als der Buddhismus das Blutopfer verbot, wurde es durch ein rituelles Feueropfer ersetzt. Ersatzopfer, in denen Götterbilder oder andere Substanzen die Opfergaben für die Götter und Dämonen vertreten, bilden heute den wichtigsten Teil der schamanischen Besänftigungsrituale.

Buddha-Vision

In der Vision des Schamanen ist die Landschaft – das Universum – ein Panorama spiritueller Energie, das durch Götter, Dämonen und Geistwesen definiert wird. Dies sind relativ veräußerlichte Phänomene. Die Buddha-Vision kann dagegen als Prozess stärkerer Verinner-

lichung und tieferer Durchdringung der Wahrnehmungs- und Denkdynamik des menschlichen Geistes beschrieben werden. Hier wird das Wesen des Bewusstseins, das von seinem sensorischen Feld untrennbar ist, als Leere (*tongpanyi* oder Sanskrit *shunyata*) erfahren. Das Bewusstsein ruht in der Sphäre der Leere und des Raumes, der den inneren, mentalen Prozessen und ihren scheinbar objektiven Entsprechungen gemein ist. Auf diese Weise gibt es keine Trennung zwischen Innen und Außen, und aus diesem Bewusstsein der Einheit entsteht das visionäre oder mythische Reich der Buddhas. Durch das vollkommene Eintauchen in das Wesen des Geistes wird der Schamane zu einem Buddha mit dem vollständigen Gewahrsein der Totalität, und in seiner Vision, in der das Äußere und das Innere, die Landschaft und ihr Leben Teil einer ganzheitlichen Perspektive werden, sind alle Elemente miteinander verbunden.
Die buddhistischen Metaphysiker haben ein dynamisches Gebilde beschrieben, das Novizen zur Erleuchtung führen soll, und buddhistische Dichter haben es eingesetzt, um einen Abglanz des Buddha-Bewusstseins zu schildern. Es besteht aus drei Sphären, die sich gegenseitig durchdringen. Die höchste Sphäre ist all-durchdrungen und beinhaltet Licht und Leere in sich. In diesem hellen Licht, in dieser Leere, befindet sich die Sphäre der Vision, und innerhalb der Sphäre der Vision liegt die Sphäre einer sich ständig wandelnden Illusion, die das Reich scheinbar äußerer Erscheinungen konstituiert. Für das sakrale Tibet ist die mittlere Sphäre der Vision von allergrößter Wichtigkeit.
Das schamanische Bewusstsein von Göttern, Dämonen und Geistern aus den drei Reichen der Existenz gehört zu einer Wirklichkeit, die sich nicht nur vom westlichen Bewusstsein, sondern auch von der Buddha-Vision unterscheidet. Die Götter und Dämonen des schamanischen Tibet sollten nicht mit den Buddha-Gottheiten des tantrischen Pantheons verwechselt werden, die zur Buddha-Vision gehören. Die Wirklichkeit des Schamanen und die des buddhistischen Yogi sind insoweit identisch, als ihre drei Reiche der Existenz die geistige Energie liefern, die als Stoff für die Transformation vonnöten ist. Die Landschaft, die von einer harten, feindseligen Welt von Göttern und Dämonen in eine flexible, sichere und formbare Welt verwandelt werden soll, ist dieselbe. Aber während der Schamane die Welt der Geister nur am Rande manipuliert, um diese Kräfte für die Menschen unschädlicher und ihre Energie nutzbarer zu machen, vollzieht der

buddhistische Yogi eine vollständige und radikale Transformation der Götter und Dämonen: Er versklavt und unterwirft sie voll und ganz dem Buddha-Bewusstsein und dem Buddha-Dharma.

Eine Achse durch Erde und Berge

Eine Achse durch Erde und Berge zu führen ist ein schamanisches Ritual, das von buddhistischen Yogis übernommen wurde, um die Landschaft zu zähmen und die Kräfte der Geister zu binden. Die Erde ist unbeeinflussbar und voll von Göttern und Dämonen. Sie ist geheimnisvoll und magisch wie der Körper einer Frau. Sie ist Natur in einer scheinbar festen und greifbaren Form. Indem man eine Achse durch die Erde führt, kontrolliert man sie, macht sie lenkbar und unterwürfig, sodass aus Chaos Ordnung entsteht. Durch diese Achse kann man Götter und Dämonen fesseln. Sie ist ein starkes Zentrum, das einem Land Frieden und Sicherheit gewährt – und wenn sie in einem symmetrischen Muster gesetzt wird, so verwandelt sie die Landschaft in Mandalas.

Die Erde wird zuallererst durch die Berge markiert. Wie Nägel oder Ritualdolche (*phurbas*) bohren sie sich in den Boden. Der große Berg *Kang Rimpoche* (Sanskrit: Kailash) ist mit dem Berg Meru, der Weltachse, vergleichbar, um die sich Planeten und Sterne drehen, aber selbst in seiner großen Funktion als Achse des Universums durchdringt er die Erde und verleiht ihr Sicherheit. Um die Bedürfnisse der Menschen zu befriedigen und ihre Funktion zu erfüllen, können Berge auch aus anderen Ländern kommen – wie etwa der *Amnye Machen.* Vielleicht hat ihn ein mythischer Vogel in seinen Krallen hergetragen, wie die Insel *Tsonying Mahadeva* im *Tso-Ngon-See* (auch Kokonor genannt). Vielleicht haben ihn Magier gebracht – wie etwa den Berg *Tsibri* im Norden der *Tingri-Ebene*, der aus Bodhgaya gebracht wurde, um einen Giftsee aufzufüllen. Selbst der Kang Rimpoche soll – so sagen einige – in einem anderen Land entstanden sein. Woher der jeweilige Berg auch kommen mag, er durchdringt die Erde und unterwirft sie.

Dann wird der Berg selbst durchbohrt. Um den Tsibri zu fixieren, wurden an den vier Eckpunkten vier »Nägel« in Form von kleinen Bergen in die Erde getrieben. Dann wurden vier Flüsse zum Strömen gebracht und vier Leichenstätten eingerichtet. Durch einen kreisförmigen Umschreitungsweg, der diese vier »Nägel« verbindet, entsteht ein einfaches Mandala. Nun wird der Berg an die Erde gebunden, damit er nicht wegfliegen kann, und die Kräfte, die ihm innewohnen, werden als Mandala idealisiert. Als die chinesischen Eroberer in Amdo eintrafen, wurde dies von den Nomaden als Omen gedeutet, dass der große Berg Amnye Machen im *kaliyuga* nach Indien wandern würde. Denn die Prophezeiung besagte, dass am Ende der Zeit »die hohen Berge und großen Felsen, denen vom Himmel die Aufgabe erteilt wurde, ihn zu stützen, nicht mehr auf die Erde drücken werden«. Um den Amnye Machen an seinem gegenwärtigen Ort zu halten, haben die Götter allerdings, so heißt es, ein dreidimensionales Mandala gespendet. Dies erkennt man an den Sanddünen, die innerhalb des kreisförmigen Umschreitungsweges rings um den Berg liegen – denn die Dünen bestehen aus Sandkörnern, die als Opfergabe auf das Mandala gestreut wurden.

Berge bilden eine Achse, die durch die Erde läuft, und zwar auf einer mythischen makrokosmischen Ebene. Auf der menschlichen Ebene können auch bloße Darstellungen von Bergen die Erde und ihre Dämonen fesseln. Chörtens, Monumente aus Ziegel und Stein, sind symbolische Berge, Nägel oder Ritualdolche, welche die dämonischen Kräfte der Berge unterdrücken, Ordnung schaffen und ein Mandala erzeugen. Ein Chörten ist selbst schon ein dreidimensionales Mandala. Ein Klostertempel (*gompa lhakhang*) ahmt den Berg in seiner idealen Gestalt nach und erzeugt ebenfalls ein Mandala. Auch Steinpfeiler (*doring*), die noch aus der Zeit des tibetischen Reiches stammen und meist eine buddhistische Botschaft oder ein buddhistisches Symbol tragen, durchbohren und kontrollieren die Erde. Ihr ritueller Status als *axis mundi* (Weltachse) wird durch die Schildkröte angezeigt, auf der einige von ihnen stehen. Denn die Weltachse wird von einer kosmischen Schildkröte getragen. Die großen Pfähle (*darchen*), welche die meisten Klosterhöfe zieren, stellen eine weitere Methode dar, um die Erde zu fesseln. Durch die alljährliche rituelle Aufrichtung eines solchen großen Pfahles – wie etwa das wichtige Mai-Ritual bei Darchen auf dem Umschreitungsweg des Kang Rimpoche – werden die Götter und Dämonen der Erde geschützt. In den Privathäusern bilden die Pfosten, an denen Gebetsfahnen aufgehängt sind, diese Funktion nach; dasselbe gilt für die Fahnenstangen, die Steinmale auf Gebirgspässen durchbohren oder auf bedeutsamen Felsblöcken aufgestellt sind. Auch Gipfelpfosten, die einen Gebirgsrücken markieren, zähmen diesen Grat oder Berg, indem sie ihn durchbohren. Es ist, als ob die Durchdringung des Felsens durch den Pfahl irgendeine krankhafte Energie oder giftige Dämpfe freisetzt, damit der Fels atmen kann und zur Ruhe kommt. Pfähle, die auf Gipfel stehen oder in Steinmalen stecken, symbolisieren die Erdherren (*sadak*). Deshalb werden sie zu Adressaten von Beschwichtigungsritualen. Jede einzelne von diesen Achsen kann man sich als Akupunkturnadel im Körper der Erde vorstellen, die das Energiemuster der gesamten Landschaft ausbalanciert und heilt. Der *Buchu Sergyi Lhakhang* in Kongpo gilt beispielsweise als Akupunkturpunkt, durch den das energetische Ungleichgewicht in Lhasa korrigiert wird.

Auch durch die Achse des Nomadenzeltes wird die Erde markiert. Jedes Mal, wenn ein Nomade sein Zelt aus Yak-Wolle aufstellt, erzeugt er ein dreidimensionales Mandala, das durch die Zeltpflöcke bestimmt ist. Indem er diese Pflöcke in den Boden treibt, heiligt er die Erde unter dem Zelt und bindet ihre Götter und Dämonen. Die großen formellen Ritual-Mandalas der Buddha-Gottheiten sind ebenfalls durch Achsen in den Ecken befestigt. Diese Pflöcke sind wie Ritualdolche (*phurbas*) geformt, und dieser Dolch bzw. diese Achse wird als Buddha-Gottheit visualisiert. In dem entsprechenden tantrischen Brauch wird die Buddha-Gottheit *Dorje Phurba* (Sanskrit: Vajra Kilaya, der »Unzerstörbare Dolch«), also die magische Kraft, die einer Achse innewohnt, in das erleuchtete Bewusstsein Buddhas verwandelt. In den Riten des Dorje Phurba wird der Dolch als Mittel verwendet, um Dämonen zu fesseln oder sogar zu zerstören, denn seine dynamische Energie ist das leere Bewusstsein, das alles durchdringt und beherrscht.

Götter und Dämonen binden

Das schamanische Tibet ist ein Land ungezähmter Götter, Dämonen und Geister. Das sakrale Tibet ist ein Land, in dem diese feindseligen Mächte transformiert, gezähmt oder gefesselt wurden.

Die alten Texte über die Bekehrung Tibets zum Buddhismus zeigen nicht nur das Wesen der geistigen Atmosphäre, der Hierarchie und des göttlichen Pantheons, sondern erklären auch den Prozess, durch den diese Unterwerfung vollzogen wurde. Diese Methoden sind heute noch ebenso gültig wie in der Zeit des frühen Buddhismus und werden von den Lamas noch immer praktiziert, um die Götter und Dämonen gefesselt zu halten.

Die frühen buddhistischen Missionare, die Tibet betraten, mussten zunächst der schamanischen Bevölkerung demonstrieren, dass sie Götter und Dämonen beherrschen konnten, denn die metapsychologischen Lehren des *Shakyamuni Buddha*, denen zufolge Götter und Dämonen nur das Resultat mentaler Funktionen sind, die durch Meditation transzendiert werden können, waren den analphabetischen Anhängern der Schamanen nicht zugänglich. Glücklicherweise, so scheint es, waren die frühen buddhistischen Wanderer in Tibet tantrische Sadhus, die in der höchst komplexen Kunst ritueller Magie versiert waren, die sie in den Ebenen Indiens entwickelt hatten. Insofern verkörperten sie eine uralte und hochentwickelte Zivilisation in einem Stadium, die auch für die Tibeter den Gipfel aller Leistungen darstellte.

Man braucht die Wirksamkeit der schamanischen Riten nicht herabzumindern, um die größere Kompetenz der buddhistischen oder tantrischen Yogis zu beweisen. Dass die Schamanen in ihrer sozialen Rolle effektiv arbeiteten, kann aus der dynamischen Vitalität ihrer Stammesgesellschaft abgeleitet werden. Zu der Zeit, als der Buddhismus in Tibet Einlass fand – im 7. Jahrhundert –, brachte die schamanische Gesellschaft eine soziale und militärische Organisation hervor, die ein großes Reich verwaltete.

Der Gründer des tibetischen Reiches, *König Songtsen Gampo*, scheint die ersten Missionare freundlich empfangen zu haben. Die Tibeter glauben, dass er ein ernsthafter Buddhist war. Jedenfalls setzte er eine Bewegung in Gang, die Elemente sowohl der chinesischen wie auch der indischen Kultur assimilierte, die es offenbar zu dieser Zeit in Tibet nicht gab, und während seiner Herrschaft wurden die zehn Tugenden des buddhistischen Moralkodex propagiert. Die Verehrung und die Meditationsmethoden von Chenrezik, dem Bodhisattva des Mitgefühls, wurden eingeführt oder zumindest unterstützt, und es scheint, dass sogar der König selbst zu einem Anhänger des Bodhisattva wurde. Vielleicht hat er auch eine Zeitlang buddhistische Meditation in aller Abgeschiedenheit vollzogen. Es ist kaum zweifelhaft, dass er in ganz Tibet eine Reihe von buddhistischen Tempeln bauen ließ, darunter die dreizehn Missionstempel, durch die er die große Dämonin von Zentraltibet fesselte.

Die große Dämonin von Zentraltibet

Wie bereits erwähnt, sind in der Dämonin von Zentraltibet, die auf dem Rücken liegt und die mittleren Provinzen bedeckt, alle feindseligen Elemente verkörpert. In tibetischen Quellen gibt es keine Darstellung von ihr; Bilder von Dämonen finden wir nirgends. Aber wenn wir sie uns in der Gestalt der Erdmutter Dhattimatta vorstellen, die in der indischen Kultur als Göttin der Fruchtbarkeit vorkommt, können wir nicht fehlgehen. Dhattimatta liegt nackt auf dem Rücken, ihre Arme ruhen neben ihrem Körper auf dem Boden, ihre Beine sind aufgestellt und gespreizt, sodass ihre Vulva sichtbar wird. Sie verkörpert in besonderer Weise die Fruchtbarkeit der Erde und der Frau, mehr noch: Sie verkörpert auch den weiblichen Aspekt der Natur. Es gibt keine Berichte darüber, ob die große Dämonin als solche verehrt wurde, und wenn ja, wie sie vor der Ankunft des Buddhismus gnädig gestimmt wurde. Aber um zu verstehen, welche Kräfte unterworfen wurden, als sie durch das buddhistische Ritual gefesselt wurde, sollten wir untersuchen, was sie in der schamanischen Gesellschaft personifizierte.

Die Erdmütter offenbaren eine urtümliche Schicht der Religion, eine prähistorische Ära des Matriarchats oder zumindest eine Zeit, in der die weibliche Psyche, die kollektive Ur-Anima der Bevölkerung im Zentrum der Religion stand. Aber bevor die Energie der Erdgöttin als der radikal weibliche Aspekt der Psyche verinnerlicht werden kann, symbolisiert diese Erdgöttin die Natur. Und in diesem Zusammenhang wird sie als die fruchtbare Quelle des Lebens betrachtet, als Göttin, aus deren Körper die Leben spendenden Pflanzen wachsen. Doch diese wohltätige Funktion wird dadurch überschattet, dass sie auch mit den unpersönlichen zerstörerischen Kräften der Natur identifiziert wird. Sie kontrolliert die Elemente und ist deshalb für Erdbeben, Flut, Dürre und Hunger, Hagel und Blitzschlag verantwortlich. Obwohl sie unpersönlich bleibt, wenn sie ihre Schicksalsschläge austeilt, glauben die von ihr geschädigten Menschen, dass sie persönlich bösartig ist. Die Idee einer kosmischen Boshaftigkeit wird von Hexen und Zauberinnen eingesetzt, die versuchen, Unglück über ihre Feinde zu bringen, denn die Erdgöttin kann durch den Willen ihrer Anhänger gelenkt werden, um ihre Flüche zu stärken. Deshalb ist sie die Beschützerin der Schwarzmagier, und zwar vor allem der Hexen.

Die Erdmutter stellt man sich auch als die Quelle ungefesselter weiblicher Sexualenergie vor. In diesem Aspekt wird sie von frisch verheirateten Paaren verehrt, um das sexuelle Verlangen zu wecken und Segen über die Ehe zu bringen. Sie wird von ihren Anhängern und Anhängerinnen angerufen, um die Sehnsucht nach dem Mann oder der Frau ihrer Wahl zu befriedigen und Fruchtbarkeit und Schwangerschaft zu erleichtern. Ihrem bösartigen Einfluss wird Nymphomanie und orgiastisches Verhalten zugeschrieben, und irrationale und perverse Ausdrucksformen der Sexualität werden als Besessenheit durch ihre Energie gedeutet.

In ihrer gigantischen Größe verfügt diese Dämonin selbst über ein ungeheures Potenzial von Lust und tierischem Verlangen. Aber wenn durch die disziplinierte Intelligenz des maskulinen buddhistischen Willens dem chaotischen, instinktiven und intuitiven Reich der weiblichen Psyche entgegengetreten wird, kann ihr Verlangen gezähmt werden. Überall, wo in Tibet ein Chörten errichtet wurde, wird die Dämonin gezähmt. Im Folgenden nun die echte Geschichte ihrer Unterwerfung.

Im Jahre 641 n. Chr. heiratete König Songtsen Gampo die Prinzessin Wencheng, eine Tochter des chinesischen Kaisers aus der Tang-Dynastie. Als Teil ihrer Mitgift brachte sie ein wertvolles indisches Bild von Shakyamuni Buddha nach Tibet. Leider blieb der Wagen, in dem dieses Bild aus China herbeigekarrt wurde, im Lehm von Lhasa stecken. Wencheng griff auf die alte chinesische Kunst der Weissagung zurück, um den Grund dieses schlechten Omens und einen Weg zur Lösung des Problems zu finden. Ihre Überlegungen ergaben, dass das gesamte Zentraltibet »einer auf den Rücken gefallenen Dämonin« glich, dass der See in der »Milchebene« von Lhasa ihr Herzblut war und dass die drei Berge, die sich aus dieser Ebene erheben, nämlich Marpori, Chakpori und Bönpori, ihre Brüste und ihr Venusberg waren. Die »Milchebene« war der Palast der Schlangengeister, die zusammen mit den Dämonen (*dre*), den Elementgöttinnen (*mamo*), den Naturgeistern (*tsen*), den feindseligen Erdgeistern (*sadra*) und der großen Dämonin selbst der Grund für die bösen und hinderlichen Kräfte in Tibet waren. Wenchengs Lösung bestand darin, den Bau eines Palastes für den König, einen *lhakhang* für ihren Buddha, ein Kloster für die Mönche und einen Park für das gemeine Volk in Auftrag zu geben. Das Steinmal der Dämonin sollte zerstört und der See in der »Milchebene« mit Erde und Steinen aufgefüllt werden.

König Songtsen Gampo und seine nepalesische *Königin Bhrikuti* akzeptierten die Diktate aus Wenchengs Weissagung. Aber die

Durchführung ihrer Vorschriften wurde dadurch behindert, dass Bhrikuti darauf beharrte, dass der Bau des geplanten Tempels ihr Privileg sei, und dass das religiöse Verdienst ihr zukommen solle. Der König erlaubte, dass Bhrikuti die Arbeiten kontrollierte, aber immer, wenn an irgendeiner Stelle Hindernisse auftraten – meist, weil Bhrikuti dem von Wencheng geforderten Vorgehen nicht folgte –, fragte die nepalesische Prinzessin bei ihrer chinesischen Schwester nach und erhielt Ratschläge, wie sie mit den dämonischen Störmanövern fertig werden konnte. Schließlich war der See trockengelegt, und das Fundament des Lhasa Jokhang wurde befestigt, aber inzwischen hatte sich der König selbst eingemischt und einen großen Plan ersonnen, um die große Dämonin für immer und ewig zu unterwerfen und gleichzeitig das tibetische Volk zum Buddhismus zu bekehren.

In König Songtsen Gampos idealer Vorstellung sollte der *Lhasa Jokhang* in der Mitte von drei Tempelkomplexen liegen, die zusammen konzentrische Quadrate bilden sollten. Die Tempel an den Ecken eines jeden Quadrates würden dann die Dämonin in zunehmend größeren Abständen von ihrem Herzen, das unter dem Lhasa Jokhang lag, festzurren und damit auch Stämme zivilisieren, die in zunehmender Entfernung von Lhasa lebten. Die Dämonin lag mit den Schultern im Osten, mit den Hüften im Westen von Lhasa, und ihre ausgebreiteten Extremitäten berührten die Grenzprovinzen. Deshalb fixierten die vier Tempel an den Ecken des inneren Quadrates ihre Schultern und Hüften und zivilisierten die vier Bezirke von Zentraltibet und Tsang. Die vier Tempel an den Ecken des mittleren Quadrates fixierten die Ellbogen und Knie der Dämonin und unterwarfen die Provinzen von Tibet. Die vier Tempel an den Ecken des äußeren Quadrates fixierten die Hände und Füße der Dämonin und unterwarfen die Grenzgebiete von Tibet. In der Praxis allerdings, also in der geographischen Realität wurde dieser ideale Plan nur teilweise verwirklicht, da keines der drei Vierecke wirklich quadratische Form erreichte.

Der Skorpion von Kongpo

Die große Dämonin von Zentraltibet ist das Hauptbeispiel für die Landschaft als unterworfenes dämonisches Wesen, das durch religiöse Rituale an Kraftplätzen, die den Energiepunkten ihres Körpers entsprechen, unterworfen wird. In ihrem Fall wurden diese Punkte mehr durch die Bevölkerungsdichte und durch politische Tauglichkeit als durch Geomantie bestimmt. Im Gegensatz dazu liegt in der Provinz Kongpo der Körper eines Skorpions. In der natürlichen Welt symbolisiert der Skorpion die zufällige Bösartigkeit der Natur und im Reich der Moral den Stich des Karma, die negativen Folgen von sündhaften Aktivitäten des Körpers, der Sprache und des Denkens. Obwohl Kongpo relativ nah an Zentraltibet gelegen ist, wurde es von Zentraltibetern immer als barbarische Provinz betrachtet, und zwar hauptsächlich aufgrund der Nähe und des Einflusses der Lopa-Stämme, jener animistischen Völker des östlichen Himalaya. Dort liegt in Buchu Songtsen Gampos Missionstempel.

Der Kongpo-Skorpion wird durch Kraftplätze unterworfen, die an seinen dynamischen Stellen liegen: Eine Höhle, ein See und drei Berge sind sowohl geomantisch wie auch symbolisch imstande, das Rieseninsekt zu binden. Die Gegenwart von Mahadeva (Shiva) und Uma (Parvati), die das buddhistische Mandala schützen, in *Gyala Tsedum* entfernen die Bösartigkeit der Fortpflanzungsorgane des Skorpions, während der Herr des Todes, *Shinje*, keine geographische Entsprechung in seinem Bauch hat. Die folgende Beschreibung ist einem neuen *Bön*-Pilgerführer entnommen, aber es kommt darin nichts vor, was im Gegensatz zum Buddhismus stünde:

»An der Spitze seines Stachels liegt der Kraftplatz der Meister und Himmelswandlerinnen, Ponse Khandro Ne genannt; im Mittelteil des Stachels liegt die Orgyenhöhle in Uri; an seinem Schwanz befinden sich die drei Berge, welche den dreieckigen Opferplatz des *Yidam Shinje* und der *Mamos* bilden; in seinem Maul liegt der reinigende See Roden Montso, der Nektarsee der Aspiration; rechts und links von ihm sind die Chabkar und Chabnak Gompas südlich des Bönri; der Bauch des Skorpions ist der Kreis von Shinje; und an seinen Fortpflanzungsorganen befinden sich die Schutzgottheiten Mahadeva und Uma bei Gyala Tsedum in vollkommener Vereinigung.«

Die Unterwerfung von Göttern und Dämonen durch Guru Rimpoche

Tibets großer Guru Padmasambhava, der in ganz Tibet als *Guru Rimpoche* bekannt ist, war ein tantrisch-buddhistischer Sadhu und Exorzist aus dem Swat-Tal im alten Königreich Uddiyana, das heute zu Pakistan gehört. Im 8. Jahrhundert wurde er von König Trisong Detsen nach Tibet eingeladen, um die tantrische Lehre einzuführen und im Besonderen Götter, Dämonen und Geister zu unterwerfen. Die tibetischen Orden, die der Autorität von Guru Rimpoches Nachfolgern misstrauen, sehen seine Leistung nur im Exorzismus des Landes. In dieser Domäne allerdings ist sein spiritueller Status als Buddha fest gegründet, denn seine Buddha-Vision hat die entfesselten Geister von Tibet wirkungsvoll unterworfen. Das Wort Exorzismus soll an dieser Stelle nicht als Austreibung, sondern vielmehr als Unterwerfung im Inneren verstanden werden. Und außerdem geht es überhaupt nicht darum, Götter und Dämonen zu *zerstören*; Guru Rimpoches Aufgabe lag lediglich darin, sie unter Kontrolle zu bringen und zum Nutzen des Buddha-Dharma und aller Wesen an die rituelle Macht des Yogi zu binden.

In der folgenden poetischen Anrufung von Göttern und Dämonen – während er sie versammelt, um eine symbolische Opfergabe als Gegenwert für ihren ewigen Gehorsam zu akzeptieren – erhebt Guru Rimpoche den Anspruch, dass sein Bewusstsein, seine Buddha-Vision die Macht besitzt, sie zu zerstören oder weiter existieren zu lassen.

»Mein Körper, meine Sprache und mein Bewusstsein strahlen im Wesen einer Buddha-Gottheit.
Ich überwältige aggressive Dämonen mit meinem Klang.
Indem ich jedwede mentale Wahrnehmung als Bewusstsein erkenne,
Fürchte ich mich nicht vor den Drohungen von Göttern und Dämonen.
Im Mandala des unermesslichen Raumes
Löst sich die Materialität der vier Elemente auf
Und verliert sich in der ungeheuren Weite und Tiefe des Raumes.
Im Mandala des leeren Wesens des Bewusstseins
Lösen sich die Phänomene von Göttern und Dämonen auf
Und verlieren sich in der ungeheuren Weite und Tiefe des Raumes.
Im bildlosen und leeren Wesen des Bewusstseins
Existieren keine Götter und Dämonen.
Ihr könnt so viele magische Illusionen erzeugen, wie ihr wollt,
Ich werde nicht wanken noch einen Deut zurückweichen.
Bald schon löst das Bewusstsein seine Formen auf.
Verweigert mir deshalb nicht euren Gehorsam.«

DOWMAN, MS

Einer von Guru Rimpoches Lehrern, *Shri Singha*, zeigt mit dem Finger auf den Himmel und lehrte ihn:

> *»Immer leer, immer leer;*
> *Diese allerwichtigste, absolute Wahrheit ist ein Schatz,*
> *Der überall glänzt – oben, unten, dazwischen, in allen Richtungen.«*
>
> RICARD 1994:257

Guru Rimpoches Buddha-Vision basiert auf der »todlosen« Wahrnehmung seines Körpers als reinem Licht. Dieses Licht durchdringt die gesamte Wirklichkeit, einschließlich der Illusion der festen Stoffe, er reinigt die vier Elemente und macht ihn immun gegen die Dämonen der Krankheit. Der Glanz dieses hellen Lichtes, das als Buddha-Gottheit in Erscheinung tritt, zieht sich durch die Gedankenformen, die als Dämonen erscheinen und integriert sie in die ganzheitliche Buddha-Vision. Wenn man alle mentalen Wahrnehmungen als Emanation des menschlichen Bewusstseins versteht, glaubt man nicht an Wesenheiten außerhalb dieses menschlichen Bewusstseins, das aber auch als unermesslicher Raum verstanden wird – und hier existieren keine Götter oder Dämonen. Die Illusion der Materialität – einschließlich dämonischer Geistgestalten – kann je nach seinem Wunsch in dieses Mandala aufgenommen werden. Deshalb warnt Guru Rimpoche diese Wesen: Dient mir oder verliert eure Existenz.

Diese Vision ist jahrhundertelang von Yogis aufrechterhalten worden, die den großen Guru nachahmten, und auf diese Weise wurden die Götter und Dämonen von Tibet zu Dienern der buddhistischen Yogis. Die Landschaft, mit der sie untrennbar zusammenhängen, wurde also gezähmt und in Buddha-Felder verwandelt.

Die Legenden über Guru Rimpoche beschreiben in mythologischen Begriffen seine Siege über die Götter und Dämonen von Tibet, aber auch über die Sternenkonstellationen und Planeten.

Auf seinem triumphalen Weg von Katmandu nach Samye, wo er die Geister des Ortes überwältigen wollte, damit dort ein Kloster gebaut werden konnte, wurde er von einer Reihe von überaus mächtigen tibetischen Schutzgöttern angegriffen. Als er durch das *Kyirong*-Flusstal und über einen Bergpass in die tibetische Provinz *Mangyul* eintrat, wurde er von *Mutsame*, einer der zwölf Wächtergottheiten der Pässe, die zum Schneeland führen, angegriffen. Mutsame versetzte sich in die Berge auf beiden Seiten des Passes und versuchte, Guru

Rimpoche und sein Gefolge zu zerquetschen. In einem engen Pass mit aufragenden Schneegipfeln auf beiden Seiten kann ein anfängliches Gefühl von Klaustrophobie, das durch Atembeschwerden in dieser sehr hoch gelegenen Gegend und durch die drohende Erwartung von heftigen Gewittern verstärkt wird, durchaus zu einer tiefen Angst werden. Und diese Angst erzeugt dann das Bild einer »zerquetschenden Hölle« und ein überwältigendes Bewusstsein von der Macht der Elemente. Und dann tritt Mutsame tatsächlich in Erscheinung.

Aber der Meister zerschlug den Felsen mit seinem Stab und legte einen Weg frei. Als sein Gefolge vom Pass herabstieg, erschrak die Göttin und bot dem Meister das Mantra ihrer Herz-Essenz an – mit dem Versprechen, das Buddha-Dharma hinfort zu schützen. Der Meister verlieh ihr den geheimen Namen »Unzerstörbare Meisterin der Schneegipfel, *Dorje Yubunma*«.

Einen Felsen mit dem Stab zu zerschlagen ist ein Bild, das bei der Beschreibung der Überwältigung von Dämonen in verschiedenen Formen vorkommt. Es hebt den bisherigen Glauben auf und erzeugt die magische Atmosphäre, in der die tantrischen Magier operieren, hauptsächlich aber symbolisiert es das Eindringen und die Erkenntnis des alles durchdringenden strahlenden Lichtes in scheinbar äußere und illusionäre Gedankenformen. Das dämmernde Bewusstsein einer ganzheitlichen Vision befreit den Weg. Dass die Göttin daraufhin voller Schrecken ist, liegt am Verlust ihrer Identität. Denn es droht ihr das Verschwinden im unendlichen Raum, der im Wesen des Bewusstseins liegt. Dass sie ihr Herz-Mantra anbietet, ist eine Geste der Niederlage – sie erkennt, dass sie ohne Selbstbestimmung nur ein integraler Teil der universellen Illusion ist. Ihre mantrische Herz-Essenz, eine Samen-Silbe, also ein Klang, ist ihr wichtigstes Erkennungsmerkmal, ihre ursprüngliche Manifestation nach dem Hervordringen aus der Leere. Weil ihr Wesen im Grunde aus Klang besteht, kann sie angerufen, kontrolliert und befehligt werden.

Schließlich verleiht ihr der große Guru einen neuen, nämlich den bereits erwähnten Namen »Unzerstörbare Meisterin der Schneegipfel, Dorje Yubunma«. Das Wort *dorje* zeigt an, dass sie nun eine Bewusstseinsentität ist, die durch eine Schnur der Leere an das Mantra gebunden ist. Deshalb wird sie auf den Schneegipfeln residieren und dem Buddha-Dharma als Schutzherrin dienen, solange der buddhistische Yogi den rituellen Akt der Fesselung und des symbolischen Opfers vollzieht. Auf den Schneegipfeln weilt sie auch heute noch und erscheint dem Reisenden, der sie im Äußeren vermeint, als übelwollende Göttin, aber sie dient dem buddhistischen Yogi, in dessen Bewusstsein sie ein integraler Teil des Mandala ist.

Von Mangyul aus wendete sich der große Guru mit seinem Gefolge nach Norden, überquerte den Raga-Tsangpo-Fluss und stieg zur tibetischen Hochebene hinauf. Als er die unendlichen rollenden Berge von Jang Namthang, der »nördlichen Himmelsebene« durchquerte, griff ihn *Namen Karmo*, die »Weiße Himmelsgöttin«, mit Donnerschlägen an. Sie war eine wilde Dämonin (*menmo*). Nun nahm der Meister einen Tropfen Wasser auf seine linke Handfläche – wie ein Tropfen auf einem Spiegel – und fing die herabfallenden Donnerschläge auf, die in seiner Hand wie sieben trockene Bohnen aussahen. Die Göttin war erstaunt und erschreckt und flüchtete sich in den *Pelku-Tso-See*. Der Meister richtete eine drohende Handgeste (*mudra*) auf den See, visualisierte ihn als Feuerkessel, und als der See kochte, trennte sich das Fleisch der Göttin vom Knochen. Bei diesem Droh-Mudra wird der rechte Arm in Schulterhöhe gebracht, die Handinnenfläche weist nach vorne, und dann werden die beiden mittleren Finger mit dem Daumen verbunden. Dieses Mudra ist das Zeichen der äußersten Drohung, das Zeichen des *dorje*. Und das *dorje* ist eine rituelle Darstellung des Donnerkeils und symbolisiert das leere Bewusstsein, das zum Wesen des Geistes gehört. Nichts und niemand kann diesem Mudra widerstehen, wenn der Yogi, der es vollzieht, in seinem Inneren im Samadhi der Nicht-Dualität verweilt. Wieder floh die Dämonin, aber der Meister traf sie mit seinem geheimen *dorje*-Donnerkeil und zerquetschte ihr rechtes Auge. Sie ergab sich, bot ihm ihre Herz-Essenz an, und er fesselte sie mit Treuegelübden und nannte sie Shame Kangkar Dorje Chenchikma (»fleischloser, weißer Schneegipfel, unzerstörbares Ein-Auge«).

Auf den riesigen nördlichen Ebenen des tibetischen Hochlandes, den rollenden Prärien, in denen die Nomaden mit ihren Yak-Herden beheimatet sind, empfindet man ein Gefühl menschlicher Hilflosigkeit und Bedeutungslosigkeit angesichts dieses ungeheuren Raumes, eines gelegentlich auftauchenden sumpfigen Sees und einem Grat weißer Schneeberge. Das Kriegerische der Natur entfaltet sich in launischen, plötzlich eintretenden Gewittern mit Blitz und Donnerschlag. Die Gegenwart der »Weißen Himmelsgöttin« wird durch ihre Donnerkeile geoffenbart, die der Meister im spiegelglatten Wasser in seiner Hand neutralisiert. Die Göttin – ihr Name, ihr Raum, ihre Waffe, das Feuer – wird dann mit Wasser gemischt, wenn Guru Rimpoche sie durch Visualisierung im Fadenkreuz des alles durchdringenden Bewusstseins kocht und ihr Fleisch vom Knochen löst. In der tantrischen Tradition symbolisiert der Knochen Leere und das Fleisch Form. Die Göttin wird also entthront und erhält den Gnadenstoß aus dem geheimen Dorje des Meisters. Dies ist sein Phallus, der in der Verwirklichung von Bewusstsein und leerer Form ihre dualistische Vision zerstört, sie mit dem einzelnen Auge des nicht-dualen Bewusstseins zurücklässt und ihre vollständige Unterwerfung einleitet. Ihre Herz-Essenz, das leere Wesen ihres Bewusstseins wird nun zu einem integralen Teil des ganzheitlichen Mandala, und deshalb muss sie dem buddhistischen Yogi dienen und ein Treuegelübde leisten. Sie ist nun als Schneegipfel auf dem *Jangthang* zugegen und stellt die rettende Qualität der Leere dar.

In Zentraltibet wurde Guru Rimpoche von zwei großen Berggöttern angegriffen – Nyenchen Thanglha und Yarlha Shampo. Die Bergkette des Nyenchen Thanglha trennt das Yarlung-Tsangpo-Fluss-System von der Jangthang-Hochebene. Diese Bergkette erhebt sich im Nordosten im *Bezirk Nakchu* und zieht sich in südwestlicher Richtung bis zum Kailash. Der Hauptgipfel dieser Kette liegt unmittelbar nördlich von Lhasa und in der Nähe des *Namtso-Sees* und ist die Wohnstätte des großen Berggottes *Nangchen Thanglha*, eines der vier wichtigsten Berggötter von Tibet, der dieser Gebirgskette und ihrem höchsten Gipfel seinen Namen verliehen hat. Dieser Name bedeutet »der Große Nyen, Gott der Ebenen«, außerdem wird er auch Nam Thanglha oder »Gott der Himmelsebene« genannt. Thanglha forderte den Meister in Gestalt eines monströsen, wütenden Dämons heraus, der die Reisenden zu verschlingen drohte. Der Meister richtete sein Droh-Mudra auf ihn, und sofort verwandelt sich Thanglha in ein kleines Kind mit einem türkisgeschmückten Haarknoten. In dieser Form wurde er vom Meister gefesselt.

Yarlha Shampo wurde ebenfalls durch die Kunst des Mudra zum Dienst für den Meister gezwungen. Er war einer der neun Söhne des uralten Bön-Ahnengottes, der einem der ursprünglichen neun Clans vorstand, die im 6. Jahrhundert das Kernstück des Königreiches von König Songtsen Gampos Vater bildeten. Er war der Ahnengott des Clans, der das Yarlung-Tal bewohnte, die Wiege der tibetischen Zivilisation. Der Meister näherte sich Samye und traf auf diesen Gott:

»Yarlha Shampo erschien als weißes Yak auf dem Berghang. Aus seiner Nase quollen Dampfwolken, sein bellendes Gebrüll klang wie Donnergrollen, sein Atem war heftig wie ein Schneesturm, der Donnerkeile und Hagel niederschleudert, und so forderte er sie zum Kampf heraus. Der Meister nahm das Yak mit seinem Haken-Mudra an der Schnauze, schlang mit seinem Lasso-Mudra ein Seil um seinen Nacken, fesselte seine vier Füße mit seinem Ketten-Mudra, bewarf das Yak vermittels seines Glocken-Mudras mit Lehm und schlug es. Das Yak verwandelt sich unmittelbar in ein Kind, das in Seidenkleider gehüllt war. Es bot seine Herz-Essenz an und wurde durch ein Treuegelübde gefesselt.« DOWMAN, MS

Das Yak ist normalerweise ein sanftes Tier, das in der freien Natur scheu und in der Gefangenschaft fügsam ist. Aber das wilde Yak-Männchen bildet eine Ausnahme, wenn es sich herausgefordert fühlt, sein Leben oder seine Kuh zu schützen. Dann ist es das Urbild starker, ungezähmter Aggressivität. So manifestiert sich also Yarlha Shampo dem Guru Rimpoche als archetypisches wildes Yak, das sein Territorium verteidigt. Aber der Meister fängt, fesselt und unterwirft es mit vier Handgesten, die vier Aspekte seines nicht-dualen Samadhi symbolisieren.

Die alten Legenden beschreiben verschiedene Wege, die Guru Rimpoche bei seinem Weg nach Samye eingeschlagen hat. Der letzte Ort, den er besuchte, war Medro, etwa 80 Kilometer im Nordosten von Lhasa. Dort wollte er einen König der Schlangengeister günstig stimmen, und zwar den mächtigsten der Erd- und Wassergeister in Tibet und Kham. Die Macht des Schlangengeistes von Medro verweist auf die Wichtigkeit der ökologischen Balance im Denken der alten Schamanen.

Der Kern des Rituals, das Guru Rimpoche vollzieht, ist das Vergraben eines Schatzes für die Schlangengeister, eine Vorab-Opfergabe, um ihnen für all die Naturgaben zu danken, die der Bau eines Klosters benötigen würde, und um sie zu besänftigen, weil bei diesem Klosterbau ja auch Steine bewegt und die Erde aufgegraben werden musste.

In Samye wurde die erste Frucht der Dämonenfesselung offenbar. *Shantarakshita*, der indische Abt, den König Trisong Detsen aus Vikramashila eingeladen hatte, um Tibets erstes Kloster zu bauen, hatte in seiner Mission versagt, und zwar aufgrund seiner Unfähigkeit, die Götter und Dämonen zu unterwerfen. Die Schlangengeister hatten sich geweigert, mit ihm zu kooperieren und versagten dem König das Holz für die Balken und das Eisen für die Nägel. Die Eigentümer des Bodens (*zhidak*) hatten das Sammeln und Behauen der Steine behindert, und die Mauern, welche die Arbeiter während des Tages aufrichteten, wurden nachts wieder zerstört. Die Erdherren (*sadak*) brachten die Fundamente ins Wanken, sodass es zu keinem Fortschritt beim Bau kommen konnte. Unmittelbar nach seiner Ankunft in Samye rief Guru Rimpoche die von ihm gefesselten Götter und Dämonen Tibets an und bot ihnen Teigbälle in einer Jadeschale an. Sie erschienen alle in Samye und erfüllten die Forderung des Meisters nach Mithilfe beim Klosterbau.

Wie Drukpa Kunley die Dämonen fesselte

Obwohl Guru Rimpoche alle wichtigen Götter und Dämonen Tibets und des Himalaya unterwarf, gab es Gegenden, die er nicht betreten hatte. Vor allem gab es Täler diesseits des Himalaya, welche die buddhistische Botschaft niemals empfingen. Es blieb späteren Missionaren aus Zentraltibet vorbehalten, diese Täler zu bekehren und ihre Dämonen zu unterwerfen. Einer dieser Missionare war Drukpa Kunley. Er wurde in der Mitte des 15. Jahrhunderts in Tibet geboren, erlangte seine tantrischen Einweihungen und Belehrungen im *Drukpa Kagyü*-Hauptkloster von Ralung. Am besten kennt man ihn in *Bhutan*, wo er einen Großteil seines Lebens als wandernder buddhistischer Sadhu verbrachte und den Status eines Heiligen oder auch tantrischen Adepten erreichte. In meinem Buch *Divine Madman* (»Der heilige Verrückte«) habe ich die vielschichtige tantrisch-sexuelle Metaphorik verwendet, um Drukpa Kunleys Aktivitäten zu beschreiben. Ein wichtiger Teil davon bestand in der Unterwerfung der Dämonen der Täler von Bhutan. Mit dem Dämon von Wong im Thimphu-Bezirk verfuhr er wie folgt.

Der Dämon von Wong, ein Schlangengeist, der hoch oben in einem unzugänglichen Teil seines Tales lebte, drohte das Dorf auf den Flussterrassen darunter zu zerstören. Drukpa Kunley horchte die Schützlinge des Dämons aus und entdeckte, dass sie in einer bestimmten Nacht die letzte Bewohnerin, eine alte Frau, verschlingen wollten. In dieser Nacht begab er sich zu deren Haus. Sie sprach zu ihm:

> *»Einst war ich reich. Aber da kein Buddha oder Adept jemals seinen Fuß in dieses arme abgelegene Tal gesetzt hat, sind die Dämonen Amok gelaufen und haben sowohl Menschen wie auch Vieh gefressen.*

Ich selbst erwarte nicht, die kommende Nacht zu überleben. Du bist ein heiliger Mann und brauchst nicht hier zu bleiben. Geh fort, solange du noch kannst, oder du wirst bei lebendigem Leib gefressen werden.« DOWMAN 1980:126

Der Meister tröstete sie und bat sie um etwas Alkohol, den sie ihm auch zu trinken gab, während er die Dämonen erwartete. Als sie ankamen und ans Tor polterten, schrie die alte Frau voller Angst, und Drukpa Kunley ergriff seinen erigierten Penis und warf ihn durch ein Loch in der Tür direkt in das klaffende rote Maul des Dämons von Wang, sodass ihm die Zähne ausbrachen. Der Dämon flüchtete sich, um sein Leben zu retten in die Meditationshöhle einer Nonne, die ihm kummervoll die Art seiner Wunde und die Unwahrscheinlichkeit einer Heilung erklärte. Sie riet ihm, zu dem Lama zurückzukehren, der sie verursacht hatte. So kehrte der Dämon zu Drukpa Kunley zurück, fiel vor ihm zu Boden und sagte: »Befehle über mich. Ich biete dir mein Leben an.« Der Lama legte seinen Donnerkeil auf den Kopf des Dämons, erteilte ihm die Weihe und fesselte ihn mit einem Laiengelübde.

Die Angst vor diesem Dämon und seiner Gefolgschaft ist vielleicht mit dem Schrecken der sesshaften Bauern vor Banditen vermischt, die bis vor kurzem Tibet und den Himalaya heimsuchten. Wir können eine Verwobenheit von alten Dämonenlegenden und einer tatsächlichen historischen Heimsuchung durch Räuber und Mörder annehmen. Das dämonische Wesen wird durch Drukpa Kunleys geheimes Dorje des leeren Bewusstseins ebenso bekehrt, wie sich der Bandenführer zum Buddhismus bekehrt. Die Einprägsamkeit dieser Legende liegt jedoch in einem spirituellen Prozess, bei dem das verängstigte Bewusstsein mit dem hellen Licht des leeren Bewusstseins erfüllt wird, und dies geschieht durch das Sexualorgan des Meisters. Bei diesem geheimen Dorje geht es nicht um männliche oder weibliche Identität, sondern nur darum, jede scheinbar stoffliche mentale Entität zu durchdringen und in leere Form aufzulösen.

Drukpa Kunley beschloss, die schreckliche Longrong-Dämonin, ebenfalls eine Schlangengottheit, auf der Straße nach Punakha anzugreifen, um sie zu unterwerfen, zu fesseln und in eine Schutzgottheit des Buddha-Dharma zu verwandeln. Er erblickte sie in ihrer furchterregendsten Gestalt, sie saß auf einer gleißenden Wolke aus Sprühregen, der vom Fluss heraufgepeitscht wurde. Sie verspottete seine buddhistischen Leistungen und fragte nach seiner spirituellen Übertragungslinie. Drukpa Kunley beeindruckte sie durch seine Antwort, in der er existenzielle Echtheit und Autorität ausdrückte und ihr die Buddhaschaft als Schutzgöttin versprach:

»Dieser bedürftige Bettler, dieser Vagabund,
Hat sich mit Ekel vom Verlangen abgewendet,
Und was immer seinen Geist betritt, spricht er aus,
Äußere Erscheinung ist mit Tugend bekleidet.
Niemals arbeitend, die Wirklichkeit hängen lassend,
Und alles, was entsteht, ist der Weg der Befreiung.

Dämonin von Longrong, sei zufrieden als Schutzgottheit!
Du, Tochter der Götter, Schlangen, Teufel und Dämonen,
Würdige Gefährtin, attraktiv und bezaubernd,
Unstoffliche Erscheinung, folge mir!
Bleibe dem seligen Weg der Befreiung treu
Mit Körper, Sprache und Denken
Und erlange die Buddhaschaft noch in diesem Leben.

DOWMAN 1980:113

Die Dämonin verwandelte sich in eine wunderschöne Frau und brachte dem Lama Alkohol in einer großen Kristallurne. Sie erzählte ihm, wie sich ihre Wahrnehmung von ihm verändert hatte – vom Bettler zum Buddha –, und bat ihn, ihr seine transformative sexuelle Gunst zu erweisen. Er reinigte sie durch sexuelle Vereinigung, und sie gelobte, dass sie niemals mehr lebende Wesen verletzen und stattdessen hinfort dem Buddha-Dharma dienen wolle.

Mandala-Vision

In der Buddha-Vision wird das Wesen des Bewusstseins als Leere und Raum verstanden, und Mandalas dienen als Infrastruktur des Bewusstseins. Erscheinungsformen wie etwa Landschaften verharren noch in ihrer scheinbar chaotischen Naturordnung, aber innerhalb der Wahrnehmung, die ja eine Einheit von Außen und Innen darstellt, sind sie Mandalas. In den symbolischen Begriffen der tantrischen Tradition werden sie als dreidimensionale Modell oder zweidimensionale Pläne ausgedrückt. Diese Formen kann der Yoga-Aspirant visualisieren, und durch die Erkenntnis der Wirklichkeit, welche die Symbole repräsentieren, kann er eine Mandala-Vision und eine Buddha-Vision erlangen, wobei die Mandala-Vision das Bewusstsein von der grundlegenden Reinheit und vollkommenen Symmetrie und Harmonie jeglicher Wahrnehmung ist.

Das einfachste von allen Mandalas, die Grundlage für alle anderen, ist ein leerer Kreis. Das tibetische Wort für Mandala bedeutet »Mittelpunkt und Umfang« (*kyilkhor*). Der Mittelpunkt des einfachen Mandalakreises stellt einen Augenblick des reinen Bewusstseins von grenzenlosem innerem Raum dar. Dies ist die Leere (*tongpanyi, shunyata*), die weder begriffen noch ausgedrückt werden kann. Anthropomorph wird sie als nackter blauer Buddha, als Ur-Buddha dargestellt. Diese Leere durchdringt jede Ebene des Bewusstseins und stellt eine Fluidität der Wahrnehmung sowie die transzendenten Eigenschaften von Glanz und Fülle zur Verfügung, die jegliche Wahrnehmung kennzeichnen. Das kreisförmige Grund-Mandala steht auch für die intuitive Erkenntnis des Grundbausteins der Erfahrungswirklichkeit, den leeren Kern in jedem Augenblick der Erfahrung. Während es also das wesentliche Elemente der Wirklichkeit anzeigt, strukturiert es auch das ungeschaffene Urbewusstsein in dreidimensionaler Form. Jede Form, die in diesem Mandala des Bewusstseins entsteht, ist leer; und jede Leere hat Form.

Die mentale Erzeugung eines Mandalas durch den Yogi ist eine Übung zur Strukturierung des scheinbaren Chaos der menschlichen Erfahrung. Visualisierung und Kontemplation eines Mandalas führen automatisch zu mentaler Stille. Der einfache Mandala-Kreis rahmt den Inhalt des Bewusstseins ein und verleiht einem zuvor noch grenzenlosen Chaos eine wichtige begrenzende Ordnung. Der leere Raum innerhalb des Kreisumfanges evoziert die Leere seines Inhaltes, das letztlich leere Wesen der Wirklichkeit. Der Aufbau eines komplexen Mandalas zeigt die wesentlichen Elemente des Bewusstseins und seiner Wahrnehmungsschichten an, und zwar in einem Augenblick sinnlicher Erfahrung. Seine Bildlichkeit und Symbolik erscheinen meist in Gestalt von anthropomorphen Figuren, z.B. männlichen und weiblichen Buddha-Gottheiten. Um ein Mandala zu »lesen«, muss man den hierarchischen Aufbau des Pantheons und die Bedeutung der Symbole kennen, aus denen sich die einzelnen Gottheiten zusammensetzen.

Das innere Mandala, das für die Praxis des tantrischen Yoga entscheidend ist, beschreibt menschliche Interaktion mit der sinnlich erfahrbaren Umwelt. In dieser Interaktion sind die folgenden Elemente impliziert: Die fünf Sinne – Sehen, Hören, Schmecken, Tasten und Riechen – und die dazugehörigen Sinnesorgane; der Gefühlston – positiv, negativ oder neutral –, der mit jeder Wahrnehmung einhergeht; der emotionale Gehalt der Wahrnehmung – Verlangen, Zorn, Stolz, Eifersucht, Angst – und die dazugehörigen Gedanken; der Impuls zu weiterer Wahrnehmungstätigkeit, der durch Gedanken und Emotion erzeugt wird, die wiederum einem karmischen Muster folgen; und schließlich das Bewusstsein, das jede Wahrnehmung begrüßt. Formal besteht das Mandala, das diesen komplexen, fünffachen Augenblick der menschlichen Erfahrung symbolisiert, aus fünf Kreisen: einem mittleren Kreis, der in den vier Eckrichtungen von vier weiteren Kreise umgeben ist. Sie alle liegen innerhalb des äußersten Kreises, der die Grenze setzt. Die fünf Kreise werden durch Buddhas mit verschiedenen Farben und Handgesten dargestellt. Dieses Mandala, das »Mandala der fünf Buddhas« ist die erste Ebene der Komplexität, die aus dem einfachen Kreis-Mandala des Ur-Buddhas entsteht.

Die fünf Buddhas

Die fünf Buddhas stellen die fünf Emotionen dar, welche die grundlegenden Bestandteile der Gefühls-Erfahrung des Menschen bilden. In der tantrischen Vision wurden sie zu einem komplexen und raffinierten Pantheon entwickelt, in dem immer auch eine weibliche Buddha-Gefährtin und eine Anzahl von Bodhisattva-Söhnen vorhanden ist, die deren Aspekte darstellen. Sie sind gewissermaßen die Väter der Buddha-Familien oder psychologischen Typen. Ihre Namen und Ikonographien – ihre Farbe, ihre Familiensymbole, ihr Reittier, ihre Mudras und Yogahaltungen (*asanas*) – zeigen die Eigenschaften und persönlichen Merkmale dieser Familien, was unter anderem aus den fünf Elementen und Emotionen hervorgeht, die mit ihnen assoziiert werden. Farbe und Handgeste liefern sofort ein sinnlich wahrnehmbares Element der Identifikation. Wenn das Bewusstsein der Leere die Emotionen durchdringt, so bestimmt es ihre jeweilige Buddha-Weisheit.

Der Buddha im Mittelpunkt des Mandala ist *Namnang* (Sanskrit: Vairochana). Sein Name bedeutet »Schöpfer aller Erscheinungen«. Sein Symbol ist das Rad (*dharmachakra*), dessen Nabe er ist und das er ständig antreibt. Diese Funktion tritt auch in seiner Handgeste, der

Geste des Lehrens (*dharmachakra mudra*) zutage. Aber er wird auch durch drei Juwelen dargestellt, die den Buddha, seine Lehre und die Gemeinschaft der Buddhisten symbolisieren. Seine Familie ist die Buddha-Familie, und sein Reittier ist der Löwe. Seine Farbe ist Weiß, die Farbe des Elementes Äther bzw. des Raumes selbst. Er repräsentiert das reine Wesen der Unwissenheit und Trägheit – das allumfassende Bewusstsein, das mit dem Raum entstand und deshalb auch als Dharmadhatu-Bewusstsein bezeichnet wird. Namnang symbolisiert das Bewusstsein, das alle sinnlich erfahrbaren Dinge begrüßt, und seine Buddha-Gefährtin ist Dhateshvari, die das Element des Raumes verkörpert.

Der Buddha der östlichen Richtung des Mandala heißt *Mikyopa* oder Akshobhya, der »Unbewegliche«. Seine Familie sind die Dorjes, er trägt auch ein Dorje (oder *vajra*) als Symbol, das Diamantzepter, das unbeirrbares Bewusstsein ausdrückt. Sein Reittier ist der Elefant, der durch seine Schwere Kraft und Zuverlässigkeit ausdrückt. Er zeigt die Handgeste der Erdberührung (*bhumisparsha mudra*), mit der die Geister des Erdelementes und die Erdmutter selbst angerufen werden können, um die Erleuchtung zu bezeugen. Seine Farbe ist das Blau des Erdelementes, das in negativer Form zu Hass und Ablehnung wird, aber als »Spiegel-Bewusstsein«, in dem sich die Wirklichkeit aller Dinge abbildet, gereinigt wird. Mikyopa symbolisiert Form, die als sinnlich erfahrbare Aktivität wahrgenommen wird, und seine Buddha-Gefährtin Lochana versinnbildlicht Erde und Festigkeit.

Der Buddha des Südens im Mandala ist *Rinchen Jungne* (Sanskrit: Ratnasambhava) oder »Quelle der Juwelen«. Er ist der Spender der Fülle. Sein Symbol ist ein wunscherfüllender Edelstein. Sein Reittier ist das edle Pferd, das Reichtum und Fülle ausdrückt. Seine Handgeste ist die des Schenkens (*varada mudra*), die grenzenlose Großzügigkeit und Freigebigkeit symbolisiert. Seine Farbe ist das Gelb der Erde und der dazugehörige Stolz, der in gereinigtem Zustand zum »Bewusstsein der Gleichheit«, der letztlichen Identität aller Dinge wird. Rinchen Jungne verkörpert die positive, negative oder neutrale Reaktion auf jegliche Sinneswahrnehmung, und seine Buddha-Gefährtin ist Mamaki, die Wasser und Flüssigkeit ausdrückt.

Der Buddha der westlichen Richtung ist Öpakme (Sanskrit: Amitabha) oder »Grenzenloses Licht«. Er gehört zur Lotusfamilie, und sein Symbol ist der Lotus des Mitgefühls. Sein Reittier ist der Pfau, der in vielen Farben schimmert und zu dessen Nahrung auch giftige

Substanzen gehören. Seine Hände bilden die Meditationsgeste (*dhyana mudra*). Seine Farbe ist Feuerrot, die dazugehörige Emotion ist Verlangen und Gier, die in ihrer reinen Essenz jedoch das »Alles-Unterscheidende Bewusstsein« ist. Öpakme symbolisiert Begriffe, die aus jeder Wahrnehmung entstehen, und seine Buddha-Gefährtin, Pandaravasini, symbolisiert Feuer und Hitze.

Der Buddha der nördlichen Richtung ist *Donyodrubpa* (Sanskrit: Amoghasiddhi), der »Erfüller aller Wünsche«. Er gehört zur Karmafamilie, und sein Symbol sind gekreuzte Dorjes, die seine allumfassende Fähigkeit der Transformation ausdrücken. Sein Reittier ist der mythische Vogel Garuda. Seine Handgeste zeigt Furchtlosigkeit und Schutz (*abhaya mudra*), und der König der Schlangengeister erhebt sich wie ein Baldachin über ihm. Seine Farbe ist das Grün der Luft und die dazugehörige Emotion ist Eifersucht, deren gereinigte Essenz das »Alles-Vollendende Bewusstsein« ist. Donyodrubpa verkörpert den karmischen Impuls, der Aktion erzeugt, und seine Buddha-Gefährtin ist Samaya Tara, die das Luftelement, den Wind und die Beweglichkeit symbolisiert.

Diese Assoziationen der fünf Buddhas, die Wurzeln der fünf Buddha-Familien, sind für ein Verständnis der Praxis des tantrischen Buddhismus, wie auch jeder Äußerung über das Wesen der Buddha-Vision grundlegend.

Aus diesem Mandala entsteht das persönlichere Mandala des jeweiligen individuellen Yogi. Der herrschende Buddha seiner eigenen Familie, also seines spirituellen Typs, nimmt die Mittelposition des Mandalas ein und erzeugt eine komplexe und dynamische Buddha-Gottheit, die sowohl die transformative Funktion des Bewusstseins wie auch die daraus resultierende Vision darstellt. Dies ist der *yidam*, dessen Meditationspraxis in den als *tantras* bezeichneten Büchern beschrieben ist. Einige der wichtigsten *yidams* des tibetischen Buddhismus sind *Dukhor* (Sanskrit: *Kalachakra*), das »Rad der Zeit«, *Kye Dorje* (Sanskrit: Hevajra), *Demchok* (Sanskrit: Samvara), »Höchste Seligkeit«, Dorje Phurba (Sanskrit: Vajrakilaya), der »Unzerstörbare Dolch« und *Dorje Phakmo* (Sanskrit: Vajravarahi), die »Diamantsau«. Sie werden als zornige Gottheiten abgebildet, weil sie die Funktion einer kraftvollen dynamischen Verwandlung besitzen, und erscheinen meist auch in sexueller Vereinigung mit ihren Buddha-Gefährtinnen, um die Symbiose der grundlegenden tantrischen Polarität von Mitgefühl und Weisheit zu zeigen. Sie sind von den dynamischen Gestalten der anderen vier Buddhas umgeben, und außerhalb dieses Kreises befinden sich die Schutzgötter des Mandala. Diese Schutzgottheiten, die man als Buddha-Dämonen beschreiben könnte, beziehen sich unmittelbar auf die Umwelt, die Landschaft, jene Elemente der Erfahrung, die am schwersten als Teile der Buddha-Natur zu integrieren sind. Meist sind es die alten Götter und Dämonen Tibets, aber manche von ihnen entstanden auch als universelle Elemente-Energien in Indien. Die Art und Weise, auf die sie transformiert wurden und im Zentrum des Mandala an die Buddha-Energie gebunden blieben, habe ich zuvor bereits beschrieben.

Devachan, das »reine Land Amitabhas«

Jeder der fünf Buddhas hat seinen Sitz in der Mitte eines »reinen Landes«, das von einem Mandala von Bodhisattvas und Opfergöttinnen umgeben ist. Ein Bodhisattva ist eine hohe Emanation eines der fünf Buddhas, die einer von Mitgefühl getragenen Aktivität gewidmet ist. Aber er ist auch ein menschliches Wesen, dessen Karma genügend gereinigt ist, dass jede seiner Handlungen der Erlangung des Nirvana zuträglich ist. *Bodhi* bedeutet »Weisheit«, und *sattva* »Sein« oder »Held«. Die spirituelle Praxis des menschlichen Bodhisattva ist doppelt: Er lebt ein Leben von unbefleckter Tugend, um sein Karma zu reinigen, und er praktiziert Meditation (*gom*), um sein Bewusstsein zunehmend mit dem des Buddha zu identifizieren, zu dem er um Führung und Unterstützung betet. Er praktiziert die Tugenden der Freigebigkeit, der Moral, der Geduld und des konzentrierten Handelns. Die Meditation ist sowohl Konzentration wie auch meditatives Gewahrsein. Durch diese Methode häuft er Verdienste auf, die zu einer besseren Wiedergeburt führen, die ihm neue Bedingungen eröffnen, um von neuem in der Praxis von Tugend und Meditation voranzukommen, bis er schließlich in einem »Reinen Land« geboren wird.

Jeder der fünf Buddhas hat ein »Reines Land«, aber der Buddha, den die meisten Anhänger dieses Bodhisattva-Weges vorziehen, ist Öpakme oder Amitabha, der Buddha des westlichen Paradieses. Öpakmes Farbe, ein strahlendes transparentes Rot, symbolisiert die Transformation von niedrigem Verlangen in liebendes und freundliches Mitgefühl. Seine höchste Bodhisattva-Emanation ist Chenrezik oder Avalokiteshvara, der Bodhisattva des Mitgefühls, dessen bedeutendstes Gelübde in der Gegenwart seines Vater-Buddhas Öpakme darin bestand, dass er auf seinen Wunsch nach Eintritt ins Nirvana so lange verzichten wolle, bis jedes fühlende Wesen vom Rad der Wiedergeburt befreit sei und ihn begleiten könne. Öpakmes »reines Land« heißt *Dewachan* (Sanskrit: Sukhavati), das »selige Land«. Wer als Bodhisattva Tugend praktiziert und den langen Weg der karmischen Reinigung durch unzählige Wiedergeburten zu Öpakmes »reinem Land« einschlägt, in dem die Erleuchtung des Buddhas ohne Schwierigkeiten erfolgen kann, für den ist Dewachan immer nur das nächste Stadium. Es ist nicht nur ein Ruheplatz vor dem letztendlichen Bodhisattva-Stadium, sondern wird auch als Weltsystem betrachtet, das von der sinnlichen Wirklichkeit des *Dzambuling*, unserer eigenen Welt abgetrennt ist. Vielleicht ist das Dewachan-Konzept ein didaktischer Trick, um Menschen, die den Bodhisattva-Weg praktizieren, zu ermutigen, weil die Karotte zwar immer vor der Nase hängt, dennoch aber nicht erreicht werden kann. Auf dem tantrischen Weg, auf dem das Hier und Jetzt die einzige Wirklichkeit ist, erweist sich Dewachan als tibetische Landschaft, die durch die Kraft mitfühlender Vision transformiert wird.

Im Folgenden ein Auszug aus einer klassischen Beschreibung des Dewachan, das von Shakyamuni Buddha in Form eines Diskurses an seinen geliebten Schüler Ananda gerichtet wurde:

> *»Das Weltsystem Dewachan, Ananda, gleichzeitig auch das Weltsystem des Herrn Öpakme, ist reich und wohlhabend, bequem, fruchtbar, freudevoll und von vielen Göttern und Menschen bevölkert. Und in diesem Weltsystem, Ananda, gibt es keine Höllen, keine Geister, keine Asuras und keine ungünstigen Ort der Wiedergeburt.*
> *Und dieses Weltsystem Dewachan, Ananda, schickt viele Düfte aus, es enthält eine große Vielfalt von Blumen und Früchten, ist mit Juwelenbäumen geschmückt, die von Scharen verschiedener Vögel mit süßen Stimmen besucht werden, die von den magischen Kräften der Tathagatas hervorgezaubert wurden. Und diese Juwelenbäume, Ananda, haben verschiedene Farben, viele Farben, viele Hunderttausende von Farben. Sie sind auf verschiedenerlei Weise aus den sieben kostbaren Dingen zusammengesetzt: Gold, Silber, Beryll, Kristall, Koralle, rote Perlen und Smaragd – in jeweils verschiedenen Kombinationen. Solche Juwelenbäume, wie auch Gruppen von Bananenbäumen und Palmenreihen, die alle aus Edelsteinen geschaffen sind, wachsen allenthalben in diesem Buddha-Feld … Überall ist es bedeckt von Lotusblumen, die aus wertvollen Substanzen bestehen … Und aus jedem Juwelenlotus entspringen sechsunddreißig mal hunderttausend*

kotis von Buddhas mit goldfarbenen Körpern, welche die zweiunddreißig Male des Übermenschen tragen.
Dort gibt es auch große Flüsse, die eine Meile breit und bis zu fünfzig Meilen lang und zwölf Meilen tief sind. Und all diese Flüsse strömen ruhig dahin, ihr Wasser duftet nach mannigfaltigen angenehmen Düften, in ihnen gibt es Blumensträuße, an denen die verschiedensten Juwelen hängen, und es erklingen aus ihnen alle möglichen süßen Klänge...« CONZE 1959:232-3

Die wirkliche Existenz von Dewachan in Tibet konzentriert sich auf zwei Orte. Der erste davon ist in *Tashi Lhunpo* in *Shigatse*, wo der Panchen Lama als Inkarnation des Buddha Amitabha residiert. Der zweite ist der *Potala* in Lhasa, die Residenz des *Dalai Lama*, der eine Emanation des Bodhisattva Chenrezik ist. Für die indischen Buddhisten lag der Potala auf einer Insel im Südwesten des indischen Subkontinentes und wurde erst nach Lhasa versetzt, als sich die Inkarnation des Bodhisattva dort niederließ. Der ungeheure Glaube und die religiöse Hingabe der tibetischen Anhänger des Dalai Lama kann nur im Lichte seines Status als Inkarnation des Bodhisattva Chenrezik verstanden werden, der in seinem Buddha-Feld weilte.

Seit die Dalai Lamas im 17. Jahrhundert ihre Residenz im Potala aufschlugen, wurden spirituelle und weltliche Macht in der Person von Chenreziks Inkarnation vereint. Manche betrachten jedoch den Panchen Lama in Tashi Lhunpo, beziehungsweise Amitabha in seinem Dewachan, dem »reinen Land«, als höhere Autorität, da die Quelle seiner Inkarnation der Vater-Buddha von Chenrezik ist.

Seit der frühesten buddhistischen Zeit war Chenrezik (»Er, der mit Tränen in den Augen auf das Leiden der Welt blickte«) der Schutzherr des Schneelandes, und sein Mantra OM MANI PADMA HUNG war die Formel, um Segen für einzelne Menschen und das ganze Land herabzuflehen. Dieses universell ausgesprochene Mantra lässt die Vision von Chenrezik in seinem »Reinen Land« erstehen – es wird im Gebet gemurmelt, während die Finger die Perlen eines Rosenkranzes zählen, es wird in Steinblöcke am Rande des Weges oder in Felsen an einem Bergabhang gehauen, es wird auf Gebetsfahnen, die im Wind flattern, gedruckt, oder auf Papierrollen geschrieben und in Gebetsmühlen gepackt, die mit der Hand gedreht werden, die in die Wand eingelassen sind, die vom Wasser gedreht oder vom Wind getrieben werden. Dieses Mantra ist universell.

Das Ganden-Paradies des Bodhisattva Jampa

Der Bodhisattva *Jampa* ist der zukünftige Buddha. Sein Name Jampa (Sanskrit: Maitreya) bedeutet »Liebende Freundlichkeit«. Bis er zur Erde herabsteigt, wohnt er wie Shakyamuni Buddha vor ihm im Ganden-Paradies, in dem alle Bodhisattvas auf ihre Wiedergeburt warten. *Ganden* (Sanskrit: Tushita) bedeutet »fröhlich«, und dies ist der dritte Himmel der Sinne, der durch die Anwesenheit der Bodhisattvas in ein »reines Land« verwandelt wird. Die Bewohner von Ganden leben 4000 Jahre lang, ein Tag entspricht 400 Menschenjahren. Ihre Körpergröße beträgt etwa 200 Meter. Ihre Wiedergeburt auf Erden wird zu einem Zeitalter des reinen Buddha-Dharma führen. Diese Lehre wird nicht nur verbreitet und praktiziert werden, sondern die physische Landschaft Dzambuling, also unsere Welt, wird ebenfalls transformiert werden. Das raue tibetische Bergland wird zu einem verborgenen paradiesischen Tal werden:

> *»Der Insel-Kontinent Dzambuling wird überall ganz flach sein und zehntausend Meilen messen, und alle Menschen werden das Privileg genießen, auf ihm zu leben. Er wird zahllose Einwohner haben, die weder Verbrechen noch böse Taten begehen, sondern Freude daran haben, Gutes zu tun. Der Boden wird ohne Dornen, flach und mit frisch gewachsenem grünen Gras sein; wenn man darauf springt, gibt er nach und wird weich wie die Blätter des Baumwollbaumes. Er duftet köstlich, schmackhafter Reis wächst auf ihm, ohne dass man dafür arbeiten müsste. Reiche seidene und andere Gewebe in verschiedenen Farben schießen aus den Bäumen. Die Bäume tragen Blätter, Blüten und Frucht gleichzeitig; sie sind so hoch wie die Stimme reicht und werden acht Myriaden Jahre alt. Menschliche Wesen haben keinen Makel, moralische Vergehen sind unter ihnen unbekannt, und sie sind voller Eifer und Freude. Ihr Körper ist sehr groß, und ihre Haut schimmert sanft. Ihre Kraft ist außerordentlich ... Frauen heiraten erst im Alter von fünfhundert Jahren.«* CONZE 1959:238

Das Dogma besagt, dass wir gegenwärtig im Zeitalter der Degeneration, dem *kaliyuga*, leben und dass Krankheit, Krieg und Hungersnot, die diese Periode kennzeichnen, bis zur Ankunft des Jampa und der Transformation der Welt an Intensität und Bösartigkeit zunehmen werden. Aber im tantrischen Buddhismus wird auch angenommen, das die Anhänger Jampas durch religiöse Rituale das Zeitalter von

Buddhas Gegenwart auf der Erde, das *dharmayuga*, bereits hier und jetzt erfahren können. In diesem Zusammenhang sind also die Zeitalter die profanen Aspekte der parallel zu ihnen verlaufenden Ebenen innerer Erfahrung und können auch durch meditatives Gewahrsein erlebt werden.

Für Gläubige, deren Karma die Möglichkeit, das »reine Land« hier und jetzt zu erlangen, behindert, ist die Wiedergeburt im Ganden-Himmel, die durch Gebet und tugendhaftes Leben erlangt werden kann, ein weniger forderndes und leichter zu erreichendes spirituelles Ziel:

> *»Yogis und Yoginis aller Religionen können ganz leicht in kontemplative Trancen eintreten, in denen sie die verschiedenen Himmelsreiche erleben können. Und gute Menschen dürfen bei ihrem Tod realistischerweise hoffen, in ein angenehmes Himmelsreich einzutreten, obwohl ein Himmel in den meisten indischen Religionen niemals zu einem endgültigen Aufenthalt werden kann – er ist in der unendlichen Runde der Wiedergeburten eine zwar angenehme, aber nur zeitweilige Station.«* THURMAN 1991:33

Der chiliastische Jampa-Kult breitete sich zusammen mit dem Aufstieg des *Geluk-Ordens* aus, der mit den Dalai Lamas in Verbindung stand, und erreichte im 20. Jahrhundert seinen Höhepunkt. Das vergoldete Monumentalbild des Jampa, das am Tashi Lhunpo Gompa in Shigatse erhalten wurde, ist eine der größten und wertvollsten Zeugnisse des Mönchstums in diesem Jahrhundert, und es beweist die Vitalität dieses Kultes. Das 26 Meter hohe Bild, das von 279 Kilogramm Gold bedeckt ist, zeigt Maitreya, der mit seinem Bodhisattva-Schmuck aus Koralle, Türkis und Jade ausgestattet ist. Der Kult wird vorwiegend vom Mönchstum getragen. Das große Monlam-Fest, das nach dem tibetischen Neujahr gefeiert wird und in der Vergangenheit vielleicht mehr öffentliche, leidenschaftlich-religiöse Teilnahme erweckt hat als irgendein anderes Fest in Tibet, ist hauptsächlich der Verehrung von Jampa gewidmet. Und Ganden ist in ganz Tibet der geläufigste Name eines Geluk-Klosters. Das wichtigste unter ihnen ist *Ganden Namgyeling* in der Nähe von Lhasa; es ist der Sitz des Ordensgründers *Tsongkhapa*. Tatsächlich nannte man die theokratische Regierung von Tibet *Ganden Photrang* oder »Freudvolle Festung« – denn sie erinnert an Jampas Paradies.

Das Paradies der fünf Berggipfel von Jampelyang

Jampelyang (Sanskrit: Manjushri) ist der Bodhisattva der Weisheit. In der landläufigen Auffassung verleiht er Intelligenz und Bildung. In den spirituellen Traditionslinien der »universellen Buddhisten-Tradition« (*mahayana*) stellt er die nicht-diskursive Intelligenz oder das Bewusstsein Buddhas von der Leere in allen Dingen dar. Mit dem Schwert, das er in der Rechten schwingt, zerstört er durch Leidenschaft erzeugte mentale Verdüsterung, aber auch das Anhaften an festen Begriffen. Sein Hauptaufenthaltsort ist der *Wu-t'ai Shan*-Berg in der chinesischen Provinz Shanxi. Dieser überaus heilige chinesische Berg besteht aus fünf abgeflachten Gipfeln, die sich rings um ein Talsystem erheben, in dem im Laufe des letzten Jahrtausends unzählige Klöster und Tempel, hauptsächlich aber die Wohnorte von tibetischen buddhistischen Mönchen, Nonnen und Yogis errichtet wurden. Ein Tal mit seinen ringsum gelagerten fünf Gipfeln ist das charakteristische geomantische Bild des »reinen Landes von Jampelyang«, wo auch immer es zu finden ist. Auch die Oase *Khotan* an der Seidenstraße weist diese Form auf und galt einst als berühmter Wohnsitz von Jampelyang. Ein weiteres Beispiel für dieses Ideal ist das Katmandu-Tal mit seinen fünf ringsum sich erhebenden Gipfeln. Und in Zentraltibet befindet sich Jampelyangs Wohnsitz am Riwo Tsenga, einem Bergrücken mit fünf Gipfeln, der vom Kyichu-Fluss im Süden von Lhasa aus zu sehen ist.

Shambhala

Das legendäre *Shambhala* ist weniger ein Buddha-Feld als vielmehr ein idealer Ort zwischen *samsara* und *nirvana*, an dem die Rudimente von Buddhas Vision zu günstigen Zeiten und unter glücklichen Umständen entwickelt werden können. Es kann in dieser Welt gefunden werden, aber seine genaue geographische Lage ist unsicher. Angeblich liegt es im Norden jenseits des Kang Rimpoche oder Kailash, vielleicht sogar jenseits der Kunlun-Berge an Tibets Nordgrenze. Aber Menschen, die Shambhalas geographische Wirklichkeit suchen, treten eine unendliche Pilgerreise ohne klares Ziel an, während andere zu Hause sitzen, weise nicken und den Rat erteilen, dass es hier und jetzt durch Meditation entdeckt werden kann.

Shambhala wird als irdisches Paradies, als verborgenes, von Bergen umschlossenes Tal beschrieben. Im Zentrum dieses Mandala, das von Parks und Palästen, Flüssen und Tempeln umgeben ist, erhebt sich ein Berggipfel. Die Landschaft ist durch achtblättrige Lotusblüten beschrieben, wobei jede Blüte Güter enthält, deren Herrscher dem König von Shambhala die Treue halten, dessen Palast im Mittelpunkt liegt. Die Geschichte des Landes beginnt mit seinem ersten König Suchandra, der sein Reich verließ, um von Shakyamuni Buddha am berühmten Shri Danyakataka Stupa in Südindien ausgebildet zu werden. Heute regiert der 29. König der Dynastie Shambhala. Der 32. König Rudrachakrin wird seine Armeen auf die Kräfte der Unwissenheit und des Bösen loslassen und sie ganz und gar zerstören. Sein Sieg wird die Herabkunft eines neuen goldenen Zeitalters von spiritueller Freiheit und Erleuchtung einläuten.

Die Lehre von Shambhala ist in der Literatur des Kalachakra-Tantra enthalten, das beim Geluk-Orden und dem gegenwärtigen Dalai Lama am beliebtesten ist. Während das Kalachakra-Tantra selbst das innere Yoga erklärt, durch das sich die komplexe, nicht-duale Vision des Kalachakra-Mandala entfaltet, vermittelt die Lehre über Shambhala, wie Gläubige in das Paradies wiedergeboren werden, in dem der Prozess der spirituellen Verwirklichung zu einem klar ausgerichteten Yoga und einem vollständigen Lebensstil werden kann. Der verstorbene *Chögyam Trungpa Rimpoche* hat auch im Sinne westlicher kultureller Begriffe genaue Anweisungen gegeben, wie man Shambhala erreichen kann.

Guru Rimpoches »ruhmreiches, kupferfarbenes Bergparadies«

Guru Rimpoches charismatische Anwesenheit beherrschte die Frühzeit der Ausbreitung des Buddhismus in Tibet. Nachdem sich die Restauration der Bön-Religion abgenützt hatte und eine zweite Periode intensiver Missionstätigkeit begann, wurde er zum zweiten Buddha unseres Zeitalters und zu einer zentralen Gestalt in der mythischen Vision der Menschen von Tibet. Die Legende erzählt, dass er Tibet vom *Gungthang-Pass* in der Nähe des Pelku-Tso-Sees verließ, und zwar auf dem mythischen weißen Pferd des Buddha-Dharma, das von Himmelswandlerinnen oder weiblichen Buddhas (*khandromas*) getragen wurde. Sein Ziel war *Ngayab Ling*, eine Insel im Meer südwestlich von Dzambuling, wo er die Aufgabe hatte, die kannibalischen und dämonischen Bewohner im transformativen Weg des Tantra zu unterrichten. Sein Erfolg in dieser Sache wird durch den Begriff des *Zangdok Pelris*, seines »ruhmreichen, kupferfarbenen Bergparadieses« beschrieben.

Dieser Berg liegt auf einer Insel im kosmischen Ozean, und der Umfang der Insel ist gleichzeitig auch der Umfang eines Mandala. In ihm sind die Wände und die vier Tore, die von den vier Wächterkönigen beschützt werden zu finden. Im Zentrum steht ein Pagodentempel mit drei Dächern, und zwischen den Mandala-Mauern, die mit Toren versehen sind, und dem Tempel praktiziert eine Gemeinschaft von Eingeweihten die Lehre von Guru Rimpoche. Im Himmel rings um die Tempelspitze schweben Himmelswandlerinnen, welche ebenfalls die Lehre praktizieren. Im Erdgeschoss des Tempels thront Guru Rimpoche selbst, er ist von seinen indischen und tibetischen Gefährten sowie Lamas und Yogis, die seine Vision teilen, umgeben. Im Zentrum des darüber liegenden Geschosses weilt Chenrezik, der Bodhisattva des Mitgefühls, und im Zentrum des nächsten Geschosses Öpakme (Sanskrit: Amitabha). Die Beziehung zwischen diesen drei Buddhas wird in Padmasambhavas Geburtslegende erklärt:

> *»24 Jahre, nachdem Buddha Shakyamuni ins Nirvana eingegangen war, empfing der Ur-Buddha des Grenzenlosen Lichtes, Öpakme, den Gedanken der vollkommenen Erleuchtung in Gestalt des großen Mitfühlenden, Chenrezik, und aus Chenreziks Herz entsprang ich, Padmasambhava, der aus dem Lotus geborene Guru als Silbe HRI, und kam wie herabfallender Regen in Myriaden von Gestalten in die ganze Welt – für jene, die bereit waren, mich zu empfangen.«*
>
> DOWMAN 1973:74

Im Sinne sich durchdringender Seinsbereiche ist Öpakme das alles durchdringende Licht und Bewusstsein, Chenrezik seine reine und mitfühlende Vision, und Guru Rimpoche die transformierende Illusion der Sinnesfelder des Lama.

Das »ruhmreiche, kupferfarbene Bergparadies« ist ein fernes »reines Land«, in dem der Gläubige in seinen Gebeten wiedergeboren werden will, damit seine Meditationspraxis in der Gegenwart von Guru Rimpoche reifen und zu einem meditativen Zustand werden kann. Hier kann die Transformation der tibetischen Umwelt sinnlich erfahren werden.

Das Paradies – oder genauer – sein Pagodentempel mit den drei Dächern wird manchmal in den Klöstern des *Nyingma-Ordens* abgebildet. Beispiele dafür sind das Lama Gompa in der Nähe von *Bayi* in Kongpo, das Jiu Gompa am *Tso-Mapham-See* (Sanskrit: Manasarovar), das *Kuthang Gompa* im verborgenen Tal *Kyimolung* und das Tarthang und *Dodrub Chode* in Kham. Aber auch an der *Chimphu-Eremitage* wird ein Felsvorsprung, in dem sich mehrere Höhlen befinden, Zangdok Pelri genannt, und gerade in seiner mangelnden Symmetrie und Ähnlichkeit mit dem vollkommenen Mandala-Bild zeigt sich, dass die Vision im Inneren liegt und von der Meditationsleistung der dort lebenden Yogis abhängt.

Die Vision des Mutter-Tantra

Buddha-Vision erzeugt eine Einheit von Außen und Innen, von objektiver Umgebung und subjektivem Bewusstsein. Die Mandalas des »reinen Landes«, von Shambhala und dem »ruhmreichen, kupferfarbenen Bergparadies« beschreiben diese Vision in den Begriffen eines Buddha in seinem Palast im Zentrum einer gereinigten Umgebung. Dies sind Mandalas der Form, äußere Mandalas. Im Inneren entspricht die Buddha-Vision Brennpunkten der Energie im feinstofflichen Körper des verklärten Yogi. Die Tantras, die diese Vision am besten darlegen, sind die Mutter-Tantras, die eine Buddha-Göttin als Herrin des Mandala setzen und den weiblichen Aspekt des »Zwei-in-Einem« der tantrischen Metaphysik entwickeln. Die Tantras von Demchok (Sanskrit: Samvara), Kye Dorje (Sanskrit: Hevajra) und Dorje Phakmo (Sanskrit: Vajravarahi) sind die populärsten dieser Art.

In ihnen wird der feinstoffliche Körper im Sinne von übersinnlichen Kanäle, Energieflüssen und Brennpunkten der Energie beschrieben. Vereinfacht ausgedrückt, verläuft der mittlere Kanal vom Damm bis zur Fontanelle. Die beiden seitlichen Kanäle zweigen jeweils unter dem Nabel vom mittleren Kanal ab und verlaufen parallel zu ihm bis zum Kopf und treten bei den Nasenlöchern aus dem Körper aus. Es gibt sieben Energiezentren oder Chakras auf dem mittleren Kanal, und zwar in Verbindung mit dem Anus, den Genitalien, dem Solarplexus, dem Herz, der Kehle, dem Kopf und der Fontanelle. Der rechte trifft sich mit dem linken Kanal im Nabel-, Herz-, Kehl- und Kopf-Zentrum. Aus den sieben Energiezentren zweigen weitere zusätzliche Kanäle ab und gabeln sich immerfort an kleineren Brennpunkten, sodass sie ähnlich wie das Nervensystem jede Extremität des Körpers erreichen. Innerhalb der Kanäle gibt es verschiedene Energieflüsse oder »Winde«, aber im transformierten Körper des Yogi hat sich die Flussrichtung, die normalerweise vom mittleren Kanal zu den beiden seitlichen und dann in immer weiteren Verästelungen verläuft, umgekehrt: Die gesamte Bewegung läuft in den mittleren Kanal, in dem die Energiezentren wie Lotusblüten der Erleuchtung aufblühen. Die Umkehrung des Energieflusses ist eine Metapher für die Vereinigung der Dualität, ein Prozess, der zu Buddha-Vision führt. Die Energiezentren stellen die Einheit von Innen und Außen dar.

Der feinstoffliche Körper und seine Energiepunkte werden als »erhabener Körper von Dorje Neljorma (Sanskrit: Vajra Yogini)«, also von Khandroma, der zentralen weiblichen Buddha-Gestalt, nach außen projiziert. Ihr Körper erstreckt sich über den gesamten indischen Subkontinent – von Kap Komorin bis zum Himalaya, von Assam bis nach Pakistan – und die wichtigsten Kraftplätze Indiens sind in drei Mandalas mit je acht Plätzen aufgeteilt, die Khandromas Körper, Sprache und Geist symbolisieren. Die Symmetrie dieser Orte existiert nur auf der inneren visionären Ebene. Zwei der ursprünglich aufgelisteten 24 Kraftplätze liegen in Tibet: der große Kraftplatz des Berges Kang Rimpoche (Sanskrit: Kailash) und in *Tretapuri*, einem Kraftplatz unweit des Kang Rimpoche. Aber noch zwei weitere wichtige Orte wurden nach Tibet versetzt, und zwar durch Yogis, welche selbst die großen Kraftplätze heiligten, mit denen sie identifiziert wurden. *Devikota*, das ursprünglich in West-Bengalen lag, wurde mit dem tibetischen Berg *Tsari* identifiziert, ferner auch mit der Eremitage Lhamo Kharchen in Lhokha und auch mit dem Tempel Phawongkha in der Nähe von Lhasa. *Godavari* in Südindien wurde mit dem großen Berg *Labchi* identifiziert. Diese Transpositionen verliehen tibetischen Yogis im Laufe der Jahrhunderte Zugang zu Khandromas Energie.

Die meisten der 24 Kraftplätze wurden ursprünglich durch ihre geomantische Bedeutsamkeit bestimmt und sind allen Völkern, unabhängig von ihrer religiösen Tradition heilig. Nicht nur die Orte im Herzen von Indien, sondern auch der Kang Rimpoche und der Tsari, die auch Kraftplätze der Bön-Religion sind, gelten in der hinduistischen Tradition als heilig. Die Symbole, welche die Göttin Devi und den *Shiva Mahadeva* repräsentieren, nämlich *yoni* (Vulva) und *lingam* (Phallus), kommen dort ebenfalls vor. Dies unterstreicht die Ursprungsenergie dieser Orte und die Wichtigkeit der Vision des jeweiligen Yogi.

Historisch wurden die 24 Kraftplätze zunächst als Orte identifiziert, die Shiva Mahadeva und seiner Gefährtin Devi heilig waren, und die buddhistische Sicht des Transformationsvorganges ist äußerst instruktiv:

> »*Als das Ende der Zeit, das kaliyuga nahte, als Zorn, Gier und Unwissenheit die volle Reife erreicht hatten, überwältigte Shiva Mahadeva in seiner schrecklichsten Gestalt, nämlich Ugra Bhairava, die Erde und ließ sich in der Gestalt eines Lingam in den 24 Kraftplätzen nieder. Am Ende des kaliyuga beschloss Dorje Chang (Vajradhara), der ursprüngliche Buddha, in seiner Weisheit, die erschreckenden Götter, welche die Erde beherrschten, zu unterwerfen. Während er sich in bildlosem Mitgefühl festigte, manifestierte er sich als Buddha Heruka, und mit noch größerem Zorn als dem, der sich in Bhairava verkörperte, trampelte er mit seinen Füßen auf Bhairava in tanzender Haltung, und dadurch erlangt Bhairava höchste Seligkeit und vollkommene Verwirklichung. Buddha Herukas Emanationen traten in die Lingams ein, die zuvor Bhairavas Wohnplätze waren, und heiligten sie, während sie sich in der Gestalt von Bhairava und seinen Anhängern kleideten, ihre rituellen Gegenstände für sich verwendeten und ihre Kulte in Rituale des Lichtes und der Freiheit verwandelten.*«

Die Parabel von *Rudra* beschreibt die Unterwerfung oder Transformation des inneren, göttlichen Ego (Rudra oder Bhairava) in eine Emanation von Buddhas Leere und Mitgefühl:

> »*Es gab einmal einen tantrisch-buddhistischen Guru, welcher lehrte, dass alle Erfahrung im Wesentlichen rein sei, da sie spontan im Bewusstsein entstehe. Dieser Guru hatte zwei Schüler, die Freunde waren. Der erste unterließ es, seinen Impulsen zu folgen, die in seiner Meditation auftauchten, erkannte die natürliche Reinheit im spontanen Steigen und Fallen der Augenblicke der Erfahrung und erlangte die Loslösung der Buddhas. Der zweite Schüler verließ seinen Guru, beobachtete die Art seiner Erfahrung in der Meditation und folgte den Impulsen, die in ihr entstanden. Er baute ein Bordell, sammelte eine Diebesbande um sich, fiel über benachbarte Dörfer her, tötete die Männer und entführte die Frauen. Einige Zeit später trafen sich die beiden Freunde, und erstaunt über die Art ihrer jeweils verschiedenen tantrischen Praxis, suchten sie den Guru auf, um seinen Ratspruch zu hören. Der Guru lobte den ersten Schüler und verurteilte den zweiten, und daraufhin zog der Bordellbesitzer, der das Wissen*

um seinen eigenen Irrtum nicht zu ertragen vermochte, sein Schwert und tötete seinen Guru auf der Stelle. Als er starb, wurde er nacheinander als Skorpion, Schakal und in anderen verdammten Formen des gefühlsbegabten Lebens wiedergeboren, bis er schließlich im Reich der Götter als Rudra von neuem existierte. Rudra hatte drei Köpfe und sechs Arme mit voll ausgewachsenen Schnäbeln und Krallen, als er geboren wurde. Seine Mutter starb bei der Geburt, und die Götter waren über ihren Sprössling so entsetzt, dass sie ihn zusammen mit ihr begruben. Rudra nährte sich von ihrem Fleisch und Blut, und als er seine Reife erreichte, organisierte er die Geister, Ghuls und die Lebensformen der Verbrennungsstätten zu einer Armee und versuchte die Kontrolle über Himmel, Erde und Unterwelt zu gewinnen. Inzwischen hatte sein Freund Buddhas Erleuchtung erlangt und versuchte ihn zu unterwerfen. Er verwandelte sich in den Bodhisattva Chakna Dorje (Vajrapani), der wiederum zu Heruka Tamdrin (Hayagriva) wurde, einer Emanation von Karunamaya, dem Bodhisattva des Mitgefühls. Er trat durch den Anus in Rudra ein und machte ihn besessen von der Erkenntnis der Leere und des Mitgefühls. Daraufhin drückte Rudra seine Desillusionierung und Bekehrung aus und bot sich selbst als Thron für Heruka an den 24 Kraftplätzen an. Buddhistische Meister, die gewillt sind, grobe Formen des Ego und Anhaftung an leidenschaftlich begehrte Gegenstände zu unterdrücken und Leidenschaft in ihr reines Wesen zu verwandeln, nahmen deshalb später zunächst die äußere Gestalt von Rudra mit seinem Knochenschmuck, seinem Schutz aus Tigerfell, seinen Hirnschalen von Menschen und Elefanten usw. an, denn dies ist die Gestalt der zornigen Gottheiten des buddhistischen Tantra.«

Diese Parabel ist nicht nur für das Verständnis der Beziehung zwischen buddhistischem und hinduistischem Tantra und der scheinbar dämonischen Gestalten der Buddha-Gottheiten wichtig, sondern sie erklärt auch die Umwandlung der großen Kraftplätze des Himalayagebirges aus hinduistischen in buddhistische Orte. Kang Rimpoche, Labchi und Tsari waren schon lange vor der Ankunft des tantrischen Buddhismus die Wohnplätze von Mahadeva und seiner Gefährtin Uma. Während sie von den Hindus als Riesen-*lingams* betrachtet wurden, sahen buddhistische Yogis in ihnen die Buddha-Gottheit Demchok (Sanskrit: Samvara) in sexueller Vereinigung mit seiner Khandroma-Gefährtin Dorje Phakmo (Sanskrit: Vajravarahi).

Der feinstoffliche Körper von Khandroma wird am Kang Rimpoche durch drei Haupttäler, nämlich Darlung (Fahnental), Lhalung (Göttliches Tal) und Dzonglung (Festungstal) gebildet, die als linker, mittlerer und rechter Kanal des feinstofflichen Körpers betrachtet werden. Der Körper von Khandroma kann auch in vielen Gegenden in der heiligen Landschaft von Tibet entdeckt werden, in denen die buddhistische Tradition keine hinduistischen Vorläufer hatte. Eine ihrer wichtigsten Wohnstätten ist Beyul Pema Ko, das »verborgene Land in Lotusform« in Südosttibet. Bei *Kangri Thokar*, einer Einsiedelei im Osten des Kyichu-Flusses südwestlich von Lhasa liegt sie auf dem Rücken, und zwar in Gestalt eines Berggrates, in dem sich Einsiedlerhöhlen befinden. Zwei Quellen, aus denen milchiges Wasser entspringt, markieren ihre Brüste, das Nonnenkloster Shukseb bildet ihr linkes Knie, und ihre Vulva ist die Quelle eines größeren Flusses, der die Nordseite der Bergkette nährt. Die Leichenstätte Drikung oder vielmehr das runde Steinfeld, in dem Leichname zerstückelt werden, gilt als ihr Nabel, und ihr gesamter Körper lässt sich in der Landschaft der Region von Drikung erkennen.

Das Mandala der buddhistischen Kosmologie

Die tantrische Buddha-Vision befasst sich in erster Linie mit der Transformation des Hier und Jetzt des Yogi in seiner Umgebung, damit daraus ein Buddha-Feld wird. Das Mandala ist eine Karte des Bewusstseins, welches das Wesen der Buddha-Vision offenbart und seine Bestandteile identifiziert. Für den Yogi in seiner Höhle oder Eremitage ist das Zentrum des Mandala sein Sitz, und er interessiert sich nicht besonders für die Geographie jenseits der geomantischen Formationen, die sich in seinem Gesichtsfeld befinden. Aber in Beschreibungen von Buddha-Feldern gab es Hinweise auf ihren Ort in diesem Mandala, und dies verweist wiederum auf ein umfassendes geographisches oder kosmologisches Schema. Dzambuling ist z.B. unser Weltkontinent, und die Insel des »kupferfarbenen Berges« liegt im südwestlichen Ozean. Es gibt Elemente in diesem kosmologischen Mandala, die mythisch-visionäre Wirklichkeiten mit geographischen Konzepten vereinen. In diesem Mandala wird keine formale Unterscheidung zwischen beiden gemacht, da sie beide begriffliche Stützen für die Erleuchtung sind.

Das gesamte dreidimensionale kosmologische Mandala ist wie ein Becken geformt. Es ist von Eisenbergen umgeben und enthält den kosmischen Ozean. In dessen Zentrum liegt der *Berg Meru* oder Sumeru, der in Pyramiden aufsteigt, die mit der Spitze nach unten zeigen. Auf der Spitze dieses unbezwingbaren Berges befindet sich eine flache Ebene. Sonne und Mond kreisen um diesen Berg, der von sieben Ringen goldener Berge umgeben ist, die wiederum durch sieben Meere voneinander getrennt sind. In der ungeheuren Weite des Ozeans außerhalb des siebten Bergringes erheben sich vier Kontinente in den vier Himmelsrichtungen. Im Osten liegt der Kontinent Lupak (»edler Körper«), der wie ein Halbmond geformt ist. Im Süden befindet sich der trapezförmige Kontinent Dzambuling (Sanskrit: Jambudvipa), der Kontinent des »Rosenapfelbaumes«. Im Westen liegt der runde Kontinent Walangcho (»reich an Vieh«) und im Norden der quadratische Kontinent Draminyen (»unangenehmer Klang«). Jeder Kontinent wird auf beiden Seiten von einer Insel flankiert, die genauso geformt ist wie er selbst.

Am Fuße des Berges Meru befindet sich die unzerstörbare Hölle, die ebenso lange währt wie das Weltsystem. Die Höllen der zeitweiligen Wiedergeburt sind rings um sie angeordnet. Wo der Berg Meru sich aus dem Ozean erhebt, leben die hungrigen Geister, die in ihrer qualvollen Suche nach Nahrung vom Rest des Lebens abgetrennt sind. Auf dem Sims, der durch die auf dem Kopf stehenden Pyramiden gebildet wird, weilen die eifersüchtigen Götter, die erfolglos versuchen, den Gipfel zu erklimmen. Die flache Ebene auf dem Gipfel ist das Mandala von Buddhas »reinem Land«, das von Bodhisattvas und anderen erleuchteten Wesen bewohnt wird. In der Mitte dieser Ebene befindet sich ein dreistöckiger Tempel. Daraus erhebt sich das umgekehrt kegelförmige Reich der Götter: Der Himmel des sinnlichen Vergnügens im untersten Drittel des Kegels, ferner der Himmel der reinen ästhetischen Form im mittleren Drittel und der Himmel des formlosen Wesens im oberen Drittel. Die Kontinente werden von menschlichen Wesen bevölkert, die jeweils verschiedene Charakterzüge haben. Dzambuling ist der Kontinent des »Rosenapfelbaumes«, der in der Nähe des Tso-Mapham-Sees wächst. Dies ist der Kontinent, in dem Buddhas das Buddha-Dharma lehren und die Gemeinschaft der Buddhisten es praktiziert.

Dieses Mandala bildet eine Basis für geographische Interpretation. Der Berg Meru kann z.B. als Kang Rimpoche (Kailash) identifiziert werden. Der südliche Kontinent Dzambuling könnte als der indische Subkontinent einschließlich Zentraltibets verstanden werden, wo der größte Teil der Buddhisten lebt. Der westliche Kontinent könnte Westasien und Europa sein, der nördliche Kontinent das Steppenland von Zentralasien, das von Reitervölkern beherrscht wird, und der östliche Kontinent China. In einer alternativen Interpretation macht der südliche Kontinent Dzambuling die gesamte Welt aus, wie wir sie kennen. Für die Tibeter, die durch ihre geographische Lage in der Mitte von Asien eingesperrt sind, war ein flaches Weltmodell passend, als man begann, dieses Mandala auch als geographische Karte zu deuten. In der westlichen Kultur und der modernen Welt nährt die Vorstellung von der Welt als Kugel nicht nur unser Bedürfnis nach Gewissheiten, sondern ist auch nützlich, wenn es darum geht, rund um den Globus zu reisen.

Als begriffliche Unterstützung auf dem Weg zur Erleuchtung versetzt dieses geographische Mandala wie jedes andere Mandala das Individuum ins Zentrum eines ungeheuren, aber dennoch begrenzten Raumes, der dem Bewusstsein entspricht, wobei die vier Kontinente die vier strukturierten Aspekte dieses Bewusstseins in den vier Grundrichtungen entspricht. Es ist unwichtig, wo sich der Visionär befindet, er identifiziert sich im Wesentlichen mit dem Zentrum des Mandala, mit jenem Punkt, an dem er in Frieden mit dem scheinbaren Chaos der Naturerscheinungen lebt.

Dieses Mandala wird üblicherweise in einem Wandgemälde in den Vorhallen von tibetischen Klöstern abgebildet, zusammen mit den Wächterkönigen der vier Himmelsrichtungen und dem Rad des Lebens. Es erscheint auch im Grundriss des *Samye Chokhor*, des ersten Klosters, das in Tibet erbaut wurde.

Nebenaspekte der Vision

Visionäre Bergformationen

Die Vision eines Buddha-Lama transformiert jede Wahrnehmung, die in seinem Bewusstsein entsteht, in einen bunt bewegten Tanz illusionärer Form mit Klangeffekten und einer unendlich mächtigen Vielfalt von Geschmack, Geruch und Berührung. Jeder dieser machtvollen Sinneseindrücke wird von einem Deutungswissen über seine Symbolik begleitet. Anders ausgedrückt: Jedes visuelle Bild und jeder Klang ist ein dynamisches Symbol und enthält eine Lehre, die den

Vollzug des Buddha-Dharma unterstützt. Wenn das Symbol sehr inhaltsreich ist, so kann es sich als Mandala mit detailliert dargestellten Gottheiten manifestieren. Aber wenn es oberflächlicher bleibt, so kann es sich in der Form eines Felsens, dem Muster des Schneefalls, der Linie des Horizontes, der Silhouette eines Menschen oder Tieres zeigen oder die Form eines geweihten Ritualinstrumentes oder einer Silbe aus dem Sanskrit oder dem Tibetischen annehmen. Diesen Deutungsprozess kann man Halluzination oder poetische Imagination nennen, aber sie verleiht im buddhistischen Kontext eine Basis für die Bodhisattva-Ebene des Bewusstseins: Dem tantrischen Dogma zufolge entsteht nämlich aus einer vollkommen reinen Wahrnehmung, die durch keine Selbstwahrnehmung getrübt ist, ein Handlungsimpuls, der für andere Wesen nur wohltuend sein kann.

Deshalb muss die tibetische Landschaft durch ihre buddhistischen Lamas neu geträumt werden. Was zuvor wie ein Berghang aussah, ist nun das Drama, in dem Guru Rimpoche einen Dämon besiegt. Ein nackter Felsvorsprung lässt ein holographisches Bild der Silbe OM entstehen. Der hervorsickernde schwarze Saft (*shilajit*) des Berges ergibt das Muster des heiligen Dreizacks, Guru Rimpoches *katvanga*. Erschreckende Felsblöcke und bedrohliche Schluchten nehmen die Gestalt von mythologischen Schutztieren an. Eine Einbuchtung im Felsen, die wie zufällig am Eingang einer Höhle liegt, wird zur Schädelschale des Yogi. Wenn die Landschaft auf diese Weise wahrgenommen wird, so wird sie zu einer Schatzkammer von Symbolen. Dem Pilger, der von der Fremdheit des Landes überwältigt ist, gewähren sie Beistand, dem Bewohner eines Tales schenken sie eine ständige Quelle des Trostes, Mönche und Nonnen, die mit inneren Widerständen zu kämpfen haben, erinnern sie an das Ziel des Weges, und dem Eingeweihten, der in seiner Abgeschiedenheit hoch auf dem Berghang weilt, bieten sie eine Quelle der Inspiration und ein Maß für die Entwicklung seiner visionären Fähigkeiten.

Die invozierten Bilder sind nicht immer oder notwendigerweise von tiefer Bedeutung, aber meist enthalten sie einen mythologisch bedeutsamen Hinweis. In *Terdrom* befindet sich am Zusammentreffen von zwei Flüssen ein Kraftplatz: Der Berg, der sich zwischen ihnen erhebt, wird Elefantenkopf genannt, wobei der Elefant als Symbol von Majestät und Herrschaft gilt. In der Beschreibung des Umschreitungsweges um den Berg Bönri werden die Felsen im Pilgerführer durch ihre Ähnlichkeit mit Tieren oder Teilen von Tieren identifiziert: »Garudas Schwingen«, denn Garuda ist das Symbol eines Himmelsgottes; »ein goldener Fels, der wie eine Adlermutter aussieht, die ihr Junges liebkost«, denn auch der Adler steht für einen Himmelsgott, und »Schluchten, die den Eindruck erwecken, als würden dort Geier hausen«, denn der Geier ist der Freund des Menschen, der das zerstückelte Fleisch des Leichnams verzehrt; Schluchten, die einem Stier, einem Pferd und einem Keiler ähneln. Ein Fels, der »wie eine Schildkröte aussieht«, lässt an die Schildkröte denken, auf der die *axis mundi* (Weltachse) steht. Felsen, die Krokodilen und Fantasietieren mit dem Körper eines Fisches und dem Kopf eines Krokodiles (*makhara*) ähneln, erinnern ebenfalls an das Krokodil, das für seine Hartnäckigkeit bekannt ist, mit dem es alles festhält, was es zwischen die Zähne bekommt.

Sexuelle Landschaftsformen

Wie bereits erwähnt, kann die Landschaft als weiblicher Körper betrachtet werden. In Zentraltibet und seinen angrenzenden Provinzen liegt die große Dämonin, die durch die Missionstempel von König Songtsen Gampo gefesselt ist, während sich der Körper des weiblichen Buddha Dorje Neljorma quer durch die Provinz Beyul Pema Ko und andere kleinere Gegenden zieht.

Spezifische Landschaftszüge werden mit den Körperteilen der Dämoninnen identifiziert. Diese Identifikation von weiblichen Körperteilen – Kopf, Brüste, Brustwarzen, Bauch, Vulva und Glieder – mit Naturformationen bekräftigt die Identität der Erde mit dem weiblichen Prinzip und seiner anthropomorphen Darstellung als Göttin oder Dämonin. Wenn die weibliche Gestalt dann eine Buddha-Gottheit evoziert, wird die Gegenwart dieser weiblichen Buddha-Gottheit betont.

Genauer gesagt: Felsformationen werden oft als weibliche Fortpflanzungsorgane gesehen. Im Höhlensystem von *Drak Yangdzong* z.B. kann man ohne weiteres das gesamte weibliche Fortpflanzungssystem wahrnehmen. Ja, jede Höhle kann als Schoß betrachtet werden. Die symbolische Darstellung des Schoßes ist das Dreieck, deshalb kann jede dreieckige Felsformation als die Matrix der Existenz, als Schoß der Buddhas und Quelle aller Dinge (*chojung*, *dharmodaya*) verstanden werden. Eine solche Felsformation wird oftmals als Zeichen für die Gegenwart einer Schutzgöttin gedeutet. Der dreieckige

Raum beim Zusammenfluss von zwei Strömen wie etwa die dreieckige Ebene zwischen den beiden Flüssen von Labchi wird ebenfalls als kosmischer Schoß betrachtet. Eine Quelle, die aus einer Felsspalte quillt, ist ein weiteres Natursymbol für ihn.

Felsformationen, die an männliche Sexualorgane erinnern, werden selten zur Basis ähnlicher Visualisierungen. Denn diese Vorstellung könnte zu dem hinduistischen Trug des kosmischen Lingam führen, einer Gestalt des Shiva Mahadeva. Deshalb sehen die buddhistischen Visionäre den archetypischen phallischen Berg Kang Rimpoche (Kailash) eher als Chörten denn als Lingam. In Dzong Khomphu in Drak wird ein Stalagmiten-Lingam verehrt, aber dies liegt mehr an seiner spontanen Manifestationsweise als an seiner phallischen Form.

Darstellungen des weiblichen Sexualorgans erinnern an die weiblichen Buddhas als Ursprung aller Dinge, als Schoß der Buddhas, als Große Mutter (*Yumchen*) und beziehen daraus ihre Heiligkeit, während Landschaftszüge, die man als sexuelle Vereinigung oder Pole dieser Vereinigung deuten kann, unmittelbar auf das grundlegende metaphysische Prinzip des Tantra verweisen – das »Zwei-in-Einem«, das mit Notwendigkeit zur Vision der tantrischen Wirklichkeit gehört. Die Pole dieser Vereinigung werden als männliche und weibliche Buddhas symbolisiert und die sexuelle Vereinigung von Männlichem und Weiblichem als untrennbare Einheit dieser Polarität. Deshalb gilt ein heiliger Berg als Einheit von männlichen und weiblichen Buddhas (meistens Demchok und Dorje Phakmo), ganz gleichgültig, ob es in der Topographie einen Grund für eine solche Vision gibt. In ähnlicher Weise wird ein einzeln stehender Berg als männlicher Buddha betrachtet und ein See in seiner Nähe als der dazugehörige weibliche Buddha. Berg und See sind an den meisten großen Gebirgskraftplätzen vorhanden – Kang Rimpoche und Tso-Mapham-See, Nyenchen Thanglha und Namtso-See und Tsonying Mahadeva und Tso-Ngon-See (siehe auch TEIL 5).

Visionäre Transformation von Tieren

Die sakrale Landschaft von Tibet ist auch von einer sakralen Tierwelt belebt. Der Lama verleiht den Tieren dieselbe symbolische Wertigkeit wie der unbelebten Landschaft, während die Laien die Tiere an Kraftplätzen für die Haustiere der dort weilenden Gottheit halten.

In der Geschichte, die davon handelt, wie *Gotsangpa* die Yak-Horn-Höhle öffnete, erkennt der buddhistische Lama z.B. eine wilde Yak-Kuh als die »löwenköpfige Himmelswandlerin« *Senge Dongchan.* Das Verhalten des Tieres ist göttlich inspiriert und führt Gotsangpa zur Entdeckung und Öffnung eines Kraftplatzes. Als er später bei seiner Umkreisung des heiligen Berges in einem Felsterrain den Weg verliert, tritt er in einen Bewusstseinszustand ein, den man den »geheimen Pfad des Himmelstänzers« nennt, und sieht unmittelbar darauf ein Rudel von einundzwanzig Wölfen vor sich. Er deutet sie als Emanationen der einundzwanzig Gestalten der Bodhisattva-Göttin Drölma (Sanskrit: Arya Tara), der Retterin, die ihm den Weg zeigen sollen, und er folgt ihnen bis zum oberen Ende des Weges auf der Nordseite des Kang Rimpoche, wo sie dann wie magisch verschwinden. Daraus leitet sich der Name dieses Passes – *Drölma La* – ab, und die Spuren der Wolfspfoten im Felsen sind der Legende nach von diesen Zauberwölfen zurückgeblieben.

Tiermetaphorik wird auch verwendet, um die Ängste zu zeigen, von denen die Seele im Zwischenzustand zwischen Tod und Wiedergeburt angefallen wird. Tiger, Löwen, Krokodile und Schlangen erscheinen, und obwohl sie dem Dschungel entstammen und dem Menschen Schrecken einjagen, wird ihr Wesen im Tibetanischen Totenbuch als friedlich beschrieben. Sie sind erschreckende Masken, ihr Verhalten flößt Angst ein, aber in Wirklichkeit sind sie freundliche Helfer auf dem Weg.

Westlichen Reisenden ist aufgefallen, dass Tiere in Tibet – und zwar vor allen an Kraftplätzen – zahm sind. Der englische Pilger Dr. Charles Ramble, der vor kurzem zum Bönri reiste, schrieb, nachdem er eine Nacht im Wald auf seiner Ostseite geschlafen hatte:

> *»Ich verließ die Höhle am folgenden Morgen und hielt kurz darauf an, um den Sonnenaufgang von einer Waldlichtung aus zu beobachten, die einen schönen Blick auf das Tsangpo-Tal tief unter mir bot ... Nun kamen Vögel in die Lichtung. Unter ihnen waren verschiedene Arten Drosseln, Stare und Rotkehlchen. Beim Sammeln ihrer Nahrung kamen sie mir immer näher und näher, bis sich die Vögel schließlich auf meinem Kopf und meinen Schultern und Knien niederließen, ja selbst auf meinen ausgestreckten Händen, und die Hasen liefen über meine Füße. Normalerweise werde ich nicht von Kleintieren und Vögeln umschwärmt, und dass sie in diesem Fall so*

geselig waren, schreibe ich nicht einigen wenigen flüchtigen Augenblicken der Gnade zu, sondern dem Ort selbst, dessen Wildtiere zweifellos über Hunderte von Generationen gelernt haben, dass sie von ruhig sitzenden einzelnen Menschen nichts zu fürchten haben.«

RAMBLE, MS

Das Stillsitzen ist aber sicher nur ein Teil der Gleichung. Wenn sich das Bewusstsein eines einzelnen, bewegungslosen Menschen in einem furchtsamen, gestörten oder zornigen Zustand befindet, so werden Tiere – wie auch immer konditioniert – davor zurückschrecken, sich diesem Menschen zu nähern. Wenn jedoch die friedliche Vision des Eremiten auf passiver Wachsamkeit beruht, die allen Lebensformen gemeinsam ist, dann werden Tiere sich furchtlos nähern. Daraus können wir die Möglichkeit ableiten, dass das Verhalten von Tieren, aber auch Menschen durch die Entwicklung und Kultivierung der Vision beeinflusst werden kann, eine Vorstellung, die von Tibetern fraglos angenommen wird.

TEIL 2
RELIGIÖSE URSPRÜNGE UND GESCHICHTE

Die Urquelle, die bei Shakyamuni Buddhas Erleuchtung unter dem Bodhi-Baum in Indien hervorsprudelte, war die Quelle aller buddhistischen Strömungen. Doch wo immer diese Ströme flossen, bewässerten sie verschiedene religiöse Kulturen und nährten verschiedenartige buddhistische Religionen. Der ursprüngliche Buddhismus wurde aufgrund der einzigartigen kulturellen Atmosphäre in das jeweilige Land eingeschmolzen, zu dem er gelangte. Tibet, das als eines der letzten Länder Asiens den Buddhismus akzeptierte, steckte zu dieser Zeit zutiefst in einer schamanischen Religion, deren Erfolg am Ausmaß des Hasses gemessen werden kann, mit der die neue Religion im 8. Jahrhundert betrachtet wurde. Der Buddhismus konnte sich durchsetzen, indem er die alten schamanischen Bräuche assimilierte und sie später weiterentwickelte, und die schrittweise Einrichtung von neuen religiösen Orden war ein Reformprozess, in dessen Verlauf die alten schamanischen Bräuche nach und nach gereinigt wurden. Trotzdem konnten im 19. Jahrhundert westliche Tibetreisende, die nur den südlichen Buddhismus von Sri Lanka und Burma kannten, den Buddhismus in der religiösen Praxis Tibets nicht einmal wahrnehmen. Natürlich war ihre Sichtweise oberflächlich, und doch zeigt dies den tiefen Unterschied zwischen den buddhistischen Traditionen, die auf der Basis des früheren südlichen Buddhismus und des späteren nördlichen und tantrischen Buddhismus gegründet wurden.

Die universelle buddhistische Tradition (*mahayana*), die aus Indien importiert wurde, ist die Basis des tibetischen Buddhismus. Die offen rituellen Formen sind jedoch lokale Entwicklungen. Die speziellen Merkmale des tibetischen Buddhismus entwickelten sich als Antwort auf den landeseigenen Schamanismus.

Im tibetischen Buddhismus gibt es vier Hauptorden. Alle beruhen sie auf physischer und moralischer Disziplin, der Philosophie und Metaphysik, sowie dem Yoga und der Meditation, die sich aus Buddha Shakyamunis Lehre in Indien entwickelten. Aber jeder Orden lässt sich durch einen eigenen Weg charakterisieren. Sie wurden zu verschiedenen Zeiten gegründet und haben jeweils andere spirituelle Traditionslinien in Indien. Diese waren die Ursprungsquellen der verschiedenen Ordensauffassungen. Obwohl die ursprünglichen Unterschiede ein wenig verschwommen sind, blieben sie noch erkennbar. Vor allem ihre jeweiligen Anhänger heben sie besonders hervor. Aber alle Wege führen ja zu einem Ziel – der Erleuchtung Buddhas.

Der fünfte größere tibetische Orden – Bön – besitzt Ursprungsmythen, die eher lokalen als indischen Ursprungs sind und hauptsächlich um den Konflikt zwischen Gut und Böse kreisen. Die metaphysische Terminologie ist anders. Auch das Pantheon ist anders aufgebaut und beinhaltet andere Namen. Trotzdem ist auch die Denkweise eines modernen *Bönpo* von der eines Buddhisten ununterscheidbar.

Die nun folgenden Darstellungen der Bön und der buddhistischen Orden befassen sich hauptsächlich mit ihren Ursprüngen und ihrer frühesten Geschichte. Die Gründer der spirituellen Traditionen wurden ähnlich wie die »Ahnen« des chinesischen Taoismus in der tibetischen Vision zu mythischen Gestalten, und sowohl die frühen als auch die späteren Verbreitungsphasen des Buddhismus werden als goldene Zeitalter betrachtet. Auch in die täglichen Gebete wird eine tiefe Verehrung für diese spirituellen Ahnen integriert. Jeder tibetische Yogi kann die Initiationsnamen seiner spirituellen Traditionslinie rezitieren – vom indischen Ur-Guru oder vielleicht sogar Shakyamuni Buddha selbst bis zu seinem persönlichen Lehrer. Aus dieser Gewohnheit leiten sich Autorität, Macht und Segen ab, aber die Schattenseite daran ist ein politischer und sozialer Konservativismus, der sich aus der Vorstellung eines fortschreitenden Niederganges von einer goldenen mythischen Zeit ableitet.

Bön: Die autochthone tibetische Tradition

In den frühen historischen Zeiten war die Bön-Tradition ein barbarischer Schamanismus, den man auch »Schwarzer Bön« nannte. Sie wurde im 8. Jahrhundert von dem buddhistischen König Trisong Detsen verboten, und aus politischen Gründen wurden die Bönpos in die außen liegenden Provinzen verbannt. Im 16. Jahrhundert veranstaltete die Geluk-Theokratie in Amdo ein Pogrom gegen die Bönpos. In unserer Zeit wurde der »Schwarze Bön« – abgesehen von einigen Enklaven in den Bergen des nepalesischen Himalaya – zum »Neuen Bön«, einer Lehre, die Elemente aller buddhistischen Orden in sich aufgenommen hat, sodass seine Rituale und Meditationsweisen von den buddhistischen Bräuchen oberflächlich gesehen ununterscheidbar sind. Der heutige Bön-Mönch praktiziert Mönchsdisziplin und erlernt Logik und Philosophie durch den Disput, um – genau wie ein Gelukpa-Mönch – den *geshe*-Grad zu erwerben. Beide teilen die kulturelle Basis Tibets, und das letztendliche Ziel der Bön-Praxis, *Dzokchen*, unterscheidet sich kaum vom *Dzokchen* des Nyingma-Ordens.

Aber der Assimilationsprozess war keine Einbahnstraße. Während Bön indische Elemente aus dem buddhistischen Nyingma-Orden absorbierte, nahmen die Nyingmapas lokale Bön-Elemente in sich auf, bis es zwischen ihnen nur noch wenig Unterschiedliches gab. Das Nyingma-Pantheon der Götter und Dämonen kommt vom Bön, und die Bön-Tradition der »Schatztext-Offenbarung« (*terma*) begann zur selben Zeit wie der entsprechende Nyingma-Brauch. Auch die Nyingmas bekamen die Wirkung des Pogroms aus dem 16. Jahrhundert zu spüren. Heute wird Guru Rimpoche in den Bön-Liturgien angerufen, und sein Bild, ja sogar das des Dalai Lama, steht auf Bön-Altären. Erst vor kurzem akzeptierte der *XIV. Dalai Lama* die Bön-Tradition formell im Schoße der tibetischen Religion.

Die Quelle der Bön-Tradition war Meister *Shenrab Miwoche*, der »Vollkommene Priester« und »Große Lehrer«. Sein Wohnsitz lag in *Olmo Lungring* in *Takzik*. Takzik lag in der persischen Kultursphäre, und wir können annehmen, dass dies der tibetische Name für Baktrien war. Olmo Lungring ist jedoch ein halb-mythisches »reines Land« in der Art von Shambhala. Sein Mandala-Muster wird in genauen geographischen Begriffen beschrieben, und dass es ursprünglich in Takzik lag, ist unbestreitbar, gleichzeitig aber ist es auch ein »reines Land«, das im endzeitlichen Weltenbrand unzerstörbar bleibt.

Shenrab Miwoche unternahm mehrere Missionsreisen von Takzik nach *Zhangzhung* in Westtibet, um seine Lehre zu verbreiten. In den Jahrhunderten – vielleicht sogar dem Jahrtausend – vor dem Aufstieg der Yarlung-Tag-Kultur von Zentraltibet war Zhangzhung das Herz der tibetischen Zivilisation. Sein Zentrum lag am Kang Rimpoche (Kailash), es verfügte über geschriebene Sprache und eine Literatur und unterhielt kulturelle und politische Verbindungen mit Indien, Persien, Khotan und China, aber sonst wissen wir so gut wie nichts darüber. Nachdem es im 7. Jahrhundert durch König Songtsen Gampo erobert worden war, brach es zusammen, und heute ist nur noch wenig davon erhalten – abgesehen von der Höhlenstadt Khyunglung, seiner alten Hauptstadt in der Nähe des Kang Rimpoche sowie Textfragmenten in der Zhangzhung-Schrift.

Shenrab Miwo vermittelte den Einwohnern von Zhangzhung seine Lehre, und er reiste auch zum Bönri, dem heiligen Bön-Berg in Kongpo. Olmo Lungring, sein »reines Land« in Takzik, wurde an den Kang Rimpoche versetzt. In der Mitte des Olmo-Lungring-Mandala befindet sich ein Berg namens Yungdrung Gutsek. Yungdrung ist die Swastika, das Bön-Symbol für Unzerstörbarkeit und ewige dynamische Aktivität. Gutsek bedeutet »neunfach«. Die Neun und die Dreizehn sind in der Bön-Numerologie, einem Geschenk der Bön-Tradition an den tibetischen Buddhismus, die wichtigsten Zahlen. Der neunfache Berg stellt die neun Gebräuche der Bön-Tradition dar, und dieser Berg wird auch mit dem Kang Rimpoche identifiziert. Aus seinem Fuß strömen vier Flüsse in die vier Himmelsrichtungen. Hunderte von Städten, Tempeln und Parks, die den inneren Bereich bilden, liegen rings um den Berg. Der mittlere Bereich besitzt zwölf Städte, jeweils drei in den vier Himmelsrichtungen. Jenseits des äußeren Bereiches, der von Flüssen und Seen durchzogen ist, liegt der äußere Ozean, und jenseits dieses Ozeans liegt ein Ring von Schneegipfeln. Wenn man sich dem Olmo Lungring und dem Yungdrung Gutsek in der materiellen Welt nähert, so ist das vielleicht ebenso leicht wie eine Pilgerreise zum Kang Rimpoche, aber wenn es in der spirituellen Welt geschieht, wird es schwieriger. Shenrab Miwo schoss einen Pfeil durch die Gebirgsmauer, die den Berg umgibt, und erzeugte auf diese Weise einen großen Tunnel, der allerdings von Schluchten und Felsvorsprüngen blockiert ist und in dem wilde Tiere im Dunkeln lauern. Man braucht neun Tage, um den Tunnel zu überwinden, aber wo der Eingang liegt, bleibt ein Geheimnis.

Diese Bön-Mythologie und die Legenden von Shenrab Miwo wurden bei der Verbreitung zur Zeit der lebhaften Renaissance der tibetischen Kultur im 11. und 12. Jahrhundert verbunden. Der alte Bön-Schamanismus, der »Schwarze Bön«, war zu dieser Zeit so gut wir ausgelöscht, nachdem Trisong Detsen die Bönpos aus Zentraltibet verbannt hatte, aber auch durch den Druck der buddhistischen Moralität. Um das 14. Jahrhundert hat der Bön bereits viel von der buddhistischen Lehre, ihren Begriffen und Gebräuchen aufgenommen, und die Darlegung der »Neun Methoden des Bön«, die alle Shenrab Miwo zugeschrieben wurden, bildeten eine synthetische Mischung aller Lehren, die zu dieser Zeit in Tibet gelehrt und praktiziert wurden. Damit soll jedoch die Bön-Tradition in keiner Weise negativ dargestellt werden. Diese neun Methoden führen alle zur Buddhaschaft (*sangyepa*), einem Begriff, der in gleicher Weise auch von den Buddhisten verwendet wird. Shenrab Miwo ist ein Buddha.

Von den »Neun Methoden des Bön« beinhalten die ersten vier Methoden rituelle Magie, zu denen auch die alten Bön-Rituale gehören. Sie wurden schon in vorbuddhistischen Zeiten praktiziert. Dieser Ritualismus bildet einen zuverlässigen Weg zur Buddhaschaft, weil es eine altruistische Tätigkeit ist, die lebenden Wesen zugute kommt, die spirituelle Umgebung harmonisiert und den spontanen Gedanken der Erleuchtung beziehungsweise einen natürlichen Erleuchtungszustand ermöglicht. Der erste Weg beinhaltet Vorhersagemethoden, um die Elemente von gegenwärtigen Situationen zu klären und die Zukunft vorherzusagen – und dazu gehören Weissagung, Astrologie und medizinische Diagnose. Beim zweiten Weg geht es darum, die spirituellen Kräfte der Umgebung – Götter, Dämonen und Geister, die auch als archetypische Elemente des Bewusstseins verstanden werden können – anzurufen, günstig zu stimmen und zu unterwerfen. Die rituellen Methoden dieses Weges sind: Reinigung durch Exorzismus, Unterdrückung dämonischer Kräfte, Rettung von Menschen vor der Besessenheit durch mentale Kräfte und Rituale, um die Götter des Glücks günstig zu stimmen.

Die Bönpos sind Ritualisten *par excellence*, die den alten tibetischen Göttern und Dämonen und ihrem Geistergefolge Gunst für die Menschen und ihre Tätigkeiten abringen. Bevor die Buddhisten die Götter und ihr Gefolge zu Sklaven des Buddha-Dharma machten, haben die Bönpos sie besänftigt und ihre Macht eingesetzt, um menschliche Tätigkeiten zu erleichtern und menschliches »Glück« zu steigern. Dem buddhistischen Beispiel folgend haben sie die indische Karmalehre angenommen, aber anstatt wie die orthodoxen Buddhisten jede Situation und ihre Folgen einer früheren Tätigkeit des jeweiligen Menschen zuzuschreiben, glauben die Bönpos, dass ganze 50 Prozent der kausalen Faktoren einer jeden Situation und ihrer Folgen dem Einfluss von menschenunabhängigen Geistwesen zuzuschreiben sind. Diese göttliche Macht verkörpert sich besonders in den Erd-Herren (*sadak*) und den Schlangengeistern (*lu*), welche die Fruchtbarkeit der Felder, den Reichtum der Ernten, die Fruchtbarkeit des Viehs, den menschlichen Status im Gemeinwesen, das Ausmaß der persönlichen Macht usw. bestimmen. Die Riten, in denen diese Götter und Geister unterworfen und gnädig gestimmt werden, gelten als überaus wichtig, selbst bei Bön-Bodhisattvas, weil menschliche Wesen daraus einen

Nutzen ziehen können. Die Priester, die diese Rituale vollziehen (*shen*), haben den höchsten Status innerhalb der Gemeinschaft.

Die dritte Bön-Weg befasst sich mit der rituellen Vernichtung von Feinden. Obwohl die Rituale, die den Tod von Menschen verursachen können, von Priestern, deren Motivation bei der Suche nach Erleuchtung unreif oder korrupt ist, missbraucht werden können, kann die Ausschaltung von unversöhnlichen Feinden der Tradition oder des Lehrers lebenden Wesen durchaus einen Nutzen bringen – falls die Motivation rein ist. Solche Riten gibt es auch im buddhistischen Tantra.

Der vierte Weg soll Wesen im Zwischenzustand zwischen Tod und Wiedergeburt (*Bardo*) helfen und sie zur Befreiung vom Rad der Wiedergeburt führen. Diese Ritualmethoden werden – wie viele andere aus den unteren vier Bön-Methoden – auch vom Nyingma-Orden angewendet. Sie wurden zu einer der Quellen des »Tibetanischen Totenbuches«.

Die vier höheren Methoden des Bön leiten sich allesamt vom Buddhismus ab. Der fünfte Weg ist der des tugendhaften Laien, der die zehn Eide schwört, um sich in Körper, Sprache und Denken karmisch belastender Tätigkeit zu enthalten, und der die zehn Vollkommenheiten der gesellschaftlichen Sittlichkeit und Meditation praktiziert. Der sechste Weg ist der Mönchsweg oder asketische Weg (*dransong*), der eine strenge Mönchsdisziplin praktiziert, die der indisch-buddhistischen Disziplin sehr ähnelt. Allerdings werden dort auch Gelübde einbezogen und begründet, die tibetischen Ursprungs sind.

Der siebte Weg entspricht der schöpferischen Phase der tantrisch-buddhistischen Meditation, der achte Weg der Phase der Erfüllung. Der schöpferische Weg ist »der Weg des reinen Klanges« (*mantra*), durch den das Bewusstsein seinen ursprünglichen Zustand als Mandala wiedergewinnt. Die Erfüllungsmeditation ist »der Weg des Ur-*shen*«, das mit einem Partner oder einer Partnerin praktiziert wird, in dem sich das nicht-duale Mandala spontan konstituiert. Diese Meditation wurde durch ein scheinbar verrücktes, unvorhersagbares Verhalten unterstützt, wie es Adepten des *Kagyü-Ordens* (*nyombas*) an den Tag legen.

Der neunte Weg ist der höchste Weg, der Weg des Dzokchen, der »großen, natürlichen Vollkommenheit«. Dzokchen ist ein Weg ohne Ursache; mit anderen Worten: Es gibt nichts, was getan werden kann, um ihn zu entwickeln oder zu begünstigen. Warum? Weil jeder Gedanke an ihn oder jedes Verlangen nach ihm nur das täuschende Flackern seiner mentalen Emanationen sein kann. Es ist der natürliche Zustand des Seins, der sich spontan und unmittelbar wie die Hitze der Sonne mit der Sonne selbst erhebt. Es ist eine reine Wachsamkeit und füllt jede Bewegung von Körper, Wort und Denken mit Bedeutung. Es ist klares Licht und strömt ein Kontinuum von transformierender Illusion aus, die unsere tägliche Wirklichkeit darstellt. Die gesamte Erfahrung des Dzokchen ist von Seligkeit durchdrungen. Es ist die inhärente Buddhaschaft und die spontane natürliche Erleuchtung. Dieses Bön-Dzokchen ist so gut wie identisch mit dem Dzokchen des Nyingma-Ordens, außer dass die Nyingmapas eine raffinierte allmähliche Annäherungsweise entwickelt haben, mit der sie die Umstände kultivieren, in denen der Naturzustand des Seins erkannt werden kann. Die Bönpos glauben, dass ihr Dzokchen der Lehre von Shenrab Miwo entsprang, dass es deshalb echt tibetisches Yoga ist, dass es keine gemeinsame Quelle mit der entsprechenden Nyingma-Methode hat und dass die Nyingmapas sie von den Bön-Adepten erst lernen mussten.

Da die Bön-Tradition von Trisong Detsen verboten wurde, sah sie sich dem Buddhismus gegenüber in einer Rolle der Gegnerschaft. Die Bönpos betrachteten sich selbst als Ausgestoßene, obwohl sie ja danach strebten, die buddhistische Sinnlichkeit und Aspekte ihres Glaubens zu assimilieren. Die ursprüngliche Methode, durch die dies vollzogen wurde, war die Offenbarung der Schatztexte, eine Methode, die zur selben Zeit auch von den Nyingmapas nach dem 10. Jahrhundert angewendet wurde. Tatsächlich entdeckten viele Schatzfinder (*tertöns*) sowohl Bön- wie auch Nyingma-Schätze. Die frühen Offenbarungen waren zumeist Texte, die in der Reichsperiode geschrieben und während der Zeit der Verfolgungen versteckt wurden. Spätere Offenbarungen entstanden in einer mystischen Sphäre, die mit dem Bewusstsein von Shenrab Miwo und Buddhas wie *Drenpa Namkha*, einem großen Bön-Adepten und Schüler von Guru Rimpoche identisch waren. Die Bön-Reformation des 14. und 15. Jahrhunderts, die mit der prominenten Gestalt des *Nyame Sherab Gyeltsen* assoziiert wird, brachte sie dem Schoß des Buddhismus näher, aber nicht nahe genug, um der Verfolgung zu entgehen, als die Gelukpas während des Krieges, den der *Große V. Dalai Lama* im 17. Jahrhundert gegen alles Unorthodoxe führte, das Reich zur Einheit bringen wollten. Danach errichteten die Bönpos – ähnlich den Nyingmapas – Klöster, sodass es nur noch wenig formale Unterschiede zwischen den Bön- und den Nyingma-Traditionen gab, als um das 18. Jahrhundert eine weitere Reformation – von *Sangye Lingpa* betrieben – zur Entstehung des »Neuen Bön« führte.

Jahrhundertelang war die Trennung des Bön vom buddhistischen *mainstream* nicht nur eine Frage der Doktrin. Sie hatte auch geographisches Ausmaß. Zunächst lag die Hauptquelle der Laienpraxis, Priesterschaft und Patronat bei viehzüchtenden Nomaden. Dies unterschied die Bön-Anhänger immer von den sesshaften Ackerbauern, in deren Täler die großen Klöster, vor allem die der Geluk-Sekte, erbaut wurden. Zweitens übte die Verfolgung, die von Zentraltibet ausging, bei den Völkern der Grenzgebiete, die von den kultivierten Zentraltibetern als Barbarenstämme betrachtet wurden, die geringste Wirkung aus, und genau bei diesen Völkern blühte die Bön-Religion. Drittens waren die Bön-Anhänger besonders in Amdo, im fernen Nordosten des ethnisch-tibetischen Gebietes am besten verankert, und diese Provinz hatte auch die stärksten separatistischen Tendenzen. Die Gegenden, in denen die Bön-Religion besonders stark vertreten waren, lagen und liegen noch immer im Himalaya, vor allem in Dolpo und Lo, im unteren Konpo und südlich des Himalaya, ferner auch in den nördlichen Ebenen von Jangthang und in Amdo. Einige der großen Bön-Kraftplätze sind der Kang Rimpoche (Kailash), der Berg Bönri in Konpo, der Risse Drum, der »Berg der sechs Gipfel« in *Khyungpo*, der Amnye Machen in Amdo und der Gyelrong Murdo in *Sichuan*. Aber die wichtigsten Mönchsakademien der Bön-Religion lagen in der Provinz Tsang, in der verschiedene bedeutende Bön-Familien lebten. Sie wurden aber auch von den Nomaden des Nordens unterstützt. *Menri Gompa*, ein im Jahre 1405 gegründetes Kloster, blühte bis ins Jahr 1959 und war das Hauptzentrum der Bön-Religion in Tibet.

Der Nyingma-Orden: Der alte Orden des Guru Rimpoche

Die schamanische Mönchskultur in Tibet wurde nur langsam vom Buddha-Dharma infiltriert. Bevor sich seit dem 7. Jahrhundert der tibetische Einfluss in Mittelasien bemerkbar machte, gab es nur wenig kulturellen Kontakt mit den umliegenden buddhistischen Ländern.

Die Seidenstraße lief im Norden an Tibet vorbei und die riesige Fläche des Jangthang, der nördlichen Ebenen, trennten ohnehin die Oasensiedlungen der Seidenstraße vom bevölkerten Tibet. Im Süden waren das Klima und der Dschungel eine wirksame Barriere, die eine Kontaktaufnahme mit den indischen Ebenen verhinderten. Die Künder des Buddha-Dharma waren die indischen buddhistischen *sadhus*, die wie ihre hinduistischen Kollegen den Himalaya erkletterten, um zu heiligen Bergen zu pilgern und nach Meditationsplätzen Ausschau zu halten, und die dann über die Wasserscheide hinaus auf das tibetische Hochplateau wanderten und in Westtibet in Zhangshung eine Zivilisation und in Zentraltibet eine Kultur vorfanden, die gerade erst im Aufblühen begriffen war. Vielleicht hatte der König des Yarlung-Tales, *Lhatho Thori*, aus dem 3. Jahrhundert schon eine Verbindung mit solchen Wandermönchen (*sadhus*). Aber die Legende erzählt, dass die ersten buddhistischen Texte auf magische Weise von Indien nach Tibet gelangten, um auf dem Dach seines Palastes in Yambu Lhakhang zu landen.

Als das Yarlung-Tal in Zentraltibet im 7. Jahrhundert erstarkte und zur Militärmacht wurde, öffneten Eroberungen Tibets Grenzen, und die buddhistische Tradition bildete einen Teil des importierten kulturellen Reichtums. Nachdem König Songtsen Gampo die tibetischen Territorien rings um das Yarlung-Tal einschließlich des Königreiches Zhangzhung erobert hatte, griff er das Katmandu-Tal und das chinesische Tang-Reich an. Die Kampfkraft seiner berittenen Truppen war so gefürchtet, dass sowohl der Tang-Kaiser wie auch der König von Nepal seinem Wunsch Folge leisteten und ihm Prinzessinnen als Gattinnen schickten. Die chinesische Prinzessin *Wencheng Kongjo* brachte chinesische Klassiker mit, und die sakralen Wissenschaften der Astrologie, Geomantie und Medizin wurden nach und nach assimiliert, als der tibetische Adel die chinesische Sprache erlernte. Die nepalesische Prinzessin Bhrikuti öffnete das Tor zur hoch entwickelten indisch-buddhistischen Kultur des Katmandu-Tales. So floss in diesem Frühling tibetischer Macht zum ersten Mal der Einfluss fremder Kulturen in das Yarlung-Tal. Songtsen Gampo begriff den Wert der indischen und chinesischen Kultur als Instrumente zur Zivilisierung seines Landes, in dem kannibalische Dämonen herrschten. Zu dieser Zeit wurde auch das tibetische Alphabet – auf der Basis einer Sanskrit-Schrift – eingeführt, und die ersten paar tausend buddhistischen Sanskrit-Texte wurden in die tibetische Sprache übersetzt. Songtsen Gampo ließ die Missionarstempel einschließlich des Lhasa Jokhang erbauen, und in dieser Zeit begann auch die Verehrung von Chenrezik und seiner zornigen Emanation *Tamdrin* (Sanskrit: Hayagriva), der pferdeköpfigen Buddha-Gottheit. Der König ließ auch einen Zivilkodex verbreiten, der auf buddhistischen Sozialtugenden basierte, und das alles zeigt, wie hoch er den Buddhismus einschätzte.

Während der folgenden 250 Jahre blühte das tibetische Königtum und sein Reich, und dies galt auch für die Bön-Religion. Zwar drang buddhistischer Einfluss weiterhin in Tibet ein, und die Verehrung der Buddhas hielt an, aber die königlichen Priester waren Bönpos, und die alten Traditionen des Sakralkönigtums wurden weitergeführt. Sie beinhalteten unter anderem, dass jeder König abdanken musste, wenn sein Sohn das Alter von 13 Jahren erreichte, in dem er Pferde reiten durfte. Zwar gab es städtische Zentren, in denen Handwerker qualitativ hoch stehende Bronze-, Silber- und Gold-Artefakte erzeugten, aber der Hof war nomadisch und wurde in einer Zeltstadt untergebracht. Die tibetische Kultur war kriegerisch und wurde von berittenen Heeren getragen. Die tibetische Kavallerie ritt nach Bodhgaya in Indien, um buddhistische Reliquien zu sammeln, sie stellte sich dem moslemischen Angriff in Turkestan entgegen, verlegte Besatzungen in Festungen auf der Seidenstraße im unterworfenen Zentralasien, plünderte sogar die Hauptstadt der chinesischen Tang-Dynastie, Xian, und setzte für kurze Zeit einen Marionettenkaiser ein.

Der Wendepunkt kam in der Mitte des 8. Jahrhunderts mit dem großen König Trisong Detsen, der eine kulturelle, politische und religiöse Revolution einleitete. Als Erstes versuchte er die Bön-Priester aus ihrer Machtposition zu entfernen und durch buddhistische Mönche zu ersetzen. Darin hatte er teilweise Erfolg. Er holte einen Abt und Gelehrten aus Bengali – Shantarakshita – nach Zentraltibet, um in Samye ein Kloster zu gründen. Shantarakshita war nicht imstande, die Gegnerschaft der Bönpos zu überwinden, also lud der König einen tantrischen Bettelyogi ein, um die buddhistische Präsenz zu stärken. Dieser Yogi war Padmasambhava, der später als Guru Rimpoche – der »ehrwürdige Guru« – bekannt wurde, und ihm war Erfolg beschieden, wo der Mönch versagt hatte: Das Kloster in Samye – Tibets erstes *gompa* – wurde erbaut, die ersten Mönche wurden durch Shantarakshita eingesegnet, und Guru Rimpoche setzte den Anfangspunkt für die ersten tantrischen Traditionen in Tibet. Der König versuchte inzwischen, seinen Hof zum neuen Glauben zu bekehren und lud Dutzende von indischen Gelehrten ein, um die buddhistischen Sanskrit-Texte ins Tibetische zu übersetzen und das Buddha-Dharma zu lehren. Meditationsgemeinschaften wurden organisiert, die Klöster wurden durch Steuern unterstützt, und in Samye wurde ein Pfeiler aufgestellt, der die Errichtung eines buddhistischen Staates verkündete.

Die erste Phase der Verbreitung des Buddhismus wurde durch Guru Rimpoche bestimmt, der als tantrischer Praktiker in den Annalen der großen indischen Adepten vielleicht nicht besonders aufgefallen wäre. Aber in Tibet gilt er im Nachhinein als zweiter Buddha und »Wurzel-Guru« des Nyingma-Ordens. Aber er war nicht die einzige bedeutende Gestalt dieser Zeit. In Japan war das Chan (Zen), jene Meditationsschule, die plötzliche Erleuchtung ohne Rückgriff auf karmische Neukonditionierung lehrte, eine machtvolle Bewegung. Sie wurde durch den chinesischen Adepten Hwashang Mahayana angeführt, während Vimalamitra eine indische Dzokchen-Schule leitete, die eine ähnliche, aber noch radikalere nicht-duale Vision lehrte, um damit die Meditationspraxis zu unterstützen. Inzwischen allerdings hatten die orthodoxen indischen Lehrer der »universellen buddhistischen Tradition« (*mahayana*) logischerweise ihren Vorteil wahrgenommen. Denn es wurde und wird noch immer allgemein anerkannt, dass die Mönchsgemeinschaft die entscheidende Grundlage jeder buddhistischen Gesellschaft bildet. Der Philosophen-Mönch Kamalashila war der wichtigste Wortführer dieser Fraktion.

Fast ein Jahrhundert lang war Zentraltibet ein Schmelztiegel religiösen Wandels. Trisong Detsens Nachfolger führten seine Politik der Verbreitung des Buddhismus fort, bis der letzte dieser buddhistischen Könige, *Repachan*, durch seinen Bruder *Langdarma*, der die Bön-Konterrevolution unterstützte, ermordet wurde. Repachans buddhistische Pläne, vor allem seine Neigung, den Hof mit indischen Gelehrten anzufüllen, hatte die im Abstieg begriffene Bön-Autorität an den Rand der Toleranz getrieben, und in einer blutigen Gegenreaktion wurde der Buddhismus unterdrückt. Die Konsequenz davon war der Verlust des Reiches und die Zersplitterung der Macht.

Während des darauf folgenden Jahrhunderts, in dem die Bön-Konterrevolution vorherrschte, wurde das Mönchstum unterdrückt, und die buddhistischen Bräuche wurden nur noch durch tantrische, meist verheiratete Laien weitergeführt, von denen einige Dzokchen- und Chan-Einflüsse assimiliert hatten. Diese Laien koexistierten mit den Bön-Schamanen, von denen sie natürlicherweise auch beeinflusst wurden. Guru Rimpoche hatte die Bönpos dadurch bekehrt, dass er ihnen seine Fähigkeit vorführte, die spirituellen Mächte Tibets zu unterwerfen, den Exorzismus an ihnen zu vollziehen und ihre Energie in ritueller Magie einzusetzen. Seine Nachfolger fügten Aspekte des schamanischen Rituals in die buddhistische Tradition ein. Dies stellte eine indische Strömung tantrischer Praxis dar, in der jeder, aber auch jeder Aspekt des menschlichen Wesens manifest ausgedrückt und ausgelebt wurde, um seine Buddha-Natur zu realisieren. Als jedoch während der zweiten Phase der Verbreitung des Buddhismus im Tibet des 11. Jahrhunderts Mönchstum und bodhisattvische Sittlichkeit wiedereingeführt wurden, bestrafte man diese tantrischen Laien dafür, dass sie die Neigung zum Genuss des Lebens und der Sexualität rituell ausgelebt hatten.

Trotz der Kritik und immer wiederkehrender Reformwellen, denen diese Tradition im Laufe der Jahrhunderte ausgesetzt war, wurden diese buddhistischen Schamanen zur Grundlage der Nyingma-Tradition. Sie übermittelten diese Tradition ihren Söhnen oder Neffen, die in den normalen Gemeinschaften lebten, obwohl einige von ihnen zweifellos in Höhlen gingen, um ihre Meditationspraxis zu verfeinern. Dies waren Dorf-Lamas, verheiratete Yogis, die als Adepten der magischen Riten und Anordnungen anerkannt wurden, die sich jedoch alle von der höheren Kultur des Südens ableiteten.

Als im 11. Jahrhundert das Mönchstum und die neuen tibetischen Orden aufblühten, kam es in der Nyingma-Tradition zu wichtigen Entwicklungen, welche die mystischen Tendenzen ihrer tantrischen Grundlage ausarbeiteten. Auf Kosten der anderen Meister aus der Periode des tibetischen Reiches wurde der »große Guru« zum Status eines Buddha-Lama erhoben, der die gesamte Tradition verkörperte. Während seines Aufenthaltes in Tibet war er durch das ganze Land gereist und hatte Schatztexte verborgen, die nur seinen inkarnierten Emanationen, die mit seinem Buddha-Bewusstsein verschmolzen, zugänglich waren. Dieses Buddha-Bewusstsein konnte durch Meditation und die Offenbarungen des Gurus erlangt werden, die er denen mitteilte, die bereit waren, sie zu empfangen. Die Tradition der Schatzfinder erfüllte den Nyingma-Orden mit neuer Kraft und stärkte seinen Status in den Dörfern, denn viele der Schatzfinder waren Dorf-Lamas, und obwohl viele von ihnen liturgische Texte vorlegten, die nur die Visionen ihrer Vorgänger wiederholten, gab es unter ihnen auch große mystische Dichter mit authentischer Vision, die mehr im tibetischen als im indischen Erbe verankert waren und der existenziellen Wohlfahrt ihrer Gemeinden dienten.

Die Nyingma-Tradition transportiert auch Dzokchen, die »natürliche, große Vollkommenheit«, die im tibetischen Buddhismus die radikalste nicht-duale Vision und Meditation darstellt. Die Quintessenz der höchsten Tantras, die besonders wirksamen Meditationsmethoden des Dzokchen, transformieren die materielle Welt auf einem abgekürzten Weg zur Buddhaschaft in eine Vision der Lichtgestalt und den Körper des Yogi in einen Regenbogen. Ob man die Frucht des Dzokchen erlangt hat, erweist sich am Regenbogen-Körper, der zur Zeit des Todes in Spiralen entschwindet und nur Körperhaar, sowie Finger- und Zehennägel zurücklässt. Die Lehre des Dzokchen setzte sich aus der mündlichen Unterweisung, die vom spirituellen Vater innerhalb der spirituellen Traditionslinie auf den Sohn überging, und den Offenbarungen der Schatzfinder durch den großen Universalgelehrten *Longchen Rabjampa* im 14. Jahrhundert zusammen. Der Große V. Dalai Lama, der aus einer Nyingma-Familie stammte, praktizierte Dzokchen und stand dem Nyingma-Orden mit Sympathie gegenüber. Während seiner Reformen im 17. Jahrhundert, als die Klöster zum politischen Werkzeug des lamaistischen Zentralstaates wurden, wurde der Nyingma-Orden an solchen Orten angesiedelt, und zwei wichtige Nyingma-Klöster – Dorje Drak und *Mindroling* – wurden in Zentraltibet ausgebaut. Dies waren die Heimatklöster der nördlichen und südlichen Traditionen der »Schatz-Offenbarung«.

Der Nyingma-Orden war insofern vom Glück gesegnet, als er niemals den Reichtum erlangte, der den Ausgangspunkt zur politischen Macht und ihren Versuchungen bildet. Bis zum 17. Jahrhundert hielten sesshafte Dorf-Lamas, ihre wandernden Kollegen (*ngakpas*) und die Yogis (*neljorpas*) der Höhlen und Einsiedeleien die Tradition aufrecht. Die *ngakpas*, die durch ihre langärmeligen roten Gewänder (*chubas*), ihre filzigen Haare und rituelle Besitztümer wie Dorje, Phurba und Affentrommel erkennbar sind, reisen noch immer vom Dorf zum Kraftplatz und zurück zum Dorf und vollziehen magische Rituale zum Nutzen der Laien. Ein weißer Schal kennzeichnet den *ngakpa* als Dzokchen-Yogi, der verheiratet oder abstinent sein kann. Im Vergleich zu den anderen Orden haben die Nyingmapas weniger unter den Chinesen zu leiden gehabt.

Der Kadam-Orden: Die Mönchsvision

Die Grundlage aller buddhistischen Gesellschaften ist die Mönchsgemeinschaft. Der historische Beweis dafür ist das Verschwinden des Buddhismus in Indien und in den zentralasiatischen Oasen-Staaten, nachdem die Klöster von den Moslems zerstört worden waren. Ohne monastisches Zentrum verliert die Laiengemeinschaft die Quelle ihrer Inspiration, und tantrische Meditation und rituelle Praxis verlieren ihren spezifisch buddhistischen Charakter. Ohne eine pulsierende Verbindung zu den Institutionen, die als Speicher der sakralen Schätze und Kraftobjekte die Wirksamkeit der physisch-psychischen buddhistischen Disziplin demonstrieren – gemeint sind die Bibliotheken mit den sakralen Texten und die Häuser der Mönche –, zieht sich die buddhistische Laiengesellschaft auf eine bloße Verehrung von Göttern zurück.

In Tibet gilt der Kraftplatz einer Höhle oder Einsiedelei als höherer Bestandteil des Klosters. Dieses fungiert als vorbereitende Schule für die Einsiedler und stellt den Asketen in den Höhlen den materiellen Unterhalt zur Verfügung. Es spielt auch in der Laiengesellschaft, die es beherrscht, eine wichtige ökonomische und politische Rolle.

Die zweite Phase der Verbreitung des Buddhismus in Tibet begann mit der Rückkehr von vollständig ordinierten Mönchen aus Osttibet und der Neubegründung des Mönchstums.

Im 11. Jahrhundert kehrte in Tibet Stabilität ein, und zwar unter den Adelsfamilien, die von ihren Felsburgen (*dzong*) aus jeden Bezirk des Landes regierten. Diese politische Stabilität ermöglichte eine neue kulturelle Blüte unter der Schutzherrschaft von vermögenden Familien, und daraus resultierte vor allem das Erstarken der buddhistischen Strukturen. Dieser Prozess wurde von einem Mönch namens *Lume* geleitet, der zu den zehn Zentraltibetern gehörte, die nach Kham gingen. Dort wurden sie in den spirituellen Traditionen geweiht, die seit der Flucht der Mönche aus Zentraltibet im 9. Jahrhundert von vollkommen ordinierten Mönchen (*gelongs*) aus Kham aufrechterhalten wurden. Nach seiner Rückkehr erbaute Lume einige Tempel in Zentraltibet. Aber das eigentliche Ereignis dieses Jahrhundert war das Eintreffen eines Mönches aus Bengalen, wo das Tantra in den großen Mönchsakademien eine feste Grundlage in der Philosophie der »universellen buddhistischen Tradition« (*mahayana*) und in Mönchsdisziplin erhalten hatte oder – um es anders auszudrücken –

wo Tantra und *sutra* harmonisch miteinander verbunden worden waren. Der Name dieses Mönches war *Jowo Atisha*, und er erweckt den Eindruck eines freundlichen, wenn auch etwas strengen Patriarchen, der seine Kinder in der leichten, aber langsamen Methode unterrichtet, Tibet in ein Buddha-Feld zu verwandeln. Jowo Atisha wurde zuerst in das Königreich *Guge* in Westtibet eingeladen, und zwar von dessen König, der im Laufe dieses Prozesses sein eigenes Gewicht in Gold spenden musste. Der Grund für seinen Aufenthalt war von einem westtibetischen Mönch namens *Rinchen Zangpo* vorbereitet worden, der jahrelang im buddhistischen Kaschmir studiert hatte, bevor er nach Westtibet zurückkehrte, um Klöster zu bauen, die wir heute unter dem Namen »Rinchen-Zangpo-Klöster« kennen, nämlich Alchi und Lama Yuru in Ladakh, Tabo in Spiti und Tholing in Guge. Dann reiste Atisha über den Kang Rimpoche (Kailash) und Tsang nach Zentraltibet, wo ihm einige brillante junge Männer, die seine Schüler und Begründer des *Kadam-Ordens* werden sollten, einen überwältigenden Empfang bereiteten.

In Jowo Atishas Perspektive fehlte dem rohen Tantra, das Guru Rimpoche hinterlassen hatte, die Grundlage der Disziplin und des Studiums, das für ein Verständnis der tantrischen Methoden und deshalb auch für die richtige Praxis unerlässlich ist. Ob es nun an dieser Perspektive lag, die er auf eloquente Weise in seinen Predigten und auf überaus klare Weise in seinen Büchern auszudrücken wusste, oder an der Personifikation der fein geschliffenen buddhistischen Kultur von Bengalen oder auch an der Anziehungskraft seines persönlichen Charismas – jedenfalls war seiner Mission ungeteilter Erfolg beschieden. Nachdem der Meister im Jahre 1054 gestorben war, strömten die Schüler aus ganz Tibet in das Tal von Lhasa und von *Phenyul* und *Jang* im Norden von Lhasa, um bei seinen Gründerschülern in den von ihnen erbauten Klöstern zu studieren. *Dromton*, Sharapa, Potowa, *Neuzurpa* und Puchungwa waren einige der Meister, die nach Atishas Anweisungen Klöster gründeten, in denen die Tantras eine zweitrangige Rolle spielten und das Studium der Sutras der »universellen buddhistischen Tradition« (*mahayana*) in einer streng disziplinierten Klostergemeinschaft als Weg zu Buddhas Erleuchtung institutionalisiert wurde.

Jowo Atishas Erbe war der Kadam-Orden, der als Synonym für Studium und Mönchsdisziplin gilt. Er führte den Tibetern die Denkensart des Mönchstums vor und vermittelte ihnen die Vision der

Mönchsgemeinschaft, die für die nächsten neunhundert Jahre zum Schlussstein des tibetischen Buddhismus und der tibetischen Theokratie werden sollte. Aber die Methodik der Kadampas sollte nicht von Dauer sein. Ihr fehlte die tantrische Mystik von Guru Rimpoches Anhängern; ihr fehlte die Anziehungskraft einer hohen spirituellen Macht und Ekstase, die Milarepas Tradition lieferte; sie bezog sich nicht genügend auf Götter, Dämonen und Geister, die das Bewusstsein der normalen Tibeter bevölkerten; und sie erschuf keine politische Machtbasis, um den sich entwickelnden Sakya- und Kagyü-Orden etwas entgegensetzen zu können. Trotz eines ungeheuren Beitrages zum religiösen Leben Tibets wurden die Kadampas am Ende des 12. Jahrhunderts durch die Renaissance einer religiösen Kultur überholt, die sich im Kagyü-Orden kanalisierte, und diesem Orden gelang es, das Mönchstum mit dem mystischen Yoga zu vereinen.

Der Kagyü-Orden: Askese und politische Meisterschaft

Das eigentliche Ethos des Kagyü-Ordens ist immer Verzicht und Askese gewesen. Die Vorstellung vom Kagyü-Yogi, der zwölf Jahre lang unbeweglich in seiner Höhle sitzt, nur von Lumpen bedeckt ist und sich von Nesselsuppe ernährt, wurde im 11. Jahrhundert von *Jetsun Milarepa* geschaffen. Die strahlende Biographie von Milarepa und seine gesammelten Lieder, die einige hundert Jahre später veröffentlich wurden, prägten dieses Bild in das tibetische Bewusstsein ein. Hier hatten sie einen tibetischen Bauern, der in der Erlangung der Buddhaschaft ebenso viel leistete wie die indischen Vorläufer seiner spirituellen Traditionslinie. Er war wirklich ein tibetischer Buddha und bewies für immer und ewig, dass das tibetische Bewusstsein auf dem tantrischen Weg der höchsten Leistung fähig war. Milarepa war der Vermittler *par excellence* und ist das Beispiel für die konzentrierte Suche nach Erleuchtung durch tantrische Meditation. Die Meditation, die er praktizierte, ist das zweiphasige Yoga der schöpferischen und der Erfüllungs-Meditation. Dabei bereitet die schöpferische Phase das Bewusstsein auf eine Vision der Wirklichkeit vor, wie sie im Sinne der Gottheiten eines Mandala beschrieben wird, und die Erfüllungsphase hat mit der Auflösung dieser Gestalten und den dynamischen übersinnlichen Prozessen zu tun, die sie darstellen, damit sie in das Bewusstsein eingehen, das alle Erfahrung durchdringt. Die Methode, die Milarepa wählte und sich zu Eigen machte, wurde das »Yoga der inneren Hitze« (*tummo*) genannt. Er stellte sich ein Feuer im Bauch vor, das den Brennpunkt der Energie im Kopfzentrum wegschmolz, sodass ein Strom von Ambrosia den mittleren Kanal herabströmte und nacheinander die Chakren der Sprache, des Bewusstseins und des Handelns mit Energie füllte.

Milarepas Leistungen werden als große magische Kräfte beschrieben: durch den Felsen gehen, im Himmel fliegen, mit dem einen Auge des nicht-dualen Bewusstseins sehen, Stein essen usw. Die Kagyü-Tradition entwickelte eine höchst poetische und mystische Art, um Ereignisse auf der Ebene der Buddha-Vision zu beschreiben, die ihren Ursprung in indischen Liedern, so genannten *dohas*, hatten, die von den frühen Trägern der mündlichen Kagyü-Tradition gesungen wurden.

»Kagyü« bedeutet »Tradition mündlicher Unterweisung«, und der Orden ist stolz auf die starke, ungebrochene Übermittlung des essenziellen Yoga und der Meditation, die vom Meister auf den jeweiligen Schüler überging. Die Haupt-Traditionslinie begann mit dem indischen Adepten Tilopa, einer mythischen Gestalt, die von dem archetypischen Guru, der in Träumen oder Visionen erscheint und in nicht-diskursiver Art lehrt, untrennbar ist. *Naropa*, sein Lieblingsschüler, war ein Gelehrter, der zum Wander-Yogi wurde, und seine Übung bestand in einer zwölf Jahre dauernden Suche nach seinem spirituellen Meister, auf die eine kurze und erfolgreiche Erfahrung des schöpferischen und des Erfüllungs-Yogas folgte. Ein tibetischer Schüler von Naropa, ein verheirateter Yogi namens Marpa, der Übersetzer, brachte die gesamte orale Lehrtradition Naropas nach Tibet zurück und gab es an mehrere Schüler weiter, deren wichtigster Milarepa war. Milarepa war berühmt, und sein Ruhm zog mehrere außerordentliche Gestalten an. Eine von ihnen war der unkonventionelle Yogi *Rechungpa*, ein anderer der Gelehrte *Ja Gampopa Dakpo Lhaje*. Gampopa übermittelte die mündliche Unterweisung eines kompromisslos asketischen Yoga an zwei außerordentliche Schüler, nämlich *Drogon Pakmodrupa* von *Densathil* und Karmapa *Dusum Khyenpa* von Tsurphu. Die große Leistung des asketischen Drogon Pakmodrupa bestand darin, drei Meister hervorzubringen, deren Status dem seinigen gleichkam, nämlich Drikung Kyabgon von Drikung, *Taklung Tashi Pel* von Taklung und *Tsangpa Gyare* von Ralung in Tsang – aber seine eigene spirituelle Traditionslinie in Densathil verfing sich in einem politischen Sumpf.

Die wichtigsten fünf unabhängigen Klöster wurden jedoch zu den Orten von vier der fünf bedeutendsten Kagyü-Orden, die sich bis zum heutigen Tag erhalten haben, nämlich Karma, Drikung, Taklung und Drukpa Kagyü. Mit dem erstaunlichen Wachsen und Gedeihen dieser Klöster und der zunehmenden politischen Betätigung des Kagyü-Ordens wurde der Geist von Naropa und Milarepa durch klösterlichen Institutionalismus verwässert, aber das Ideal der meditativen Einkehr in einer Höhle an der Schneegrenze, in der ein in Baumwolle gekleideter und sich von Nesselsuppe ernährender Yogi die Neigung zum akademischen Studium überwindet, ein Ideal, das durch die Kagyü-Tradition verbreitet wurde, hat immer wieder Yogis von bemerkenswertem Kaliber erzeugt. In der politischen Arena wurde der *Karma-Kagyü-Orden* zum erfolgreichsten unter allen anderen Kagyü-Orden, konnte aber dennoch seine Yoga-Traditionen aufrechterhalten. Er institutionalisierte das System einer aufeinander folgenden Reinkarnation seines Hierarchen, des *Karmapa*, um die Kontinuität der Autorität zu sichern. Sowohl der Drikung-Kagyü- wie auch der Drukpa-Kagyü-Orden assimilierte viel von der Nyingma-Tradition und hielt eine starke Neigung zur Einsiedelei aufrecht. Der Taklung-Kagyü-Orden, der stark von der monastischen Disziplin des Kadam-Ordens beeinflusst war, wurde für seine monastische Reinheit berühmt, fiel aber der Reorganisation des Großen V. Dalai Lama im 17. Jahrhundert zum Opfer. Zu dieser Zeit litten die Kagyü-Orden in politischer Hinsicht; aber ihre Tradition blühte weiter, vor allem die der *Karma-Kagyüpas* in Kham.

All diese spirituellen Traditionslinien, die Milarepas Unterweisungen weitergeben, konzentrieren sich auf das Yoga der Kontrolle und Manipulation der feinstofflichen Energien des spirituellen Körpers, um die ihm eigene Dualität aufzulösen und *Mahamudra* zu erlangen und auf diese Weise die Einheit von Buddhas Erleuchtung zu erreichen.

Die schöpferische Kraft von Milarepas Auftreten und die fortgesetzte Praxis seiner Tradition wird durch die Geschichte der Meditationseinkehr an den drei großen Höhlenorten in den Bergen des Himalaya – Kang Rimpoche (Kailash), Labchi und Tsari – bewiesen. Obwohl alle Kagyü-Orden in traditioneller Weise Mönche von ihren Heimatklöstern in Zentraltibet zur Einsiedelei an diesen drei wichtigen Mandala-Bergen schickten, waren es vor allem die Drukpa- und Drikung-Klöster, die voll und ganz in das weltabgewandte, asketische Ideal eintauchten. Während des 12. und 13. Jahrhunderts wurden die Höhlen und Einsiedeleien, an denen die Gründer der Kagyü-Orden meditiert hatten, als wichtige Kraftplätze etabliert und entwickelten sich daraufhin zu kleinen Meditationszentren. Diese Tradition setzte sich mindestens bis ins 17. Jahrhundert fort, aber es scheint, dass die Zentralisierung des Großen V. Dalai Lama negativ auf sie einwirkte, denn nach seiner Zeit sanken die Meditationsgemeinschaften im Grenzland des Himalaya allmählich zur Bedeutungslosigkeit herab. Trotzdem gibt es diese Tradition noch heute, allerdings auf quantitativ niederem Niveau, und man kann noch immer Adepten der Meditation (*gomchens*) in den Gebirgseinsiedeleien finden.

Eine weitere Dimension der Legende von Milarepa, die nachgeahmt und entwickelt wurde, war die des wandernden Yogi, des asketischen Weltflüchtlings, der von einem Kraftplatz zum nächsten, von einer Höhle zur nächsten Einsiedelei wandert und den Bedürfnissen von Sesshaften und Nomaden nach rituellem Exorzismus in seinen verschiedenen Formen dient und dabei vielleicht auch die buddhistische Lehre weitergibt. Drukpa Kunley, ein Yogi des Drukpa-Ordens, ist ein Beispiel dafür und untermauerte die in den Himalayadörfern kursierende Vorstellung, dass der buddhistische Wandermönch (*sadhu*) Mädchen entjungfert und alten Jungfern noch Kinder schenkt. Einige dieser heimatlosen Wanderer lebten wie Milarepa selbst von den Opfergaben der Dorfbewohner und Nomaden. Aber die meisten von ihnen standen unter dem Schutz ihrer Heimatklöster oder von wohlhabenden Personen, die mit dem spirituellen Schicksal des Klosters verbunden waren – und das ging wiederum untrennbar mit politischen und ökonomischen Umständen einher.

Es gab viele, viele bedeutende Exponenten der Kagyü-Tradition, einschließlich des *XVI. Karmapa*, der im Jahre 1959 von Tibet aus ins Exil und in den Brennpunkt der westlichen Öffentlichkeit ging.

Der Sakya-Orden: Tantra und Gelehrsamkeit

Heute hat der *Sakya-Orden* im tibetischen Buddhismus das niedrigste Prestige von allen, und das ist bereits seit mehreren Jahrhunderten der Fall. Die Sakyapas etablierten sich in der ersten Phase der zweiten Verbreitungswelle des Buddhismus in Tibet als starker monastischer Orden mit Betonung auf Disziplin und Gelehrsamkeit, und in ihren Anfängen vereinten sie Elemente des Alten und Neuen. Aus der ursprünglichen Nyingma-Tradition übernahmen sie viele der erprobten Tantras, wie etwa das der Buddha-Gottheit Dorje Phurba (Sanskrit: Vajrakilaya), und alte Schutzgeister wie *Dorje Lekpa.* Auf altgewohnte Weise wurde die Tradition innerhalb der Familie weitergegeben, zunächst vom Vater auf den Sohn und dann, nachdem die Sakya-Hierarchen zu zölibatären Mönchen geworden waren, vom Onkel auf den Neffen. Dabei übernahm dieser die vollständige zölibatär-monastische Weihe, während sein verheirateter Bruder seinen Nachfolger zeugte. Von den neuen spirituellen Traditionslinien, die von Indien herüberkamen, empfing der Sakya-Orden die Tradition der vollen monastischen Disziplin wie auch der systematischen philosophischen und logischen Analyse, die den Orden mehr als jedes andere Merkmal kennzeichnen. Neue Tantras, vor allem das Kye-Dorje (Sanskrit: Hevajra)-Tantra und neue Übersetzungen aus dem Sanskrit ins Tibetische erweiterten die Tradition der Gelehrsamkeit wie auch ihre rituellen und kontemplativen Aspekte um eine zusätzliche Dimension.

Der indische »Wurzel«-Guru der neuen tantrischen Traditionslinien der Meditationspraxis und des Studiums war der große Adept Birwapa (Sanskrit: Virupa), einer der 84 tantrischen Buddha-Adepten, der wie Naropa dem Kagyü-Orden ein Leitstern für seine tibetischen Nachfolger in der tantrischen Praxis war. Das populärste Bild von Virupa zeigt den großen Adepten mit rundem Bauch, in sein Hüfttuch aus Tigerfell gehüllt sitzend. Die Rechte hält er in die Höhe und zeigt mit einem Finger auf die Sonne, die daraufhin in ihrem Lauf innehält, während Birwapa eine ungeheure Sauforgie vollendet. Die tantrische Tradition von Birwapa wurde durch den Übersetzer *Drokmi Lotsawa* nach Tibet übermittelt, der sie an Konchok Gyelp, den Spross einer alten Landbesitzerfamilie weitergab, deren Mitglieder durch Nyingma-Lehrer unterwiesen worden waren. Im Jahre 1073 errichtete *Konchok Gyelpo* ein Kloster in Sakya (»Weiße Erde«), das in der Provinz Tsang im Südwesten von Shigatse, auf der Handelsroute nach Nepal, unweit der Grenze liegt. Während also der Kadam-Orden, der durch den bengalischen Abt Jowo Atisha inspiriert worden war, Zentraltibet mit der Mönchs- und Gelehrtentradition Bengalens in Flammen setzte, verbreiteten die Sakyapas eine gleichermaßen kraftvolle Mischung buddhistischer Traditionen in Tsang. Die Kadampas und die Sakyapas trafen sich in Zentraltibet in *Sangphu Neuthok* (»Quelle aller Bildung«), wo sie ihre Gelehrtentraditionen in parallelen Curricula in Lehranstalten für Studium und Disput unterhielten und entwickelten.

In Sangphu Neuthok und anderen Sakya-Klöstern, die in Tsang und auch im Süden des Yarlung-Tsangpo-Flusstales und im Westen des Yarlung-Tales errichtet wurden, schufen Lehrer wie *Lama Dampa Sönam Gyeltsen*, *Rendawa* und *Rongtonpa* den guten Ruf der Sakya-Gelehrsamkeit, aufgrund deren dieser Orden den Anspruch erhebt, dass alle tibetischen Mönchsorden auf der festen Grundlage ihrer philosophischen Methode und logischen Analyse beruhen. Der bedeutendste Lehrer von Je Tsongkhapa, der Reformer der Kadampas und Gründer des Geluk-Ordens aus dem 14. Jahrhundert, war Rendawa, der Universalgelehrte aus Sakya.

Aber die Sakyapas sind nicht nur Gelehrte. Ihre mystische tantrische Tradition, die sich auf das Kye-Dorje-Mutter-Tantra gründet, lehrt psycho-sexuelles Yoga, und das *summum bonum* ihrer tantrischen Praxis ist eine nicht-duale Disziplin, die als »Weg und Frucht« (*lamdre*) bezeichnet wird. Dass dieser abgekürzte tantrische Weg zur Verwirklichung von Buddhas Erleuchtung, der von *Birwapa* stammt und eine radikale, nicht-duale Vision ähnlich dem Dzokchen des Nyingma-Ordens oder dem Chakchen (*mahamudra*) des Kagyü-Ordens enthält, überaus wirkungsvoll ist, wird durch die legendäre Entfaltung magischer Kräfte von Sakya-Meistern demonstriert.

Der Sakya-Orden war der erste Mönchsorden, der die politische Herrschaft über ganz Tibet erlangte. Die Sakya-Traditionslinie begann mit fünf außerordentlichen Meistern, die dem religiösen Genius des 11. und 12. Jahrhunderts entsprangen. Sie haben die Sakya-Tradition mehr als 150 Jahre lang verbreitet und entwickelt. Der erste von ihnen war Konchok Gyalpo, der das *Sakya Gompa* gründete. Der zweite war sein Sohn, der große Sakya *Sachen Kunga Nyingpo*, der eine systematische Meisterschaft der alten Tantras und der neuen indischen Gelehrsamkeit erlangte. Sein Ansehen brachte Macht und Reichtum nach Sakya. Sachens Söhne waren *Sönam Tsemo* und *Drakpa Gyeltsen*, die diese Tradition entwickelten und an *Sakya Pandita*, Drakpa Gyeltsens Neffen, weitergaben. Sakya Panditas Ruhm als Lama der Gelehrsamkeit, Wachsamkeit und Macht war noch größer als der seiner Vorfahren, und es war sein Ruhm als Vorstand eines der wichtigsten Klöster von Tibet, der dem Sakya-Orden den Eintritt in die internationale politische Arena gewährte.

Im Jahre 1207 begann Dschingis Khan zusammen mit seinen Reiterschamanen die von Genoziden begleitete Eroberung Zentralasiens. Noch im selben Jahr erscheinen seine Gesandten in Zentraltibet und forderten Tibets Unterwerfung. Der Abt von Tsel Gungthang, dem Kagyü-Kloster in der Nähe von Lhasa, handelte mit den mongolischen Gesandten einen Vertrag aus, der die Beziehung zwischen Tibet und den Mongolen und später auch den Ming- und Mandschu-Dynastien bis ins 20. Jahrhundert bestimmen sollte. Es wird vermutet, dass dieser Vertrag die tibetische religiöse Protektion durch eine mongolische und chinesische politische Protektion ersetzt hat und dass Tibet auf diese Weise zu einem tributpflichtigen Staat des mongolischen und später des chinesischen Reiches wurde. Dies nannte man »Priester-Patron-Beziehung«, und es zeugt von dem meteorhaften Aufstieg der Reputation der tibetischen Lamas als Hohepriester von Zentralasien. Dieser Vertrag trat nicht sofort in Kraft – vielleicht war der Reichtum der zentraltibetischen Klöster für die Mongolen zu verlockend, denn sie plünderten im Jahre 1239 noch das wichtige Kadam-Kloster in Reteng. Aber kurz darauf wurde Sakya Pandita an den mongolischen Hof von Ogadai Khans Sohn Godan eingeladen, wo er die mongolischen Schamanen mit dem Wissen und der Macht des Buddhismus ausreichend beeindruckte, um als Regent von Tibet zurückzukehren. Sein Neffe und Nachfolger *Chögyal Phakpa* folgte dem Beispiel seines Onkels – sowohl in der Gelehrsamkeit wie auch im Lamaismus. Als er an Kublai Khans Hof eingeladen wurde, besiegte er alle anderen im Disput und in der Demonstration magischer Kräfte und stärkte den Machtanspruch der Lamas am mongolischen Hof. Im Jahre 1260 war er kaiserlicher Vorsteher und kehrte als Vizekönig (*tishi*) nach Tibet zurück. Er war der letzte der großen Sakya-Hierarchen.

Der politische Machtanspruch des Sakya-Ordens und mit ihm die Herrschaft über die Provinz Tsang wurde bis in die Mitte des 14. Jahrhunderts aufrechterhalten. Er endete mit dem Aufstieg von Phakmodrupa im Yarlung-Tsangpo-Tal. Nun war der Kagyü-Orden an der Reihe, politische Macht zu beanspruchen, als das Machtzentrum aus Tsang nach Zentraltibet verlagert wurde. Dennoch gedieh der Sakya-Orden weiter, obwohl er seines nationalen politischen Einflusses beraubt wurde. Der Universalgelehrte *Buton* am Zhalu-Kloster war im

14. Jahrhundert einer der bemerkenswertesten Mönche seiner Zeit. Viele der ursprünglichen Kadam-Klöster wurden während der Zeit der politischen Herrschaft des Sakya-Ordens von diesem übernommen. Es entstanden neue Zentren der Sakya-Spiritualität. Im Jahre 1429 gründete ein außerordentlicher Sakya-Mönch namens *Kunga Zangpo* das Ngor EVAM Choden-Kloster, das zum Zentrum einer Zweigschule der Sakyapas mit Filialen in ganz Tibet wurde. Im 15. Jahrhundert gründete ein weiterer hervorragender Lama namens *Tsarchen* eine weitere spirituelle Erblinie in Tsang bei Dar Drangmochen. Als die reformistischen Gelukpas später Tibet beherrschten, hatten die Sakyapas nur wenig darunter zu leiden, und sie konnten ihre Tradition der Klosterdisziplin und tantrischen Gelehrsamkeit bis zur chinesischen Unterdrückung aufrechterhalten.

Der Geluk-Orden: Mönchstum und Theokratie

Sakya- und Kagyü-Klöster dominierten Tibet spirituell und politisch bis in die Mitte des 15. Jahrhunderts, aber dann gab es in diesen Klöstern – wahrscheinlich aufgrund von politischem Ehrgeiz – genügend Korruption, um einen von Tibets großen Heiligen und Gelehrten zu veranlassen, eine Reformbewegung ins Leben zu rufen. Je Tsongkhapa war im fernen Nordosten in Amdo geboren und kam wie so viele andere im Laufe der Jahrhunderte aus dieser Gegend nach Zentraltibet, um in den Klöstern des Herzlandes zu studieren. Er saß zu Füßen von Kadam-, Sakya- und Kagyü-Meistern und erwarb sich unvergleichlichen Ruhm als Gelehrter und Disputant. Als er selbst zu lehren begann, verwendete er Ethos und Methode des Kadam-Ordens, nicht nur um die Sutras, sondern auch vier der wichtigsten Tantras zu studieren – Jikje (Bhairava), Demchok (Samvara), Sandu (Guhyasamaja) und Dukhor (Kalachakra). Er systematisierte seine Analyse des spirituellen Weges in seinem Opus Magnum »Die große Darlegung der Stadien des Weges« (*Lamrim Chenpo*), das vielleicht die klarste und umfassendste Analyse des buddhistischen Weges lieferte, die jemals geschrieben worden war. Je Tsonkhapas umfangreiche Kommentare zu jedem vorstellbaren Thema, das in irgendeiner Beziehung zum Weg steht, stellt das größte und in sich geschlossenste Schriftstück dar, das jemals von einem tibetischen Geist erzeugt wurde.

Und so entstand der Geluk-Orden. Er begann als puristische Reformbewegung, die als Basis tantrischer Praxis die monastische Disziplin und das Studium der grundlegenden Aussagen der buddhistischen Philosophie betont. Dass dem Disput und der Prüfung in diesem System so viel Platz eingeräumt wird, verweist auf eine Tendenz, die von der Höhle des Einsiedlers und von ritueller Aktivität wegführt und auf grundlegende philosophische Bildung abzielt. Geluk-Mönche müssen 20 Jahre lang studieren, um einen akademischen Grad und den Rang eines *geshe* zu erwerben, bevor sie Yoga und Meditation in der tantrischen Tradition praktizieren dürfen. Entwickle den rationalen Verstand, schaffe Disziplin und Ordnung, gib den Klöstern eine zentrale gesellschaftliche Funktion, und es entwickelt sich eine ideale buddhistische Gesellschaft!

Tsongkhapa war ein Theoretiker und Idealist, und in den ersten Jahrhunderten der Geschichte des Geluk-Ordens, als die von ihm gewählten Prinzipien die Auswüchse der politisch herrschenden Sakya- und Kagyü-Orden beschnitten, waren die Gelukpas tatsächlich ein tugendhaftes und verdienstvolles Ordnungselement. Aber vielleicht war diese Ordnung ein wenig zu verlockend – nicht nur für die Tibeter, die sich nach einer reformierten Tradition sehnten, sondern auch für die Mongolen, die eine wichtige, aber unerwünschte und unheilvolle Rolle in der tibetischen Politik spielten, nachdem sie die Geluk-Tradition angenommen hatten. Mit einem zentralisierten Mönchssystem und der Konzentration von spiritueller und weltlicher Macht in den Händen der Geluk-Hierarchie entstand eine Theokratie, die ein geeintes Tibet verwaltete. Ohne die Tugend von Tsongkhapas spiritueller Tradition zu vergessen, ist dieser politische Aspekt wichtig, vor allem, weil er Folgen für das gegenwärtige Schicksal Tibets zeitigte.

Nach Je Tsongkhapas Tod im Jahre 1429 gewann das von ihm gegründete Kloster Ganden Namgyeling im Nordosten von Lhasa zusammen mit zwei weiteren Klöstern in der Nähe von Lhasa – Drepung und Sera –, die von seinen Schülern errichtet worden waren, eine überwältigende Macht über die Region des Kyichu-Tales, während Tashi Lhunpo in Shigatse in der Provinz Tsang die Vorherrschaft des Kagyü-Ordens bedrohte. Ganden, der Sitz des Ganden Tripa oder »Thronhalters von Ganden« und Leiters des Ordens, wurde nach und nach zum Kern eines zentralisierten Mönchssystems, das alle Geluk-Klöster im Land einschloss. Die alten Kadam-Klöster wurden dieser neuen Ordnung einverleibt. Dann wurden im 16. Jahrhundert die

Qosot-Mongolen erfolgreich durch Sönam Gyatso, den Abt von Drepung, bekehrt, und die Gelukpas erwarben eine riesige neue Provinz. Der Führer der Qosot-Mongolen, Altan Khan, verlieh Sönam Gyatso den Titel des Dalai Lama und erhob im Nachhinein auch seine zwei Vorgänger, Gendun Drub von Tashi Lhunpo und Gendun Gyatso, den Abt von Drepung, in denselben Rang. So wurde Sönam Gyatso also zum *III. Dalai Lama.* Der IV. Dalai Lama wurde als Enkel von Altan Khan entdeckt, und auf diese Weise wurden die Mongolen unerbittlich in die politische Arena Tibet hineingezogen.

Um die neue spirituelle und politische Macht in Tibet von den alten, unreformierten Orden zu unterscheiden, verliehen die Chinesen ihnen den Kurztitel »Gelbmützen«, im Gegensatz zu den unreformierten »Rotmützen«: Die Art der Hüte und ihre Rangabfolge war eine alte Obsession der Chinesen, die von den Tibetern während der frühen Periode mongolischer Herrschaft übernommen worden war.

Der Geltungsbereich der Rotmützen war über ihre großen Klöster verstreut, aber sie waren mit dem Adel verquickt, vor allem in der Provinz Tsang, wo im späten 16. Jahrhundert die Prinzen im Grunde Könige von Tibet waren. Der Konflikt zwischen den Orden der Gelbmützen und der Rotmützen kann als ständige Rivalität zwischen Zentraltibet und Tsang betrachtet werden. Die Pakmodrupas hatten ein Jahrhundert lang von Yarlung aus geherrscht, aber am Ende des 16. Jahrhunderts hatte sich die Macht wieder nach Shigatse verlagert. Der Sieg der Gelukpas sollte Tibets Machtzentrum schließlich in Lhasa in Zentraltibet festigen.

Und nun betrat ein politischer Riese die tibetische Geschichte – der große V. Dalai Lama, Lobsang Gyatso, der im Jahre 1617 in Chongye geboren wurde. Er war ein überaus gebildeter Mann, äußerst fruchtbar in seinen Schriften über sakrale Themen und gewissenhaft in seinen religiösen Pflichten, und er reformierte den neu integrierten Staat und dessen Finanzen; taktvoll enteignete er die herabgewirtschafteten Rotmützen-Klöster und restaurierte sie. Unter seiner Herrschaft wurde eine Volkszählung veranstaltet, Strafgesetze wurden erlassen, und der Handel gedieh.

Aber diese Reform und Zentralisierung hatte ihren Preis. Die Eifersucht des Karma-Kagyü-Ordens angesichts der steigenden politischen Macht der Gelukpas verwandelte sich in militärische Macht und hätte sich wahrscheinlich durchgesetzt, wenn nicht der große V. Dalai Lama eine ausländische Armee eingeladen hätte, um die Vorherrschaft des Geluk-Ordens zu sichern. Der General *Gusri Khan* der Qosot-Mongolen war sein Werkzeug. Im Jahre 1642 besiegten und erschlugen die Mongolen den König von Tsang in Shigatse, verwüsteten das Karma-Kagyü-Kloster von Tsurphu und töteten viele Mönche. Sie wüteten von Kham bis nach Ladakh und schlugen jede Opposition gegen die Zentralmacht der Geluks nieder – mit Ausnahme der Drukpas (Bewohner von Bhutan), die als Einzige unter den tibetischen Völkern noch heute ihre Unabhängigkeit bewahren. Gusri Khan verlieh dem großen V. Dalai Lama die höchste Autorität über das Reich, setzte aber einen Laienregenten als seinen Vertreter ein. Im Jahre 1679 erwählte der Dalai Lama seinen spirituellen Sohn, *Sangye Gyatso*, für die Position des Regenten.

Der Tod des großen V. Dalai Lama im Jahre 1682 wurde von dem Regenten Sangye Gyatso verborgen, um einen Riss in der Verwaltung zu vermeiden, aber ohne ein politisches Genie am Steuerruder der tibetischen Politik konnte selbst Sangye Gyatso die Folgen der mongolischen Intervention in Tibet nicht verhindern. Die verfrühte Anerkennung des *VI. Dalai Lama*, eines Dichters und sinnlichen Menschen, wurde zum Signal für eine weitere mongolische Invasion. Lazang Khan, der Qosot-Verbündete des chinesischen Mandschu-Kaisers, fiel im Jahre 1706 in Lhasa ein, tötete den Regenten, verbrannte viele Klöster, entführte und ermordete den VI. Dalai Lama und setzte seinen eigenen Sohn an dessen Stelle auf den Thron. Im Jahre 1717 nutzten dann die Dzungaren, ein mit den Qosot rivalisierender mongolischer Clan, die Enttäuschung der Tibeter angesichts der Herrschaft von Lazang Khan, sie töteten ihn und plünderten und terrorisierten Zentraltibet fünf Jahre lang.

Der Friede wurde erst durch ein chinesisches Mandschu-Heer wieder hergestellt, das im Jahre 1723 die neue Inkarnation des Dalai Lama nach Lhasa brachte. Die Laienregentschaft wurde abgeschafft, zukünftige Regenten sollten Mönche sein, die nur während der Minderjährigkeit des Dalai Lama für die Regierung verantwortlich sein sollten. Danach vermittelte ein fähiger tibetischer Minister, Polhane, 20 Jahre lang zwischen dem Würgegriff der Mandschus auf das Land und der Empfindlichkeit der Tibeter gegenüber dieser neuen Okkupationsarmee.

Nach Polhanes Tod behielten die Vertreter des chinesischen Kaisers, die Ambans, noch weitere 150 Jahre eine einflussreiche Präsenz in Lhasa. Sie schenkten Tibet Frieden und Wohlstand, aber die dem

Lande durch die Mandschus auferlegte Isolation, die von verschiedenen konservativen Fraktionen in den großen Geluk-Klöstern in und um Lhasa unterstützt wurde, hielt den chinesischen Einfluss am Leben. In Lhasa konnte eine Reihe von Regenten, die dem Diktat der Ambans gehorchten, ihre Macht erhalten, indem sie die Dalai Lamas vergifteten, bevor sie die Volljährigkeit erreichten. In dieser Periode, als fünf Dalai Lamas (vom VIII. bis zum XII.) jung starben, wurden außerdem auch die *Panchen Lamas* von Tashi Lhunpo in Shigatse, die den Dalai Lamas in ihrer spirituellen Position gleichkamen oder sie sogar übertrafen, gegen das Geluk-Establishment in Lhasa ausgespielt. Auf diese Weise wurde die alte Rivalität zwischen Zentraltibet und Tsang ausgenutzt.

Erst am Ende des 19. Jahrhunderts, als die Mandschu-Dynastie der Qing in Peking und dementsprechend auch in Lhasa geschwächt war, wurde erstmals seit der chinesischen Okkupation ein Dalai Lama inthronisiert, der seine Volljährigkeit erreichte. In seiner Weite und Tiefe der Vision stand dieser XIII. Dalai Lama (1876 – 1933) weit über seinen mönchischen Zeitgenossen. Die herrschende Schicht des Geluk-Ordens in den großen Klöstern von Lhasa war zu einer prochinesischen Fraktion verkümmert, die nichts von den Entwicklungen in der Welt wusste und sich auch nicht dafür interessierte – vor allem, was den westlichen Einfluss auf Asien betraf, den die Engländer in Indien ausübten. Colonel Younghusbands Militärexpedition nach Lhasa im Jahre 1904, die Tibet für den Handel öffnen und einen russischen und chinesischen Einfluss auf das Land verhindern sollte, vermittelte den Tibetern jedoch einen flüchtigen Eindruck der europäischen Kultur – einer Kultur, die vermittels des Marxismus letztendlich ihre alten Traditionen verschlingen und sie politisch unterwerfen sollte.

Der tibetische Kulturwandel

Seit dem 10. Jahrhundert gibt es eine deutlich erkennbare Verlagerung des tibetischen Kulturzentrums von Westen nach Osten. Es beginnt mit Rinchen Zangpo und dem Aufstieg des Königreiches von Guge, gefolgt von der Vorherrschaft des Sakya-Ordens in der Provinz Tsang und des Kagyü-Ordens in Zentraltibet, bis sich die Theokratie der Geluk schließlich im Tal von Lhasa etablierte. Der kulturelle und politische Mittelpunkt des Landes wanderte also von Westen nach Osten. Dies wird manchmal als Resultat einer Klimaveränderung, vor allem als Nachlassen von Niederschlägen gesehen. Im selben Zeitraum erlebten auch die Oasen des Tarimbeckens einen Niedergang, der wahrscheinlich auf eine Reduktion des Wasser aus den Kunlun-Bergen zurückzuführen ist.

Da wir nicht über Statistiken verfügen, ist es unmöglich, diese Klimaveränderung zu beweisen, sicher ist jedoch, dass es in West- und Zentraltibet viel weniger Bäume gibt als vor 1000 Jahren. Die Region von Guge ist heute so gut wie baumlos, und wir wissen aus den Berichten von frühen Reisenden aus dem Westen, dass das *Tsaparang-Tal* einstmals teilweise bewaldet war. Wälder, die Jahrtausende brauchen, um sich zu entwickeln, werden durch feindliche Heere aus kriegerischen Gründen und von der lokalen Bevölkerung aus Gier zerstört, und wahrscheinlich wirkten beide Faktoren in West- und Zentraltibet, während gleichzeitig die Niederschlagsmenge abnahm. Die großen Klöster von Zentraltibet erforderten riesige Mengen von Bauholz, und die verbleibenden Bäume wurden nach und nach von einer zahlreichen Bevölkerung ausgebeutet. Die ersten Klöster wurden aus dem Holz lokaler Wälder erbaut. Später griff man zu Holz aus den Wäldern von Kongpo und zu Stein. Auch die verschiedenen mongolischen Invasionen müssen zu einem deutlichen Kahlschlag der Wälder geführt haben, und wir wissen mit Sicherheit, dass die halbe Million Soldaten der chinesischen Volksbefreiungsarmee, die seit 1959 von diesem Land lebt, die verbleibenden Wälder ernsthaft geschädigt hat. Die chinesische Ausbeutung der osttibetischen Wälder von Kongpo bis nach Kham hat auch einen großen Teil der restlichen tibetischen Wälder zerstört, aber diese Zerstörung reicht nur 20 Jahre zurück.

Zentraltibet und Tsang haben die meisten Schulen des tibetischen Buddhismus hervorgebracht, und in der Aufstiegsperiode der Klöster (vom 11. bis zum 14. Jahrhundert) konzentrierten sich die Energien des tibetischen Volkes in diesen Regionen. Viele Personen, die für die Gründung der großen Klöster verantwortlich waren, kamen jedoch aus Osttibet, um in Zentraltibet zu studieren und zu meditieren. Auch viele Gelehrte, die diese Klöster später berühmt machten, stammten ebenfalls aus dem Osten. Aber nachdem sich die Gelbmützen zur Zeit des V. Dalai Lama als herrschende buddhistische Sekten durchgesetzt hatten, verschob sich das Zentrum der Vitalität und Kreativität offenbar nach Osten. Die brillanten Vertreter der buddhistischen Tradition aus Osttibet reisten nicht mehr nach Zentraltibet, sondern blieben in ihren Heimatländern. Zentraltibet wurde noch immer als ursprüngliche Quelle spiritueller Macht verehrt, aber die Klöster von Kham und Amdo und ihre Lamas beherrschen nun die spirituelle Szene Tibets.

Kham und die eklektische Bewegung

Die wichtigste Entwicklung, die in Kham stattfand, war die eklektische Bewegung (*rime*), die im 19. Jahrhundert die Sekten der Rotmützen in einer Renaissance spirituellen Verlangens und religiöser Systematisierung einte. Diese Bewegung ist die jüngste wichtigere Entwicklung in der religiösen Kultur Tibets, und sie war noch in vollem Gange, als sie von den chinesischen Kommunisten unterbrochen wurde.

Die Leitfigur dieser Renaissance war Jamyang Khyentse Wangpo aus dem *Lhundrub Teng* Gompa in Derge. Er war sowohl in die spirituelle Tradition des Nyingma- wie auch des Sakya-Ordens eingeweiht. Sein brillanter Schüler Jamgon Kongtrul Lodero Thaye war dafür verantwortlich, Texte aus beiden Traditionen zu sammeln und in umfassenden Bänden zu veröffentlichen, um sie vor dem unvermeidbaren Verlust zu bewahren. Choling Rimpoche gehörte ebenfalls zu dieser nicht-sektiererischen Rotmützen-Bewegung. Khyentse Chokyi Lodro und der verstorbene *Dilgo Khyentse* sowie Lamas wie Mipham Namgyel führten diese Entwicklung in der letzten Generation weiter.

Die eklektische Bewegung wurde an ihrem Entstehungsort durch die Kulturrevolution zerstört, und dies kam schließlich den westlichen Schülern der osttibetischen Lamas in der Flüchtlingsgemeinschaft von Indien und Nepal zugute.

Das späte 20. Jahrhundert

Der *XIII. Dalai Lama* erklärte die Unabhängigkeit seines Landes, und nachdem er die chinesischen Truppen aus Lhasa verjagt hatte, richtete er seine eigenen Truppen gegen die konservativen Klöster, die das chinesische Regime unterstützt hatten. Aber seine Modernisierungsversuche wurden durch die Kraft der isolationistischen und traditionalistischen Stimmung zunichte gemacht, und wahrscheinlich wurde er schließlich von seinen unerbittlichen Feinden vergiftet. Mit seinem Tod im Jahre 1933, der im frühen Alter von 57 Jahren erfolgte, war Tibets Chance, als unabhängige politische und kulturelle Entität die Weltbühne zu betreten, verloren.

Zwar wurde der britische Einfluss in Lhasa durch eine Reihe von sympathischen und fähigen Statthalter gefestigt, aber die Regentschaft des jungen *Reteng Rimpoche* konnte nur den Status quo erhalten. Als Reteng abdankte, um in spiritueller Abgeschiedenheit zu meditieren, führte eine erfolgreiche Konspiration zu seinem Tod im Gefängnis. Danach gab es keine starke, ja, noch nicht einmal eine kompetente Persönlichkeit, die imstande gewesen wäre, Tibet vor der kommunistischen Invasion zu beschützen, die nach der Niederlage der chinesischen Republik erfolgte. Als sich Großbritannien im Jahr 1947 aus Indien zurückzog, verlor Tibet seinen einzigen Freund. Im Jahre 1951 führte die unglückliche Entscheidung eines Generals an einer unangreifbaren Kampfposition in der Nähe von Chamdo im westlichen Kham zur Kapitulation der tibetischen Armee, und die chinesische Volksbefreiungsarmee, die den Gipfel ihrer Macht und ihres Selbstvertrauens erreicht hatte, flutete über die tibetische Hochebene und versuchte, das chinesische Territorium in den weitesten Grenzen des Mandschu-Reiches zu konsolidieren. Ein Hinweis auf die zur Zeit der Invasion in Lhasa herrschende Verwirrung war die Forderung des Staatsorakels, den 15 Jahre alten XIV. Dalai Lama als Staatsoberhaupt einzusetzen.

Im Jahre 1959 führte die tibetische Empörung über die Demütigungen durch eine achtjährige chinesische Herrschaft zu einer spontanen Volksrevolte, dem *Aufstand von Lhasa.* Als sie fehlschlug, floh der Dalai Lama nach Indien, und die 100000 Tibeter, die ihm folgten, mussten sich mit einem beklagenswerten Flüchtlingsstatus zufrieden geben.

Die gnadenlose Unterdrückung des Aufstandes von Lhasa durch die chinesische Artillerie, die auf den Flanken des Lhasa-Tales Stellung bezog, war lediglich ein Vorgeschmack des Leidens, das Tibet in den folgenden 15 Jahren erdulden musste. Tibet wurde als Autonome Region Tibet neugebildet und verfügte theoretisch über eine gewisse Unabhängigkeit, stand aber praktisch unter dem Stiefel des chinesischen Militärs. Von der restlichen ethnisch-tibetischen Region wurde der östliche Teil von Kham zu einer autonomen Präfektur der Provinz Sichuan, während Nordosttibet, einschließlich des Gebietes von Amdo zur Provinz *Qinghai* wurde. In allen tibetischen Gebieten wurden die Klöster mit Gewalt aufgelöst, und die Landwirtschaft wurde kommunalisiert. Als später die Roten Garden eintrafen, wurden alle Verteidigungsbauten in Zentraltibet und die meisten religiösen Bauwerke sowie Häuser mit mehr als zwei Stockwerken zerstört. Nur einige Monumente von historischer Bedeutung, die von Premierminister Chou En-Lai einzeln benannt wurden, blieben von der Zerstörung ausgespart. Wer von der maoistischen Meinung abwich, wurde hingerichtet, ins Gefängnis geworfen oder mit Hilfe des verbrecherischen *tamzin*-Systems, das in ganz China angewendet wurde, einer Gehirnwäsche unterzogen. Künstlich verschlimmerte Hungersnöte, Verluste männlicher Arbeitskraft, die in Arbeitslagern ausgebeutet wurde, und der ergebnislose Versuch, auf Maos Befehl Weideland in Ackerland umzuwandeln und den Anbau von Gerste und Weizen durch Reisanbau zu ersetzen, führte in den Dörfern zu einem Massensterben durch Hungersnöte, was in der tibetischen Geschichte noch nie vorgekommen war. Guerillakämpfe in ganz Tibet, die vor allem von den *Chuzhi Kangdruk*, stolzen individualistischen Khampa-Kriegern, geführt wurden, hielten zwar den tibetischen Nationalismus am Leben, provozierten aber die Chinesen zu einer noch härteren Unterdrückungspolitik.

Erst als Mao starb, die Viererbande in Ungnade fiel und unter der relativ liberalen Führung von Deng Ziao Ping eine Lockerung erfolgte, kam es zu einem Aufatmen. Obwohl es in den achtziger Jahren keine Tibeter in wichtigen Entscheidungspositionen in Lhasa gab, waren die kommunistischen tibetischen Verwaltungsbeamten in den Tälern oftmals großzügige nationalistische Tibeter, die das Land ökonomisch entwickeln wollten. Diese Beamten überwachten den Wiederaufbau oder die Restauration von Gebäuden in vielen Klöstern, was durch kleine Zuwendungen der Zentralregierung und durch Schenkungen aus Übersee finanziert wurde, und sie unterstützten die freie Arbeit der Dorfbewohner. In diesem Liberalisierungsprozess wurde den Kommunen die Entscheidung überlassen, ob sie sich auflösen und den Grund und Boden auf die Familien der ursprünglichen Besitzer zurückgeben oder den Status quo aufrechterhalten wollten. Es zeugt vom tibetischen Konservativismus und von der rigiden Kontrolle, die von den Chinesen in Tibet ausgeübt wurde, dass ein kleiner Teil der Kommunen das Letztere wählte – so etwa die Kommune von Sakya in Tsang, wo reaktionäre maoistische Kader noch immer den Vollzug religiöser Freiheiten behindern.

In den neunziger Jahren am Ende der Ära von Deng Ziao Ping gewann die tibetische Freiheitsbewegung, die sich auf die Person des XIV. Dalai Lama konzentriert, große Sympathie im Westen und wurde auch in gewissem Maße von europäischen und amerikanischen Regierungen unterstützt. Auf die verhandlungsunwillige chinesische Regierung übte sie Druck aus, um Tibet seine politische Freiheit wiederzugeben oder zumindest die reale Autonomie zu erlauben, die von der chinesischen Konstitution gewährt wird. Aber dieser Druck hatte nur die Wirkung, den Prozess der politischen und religiösen Neuformierung in der Autonomen Region Tibet, die unter den neuen Gesetzen erlaubt ist, zu behindern. Im Kernland von Han und auch in den tibetisch besiedelten Gegenden von Sichuan und Quinghai ist diese Neuformierung weit fortgeschritten. Geluk-Klöster jedoch, die mit dem Dalai Lama in Verbindung gebracht werden, sind ganz besonders unterdrückt worden, und Mönche und Nonnen, die auch nur die geringste Loyalität für ihren spirituellen Führer an den Tag legen, werden ins Gefängnis geworfen. Die Anzahl der Knaben, die in ein Kloster eintreten, um eine buddhistische Erziehung zu durchlaufen, ist streng limitiert. Am schädlichsten für das politische, ökonomische und religiöse Schicksal des tibetischen Volkes ist das Einsickern der chinesischen Han-Bevölkerung in die Autonome Region Tibet, die Lhasa zu einer chinesischen Stadt und die Tibeter zu einer Minderheit in ihrem eigenen Land gemacht hat.

So also endete der Traum eines buddhistischen Tibet, das von beispielhaft reinen Mönchen geleitet werden sollte. Man könnte anführen, dass die Theokratie – die Vereinigung von spiritueller und weltlicher Macht – ein Versuch ist, das Gute mit dem Bösen zu vereinen und bei der Steuerung menschlicher Angelegenheiten niemals erfolgreich sein kann. Man könnte behaupten, dass Zentralisierung zwar politische Ziele erleichtert, dafür aber eine langfristig negative Wirkung auf das Bewusstsein der Menschen in den Randprovinzen hat. War es Stolz, der zur Bekehrung der Mongolen führte? War es rein machiavellistisches Denken, das den großen V. Dalai Lama veranlasste, die mongolische Invasion von Tibet zu initiieren, um die Gegnerschaft der Rotmützen zu vernichten? Beweist die Atrophie der großen

Geluk-Klöster – Ganden, Sera und Gand – im 20. Jahrhundert die Überlegenheit von dezentralisierten, kleineren Mönchsklöstern, die keine politischen Aufgaben zu erfüllen brauchen? Was geschah mit der Lehre von Atisha und Tsongkhapa? Vorbilder wie Guru Rimpoche und Milarepa sind sicherlich lange Zeit aus dem politischen Leben ausgespart worden. Was hatte das Ausquetschen der Augen, das Dehnen auf der Streckbank und andere mittelalterliche Foltermethoden, die sogar im Gebäudekomplex der heiligsten Hallen der Dalai Lamas, im Potala-Palast, vollzogen wurden, mit der theokratischen Ethik zu tun? Aber vielleicht ist in einer Zeit moralischer und spiritueller Degeneration, dem Kaliyuga, kein politisches System, nicht einmal die Theokratie angemessen, Buddhas Erleuchtung in allen lebenden Wesen zu fördern.

TEIL 3

KUNST UND BILDWERKE

Sakrale Kunst

Die tibetische Kunst ist in Form und Bedeutung fast vollständig religiös. Das mystische Reich der Buddha-Vision wird in Formen und Symbolen beschrieben, die auf religiösen Kunstwerken und häuslichen Verzierungen erscheinen. Die Häuser werden mit religiösen Symbolen geschmückt, und die Möbel werden mit Mustern bemalt, denen eine religiöse Bedeutung innewohnt. Es ist schwierig, profane Kunstwerke zu finden, außer vielleicht in Teppichen und Textilien, deren Muster in China entstanden, und heute natürlich auch in Malereien und Druckgrafiken, die kommunistische Themen darstellen.

Im Klosterkomplex sollen Schmuck und Verzierung die religiösen Übungen unterstützen, indem sie dem Bewusstsein ein Bild oder Symbol der buddhistischen Tradition darbieten. Auch die Architektur der Klostergebäude und Chörtens hat symbolische Bedeutung. Aber im Tempel oder »Haus der Götter« (*lhakhang*) entfaltet sich ein ganzes Spektrum der besten und heiligsten tibetischen Kunst. Die Wände sind mit Gemälden bedeckt, die ein Pantheon von Lamas, Buddhas, Bodhisattvas und Schutzgottheiten in ihren Buddha-Feldern und Darstellungen von Opfergaben schildern. Manchmal sind die Wände mit Mandalas bedeckt. Ferner hängen an den Wänden Rollbilder (*thangkas*) aus Baumwolle oder Seide, welche dieselben Themen in einem Rahmen aus Brokat zeigen. Manchmal sind die *thangkas* selbst in Brokat oder in der *kosu*-Webmethode gewoben oder mit Stoffapplikationen ausgeführt.

Auf dem Altar, dem Brennpunkt des Tempels oder Sakralraumes befinden sich plastische Symbole des Buddha und andere machtvolle Weihegegenstände. Die großen Buddha-Antlitze gibt es entweder als Lehmskulpturen mit einem hölzernen Gerüst im Inneren oder in Bronze gegossen oder getrieben. Die kleineren Bildnisse sind meist Bronzefiguren, die in der *cire perdue*-Technik gegossen wurden. Holzskulpturen findet man nur selten auf dem Altar. Wenn große Reliquien-Chörtens vorhanden sind, so sind ihre Verzierungen meist aus getriebener Bronze und kunstvoll mit Halbedelsteinen besetzt. Die kleinen Chörtens sind aus gegossener Bronze. Die Kunst der Metallbearbeitung tritt nicht nur in der Ausführung der Bronzen zutage, sondern auch in Dorjes (Donnerkeilen) und Phurbas (Ritualdolchen), die aus Eisenblöcken, manchmal sogar Meteoreisen, herausgeschnitten wurden.

All diese Malereien und Skulpturen sind aus der Perspektive der Dauerhaftigkeit gefertigt. Aber es gibt auch andere Kunstgegenstände, die ebenso erstaunlich und in der Ausführung nicht weniger anspruchsvoll sind. Das sind die Skulpturen aus Butter und *tsampa* (Gerstenmehl). Diese kurzlebigen Formen, die mit der Hand geformt werden, bestehen entweder vollständig aus Butter oder aus einem Teig mit geröstetem Gerstenmehl, der mit Rohzucker und Butter vermischt ist. Man nennt sie *tormas*; die meisten von ihnen werden während der Rituale, in denen sie verwendet werden, als Opfergabe für Menschen, Tiere und Geister aus dem Tempel geworfen, nur jene, die Buddha-Gottheiten darstellen, dürfen dort bleiben, bis sie auseinander fallen. Eine weitere Art von kurzlebiger Kunst ist das Sand-Mandala; es entsteht dadurch, dass Sand und verschiedenfarbige Kreiden durch ein schmales Rohr auf eine Kreisfläche gestreut werden, die von einem Kreidekreis umschlossen ist.

Hinter dem Altar und manchmal auch auf seinen beiden Seiten befinden sich die Texte des buddhistischen Kanons. Das geschnitzte Holz ihrer Einbände zeigt Buddhas und Bodhisattvas im Relief, die Blätter aus Reispapier sind häufig mit Lapislazuli oder Indigo bemalt, und dies alles wie auch die Holzlettern für den Druck und die gemalten Illustrationen macht sie durch und durch zu echten Kunstwerken. Aus Holz gefertigte Kunstgegenstände sind auch die Masken in den Lama-Tänzen, die allerdings meist in einem Aufbewahrungsraum verborgen sind.

Steinskulpturen findet man im Sakralraum nur selten. Aber die Kunst der Steinmetze offenbart sich auf den kreisförmigen Umschreitungswegen: Dort sieht man Gestalten, Gesichter oder heilige Silben, die als Reliefs in den Felsen gehauen wurden. Auch in den Berghöhlen findet man solche Reliefs. Diese Steinbearbeitung ist qualitativ so hoch stehend, dass naive Gläubige sie sich nur als Werk der Götter vorstellen können – oder aber als spontane Manifestation des Felsen selbst, als Bild natürlicher Vollkommenheit, die durch die reine und eingeborene Buddha-Eigenschaft der Natur entsteht.

In Heiligtümern in der unbewohnten Wildnis erscheint die Kunst der Holzbearbeitung auch in den Mustern auf den baumwollenen Gebetsfahnen. Holzschnitte von Buddhas und Schutzgottheiten, verbunden mit ihren auf Reispapier gedruckten Mandalas tauchen auch auf Amuletten auf, die am Körper der Gläubigen hängen oder befestigt sind.

Die Kunst ist nicht wegen ihrer hohen Qualität heilig, sondern wegen des dargestellten Inhaltes. Deshalb sind die Zierelemente auf Gebäuden, Möbeln, Teppichen usw. zwar im Kern religiös, aber im Gegensatz zu Darstellungen von Buddhas, Texten und Chörtens nicht eigentlich heilig. Buddha-Bilder und machtvolle Weihegegenstände, Schriften und Chörtens sind insofern sakral, als es keinen Unterschied zwischen dem Kunstwerk und der durch das Kunstwerk symbolisierten Wirklichkeit gibt. Sakrale Gegenstände werden noch zusätzlich durch formelle Weiherituale geheiligt: So werden vor allem Skulpturen mit heiligen Substanzen und geschriebenen Mantras gefüllt. Malereien werden dadurch gesegnet, dass auf ihre Rückseite Mantrasilben geschrieben werden. Auch ohne formellen Ritus ist der Segen eines Buddha besonders wirksam, da er seine meditativen Schwingungen auf den jeweiligen Gegenstand überträgt. Und die wiederum können auch auf die Gläubigen übergehen, die diese Standbilder und heiligen Gegenstände verehren. Deshalb sollen all diese Kunstwerke dadurch verehrt werden, dass man sich vor ihnen niederwirft, verneigt, sie mit der Stirn berührt oder ihnen eine Opfergabe darbringt.

Für nicht eingeweihte, gläubige Laien sind Buddha-Bildnisse eine Quelle des Segens und unterstützen ihre religiöse Hingabe. Für den Tantriker haben sie eine besondere Funktion. In der kreativen Phase seiner Meditation praktiziert der Yogi die Anrufung der Buddhas durch Visualisierung, und in den frühen Stadien dieser Übungen können Skulpturen und Malereien als Modelle der Visualisierung dienen. Zwar werden die Buddhas in menschlicher Gestalt dargestellt, aber die Bilder sind eine Konstellation von Symbolen, welche die Kraft haben, Buddha-Eigenschaften im Bewusstsein des Yogi zu wecken. Deshalb ist das vollständige Bild ein Symbol der archetypischen Gottheit, und die Stimmung, die Haltung, die Geste, der Schmuck, die Kleidung und die Symbole, die der Buddha in den Händen hält, unterstützen die Entstehung eines Bewusstseinszustandes, eines *samadhi*, in dem sich der Yogi mit dem Buddha-Archetypus identifiziert. Jedes einzelne Zeichen, das der Buddha hält, hat als Symbol die Kraft, einen tiefen Bedeutungsgehalt auszudrücken. So lässt der Dorje z.B. den Gedanken an die Unveränderlichkeit des leeren Bewusstseins aufsteigen, und das Schwert die Kraft des strahlenden Bewusstseins, um Hindernisse auf dem Weg der Meditation zu durchschneiden. Die Proportionen der Buddha-Figuren sind nach dem buddhistischen Kanon der Ästhetik geschaffen, um sich einer idealen Form anzunähern, die im Geist des Adepten bei seiner Verwirklichung des Buddha-Wesens spontan entstehen kann. Auch Farben sind symbolisch, und eine Abweichung vom akzeptierten Code ist nicht vorgesehen. Wenn der Yogi in späteren Stadien seiner Übungen dann ohne Schwierigkeiten vollständige Visualisierungen vor seinem geistigen Auge erzeugen kann, gibt es keinen Unterschied mehr zwischen der äußeren Darstellung und der inneren Denkform, der Verwirklichung der Buddha-Gottheit. Und dann ist die Kunstform nicht mehr nur ein zwei- oder dreidimensionales Muster aus Form und Farbe, sondern eine Reflektion des Buddha-Bewusstseins, ein idealer Zustand der Erleuchtung.

Ein Gemälde beispielsweise unterstützt insofern die Meditation, als seine gesamte Komposition, jedes einzelne Motiv und jede Linie und Farbe das Resultat von 1000 Jahren Übung bei der Erschaffung des idealen Buddha-Bildes ist. Aus diesem Grund gibt es in der tibetischen Kunst nur sehr wenig Raum für Fantasie. Die Buddha-Darstellungen sind methodische Muster, die der Yogi verwenden kann, um seinen eigenen Bewusstseinszustand zu bestimmen. Der Künstler hat sehr wenig Spielraum für imaginative Neuerungen und Selbstausdruck. Wenn er seine persönliche Inspiration in die Kunst einfließen lässt, kann er vielleicht sogar Hindernisse für den Yogi erzeugen, der nach der unpersönlichen Unterweisung von Generationen von Adepten sucht, die dieses Muster verfeinert haben. Die Qualität der tibetischen Kunst muss zuallererst danach beurteilt werden, in welchem Maße der Künstler den traditionellen Leitlinien seines Handwerks gefolgt ist, und erst in zweiter Linie, mit wie viel Inspiration er die Einzelheiten seiner Komposition bearbeitet hat. Natürlich ist es immer der letztere Aspekt, der das unausgebildete westliche Auge stimuliert.

Ikonographie

Das tibetisch-buddhistische Pantheon ist riesig und kann hier nicht vollständig aufgelistet werden. Deshalb folgt nun eine Beschreibung der gebräuchlichsten Formen, die der Pilger auf den Tempelwänden und den Altären der Kraftplätze sehen wird.

Der Südhang des Kang Rimpoche: Asiens heiligster Berg bei Tagesanbruch.
Brian Beresford

Der Nordhang des Kang Rimpoche mit den Bergen Jampelyang und Chenrezik von Driruphuk aus gesehen.
Brian Beresford

Amnye Machen: Das große Massiv in der Provinz Amdo. *Katia Buffetrille*

Amnye Machen: Das Mandala des Machen-Pomra-Palastes auf einem Wandgemälde im Guru Gompa. *Katia Buffetrille*

Nangchen Thanglha und der See Namtso mit dem Boddhisattva-Felsen Tashi Do. *Katia Buffetrille*

Die Guru-Rimpoche-Höhle und der Tempel in Tashido, beim See Namtso. *Ahmano*

Puppe von Guru Rimpoche bei der Nedong-Prozession des 10. Tages.
Ahmano

Der Kopf des »sprechenden« Shelkar Guru Rimpoche.
Ahmano

Das Mandala der fünffachen Buddha-Gottheit Demchok auf einem Deckengemälde.
Ahmano

Korlo Demchok auf einem Wandgemälde im Demchok-Mandala-Tempel von Tsaparang.
Brian Beresford

Dakinis aus Amdo, die vor dem Tsurphu-Kloster Niederwerfungen vollziehen. *Mani Lam*

Ein Gläubiger aus Kham, der unzählige Niederwerfungen auf dem Lhasa Jokhang Barkhor vollzieht. *Keith Dowman*

Ein Yogi aus Kham mit einer Knochentrompete und einer mit Affenhaut bespannten Trommel.
Keith Dowman

SHAKYAMUNI, GAUTAMA BUDDHA

Der Buddha des gegenwärtigen Zeitalters, der in Zentralindien lehrte, nimmt nicht den wichtigsten Platz in der religiösen Praxis der Tempel ein, wie man es vielleicht erwarten würde. Sein Platz wurde vielmehr von späteren Adepten oder »zweiten Buddhas« überlagert, deren tantrische Lehren für das religiöse Klima von Tibet wichtiger waren. Aber die Beschreibung von Shakyamunis »zwölf Taten« ist ein gebräuchliches Thema für Tempel-Wandmalereien.

DIE 16 NETEN ODER ARHATS

Dies ist eine Gruppe von Shakyamunis Jüngern, welche die höchste Verwirklichung des Meditationszieles ihres ursprünglichen Lehrers erreichte. Die Verehrung dieser 16 oder 18 *neten* oder *arhats* kam zu Beginn der zweiten Verbreitung des Buddhismus in Tibet von China herein. Die beiden zusätzlichen Arhats sind der chinesische Dzokchen-Meister Hwashang Mahayana und der reisende Gelehrte Dharmatala. In der Darstellung dieser indischen Heiligen auf Wandgemälden oder Skulpturen kann man meist den Einfluss des chinesischen Taoismus erkennen.

DIE TRIADE DER BUDDHAS DER VERGANGENHEIT,
DER GEGENWART UND DER ZUKUNFT

In der Mitte eines Tempelaltares kommt diese Art der Skulptur häufig vor. Links sieht man den Buddha des vorigen Zeitalters, *Dipankara*, der die Geste des Schutzes vollzieht. In der Mitte ist Shakyamuni, der die »erdberührende« Geste zeigt, um seine Erleuchtung unter dem *bodhi*-Baum in Bodhgaya zu demonstrieren. Auf der rechten Seite befindet sich Jampa, der Buddha, der im nächsten Zeitalter lehren wird und die Geste des Lehrens einnimmt. Alle drei haben sich im Lotussitz niedergelassen.

LAMAS UND ADEPTEN

Im tantrischen Buddhismus gilt der Lama als erstes Ziel der Zuflucht – noch vor dem Buddha, seiner Lehre und der Gemeinschaft der Bodhisattvas –, weil ohne seine Freundlichkeit bei Einweihung, Lehre und Segen das Tor zum Weg der Befreiung verschlossen bleibt. Der erste Lama einer spirituellen Traditionslinie und der eigene persönliche Lehrer werden besonders verehrt und mit Buddhas gleichgesetzt. Guru Rimpoche Padmasambhava, Jetsun Milarepa, Je Tsongkhapa, Kunkhyen Longchenpa und andere sind »zweite Buddhas«.

Guru Rimpoche, Tibets großer Guru wird besonders verehrt. Sein Bild findet man unterschiedslos auf den Altären des Ordens der Rotmützen in Ton gebrannt, in Metall getrieben oder als Bronzeguss. Auch Je Tsongkhapa wird durchgängig auf den Altären des Geluk-Ordens porträtiert, wie es auch beim Dalai Lama der Fall war, bevor die Politik dazwischentrat.

Die Gründer-Lamas der verschiedenen Orden werden häufig zusammen mit ihren zwei wichtigsten Schülern dargestellt, sodass es zur Form eines Triptychons kommt. Guru Rimpoche wird von dem Abt Shantarakshita und König Trisong Detsen oder durch seine beiden Gefährten flankiert, Tsonkhapa durch *Khedrub Je* und Gyaltreb Je. Guru Rimpoche ist immer und unverwechselbar an den folgenden Merkmalen erkennbar: einem Siegeshut, auf dessen Spitze eine Adlerfeder steckt, schweren tibetischen Gewändern, einem Dreizack (*katvanga*), den er in der Armbeuge hält und der seine Gefährtin symbolisiert, einem Dorje und einer Schädelschale, die er in den Händen hält, außerdem bleibt eines seiner Beine beim Sitzen ausgestreckt. Die fünf großen Sakya-Lamas werden oft als Gruppe wiedergegeben. Schon früh in der Geschichte des Buddhismus initiierte der Sakya-Orden eine Tradition des Porträts – Lamas wurden in Bildhauerei oder Malerei abgebildet, was bei westlichen Kunstkennern zu lobender Anerkennung führte.

Wer die jeweiligen Lamas sind und welchen Charakter sie hatten, wird meist realistisch dargestellt oder durch ein einzelnes stilisiertes Merkmal wie etwa einen Bart oder eine bestimmte Geste angedeutet. Das Wort »Lama« bedeutet »Lehrer« und »Priester«, und obwohl der Lama meist ein Mönch ist, der die Roben seines Ordens trägt und vielleicht ein Buch in seiner Gelehrtenhand hält, kann er auch ein Yogi oder Adept sein, der das Leintuch des Asketen um die Hüften geschlungen hat und sein Haar in verfilzten Zöpfen trägt.

DIE ADIBUDDHAS

Die Adibuddhas sind die ersten authentischen Ur-Buddhas, die als Gründer-Lamas der einzelnen spirituellen Traditionen gelten. *Kuntuzangpo* (Sanskrit: Samantabhadra), der »All-Gute Buddha« ist nackt und blau und der Adibuddha der Nyingmapas. Dorje Chang (Sanskrit: Vajradhara), der blaue Buddha, der Dorje und Glocke hält und die Arme über seinem Herzen verschränkt, ist der Adibuddha der anderen Orden. *Dorje Sempa* (Sanskrit: Vajrasattva) ist die Darstellung des visionären Aspektes des Guru-Lamas, und während Kuntuzangpo und Dorje Chang immer auf der Spitze eines gemalten »Abstammungsbaumes« sitzen, befindet sich Dorje Sempa, weiß, mit Dorje und Zimbel, dem rituellen Instrument aller tantrischen Lamas, unter ihnen.

DIE FÜNF BUDDHAS

Nampar Nangdze (Sanskrit: Vairochana), Mikyopa (Sanskrit: Akshobhya), Rinchen Jungne (Sanskrit: Ratnasambhava), Öpakme (Sanskrit: Amitabha) und Donyo Drubpa (Sanskrit: Amoghasiddhi) sind bereits als Basis aller Mandalas beschrieben worden. Ihre Wichtigkeit kann nicht genug betont werden. Aber außer in tantrischen Mandalas werden diese fünf nur selten in ihrer ursprünglichen Gestalt als ungeschmückte Buddhas porträtiert. Vielmehr werden sie in ihren visionären Körpern, mit Seide und Schmuck wie Bodhisattvas, präsentiert, und in dieser Form heißen sie *tathagatas*. Sie sitzen in ihrem »reinen Land« und können zunächst an ihrer Farbe und zweitens an ihrer Gestik erkannt werden. Sie erscheinen häufig auf Tempelwänden.

DIE BODHISATTVAS

Die drei großen spirituellen Bodhisattvas des indischen Buddhismus wurden in Tibet zu einer Triade von Schutzgottheiten zusammengefasst. Diese Bodhisattvas sind Chenrezik (Sanskrit: Avalokiteshvara), Jampelyang (Sanskrit: Manjushri) und Chakna Dorje (Sanskrit: Vajrapani), die jeweils Sprache, Geist und Körper beschützen. Ihre drei Formen – die ersten beiden friedlich und die dritte zornig – sind häufige Themen von Reliefskulpturen in Felsen, Wandgemälden und Bronzeskulpturen.

Im Folgenden eine Liste der Bodhisattvas, die in der tibetischen Kunst am häufigsten auftauchen:

Chenrezik (»Er, der mit Tränen in den Augen auf die Welt blickt«) ist mit Sicherheit das häufigste Motiv in der tibetischen Kunst. Er ist der Bodhisattva des Mitgefühls und nicht nur der Beschützer der Buddha-Sprache, sondern auch der wichtigste Beschützer des »Schneelandes«. Meist wird er im Lotussitz mit vier Armen dargestellt; die rechte obere Hand hält einen Rosenkranz, die obere linke Hand einen Lotus, und die beiden unteren Hände halten in Gebetshaltung einen Stein der Wunscherfüllung ans Herz. Er ist das Bild des Mitgefühls.

Eine weitere gebräuchliche Erscheinungsform von ihm ist der »elfköpfige Chenrezik«, der »Große Mitfühlende«, dessen tausend Arme einen Kreis um ihn bilden, auf dessen Spitze seine Köpfe liegen. Diese Gestalt symbolisiert die Vielzahl der passenden Werkzeuge, mit denen der Bodhisattva allen fühlenden Wesen hilft.

Jampelyang (»Süße Stimme«) ist der Bodhisattva der Weisheit, der in seiner Rechten das Schwert des reinen Bewusstseins emporhält, mit dem er das Dunkel der Unwissenheit zerstört. Er ist der Patron des Wissens, was ihn bei Schulkindern beliebt macht, und eine männliche Muse der Künste, was ihm die Sympathie aller Künstler einträgt.

Chakna Dorje (»den Dorje in der Hand haltend«) ist der Prototyp aller zornigen Gottheiten. Mit dem einen – leicht gebeugten – Bein tritt er aggressiv nach vorne, während das hintere starr durchgestreckt ist; sein Gesicht gleicht einer zornigen und kriegerischen Maske, sein Haar ist wild auf seinem Kopf aufgebäumt, er trägt ein Tigerfell um die Hüften und streckt seinen runden Bauch heraus. Diese Darstellung des dynamischen Buddha, der ungezügelten Energie und gezielten Konzentration auf die Transformation emotionaler Gifte und Gedankenmuster in Buddha-Bewusstsein schützt vor Krankheit und feindseligen Geistern.

Jampa (Sanskrit: Maitreya) ist der »zukünftige Buddha«, und als solcher besitzt er die Attribute und die Gestalt eines Buddha. Aber bis zu seiner Ankunft auf der Erde ist er auch ein Bodhisattva oder zukünftiger Buddha, und zwar der Bodhisattva der liebenden Freundlichkeit; wie im Westen üblich, sitzt er mit den Füßen auf dem Boden, die Hände hält er in der Geste des Lehrens. Kolossalbildnisse dieses Bodhisattva kommen häufig vor, vor allem in Geluk-Klöstern.

Drölma oder Arya Tara, die Retterin, die Bodhisattva der Hingabe und des Dienstes ist das wichtigste Beispiel eines weiblichen Bodhisattva. Sie wird fast ebenso oft dargestellt wir Chenrezik und erscheint in zwei Gestalten und zwei Farben. Die »Weiße Drölma« sitzt in der Lotusposition, hält eine Lotusblüte in ihrer Rechten und ist die passive, kontemplative Erlöserin, während die »Grüne Drölma« die aktive Form der weiblichen Gottheit ist und das eine Bein ausgestreckt hält, um schnell reagieren zu können (obwohl auch sie eine Lotusblüte in der

Hand präsentiert). Sie wird oft in Bronzeskulpturen dargestellt und kann auch überall in Felsen, Stein und Malereien betrachtet werden.

BUDDHA-GOTTHEITEN UND MANDALAS
Die Buddha-Gottheiten (*yidams*) sind Darstellungen des dynamischen erleuchteten Bewusstseins, wie es in den tantrischen Texten beschrieben wird, und sollen als solche normalerweise vor den Augen der Uneingeweihten verborgen bleiben. Jedes der Tantras konzentriert sich auf eine andere Buddha-Gottheit im Zentrum seines oder ihres Mandalas, von denen sich dann auch der Name des jeweiligen Tantra ableitet wie etwa Dukhor (Sanskrit: Kalachakra), das »Rad der Zeit«, Demchok (Sanskrit: Samvara), die »Höchste Wonne«, oder Dorje Phurba (Sanskrit: Vajrakilaya), der »Unzerstörbare Dolch«). Aus Gründen der Geheimhaltung werden diese Gottheiten, die innerhalb des Pantheons am komplexesten und symbolisch am heterogensten sind, nur selten einzeln in den ruhmreichen Gestalten ihrer Machtfülle auf Wandgemälden dargestellt, aber man kann sie als winzige Darstellungen in der Mitte ihrer komplexen Mandala auf den Tempelwänden sehen. Als Unterstützung für seine Meditation besitzt der einzelne Yogi vielleicht ein Thangka oder eine Bronzestatue seiner persönlichen Buddha-Gottheit, und beide Darstellungen werden manchmal auch in den Tempeln platziert. Die Buddha-Gottheiten werden meist in sexueller Vereinigung mit ihren Gefährtinnen (*yabyum*) abgebildet, und diese offene Darstellung der Sexualität ist ein weiterer Grund dafür, dass sie nur bedingt gezeigt werden, denn junge Mönche könnten durch sie sexuell erregt werden, und die Uneingeweihten, seien es Mönche oder Laien, könnten die Symbolik missverstehen. Die Vereinigung von männlichen und weiblichen Buddhas beschreibt hier die unauflösliche Vereinigung von vollkommenem Verständnis und Mitgefühl und hat nur einen indirekten Bezug auf den profanen Geschlechtsakt.

Die Mandala-Bilder, die viele Tempelwände schmücken, zeigen meist einen Kreis aus Mandalas, der eine bestimmte Gottheit umgibt. Auf einem Mandala in der Mitte sieht man die Buddha-Gottheit selbst, und der Rest zeigt weitere Kreise für sein Gefolge, wie etwa Himmelswandlerinnen oder Schutzgottheiten. Um diese Kunstwerke, die oftmals den Gipfel der technischen Meisterschaft eines religiösen Künstlers darstellen, voll und ganz würdigen zu können, kommt man nicht ohne ein Wissen über die Symbolik des Mandala-Rahmens wie auch über das Gefolge der betreffenden Gottheit aus. So bleibt also die esoterische Bedeutung dieser Kunst eher verborgen.

KHANDROMAS, DAKINIS, HIMMELSWANDLERINNEN

Die Khandromas sind weibliche Buddhas, und obwohl sie gleichrangige Partnerinnen und Gefährtinnen der Buddha-Gottheiten sind, bilden sie eine besondere Klasse von Buddhas, in denen das weibliche Element klar zum Ausdruck kommt. Die Gefährtin von Demchok z.B. ist Dorje Phakmo, und die Vereinigung dieser beiden Buddha-Gottheiten symbolisiert die Totalität des Buddha-Bewusstseins. Aber für sich allein genommen versinnbildlicht Dorje Phakmo die Totalität als ständig sich transformierende illusionäre Wirklichkeit. Sie ist die Quelle der persönlichen Machtfülle und Einweihung, sie ist die Muse des Yogi, seine Inspiration und Führerin auf dem Weg, und sie ist auch eine gefährliche Beschützerin. Sie steht in Tanzhaltung, das eine Bein ist leicht gebeugt, das andere erhoben, sie hält eine Schädelschale an ihr Herz und schwingt in der erhobenen rechten Hand ein Messer. Ihre Haut ist rot, und sie ist ausschließlich in Seide gekleidet. Abgesehen von dem Schweinekopf, der aus ihrem Schädel hervorkommt, ist dies die archetypische Form der Khandroma Dorje Neljorma (Sanskrit: Vajra Yogini), die von allen Orden und Tantras anerkannt wird, aber in der Ikonographie gibt es viele Variationen von ihr. Wie die Buddha-Gottheiten sind auch ihre Abbildungen geheim und werden meist in der Form von Thangkas und Bronzestatuen von Yogis verwendet, die eine spirituelle Vereinigung mit ihr wünschen. Aber sie erscheint auch auf Wandgemälden auf den Tempelwänden.

DIE 100 FRIEDLICHEN UND ZORNIGEN GOTTHEITEN

Diese Gottheiten des Nyingma-Ordens stellen ein Pantheon dar, in dem auch alle Elemente einer ganzen hierarchischen Ordnung enthalten sind. In den Gemälden und Thangkas, in denen sie auftauchen, sitzt Kuntuzangpo, der »All-Gott«, ganz oben über Dorje Sempa. Bodhisattvas und Lamas aus der jeweiligen spirituellen Tradition sind seitlich abgebildet. Mandalas der fünf Buddhas stehen für die friedlichen Gottheiten, und auch Mandalas ihrer fünf zornigen Emanationen zeigen die Buddha-Gottheiten. Die Khandromas stehen darunter; die Beschützer der Tradition sind unten und an den Seiten. In Kreisen sieht man das jeweilige Gefolge der zornigen Gottheiten als Geister eines mythischen Reiches, manche von ihnen mit Tier- oder

Vogelköpfen. Die 100 friedlichen und zornigen Gottheiten sind die Manifestationen des Geistes, die dem Bewusstsein im Zwischenzustand zwischen Tod und Wiedergeburt erscheinen.

CHOKYONG: SCHÜTZER DER TRADITION

Die Beschützer sind eine reiche und vielfältige Gruppe von Göttern und Halbgöttern, die von den Yogis angewiesen wurden, Wächter der Klöster, ihrer Schatzkammern, der Mönchsgemeinschaften und vor allem des Buddha-Dharma zu sein. In der Darstellung sind sie den zornigen Gottheiten sehr ähnlich – ja, manche von ihnen werden sogar als Buddha-Gottheiten zu Meditationszwecken hergenommen –, aber eine genaue Beobachtung zeigt, dass sie andere Körperproportionen haben. Sie sind ein wenig zwergenhaft, kleiner jedenfalls als die zornigen Gottheiten. Meist sind sie mit wütenden, kriegerisch-maskenartigen Gesichtern dargestellt, aber manchmal sind sie auch bewaffnete Krieger mit friedlichen Gesichtern, und hin und wieder sind sie im positiven Sinne verführerisch.

Der Kraftplatz, an dem diese Schutzgottheiten angerufen und günstig gestimmt werden, heißt *gomkhang*. Dies ist eine geheime, düstere und unheimliche Kammer, die dem zufälligen Besucher eines Klosters meist verschlossen bleibt. Sie ist mit Skulpturen, Wandbildern und Kraftsymbolen dieser dunklen Herren ausgestattet, allerdings kommen deren Gestalten auch auf den Wandgemälden der Klostermauern vor. In Wandgemälden und Thangkas werden diese Schutzgottheiten oft in einer goldenen Linie auf schwarzem Grund abgebildet. Sie werden auf vielerlei verschiedene Weise porträtiert, und im Folgenden beschreibe ich nur die gebräuchlichsten Darstellungen.

Die Vier Schützenden Könige bewachen die Tore eines Mandala, wie sie auch die vier Richtungen eines Tempels bewachen. Sie sind mongolischen Ursprungs, wie sich an ihrer Kleidung und Rüstung zeigt, und sind aller Wahrscheinlichkeit nach als buddhistische Beschützer nach der Invasion von Dschingis Khan entstanden. Sie sind in chinesischem Stil ausgeführt und halten Schwert, Siegesfahne, Laute und Chörten. Sie kommen im Vorraum von praktisch allen Klostertempeln vor.

Gompo Chenpo (Sanskrit: Mahakala), der »Große Schwarze« ist einer der großen Beschützer für alle Zwecke, er ist der heftigste und mächtigste von allen. Seine Erscheinungsformen – meist ist es Chakrukpa, der »Sechsarmige«, aber es gibt auch viele andere – tauchen im rückwärtigen Teil der meisten Sakya-, Kagyü- und Geluk-Tempel auf: Sie lauern gewissermaßen im Dunkeln, und die vergoldeten Teile lassen einen Angst erweckenden Umriss erscheinen, und damit soll die Ohnmacht der Feinde der Tradition angesichts eines so erleuchteten und rechtschaffenen Zornes angedeutet werden.

Pelden Lhamo (Sanskrit: Shri Devi), die »schützende Muttergöttin«, deren Wurzeln in der allmächtigen indischen Göttin Durga Devi liegen, ist die große weibliche Schutzgöttin des Geluk-Ordens und des gesamten Staates, aber auch der Kagyü- und Sakya-Orden. Sie ist eine albtraumhafte Hexe, die nackt auf einem galoppierenden Maultier sitzt, ein Schwert schwingt und ein menschliches Herz in der Hand hält. Auf dem Rumpf ihres Reittieres sitzt ein einzelnes Auge, an seinem Sattel ist ein Würfel befestigt.

Die Beschützer des Dzokchen sind die folgenden Gestalten: *Relchikma* (Sanskrit: Ekajata), eine einäugige, hexenhafte, aggressive Schutzgöttin mit nur einer Brust, deren Gesicht in einer Maske des Zornes gefroren ist. Dorje Lekpa (Sanskrit: Vajrasadhu), der auf einem Schneelöwen reitet, einen mongolischen Hut mit breitem Rand trägt und den Eid geleistet hatte, dem Buddha-Dharma als Laie zu dienen, der diesen Eid aber gebrochen hatte. Schließlich Rahula, der Herr der Naga-Schlangen, der in einem Wirbel von schlangenhafter Wut aus einer dreieckigen Schachtel emporsteigt. Er trägt ein Gesicht auf dem Bauch und den Köpfen, die sich auf seinen Schultern auftürmen, Augen in seinen Armen und eine Krähe als unheilvolles Omen in seinem Haar.

Eine Geschichte der Stile

Die tibetische Kunst besitzt ihren eigenen unverkennbar tibetischen Stil, aber am besten kann man sie analysieren, wenn man die von außen eindringenden Einflüsse betrachtet, durch die sie erzeugt wurde.

Die Tibeter waren nie ein Volk, das Ehrgeiz und Energie in die Verfeinerung einer reichen, sinnlich wahrnehmbaren Kultur gesetzt haben, und ihre Künstler hatten nie einen höheren Status als die Handwerker. Außerdem mussten Maler, die mineralische Bestandteile für einige ihrer Pigmente suchten, und Bronzegießer, die in Metall arbeiteten, einen hohen Preis an die Wächter-Geister der Erde bezahlen. Zudem stand auch die tibetische Nomadentradition einer entwickelten Kultur der schönen Künste im Weg, denn Kunstwerke mussten ständig auf dem Rücken der Yaks transportiert werden.

Die Künste der Malerei und des Bronzegusses erreichten Tibet zusammen mit der indisch-buddhistischen Tradition, in der die Gläubigen Buddha-Darstellungen für ihre religiösen Übungen brauchten. Während der ersten Phase der Verbreitung des Buddhismus in Tibet, der Zeit des Reiches (600 – 850), kamen die stilistischen Einflüsse aus dem Katmandu-Tal, aus den nordindischen Ebenen, aus Kaschmir, Khotan und von der Seidenstraße, vom Reich der Sassaniden im Westen und schließlich auch aus China. Während dieser Zeit und auch in vielen weiteren Perioden sollten all diese Regionen Elemente zur Verfügung stellen, die im Schmelztiegel der religiösen Kultur Tibets erhitzt wurden und den spezifisch tibetischen Stil erzeugten. Während der Zeit des Reiches übte die prachtvolle Licchavi-Epoche des Katmandu-Tales, die sich vor allem im Bereich der Skulptur entfaltete, den stärksten Einfluss auf tibetische Bronzegießer aus. Allerdings gibt es nur einige wenige Kunstwerke, die dies zeigen. Die Holzschnitzereien an den Türstürzen des Lhasa Jokhang beweisen, dass Newar-Künstler aus dem Katmandu-Tal gebeten wurden, dort zu arbeiten.

Das Lhasa Jokhang, das *Trandruk Gompa* in Yarlung, Samye Chokhor und das Kachu Gompa im *Won-Tal* wurden alle in der Periode des Reiches gegründet und beziehen ihre Strukturelemente aus dieser Zeit. Kachu ist für sein wunderbares Buddha-Bildnis aus Ton berühmt, das, wie man glaubt, dem Einfluss von Flüchtlingen aus Khotan im 8. Jahrhundert zu verdanken ist.

In der zweiten Verbreitungsperiode des Buddhismus in Tibet, der frühen Zeit der Klöster (1000 – 1250), wirkten verschiedene Einflüsse auf die verschiedenen Regionen des Landes ein. Im Westen, im Königreich Guge, in Spiti und Ladakh kam der Haupteinfluss aus der großen buddhistischen Kultur Kaschmirs, während der Einfluss aus Khotan und den Oasenstaaten an der Seidenstraße sekundär blieb. Aus dieser Zeit stammen die so genannten Rinchen-Zangpo-Tempel, die nach einem Tibeter benannt wurden, der zum Zweck seiner buddhistischen Ausbildung nach Kaschmir reiste und nach seiner Rückkehr diese Tempel – vor allem in Alchi, in Lama Yuru in Ladakh, sowie in Tabo und Tholing im Königreich Guge – erbauen ließ. Wahrscheinlich wurden die Wandgemälde dieser Tempel unter der

Aufsicht von kaschmirischen Meistern erstellt, die angeheuerte Kunsthandwerker aus Kaschmir, den Staaten an der Seidenstraße und Tibet beaufsichtigten. Das umfassende Konzept und der Stil sind kaschmirisch, aber es wurden auch andere Einflüsse assimiliert, und deshalb sind diese Tempel einzigartig in ihrem Stil.

Wie meisterhaft die Arbeiten in den Rinchen-Zangpo-Tempeln sind, zeigt sich am Höhlentempel von *Dungkar* im Norden von Tsaparang im ehemaligen Königreich Guge. Diese große, kuppelförmig gewölbte Grotte, die mit dem Nampar-Nagdze-(Sanskrit: Vairochana)-Mandala verziert ist und wahrscheinlich aus dem 11. Jahrhundert stammt, besitzt Wandgemälde, die vom kaschmirischen Stil beherrscht sind. Aber es finden sich auch unverkennbare Elemente und Motive des Khotan-Stiles, die an buddhistische Gemäldereste aus den Oasen der Seidenstraße erinnern. Vielleicht wurden sie von Künstlern angefertigt, die aus Zentralasien kamen – entweder als Handwerksgesellen oder als Flüchtlinge.

Vielleicht gibt es in noch nicht entdeckten Höhlen in Westtibet weitere Beispiele von Malereien aus der frühen Zeit der Klöster in der Art des Höhlentempels von Dungkar, aber außer dem Klostertempel der Festung von Tsaparang (der Burg der Könige von Guge) ist uns nichts geblieben, was den westtibetischen Gemäldestil illustriert. Die Wandgemälde des »Weißen Tempels« und des »Roten Tempels« am Fuße der Festung wurden im 15. Jahrhundert erstellt und der »Mandala-Tempel« und der »Yidam-Tempel« innerhalb der Festung im 16. Jahrhundert. Alle lassen erkennen, dass die Künstler von Guge ausländische Elemente voll und ganz assimilierten, um einen einheimischen Stil von unleugbarer Kraft und Schönheit zu schaffen. Diese Wandgemälde gehören zu Tibets bedeutendsten Kunstschätzen.

Der westtibetische Bronzeguss begann in der frühen Zeit der Klöster und lieferte grobe Kopien der kaschmirischen Originale, aber in der späten monastischen Zeit (1250 – 1650) entwickelten die Kunstwerkstätten einen eigenen Stil und waren imstande, fein gegossene, waffeldünne Bronzen mit kupfernen und silbernen Intarsien für Augen, Lippen und Nägel zu erzeugen. Diese wunderschönen Bronzestatuen wurden bis ins 16. Jahrhundert angefertigt, aber danach verfiel diese Tradition gleichzeitig mit der religiösen Kultur Westtibets.

Während der frühen monastischen Zeit Zentraltibets kam der Haupteinfluss aus dem östlichen Teil Indiens, aus Bangala, wo die Schutzherrschaft der Pala-Dynastie eine Blüte der tantrisch-buddhistischen Kunst erzeugt hatte. Bangala und das Katmandu-Tal waren die Ziele von ehrgeizigen tibetischen Mönchen und Yogis, die von indischen Meister unterrichtet werden wollten, und deshalb entwickelten sich enge Beziehungen zwischen diesen Regionen. Mit Sicherheit brachten Schüler und Pilger Bronzebilder zurück, die als Modelle für einheimische Künstler verwendet werden konnten, und obwohl es keine indischen Thangkas gibt – und es ist nichts davon bekannt, dass es sie dort jemals gegeben hätte – gab es mit aller Sicherheit einen Pala-Malstil zu dieser Zeit. Während die Bronzearbeiten dieser Periode einen unverkennbar indischen Einschlag hatten, sind die Thangkas, die sich im Gegensatz zu anderen Gemälden am besten erhalten haben, durch untrennbar verflochtene Stilelemente aus Bangala und dem Katmandu-Tal gekennzeichnet. In dieser Epoche einer strahlenden Kulturblüte wurden die großen Thangka-Meisterwerke gemalt und bis zur Kultur-Revolution mit den Klosterschätzen aufbewahrt.

Vielleicht gab es indische Künstler, die während dieser Epoche in Tibet arbeiteten – zusammen mit den Newars aus Katmandu, die entlang der Handelswege einen viel leichteren Zugang von Nepal nach Zentraltibet hatten. Aber es gibt zwei Orte, in denen sich die einzigen noch existierenden Exemplare von Ton-Statuen und Gemälden aus dieser Zeit erhalten haben, und sie weisen darauf hin, dass der Stil von Kaschmir und den Staaten an der Seidenstraße noch immer einen wichtigen Einfluss ausübte, obwohl moslemische Heere all diese Regionen erobert und ihre buddhistische Kultur zerstört hatten. Eine Mischung des indischen Pala-Stiles und des Stiles von Kaschmir und der Seidenstraße tritt in Yemar (*Iwang*) zutage: Dort gibt es noch drei Tempel, deren Dach zerstört ist, sodass ihre Ton-Statuen auf beklagenswerte Weise dem Wetter ausgesetzt sind. Wandgemälde aus dieser Epoche gibt es nur noch in einigen besonderen Malereien im Drathang-Kloster im Yarlung-Tsangpo-Tal. Die gut erhaltenen Wandgemälde auf beiden Seiten des Ortes, an dem der Haupt-Buddha des Tempels steht, weisen beide einen starken Einfluss aus Kaschmir und Khotan auf.

In der späten monastischen Zeit, als die Erbauung der großen Heimatklöster der neu gegründeten Kagyü- und Sakya-Orden ihren Höhepunkt erreichte, gab es kein buddhistisches Bangala mehr, die Seidenstraße wurde islamisiert, und die tibetische Kunst war zunehmend durch die Newars aus dem Katmandu-Tal beherrscht. Während dieser Epoche wurde ein hervorragender Newar-Künstler namens *Aniko* nach Sakya eingeladen, um dort Wandgemälde zu schaffen. Er beeindruckte den großen Sakya-Lama Phakpa so sehr, dass er ihn nach Peking an den Hof von Kublai Khan mitnahm. Es scheint, dass Aniko dort eine exzellente Kunstwerkstätte – im chinesischen wie auch im Newar-Stil – aufbaute, die auch von Tibetern besucht wurde. Diese Künstler kehrten später von Peking nach Tibet zurück und begründeten die erste wirklich tibetische Kunstschule. Ihre frühen Erzeugnisse kann man auf den Wandgemälden des Zhalu-Klosters in der Nähe von Shigatse sehen. Die reife Arbeit dieser Schule, die hundert Jahre später geschaffen wurde, hat sich auf den Wänden des *Gyantse Kumbum* und Tsuklakhang erhalten. Die Wandgemälde des *Riwoche Kumbum* im westlichen Tsang, der einzige bedeutendere *kumbum*-Chörten, der außer Gyantse der Zerstörung durch die Kommunisten entkam, weist eine rohe, einheimische Entwicklung dieses Stiles auf. Parallel dazu hatte die tibetische Plastik im 15. Jahrhundert nach dem starken indischen Einfluss den Bronzeguss der frühen monastischen Zeit aus chinesischen und Newar-Elementen gemischten Stil der Yuan-Dynastie assimiliert und schuf daraus einen eigenständigen, kraftvollen zentraltibetischen Stil.

Mit dem politischen Aufstieg des Geluk-Ordens im 17. Jahrhundert und dem darauf folgenden Nachlassen der Unterstützung der Künstler durch die Rotmützen-Klöster wurde Zentraltibet von einem neuen Malstil beherrscht. In der theokratischen Periode (1659 – 1959) war der Newar-Einfluss minimal, obwohl Werkstätten in Katmandu und Patan weiterhin große Mengen von Bronzestatuen und Malereien für den Pilgermarkt hervorbrachten. Der für diese Periode typische Stil ist der chinesisch beeinflusste *Khyenri-Menri*-Stil. Seine Wurzeln gehen auf die Meister Menthangpa Menla Dondrub und Khyentse Chenmo aus dem 15. Jahrhundert zurück. Im 17. Jahrhundert entwickelte ein Meister namens Choying Gyatso dieselben stilistischen Tendenzen weiter, und seine Schule wurde als Neue Menri-Schule bekannt. Den Khyenri-Menri-Stil kann man in seiner besten Ausführung in den großen Geluk-Klöstern Drepung, Sera und Tashi Lhunpo, ferner im Potala sowie in Samye sehen. Spätere Entwicklungen erzeugten den allgegenwärtigen Stil, der in den meisten Tempeln während der letzten 300 Jahre bevorzugt wurde. Khyenri-Menri-Gemälde und Thangkas sind durch chinesische Gesichtszüge der Buddhas, durch eine Landschaftsumgebung, die eine größere räumliche Tiefenwirkung erzeugt und das Vorherrschen von Grün in der Farbpalette gekennzeichnet. Im Allgemeinen sind westliche Kritiker der Meinung, dass diesem Stil die schöpferische Atmosphäre sowohl der frühen wie auch der späten monastischen Periode fehlt. Dasselbe gilt für die spätere Bronze-Skulptur, die eine traurige Fortführung der zentraltibetischen Tradition war, die im 17. Jahrhundert bereits fest etabliert war. Das soll aber nicht bedeuten, dass tibetische Künstler während der theokratischen Periode nichts Meisterhaftes geschaffen hätten.

Die künstlerische Tradition Osttibets wurde hauptsächlich durch den chinesischen Stil beeinflusst. Aber die frühesten Formen der Skulptur, nämlich die Behauung von Felsen, die noch auf die Zeit des Reiches zurückgeht, weist außer dem chinesischen auch Einflüsse aus Katmandu und Indien auf. Der Bronzeguss ist stark chinesisch geprägt, aber die verschiedenen Werkstätten und Stile sind schwer zu bestimmen. Manche der Klöster von Kham sind so alt wie die aus Zentraltibet, aber die Wandgemälde sind ausnahmslos zerstört worden. Übrig geblieben sind nur die Thangkas, die häufig in dem speziell osttibetischen Stil ausgeführt sind, den man *Karma Gardri* nennt. Dieser leicht erkennbare Stil entstand im 16. Jahrhundert und war mit dem reisenden Hofstaat der Karmapas verbunden. Im Gegensatz zu den indisch und Newar-beeinflussten Stilen, die jeden Quadratzentimeter der Leinwand mit Verzierungen bedecken, bildet der Karma-Gardri-Stil nur die Sujets, meist Buddhas oder Lamas, ab und verleiht ihnen eine transzendente Atmosphäre von Raum und Licht.

Die Lehre des geoffenbarten Schatzes kann über den schöpferischen Prozess des tibetischen Künstlers Auskunft geben. Der geoffenbarte Schatz besteht hauptsächlich aus Schatztexten, aber auch aus Kunstwerken, aus Ton- und Bronze-Bildnissen, Holzschnitzereien und machtvollen Weihegegenständen. Solche Gegenstände können spontan aus dem dynamischen Raum hellen Lichtes entsprungen sein, aber man kann es auch so ausdrücken, dass sie das Werk von Yogi-Künstlern sind, die durch eine spirituelle Identifikation mit dem Bild, das sie gerade schufen, inspiriert wurden. Solche Bildnisse heißen *thongdrol*, es sind Gegenstände, die zur Befreiung vom Rad der Wiedergeburt führen können, wenn die Gläubigen ihre Augen auf sie richten. Exakt vorgeschriebene Form und makellose Ausführung erzeugen zusammen ein Buddha-Bild, das automatisch eine befreiende Wirkung auf das Bewusstsein ausübt. Inspiration dieser Art tritt in vielen Schöpfungen der tibetischen Kunst zutage.

Ein sehr großer Teil der tibetischen Kunst, vor allem Bronzen und Thangkas, wurden natürlich zusammen mit den Klöstern während der Kulturrevolution zerstört. Ein weiterer bedeutender Teil wurde von den Kommunisten nach China verfrachtet oder von den Roten Garden geplündert. Einige Bronzen und Thangkas wurden offiziell aus allen möglichen Quellen zusammengestellt und wurden zu Sammlungen in den Museumsklöstern, vor allen in Tashi Lhunpo und dem Potala. Manche wurden sorgfältig vor den Plünderern versteckt und wie geoffenbarte Schätze erst vor kurzem wieder ausgegraben, um örtliche Klöster zu schmücken. Die Wände der meisten Klostertempel, die nicht zerstört wurden, zeigen Überreste von Wandgemälden des Khyenri-Menri-Stiles. Aber abgesehen von den Kunstwerken, die sich heute in den Klöstern befinden oder von den Chinesen gestohlen wurden, fand ein wichtiger, wenn auch kleiner Teil von all den Hunderttausenden von Gegenständen, die einst die Klöster füllten, ihren Weg in westliche Museen, private Sammlungen und buddhistische Altäre. Obwohl es den Tibetern durch die Lama-Tradition verboten ist, mit sakraler Kunst zu handeln, erachteten es sowohl Laien wie auch Mönche in dieser schwierigen politischen und ökonomischen Periode als günstig, Sakralgegenstände gegen Bargeld einzutauschen, mit dem sie ihre Familie ernähren oder ihre Klöster instand setzen können. Heute hat der Westen, wie der Dalai Lama es ausdrückt, das Privileg, diese Sakralgegenstände zu besitzen und von ihrer Anwesenheit zu profitieren, während er sie gleichzeitig auf eine Weise bewahrt, die im gegenwärtigen Tibet unmöglich ist.

Seit der Rehabilitation des Buddhismus in den achtziger Jahren wurden in etlichen renovierten oder neu aufgebauten Klostertempeln Malereien restauriert oder neu geschaffen. Einige der Künstler sind Chinesen, die zu diesem Zweck aus Peking oder Chengdu geschickt wurden, manche sind in Tibet geboren, andere kehrten aus tibetischen Flüchtlingslagern zurück, und einige kommen aus Bhutan. Meist arbeiten sie im Khyenri-Menri-Stil, und die Qualität dieser Arbeit ist sehr unterschiedlich. Oft wurden gute, aber verblasste Originale durch uninteressante neue Arbeiten überdeckt. Was die Metallskulptur anbelangt, so kamen zu der kleinen Menge von alten Bronzen, die aus China zurückgegeben wurden, Erzeugnisse aus Chengdu und Shigatse sowie Kunstwerke hinzu, die Flüchtlinge im nepalesischen Patan in Auftrag gegeben haben. Ein Großteil dieser Arbeit ist mindestens ebenso gut wie die Schöpfungen der theokratischen Periode und von ihnen nicht zu unterscheiden.

TEIL 4
DAS YOGA DER PILGERSCHAFT

Pilgerschaft als Yoga und religiöse Praxis ist ebenso alt wie der Buddhismus selbst. Der Pilger kann ein Laie sein, der sich Verdienste für eine bessere Wiedergeburt erwerben will oder danach strebt, ein weltliches Gut zu erlangen, sein Schicksal zu verbessern oder für eine Sünde zu büßen. Für ihn gehört die Pilgerschaft noch immer in genau derselben Weise zum Lebensstil wie in Europa ein Sommerurlaub, aber er verlässt sein Dorf oder sein Nomadenlager nur, wenn der Ackerbauzyklus oder die Bedingungen der Tierhaltung es zulassen. Wenn er ein Mönch ist, so ist er vielleicht aus den Provinzen gekommen, um den Kraftplätzen der großen Lamas seiner spirituellen Abstammungslinie Verehrung zu zollen und ihren Segen zu erlangen. Ist er ein Wander-Yogi, so ist er vielleicht schon immer von Kraftplatz zu Kraftplatz gepilgert, um auf diese Weise den Weg zur Buddhaschaft zu beschreiten, vielleicht begibt er sich auch von einem Ort zum anderen, um an jedem dieser Kraftplätze einige Wochen oder Monate zu meditieren. Wie auch immer die Motivation beschaffen ist, die physische Anstrengung und die Erfahrung der festlichen Zeremonien, die zu einer tibetischen Pilgerreise gehören, können zu einem Weg werden, um Buddhas Erleuchtung zu erlangen.

Buddhaschaft

Der karmisch gesegnete, voll und ganz von religiöser Hingabe erfüllte Yogi wird eine Höhle oder Einsiedelei finden und dort zwölf oder mehr Jahre verbringen, um die Meditation zu praktizieren, die ihm sein Lama als Weg zur Buddhaschaft empfohlen hat. Die asketische Lebensweise und die konzentrierte Meditation des Yogi in seiner Einsiedelei werden als das *summum bonum* (»höchstes Gut«) der religiösen Praxis betrachtet.

Ein Mönch, der sich noch immer in der Phase des Studiums und des elementaren geistigen Trainings befindet und im Kloster physische und moralische Disziplin entwickelt, muss sich um ununterbrochene Konzentration bemühen. Der große indische Yogi Naropa äußerte sich abfällig über »einfache Narren, die im ganzen Land von einem Kraftplatz zum nächsten wandern«. Für ihn war die Pilgerreise ein Akt der Hingabe für Menschen, die nicht imstande sind, in lebenslanger Abgeschiedenheit zu meditieren oder das disziplinierte Leben eines eingeweihten Mönches zu führen. Aber solche Meinungen sollen mit Sicherheit Personen, die Yogis oder Mönche werden wollen, auffordern, an einem Ort zu bleiben und ihre Meditationspraxis in der Höhe ihres Potenzials zu entwickeln.

Die Tradition der Pilgerreise als tantrisches Yoga wurde in Indien von den großen Adepten begründet, die mittels der Methoden des Mahamudra nach Buddhaschaft suchten. In ihrer Vision waren die großen Kraftplätze, und vor allem die 24 Orte, an denen die Buddha-Gottheit Demchok (Sanskrit: Samvara) weilte, die äußeren geographischen Entsprechungen für die 24 Energiepunkte im feinstofflichen Körper des tantrischen Yoga. Die Energie dieser Punkte kann erkannt werden, und die Richtung des in ihnen zirkulierenden Energieflusses kann – entweder durch innere Meditationsübungen oder durch das äußere Yoga der Pilgerschaft – umgekehrt werden.

Folgende Beispiele zeigen die Wirksamkeit der Pilgerreise: Jogipa war ein indisch-tantrischer Eingeweihter, dessen intellektuelle Fähigkeiten so stumpf waren, dass er nicht einmal die tantrischen Anweisungen verstehen konnte, die sein Lehrer ihm gab, und seine Konzentrationskraft war so gering, dass er nicht lange genug still sitzen konnte, um zu meditieren. Sein Lehrer ersetzte nun die Meditation durch die Pilgerreise und wies ihn an, zu den 24 großen Kraftplätzen zu gehen und dabei das Mantra der Buddha-Gottheit Demchok zu singen. Nach zwölf Jahren der Pilgerschaft hatte er die Verschmutzungen seines Bewusstseins gereinigt und den Zustand der Erleuchtung erlangt, der als Mahamudra bezeichnet wird.

Ein weiterer indischer Adept, Udhalipa, erlangte durch das Yoga der Pilgerschaft magische Kräfte. Er hatte die Anweisung erhalten, die 24 Kraftplätze zu besuchen und das Mantra der Dakini (»Himmelswandlerin«) des jeweiligen Ortes zu rezitieren. Nachdem er durch einen alchemistischen Assimilationsprozess die Elixiere aller Dakinis in sich aufgenommen hatte, erlangte er die Fähigkeit zu fliegen. Buddhaschaft wird als »höchste Leistung« bezeichnet, die Erlangung von magischen Kräften dagegen als »relative Leistung«. Die Fähigkeit, zu fliegen, durch Felsen zu gehen, mit ungeheuren Geschwindigkeiten weite Entfernungen zu überwinden, wie auch die Kenntnis der Sprache von Tieren und Vögeln, die Fähigkeit, Gedanken anderer Menschen zu lesen usw., sind einige dieser relativen magischen Kräfte.

Nachdem die Buddhaschaft erlangt ist, kann die Pilgerreise zu einem geeigneten Mittel werden, um anderen Wesen Nutzen zu spenden. Nachdem Guru Rimpoche auf seiner Wanderschaft von Kraftplatz zu Kraftplatz die Methode der tantrischen Meditationspraxis demonstriert und schließlich die Erleuchtung erlangt hatte, verbrachte er – oftmals zusammen mit seiner tibetischen Gefährtin *Yeshe Tsogyal* – den Rest seines Lebens mit Pilgerreisen zu Kraftplätzen in Tibet, an denen er dann meditierte. Sein Lebensstil wurde zum Vorbild für den tibetischen Yogi, der nach zwölf Jahren in der Höhle, in denen er seine Meditationspraxis ausgereift hatte, nun die Substanz seiner Leistungen weitergeben wollte, aber auch für Lamas, welche die klösterliche Umgebung mit all ihren politischen Intrigen nicht für den besten Ort hielten, um allen lebenden Wesen zu dienen. Nehmen wir z.B. *Zhabkar Rimpoche Tsokdruk Rangdrol*, einen der bekanntesten Lamas des 19. Jahrhunderts. Er wurde im Jahre 1781 in Amdo geboren, begann früh mit der Meditation und vollendete im Alter von 16 Jahren bereits eine Jahresmeditation. Dann fand er seinen spirituellen Lehrer, dessen Meditationsanweisungen er in acht Jahren vollständiger Einsamkeit befolgte und erlangte die Erleuchtung. Danach wanderte er mehr als 20 Jahre lang in ununterbrochener Pilgerreise von einem Ort zum anderen, meditierte überall eine Zeit lang und vermittelte das Buddha-Dharma an alle, die er erreichen konnte. Die meisten von Zhabkars Pilgerreisen fanden in Zentraltibet statt, der Heimat der meisten spirituellen Traditionslinien des tibetischen Buddhismus, und in den hohen Regionen des Himalayagebirges, wo Milarepa und viele andere Yogis ihr Leben in Höhlen verbrachten.

In den frühen Jahren des 20. Jahrhunderts folgte ein Lama aus dem Kloster Riwoche in Kham, *Kanjur Rimpoche Zhabkars* Beispiel seiner erweiterten Reise in das Herzland des Buddhismus. Der große Khyantse Wangpo und *Situ Rimpoche*, Gelehrte aus Osttibet, die mit großen Gefolgschaften Reisen zu den berühmten Kraftplätzen von Zentraltibet antraten, schrieben Reiseführer für Pilger aus Kham und Amdo, die Zentraltibet auf denselben Reiserouten aufsuchten.

Seit 1980 und der selektiven Erteilung von Einreisevisa an Flüchtlingslamas waren die *tulkus* sehr motiviert, zu ihren Heimatklöstern zurückzukehren und Pilgerreisen zu den Kraftplätzen anzutreten, die mit den großen Namen ihrer Tradition verbunden waren. Der verstorbene Dilgo Khyantse, einer der Lehrer des gegenwärtigen Dalai Lama und der Königinmutter von Bhutan, führte in den achtziger Jahren drei Pilgerreisen quer durch Zentraltibet durch und demonstrierte dabei das Mitgefühl der Buddhaschaft, indem er Tausenden von Laien den Segen erteilte und Personen, die dazu bereit waren, die Einweihung erteilte.

Die Motivation der Laien

Verwirklichte Yogis, auch wenn sie wie Bettler aussehen, und die hohen Lamas, auch wenn sie glorifizierten Mannequins ähneln, begeben sich auf die Pilgerreise, um der buddhistischen Lehre und allen lebenden Wesen zu helfen. Aber wie ist es mit dem normalen Laienpilger unserer Tage, der vielleicht ein kommunistischer Funktionär oder analphabetischer Nomade ist? Zunächst ist er sich der Grundelemente der buddhistischen Lehre bewusst und möchte sich Verdienste erwerben oder irgendeinen besonderen spirituellen Vorteil gewinnen. Außerdem reist er vielleicht zu Kraftplätzen, um sein Glück zu steigern oder irgendein weltliches Gut zu erlangen.

Das Verdienst – *sönam* –, das durch religiöse Aktivität erstrebt wird, und vor allem die Pilgerreise sind ein speziell buddhistisches Konzept. Im Deutschen gibt es keine genaue Entsprechung für dieses tibetische Wort. Manchmal wird es einfach als »Tugend« übersetzt, aber für »Tugend« gibt es im Tibetischen viel bessere Ausdrücke. »Verdienst« ist das Resultat einer positiven oder tugendhaften Handlung. Die karmische Wirkung einer tugendhaften Handlung besteht darin, die Tendenz zur Wiederholung dieser Handlung in der Zukunft zu verstärken; und genau das ist mit »Verdienst« gemeint. Das Gefühl, das nach einer tugendhaften Handlung entsteht, ist ein angenehmer Glanz der Zufriedenheit; und *sönam* erweckt dasselbe Gefühl, ist aber auch quantifizierbar und sammelt sich wie Ersparnisse auf einem karmischen Bankkonto an. Das Resultat einer tugendhaften Aktivität entspricht einem Kredit oder Plus in der Bilanz, und negative oder lasterhafte Handlungen ergeben einen Schuldposten, ein Minus.

Durch den Vollzug der zehn Untugenden – Mord, Diebstahl, unangemessene sexuelle Aktivität, Lügen, Fluchen, Zwietracht Säen, Klatsch, Begierde, Grausamkeit und Voreingenommenheit – entsteht ein Minus auf der Karmabank. Dagegen erzeugen alle religiösen

Übungen *sönam* (»Verdienste«), und zwar vor allem Opfergaben für den Buddha, die Lehre und die ganze Gemeinschaft. Wie bereits erwähnt, lässt die Pilgerreise ganz besondere Verdienste entstehen.

Man bemüht sich um solche Verdienste vor allem, um sich eine bessere Wiedergeburt zu sichern. Je höher der Kontostand auf der karmischen Bank ist, umso besser die Wiedergeburt. Eine ansehnliche Bilanz garantiert eine Wiedergeburt in den oberen Reichen der Götter, der eifersüchtigen Götter oder der Menschheit. Eine negative Bilanz führt zu einer niedrigeren Wiedergeburt im Reich der Tiere, der hungrigen Geister oder der Höllenbewohner. Ein großer Vorrat von Verdiensten beim Zeitpunkt des Todes resultiert aus einem rücksichtsvollen und vorsichtigen Leben. Denn sobald das Verdienst entstanden ist, stellt sich auch die Versuchung ein, es gegen ein Konsumprodukt einzutauschen – ein weltliches Gut, die Garantie für sicheren Erfolg in jeder Unternehmung, sei sie nun finanziell, sexuell oder gesellschaftlich.

Was die Pilgerreise betrifft, so ist der Verdienst umso größer, je mächtiger die Ausstrahlung des Kraftplatzes ist. Die großen, heiligen Berge wie der Kang Rimpoche (Kailash), Labchi und Tsari vermitteln die höchsten Verdienste. Schon die Absicht, eine Reise zu ihnen anzutreten, erzeugt ein Verdienst, und wenn auch nur der erste Schritt getan ist, beginnt die Verdienstuhr bereits zu laufen. Eine Hauptverdienstquelle ist die Umschreitung, eine der wichtigsten religiösen Aktivitäten auf der Pilgerreise:

> *»Der geistliche Nutzen für jeden, der auch nur einen Schritt geht, um einen Reliquienschrein des Buddha mit gläubiger Hingabe zu umschreiten, ist ebenso groß wie die Schenkung von hunderttausend Unzen Gold.«* HUBER 1993

Das Verdienst, das durch eine einzige Umschreitung des Berges Bönri entsteht, ist 700 Millionen Mal größer als das einer normalen Umschreitung. Auch das Jahr und der Monat der Pilgerreise beeinflussen die Höhe des entstandenen Verdienstes. Wenn die Umschreitung in den Monaten des Pferdes, des Schafes, des Vogels oder des Affen vollzogen wird, multipliziert sich das Verdienst um 1,3 Milliarden. Selbst verdienstvolle Handlungen auf der Bönri-Pilgerreise – wie etwa einem Tier das Leben zu retten – resultieren automatisch in einer 10000fachen Multiplikation des Verdienstes. Einem der Pilgerführer zufolge ist es aber mit den negativen Handlungen genauso: »Sünden oder Untugenden, die man begeht, werden so riesig wie der Berg Meru oder der kosmische Ozean.«

Offenbar sind einschneidende Transformationen im Bewusstsein und in den karmischen Mustern des Pilgers möglich, wenn er auf so riesige Verdienstmengen zählen kann. Allem Anschein nach gibt es eine Schwelle in der Anhäufung des Verdienstes, die zur Transzendenz, zu Buddhas Erleuchtung oder der Befreiung vom Rad der Wiedergeburt, dem Rad des Lebens führt. Der Lehrmeinung zufolge ist gefordert, dass sowohl Verdienste wie auch die meditative Erkenntnis der Wirklichkeit in ihrem innersten Wesen optimiert werden, bevor diese Befreiung vollendet werden kann. Die Tradition, vor allem in den Pilgerführern zu den Kraftplätzen, sagt ganz deutlich, dass Verdienste durch Reisen zu den Kraftplätzen optimiert werden können. Und es wird auch angenommen, dass die Erkenntnis der Wirklichkeit oder zumindest eine radikale Transformation des Bewusstseins an einem solchen Kraftplatz geschehen kann. Wie viele Pilger bestätigen können, wird das Bewusstsein an solchen Orten tatsächlich erweitert – und zwar unwillkürlich. So versichert der Führer zum Kang Rimpoche mit einem Zitat des Guru Rimpoche dem Pilger:

> *»Jeder, der den Kang Rimpoche, den Nabel der Welt, besucht, wird die Befreiung innerhalb von drei Leben erreichen. Und jeder, der den Tso-Mapham-See mit reinem Glauben umschreitet, wird sofort die Buddhaschaft erlangen.«* RAMBLE 1995:98

Zumindest werden die »Tore der sechs Reiche« für den Pilger nach dem Tod und am Ende des Bardo, jenes Zwischenzustandes zwischen Tod und Wiedergeburt, geschlossen sein, wenn das vergängliche Prinzip des Bewusstseins in furchtlosem Gleichgewicht verblieben ist. Dann wird es den winkenden Lichtern in den Schößen der Wiedergeburt in die höheren und niederen Reiche widerstehen und ins »reine Land« eines der fünf Buddhas oder in das »kupferfarbene, reine Bergland« des Guru Rimpoche, nach Shambhala oder ins Land der Orgyen Khandromas gelangen.

Wenn die angehäuften Verdienste nicht genügen, um die Buddhaschaft oder Befreiung vom Rad der Wiedergeburt zu erzeugen, so können sie zumindest magische Kräfte oder übersinnliche Erkenntnis ermöglichen. Die Fähigkeit, im Himmel zu fliegen, durch Felsen zu gehen, Gedanken zu lesen, die Sprache der Tiere und Vögel zu verstehen usw., können vor allem an jenen Kraftplätzen erlangt werden, an denen die Himmelswandlerinnen wohnen. Denn sie verleihen diese Kräfte. Der Pilgerführer zum Berg Tsari, einem der Versammlungsplätze der Himmelswandlerinnen, verspricht besondere Kräfte, wenn man den dortigen Buddhas Opfergaben spendet. Und wenn man auch nur kurze Zeit bewegungslos auf dem Felsen Amoliga am Bön-Berg Kongpo Bönri meditiert, tritt man ins Samadhi ein, das wie ein Feuer im Bewusstsein hochlodert, und die Erinnerung an alle vergangenen Leben wird erweckt werden.

Wenn ein Pilger die richtigen Motive hat, so wird er mindestens von Sünden gereinigt, und zwar automatisch. Sünde (*dikpa*) kann als unbewusste und unwissende Aktivität von Gedanken, Worten oder Taten definiert werden, als Taten, die aufgrund von Dummheit oder Bewusstlosigkeit nur bruchstückhaft verstanden wurden, als Taten, die mit ethischen Normen oder Gesetzen, die von der Gesellschaft, dem Lama oder dem betreffenden Individuum selbst erlassen wurden, in Widerspruch stehen und deshalb angehäufte Verdienste schmälern. Was auch immer die Ursache der Sünde ist, immer kommt es zu einer Minderung der Verdienste und einer karmischen Neigung, die sündhafte Aktivität zu wiederholen. Reinigung und Absolution kann je nach der spirituellen Reife des Sünders durch verschiedene Methoden erreicht werden. Vielleicht genügt der Segen eines Lamas. Auch meditative Versenkung kann ihre Wirkung tun. Die Methode des Mönches besteht darin, in meditativer Konzentration eine rituelle Beichte abzulegen. Für besonders hartnäckige Fälle ist eine Pilgerreise das letzte Mittel. Sie reinigt das Bewusstsein vom Verlust der Gnade und der Neigung, die sündhafte Tat zu wiederholen, und am Kraftplatz kann man die Absolution erlangen.

»Wegen des Segens, der durch die drei großen Wissenden erteilt wird, können Unreinheiten schon allein durch den Besuch dieses heiligen Ortes (Bönri) weggewaschen werden. Es genügt, auch nur den Fuß auf diesen blütenartigen Boden zu setzen. Wenn man von diesem Wasser trinkt und sich in ihm wäscht, wird der schmutzige und sündhafte Zustand sofort gereinigt, und man erlangt spirituelle Vorteile und unermessliche Weisheit. Jeder, der aus dem blauen See Tso Mapham trinkt, wird die Sünden aller darauf folgenden Leben wegwaschen.«

RAMBLE, MS

Die schwersten Sünden sind die fünf grenzenlosen oder auch »unsühnbar« genannten Sünden, nämlich Vater- oder Muttermord, das Töten eines Lamas, die Erzeugung einer Spaltung in der religiösen Gemeinschaft und die bösartige Verletzung eines Buddhas, bei der sein Blut vergossen wird. Nach dem Tod fällt ein solcher Sünder sofort in die tiefste aller Höllen, ohne die Gelegenheit zu bekommen, sich im Bardo erlösen zu können. Aber selbst diese so genannten unsühnbaren Sünden können durch die Pilgerschaft ausgemerzt werden. Auf jeden Fall können sie – dem Pilgerführer zufolge – durch eine Umschreitung des Kang Rimpoche gesühnt werden. Es gibt auch bestimmte Kraftplätze, die Absolution für ganz bestimmte Sünden garantieren. So ist z.B. der Chörten Nyima in der Nähe der Grenze zu Sikkim das Ziel für Menschen, die für die Sünde des Inzestes büßen müssen.

Die Kraft des Wassers von heiligen Orten, um sich von Sünden zu reinigen, wurde bereits erwähnt. Aber nur selten ist die Rede vom rituellen Bad, da dies in der tibetischen Gesellschaft traditionell tabuisiert ist. Der Widerwillen gegen das Bad gründet sich auf eine ernst zu nehmende Gesundheitsmaßregel: Die Fettschicht, die den Körper bedeckt, ist notwendig, um in extremer Kälte die Wärme im Körper zu halten und in extremer Hitze kein Wasser durch Schwitzen und Verdunstung zu verlieren. Verlust von Körperwärme verursacht Krankheit; Wasserverlust durch Schwitzen erzeugt Entwässerung. Vielleicht stammt die Vorstellung des rituellen Reinigungsbades von den Hindus, in deren Kultur und Klima das Baden sowohl ein religiöser Brauch wie auch eine Voraussetzung für gute Gesundheit ist. Aber zumindest wird in Tibet das Trinken des heiligen Wassers als Alternative angeboten. Es gibt auch einen Hinweis darauf, dass Baden zu einer Wiedergeburt im Paradies sinnlich schwelgender Himmelswandlerinnen führt: »Diejenigen, die im Wasser des Tso Mapham baden oder daraus trinken, werden in das selig machende Paradies der Himmelswandlerinnen eingehen.« Heiliges Wasser besitzt auch die Kraft, Krankheiten zu heilen, und oftmals werden Pilgerreisen zu diesem Zweck unternommen:

> *»Im Süden von Bönri gibt es neun Flüsse, die Lepra, Wunden, Taubheit und die 104 Arten von Krankheit heilen. In der Nähe gibt es einen Strom von reinigendem Nektar, der Fallsucht und Lepra heilt.«*
>
> RAMBLE 1995:53

Wie bereits erwähnt, können glückliche Wendungen wie die unmittelbare Befreiung vom Rad der Wiedergeburt im Augenblick des Todes oder innerhalb von drei weiteren Leben, Wiedergeburt in einem Buddha-Feld, Reinigung von Sünden und negativem Karma, Heilung und Erlangung von magischen Kräften jedem frommen Laienpilger zugute kommen, der sich danach sehnt oder darum betet. Ganz zweifellos bringt eine Pilgerreise denen, die am besten auf ihre Segnungen vorbereitet sind, nämlich Pilgern mit entwickelter Meditationsfähigkeit, Empfänglichkeit für Visionen und Achtsamkeit auf die innere Welt, auch die besten Resultate. Aber wie viele Tibeter haben heute ein solches Karma?

Vielleicht ist das Verhältnis von spirituell reifen und unreifen Menschen in jeder Kultur ungefähr gleich – unabhängig von politischen Regimes oder sozialen Umständen. Vielleicht wachsen Glaube, Frömmigkeit und Sehnsucht nach spirituellem Trost gerade in schwierigen Zeiten – und Tibet hat noch selten so viel Unglück erlebt wie in den letzten 30 Jahren. Man kann nicht genau messen, wie sehr die radikale Einschränkung der institutionalisierten religiösen Erziehung die Hoffnung der Menschen beeinträchtigt, aber es ist sicher, dass die Tibeter in der vergangenen Generation weniger davon erhielten als zu irgendeiner Zeit in den letzten 1000 Jahren. Wie in ganz Asien gibt es in Tibet eine zunehmende Faszination durch die Technologie und die materielle Kultur der westlichen Welt, und auch die materialistische Propaganda der politischen Herren Tibets, der chinesischen Kommunisten, hat eine tiefe Wirkung hinterlassen.

Unabhängig von diesen äußeren Bedingungen muss man mit Sicherheit davon ausgehen, dass die Motivation der Masse tibetischer Pilger weltlicher Art ist und das auch immer gewesen ist. Der Pilger möchte, dass seine Yak-Herde größer wird, oder noch genauer: Er möchte, dass Drölma, sein Yak, in diesem Jahr ein Kalb wirft. Er braucht Unterstützung innerhalb seiner Gemeinde, damit seine Weiderechte gesichert sind. Er hofft, dass der Butterpreis, der vom Milchkollektiv geboten wird, steigt, damit er zusätzliches Bargeld bekommt, um sich ein Radio kaufen zu können. Er und seine Tochter brauchen Schutz vor dem chinesischen Funktionär, der ihn ins Gefängnis werfen möchte. Er hat diesen kleinen Bronze-Buddha, den ihm sein Vater gegeben hat und für den ihm der Khampa-Händler hundert Qwai bietet, morgen aber vielleicht das Doppelte. Er wünscht sich Kontakt mit dem Mädchen, das in derselben Pilgergruppe mitwandert. Er hofft, dass sich das Wetter ändert.

Er ist ein Buddhist und wird das MANI PADMA-Mantra rezitieren, er wird seine Zuflucht zu Buddha nehmen und Lamas und Buddhas Opfergaben darbringen, um seine Verdienste auf dieser Pilgerreise zu steigern. Vielleicht wird dies genügen, um seine Ziele zu erreichen. Aber er besitzt kein Wissen über die geheimen Lehren des Tantra oder die Mysterien der Lamas, die für ihn gottähnlich sind. Und während er in Ehrfurcht vor den großen Buddha-Gottheiten und göttlichen Beschützern lebt, ist sein eigentlicher Glaube mehr auf die einheimischen Götter, die Berggötter, die Elementargeister und all jene Geister gerichtet, mit denen er vertraut ist und zu denen sein Vater betete und voll frommer Hingabe die Kalender-Rituale beging. Die Lamas, die nicht nach Indien flohen, als die chinesische Zwangsherrschaft begann, wurden ermordet oder ins Gefängnis geworfen. Wo war da nun ihre viel gerühmte Macht, wen konnten sie da noch schützen? Sie konnten seinen Onkel nicht vor dem Tod im Arbeitslager bewahren, wo er die große Straße bauen musste, noch seine Großmutter vor dem Hungertod. Die Götter der Felder und des Viehs, die unbezähmbaren Götter und Göttinnen, die auf den Bergen lebten, blieben dagegen während dieser harten Zeiten unverändert, und obwohl äußere Rituale verboten waren, schien es doch, dass Gebete, die man an sie richtete, erhört wurden. Denn immerhin war es ihm in den letzten paar Jahren gar nicht so schlecht ergangen. Ja, letztlich geht es doch nur um Glück und Gelingen.

Der Begriff des Gelingens (*tashi*) ist viel älter als der des Karma, der während der Zeit des Reiches mit den buddhistischen Missionaren aus dem Süden, aus Indien, kam. Immer war Glück und Gelingen die größte Sorge der Nomaden, Dörfler und Schamanen. Es ist ein Geschenk der Götter und Geister, die sich nicht durch tugendhaftes Verhalten oder soziale Sittlichkeit beeinflussen lassen. Sie fordern Anerkennung durch Opfer und Ritual – und wenn es nur eine symbolische Geste ist –, und durch diese Anerkennung wird ein Gleichgewicht geschaffen, ein ökologisches Gleichgewicht, eine Harmonie zwischen den Menschen und ihrer Umgebung. Wenn diese Anerkennung jedoch verweigert wird, wenn Opfer und Rituale vernachlässigt werden, dann offenbart sich ihr Missvergnügen als Ungleichgewicht zwischen Mensch und Natur, und daraus entspringt dann Unglück. Krankheiten von Menschen und Vieh sind das deutlichste Symptom von Chaos in den drei Reichen – Himmel, Erde und Unterwelt. Der Zorn der Götter und Göttinnen offenbart sich in rauem, jahreszeitlich unangemessenem Wetter wie Hagel, Sandstürmen oder Trockenheit, das Zerstörung auf den Feldern und in den Herden anrichtet. Auf der persönlichen Ebene kommt es in sexuellen Beziehungen, in Geschäftsunternehmungen, Handel und natürlich beim Würfelspielen zu Unglück, Missgeschick und Verlusten.

Die Karmalehre ist zwar in der Theorie leicht zu verstehen, aber schwieriger ist es zu begreifen, weshalb das Verhalten der Götter durch persönliches sittliches Verhalten bestimmt werden könnte, und ganz unmöglich ist es, zu erkennen, wie ein Verhalten in vergangenen Leben die Gegenwart beeinflusst. Glück und Misslingen dagegen sind die unpersönlichen Gaben von Göttern und Geistern, die durch rituelle Opferungen beeinflusst werden können. Eine bessere Wiedergeburt im nächsten Leben ist natürlich sehr wünschenswert, aber Wiedergeburt ist ein abstrakter und ferner Begriff. Glück und Gelingen dagegen betrifft das Hier und Jetzt, den Gerstenbrei, den Buttertee und die Gesundheit, die sexuelle Eroberung, das Geld in der Tasche und ein Transistorradio auf dem Regal, eine gesunde, gedeihende Yak-Herde und eine gute Gerstenernte. Deshalb versucht der normale Pilger, der sich zu den Kraftplätzen begibt, eine Verbindung zu den Göttern und Geistern des Ortes wieder herzustellen oder zu sichern, um mit ihnen zu kommunizieren, ihre Gunst zu erringen und seinen Wohlstand und sein Glück zu steigern.

Es gibt noch ein anderes Thema, das mächtig über dem Bewusstsein vieler gegenwärtiger tibetischer Pilger schwebt, ob ihr Begehren nun spirituell oder weltlich ist. Es ist das Thema des politischen Status von Tibet. Nur sehr wenige Tibeter halten die chinesische Besatzung für unbelastend, die meisten wünschen sich sehr, von ihr befreit zu werden. Der Begriff der »Freiheit für Tibet« (*Bokyi rangtsen*) ist heute über ganz Tibet hinweg bekannt, und obwohl sich nur wenige Tibeter mit den geopolitischen Verhältnissen auskennen, hoffen sie inständig auf eine Veränderung. Während der Pilgerreise wird dieser Wunsch als Gebet um den Rückzug der Chinesen in ihr eigenes Land artikuliert oder auch als Gebet um ein langes Leben für Yishi Norbu, den XIV. Dalai Lama, und dass er als Staatsoberhaupt in den Potala von Lhasa zurückkehren möge. Selbst wenn der Wunsch nach Unabhängigkeit nicht explizit geäußert wird, ist er im Gebet des Pilgers zu Chenrezik, dem Beschützer des Schneelandes, enthalten. Um diese

Unabhängigkeit geht es auch in Gebeten zu den zornigen Wächtern der Tradition, den Berggöttern und ihrem Gefolge, die Tibet, seine Bewohner und die buddhistische Lehre zu beschützen haben.

Die religiösen Bräuche des Pilgers

Der psychedelische Aspekt in der Erfahrung der Pilgerschaft, nämlich ein wie von selbst erweitertes Bewusstsein, kann als Wirkung automatischer und reflexiver Reinigung betrachtet werden. Durch immer neue Reinigung von Körper, Sprache und Denken kann der Pilger Euphorie erleben, er kann eine Vision der mystisch transformierten Landschaft, eine innere apokalyptische Vision, eine ganz besondere Fröhlichkeit und Heiterkeit und ein Gefühl von Leichtigkeit gewinnen, dass es ihm scheint, als schwebe er langsam dahin. Und alles das hat überhaupt keine Bedeutung, die über das gnostische Bewusstsein hinausreichen würde, aus dem es entsteht.

Durch körperliche Anstrengungen bis an den Rand der Erschöpfung, die an den meisten Kraftplätzen unvermeidbar sind, wird der Körper automatisch gereinigt. Die Konstitution des westlichen Pilgers ist weniger belastbar als die des Tibeters, aber die Wirkung ist dieselbe. Anstrengung reinigt den Körper und macht den Psycho-Organismus empfänglicher für die Schwingung des Kraftplatzes. Das physische Ausgeliefertsein an Wetterextreme wie Sonne, Schnee, Wind und Hochlage wirkt ebenfalls reinigend. Und wenn der Weg zum Kraftplatz noch nicht die erforderliche Erschöpfung erzeugt hat, so stellt sie sich mit Sicherheit durch die Niederwerfungen und die Umschreitungen ein.

Sprache und Schwingung werden durch die äußeren Klänge des rauschenden Wassers oder seufzenden Windes gereinigt, die zu Gegenständen der Meditation werden können, aber auch durch unaufhörliche Rezitation von Mantra und Gebet. Wenn ein Mantra einmal rings um ein inneres Energiezentrum, ein Chakra, in Umlauf gebracht worden ist, dreht es sich automatisch immer weiter und erzeugt einen Klang, der die feinstoffliche Energie, ihre subtile Schwingung und ihre artikulierte Sprache reinigt. Und durch die Konzentration auf einen Gegenstand der Meditation, wie etwa ein Mantra oder die dazugehörige Visualisierung, wird auch das Denken gereinigt. Reinigend wirken schließlich auch der Segen des Lamas, Kraftobjekte und der Kraftplatz selbst.

Das Bewusstsein kann spontan auf die Buddha-Wirklichkeit eingestimmt werden, und zwar durch Synchronizitäten, die den Prozess des Karma überspringen, und genau diese Möglichkeit bietet die Pilgerschaft. Aber in der relativen Welt kann überhaupt nichts ohne Glauben erreicht werden. Und den hat der Pilger im Überfluss. Die Pilgerreise ist in sich selbst schon eine Demonstration des Glaubens, und dies trifft auch auf die religiösen Übungen wie Niederwerfung, Umschreitung, Opfergaben, Gebete und Mantra-Rezitationen zu, die alle Pilger an den Kraftplätzen praktizieren. Glaube ist die Überzeugung davon und das Vertrauen darauf, dass eine von Herzen kommende Bemühung, ob sie nun erhaben oder lächerlich unbedeutend ist, zum Ziel führt. Ohne Glaube keine Verwirklichung. Nichts kann ohne ihn geschehen:

»Bei Menschen, denen der Glaube fehlt,
Kann nichts Positives wachsen,
Wie auch aus einem verbrannten Samen
Keine neuen Keime sprießen werden.« RICARD 1994:172

Glaube ist auch der Schlüssel zur Transformation der Landschaft aus einem von Elementargeistern bevölkerten, wild wütigen Szenario in eine Mandala-Vision:

»Menschen mit reinem Karma können diese äußeren Orte von Heruka als ›reines Land‹ erkennen; jene mit unreinem Karma nehmen sie als normale geographische Formationen wahr. Wenn man um Orte wie den Bönri in Kongpo herumgeht, die ja Gefäße sind, die von einem erleuchteten Lehrer gesegnet wurden, so sollte man sich bei der Umschreitung vorstellen, dass man um den Erleuchteten herumgeht. Es handelt sich nicht nur darum, Niederwerfungen und Umschreitungen zu vollziehen und dabei an die Geister, die Götter und die Swastika dieses Ortes zu denken. Vielmehr sollte man bei jedem heiligen Behältnis, das man besucht, gewahr sein, dass es eigentlich dieser oder jener Erleuchtete ist, und deshalb Ehrfurcht und Freude empfinden. Genau darum geht es.« RAMBLE 1995:55

Mit Sicherheit ist es unmöglich, das mythische Reich zu betreten, sei es zur Erlangung der Buddhaschaft oder um spirituelle Phänomene zum persönlichen Vorteil zu manipulieren, wenn man sich in einem

Zustand von zügellosem Egoismus befindet. Im Grunde gibt es keinen möglichen Zweck der Pilgerreise, der nicht ein gewisses Loslassen des Ego erfordert. Die buddhistische Definition von Ego-Verlust impliziert eine Dämpfung des Gefühls, man sei als Person von allem anderen abgetrennt, und eine entsprechende Intensivierung des Bewusstseins von der gegenseitigen Abhängigkeit jeglicher inneren und äußeren Existenz. Wenn man die Vorstellung eines substanziellen Selbst in sich und anderen vollkommen loslässt und gleichzeitig das Wissen in sich aufsteigen lässt, dass in der äußeren Welt nichts existiert, das von dem Bewusstsein unabhängig wäre, von dem es wahrgenommen wird, so gelangt man in einen Zustand, der als Buddhaschaft oder Erleuchtung definiert wird. Viele Yoga- und Meditationsmethoden zielen auf das Loslassen des Ego ab, und alle tantrischen Meditationsliturgien beginnen mit der Methode der Ego-Minderung – der Lobpreisung und Niederwerfung. Der Pilger vollzieht verbale Lobpreisungen und physische Niederwerfungen, wo immer geeignete Objekte der Verehrung auftauchen. Ja, die Möglichkeiten, die eine Pilgerreise für die Niederwerfung bietet, gehört zu ihren segensreichsten Kräften.

Lobpreisung und Niederwerfung

Verbale Lobpreisung der höheren Mächte kann durch eine der altehrwürdigen Sanskritformeln wie NAMO BUDDHAYA oder NAMO AVALOKITESHVARA usw. geschehen oder durch die buddhistischen Formeln der Zuflucht. Die Haltung des Gehorsams wird durch das *namaste*-Mudra ausgedrückt, bei dem die Handflächen auf der Höhe des Herzzentrums aneinander gelegt werden. Vielleicht ist es nützlich, die gängige indische Interpretation dieser Geste ins Gedächtnis zu rufen, nämlich »Ich beuge mich innerlich vor dem Göttlichen«, ob das nun eine Person, ein Bild, einen Felsen oder einen Berg betrifft. Aber das Gefühl des Gehorsams wird körperlich besser durch die Niederwerfung ausgedrückt, die in Indien verloren gegangen ist, in der tibetischen Religiosität und vor allem auf Pilgerreisen allenthalben zu sehen ist. Die gängige halbe Niederwerfung erfordert, dass man den Boden an sieben Punkten berührt – Zehen, Knie, Handflächen und Stirn –, und bevor man dies tut, faltet man die Handflächen vor dem Herzzentrum und berührt dann mit den Fingerspitzen zuerst die

Stirn, dann die Kehle und schließlich wieder das Herz. Die volle Niederwerfung geht noch weiter: Mit ausgestreckten Armen und gefalteten Händen legt man sich so auf den Boden, dass der gesamte Körper den Boden berührt.

Gehorsam und Niederwerfung werden vor Symbolen des Körpers, der Sprache und des Denkens von Buddha vollzogen. Eine Buddha-Abbildung ist die beste Wiedergabe seines Körpers, aber die Gläubigen finden auf ihrer Pilgerreise in der heiligen Landschaft Symbole seines Körpers in Bergen und Felsen. Die Schriften stellen die Sprache Buddhas dar, während einzelne mystische Silben, die in den Felsen gehauen sind, einen ganzen Schriftenkanon symbolisieren. Chörtens stellen das Bewusstsein Buddhas dar und kommen an den meisten Pilgerzielen vor. Der Lama selbst ist eine Verkörperung von Buddha-Körper, -Sprache und -Bewusstsein und stellt das beste Ziel der Niederwerfung dar. Dem Bewusstseinszustand der religiösen Hingabe und Empfänglichkeit, der unmittelbar aus der Niederwerfung entsteht, kann der Lama noch seinen Segen hinzufügen.

Der Adressat der Unterwerfung kann auch visualisiert werden. Für den Pilger, der Niederwerfungen vollzieht und mit seiner ausgestreckten Körperlänge von den Zehen bis zu den Fingerspitzen den Weg von seinem Haus bis zum Pilgerziel ausmisst, besteht das mentale Yoga darin, den Buddha oder eine Buddha-Gottheit vor sich zu visualisieren. Dasselbe gilt für Gläubige, die sich auf einem Umschreitungsweg (*khorra*) niederwerfen.

Der Vorteil der vollständigen Niederwerfung wird vom XIV. Dalai Lama folgendermaßen beschrieben:

> *»Wenn man auf einem kreisförmigen Pilgerweg – etwa um den Berg Kailash – wandert, berühren die Füße die Erde in großen Abständen, aber wenn man sich niederwirft, so verbindet sich der ganze Körper mit dem heiligen Boden, um den Kreis zu schließen.«*
>
> DALAI LAMA 1990:132

Opfergaben

In einem Bewusstseinszustand von frommer Hingabe und Demut wird das Reich der Vision zugänglich. Das rituelle Vorgehen, das nun erforderlich ist, um eine dynamische, interaktive Beziehung zu den geistigen Kräften dieses Reiches herzustellen, unterstützt und entwickelt das bereits begonnene Loslassen des Ego. Die dazu nötige rituelle Geste ist das Opfern (*chod*, *puja*). Das vollständige Ritual des Opferns – sieben äußere sinnlich erfahrbare Gegenstände und die innere Erfahrung dieser Sinnesimpulse – ist nur dann erforderlich, wenn die einfache symbolische Geste nicht wirksam ist. Das Bild eines Kindes, das eine Blume verschenkt, gilt als Beispiel einer solchen symbolischen Opfergabe. Das Geschenk wird in aller Unschuld angeboten, hat keinen Wert in sich, und es wird dabei nicht an einen zu erzielenden Vorteil gedacht. Das Resultat ist ein kommunikatives Band zwischen Geber und Empfänger. Wenn die Gläubigen der spirituellen Energie eines Kraftplatzes ein Opfer darbringen und wenn ihre Haltung klar und intensiv ist, so wird dieses Band zu einer integralen Einheit. In jedem Fall aber entsteht eine Verbindung, die als Leiter für einen beidseitigen Energiefluss dient.

Ein weißer Schal aus Flachs (*katak*) ist die Gabe, die normalerweise einem Lama als Zeichen der Achtung dargebracht wird, aber ein solcher Schal wird auch Bildern oder einer Buddha-Gottheit dargeboten, die man in einem Aspekt der Landschaft wahrnimmt. *Kataks*, die auf dem Schoß einer Statue oder auf einem Schrein oder einem Felsen aufgehäuft sind, symbolisieren die religiöse Hingabe der Pilger.

Eine Butterlampe ist die symbolische Opferung von Licht, und zwar sowohl von Sonnenlicht wie auch dem inneren Licht der Vision. In den großen Klöstern und Tempeln wandern Pilger und Gläubige von einem Schrein zum anderen, und dabei tragen sie einen Topf mit zerlassener Butter oder mit Öl bei sich und gießen einen Löffel der Flüssigkeit in jede der riesigen Butterlampen, die niemals austrocknen dürfen. Das Opfer aus der Butterlampe kann auch von den Priestern eines Ortes gegen eine kleine Summe Geldes vorgenommen werden. Inzwischen sind auch elektrische Beleuchtungen vor den Statuen auf den Altären hinzugekommen, um die Butterlampen als dauerhafte Lichtopfer zu unterstützen.

Die Opferung von Weihrauch, die einen süßen Duft für die – sichtbare oder unsichtbare – göttliche Gegenwart liefert, bereitet der Gottheit ebenfalls Freude, zumal viele Arten von tibetischem Weihrauch auch Heilwirkungen entfalten. Blumen erfreuen Auge und Nase der Gottheit, Speisen und Getränke spenden dem Geschmackssinn Vergnügen, und ein Teil der Opfergabe, die dem Spender zurückgegeben wird, enthält den Segen der Gottheit. Geröstetes Gerstenmehl (*tsampa*), das tägliche Brot der Tibeter, ist das üblichste Speisenopfer, wird aber heute allmählich durch Reis ersetzt.

Seit in der tibetischen Gesellschaft Papiergeld in Umlauf gekommen ist, wird es häufig auch als Opfergabe dargebracht. Geld gilt nicht so sehr als schnöder Mammon, sondern vielmehr als kostbarer Gegenstand, den man nur schwer gewinnt und ungern loslässt, und deshalb ist es als Opfergabe besonders bedeutsam. Letztlich sind die Empfänger aller Opfergaben, die irgendeinen Wert besitzen oder irgendwie nützlich sind, die Priester, die Mönche oder die Laiendiener am Heiligtum, und Geld ist ihnen natürlich am liebsten. Aber wo seine Opfergabe letztlich ankommt, ist für den Pilger unwichtig. Die Funktion des Opfers besteht darin, eine Beziehung zu der göttlichen Gegenwart herzustellen, und das rituelle Schenken an sich ist der wichtigste Aspekt des Opfers. Dennoch stechen Abfallmengen, die sich aus Opfergaben zusammensetzen, in tibetischen Heiligtümern weniger ins Auge als an vielen indischen Kraftplätzen, an denen eine weniger praktische und nützlichkeitsorientierte Haltung vorherrscht.

Ferner werden den Buddhas auch persönliche Gegenstände geopfert. Ein Kleidungsstück, ein Hemd, eine Socke, ja selbst ein alter Schuh kann schon genügen. Auch ein Haarband oder eine Sicherheitsnadel, die am Körper getragen wurde, erreicht ihren Zweck. Pilger hinterlassen Haarsträhnen, ja selbst das ganze abgeschnittene Haupthaar – von Lebenden oder Toten – an den Heiligtümern. Die Absicht in solchen Opfergaben besteht darin, einen tastbaren Beweis für die Anwesenheit des Pilgers zu hinterlassen, um die Gottheit an sein Gebet zu erinnern, vor allem, wenn er das Bardo auf seinem Weg zwischen Tod und Wiedergeburt durchquert.

Überall, wo es einen Altar gibt – in einem Hausheiligtum, einem Kloster, einer Einsiedelei oder einer Höhle –, gehört ein formelles Opferritual zu den ersten Tätigkeiten des Tages. Dieses richtet sich an die »drei Juwelen« – den Buddha, seine Lehre (*dharma*) und die Gemeinschaft der Gläubigen (*sangha*). Praktizierende Tantriker denken auch an die »drei Wurzeln« – den Lama, die *khandroma* und den *yidam*. Ein einziges Buddhabild kann alle drei Elemente verkörpern. Wen es kein Bild oder keine Statue von Buddha gibt, dann wird ein Buddha als Empfänger visualisiert. Die symbolische Opferung geschieht in Form von Wasser, vorzugsweise einem, das von einem

Kraftplatz geholt und aus sieben Schalen ausgegossen wird. Die erste Schale enthält das Wasser, das der Buddha trinken kann, im Wasser der zweiten Schale kann er seine Hände und Füße waschen, die dritte stellt Blumen dar, mit denen er seinen Kopf oder seine Haare schmücken kann, die vierte symbolisiert Weihrauch, der seinem Geruchssinn wohl tut, die fünfte gilt als Butterlampe, die mit ihrem Licht seine Augen erfreut, die sechste stellt parfümiertes Wasser dar, das er auf seinen Körper spritzt, die siebte ersetzt Nahrung, die seinem Geschmackssinn angenehm ist. Manchmal wird auch noch eine achte Schale hinzugefügt – als Symbol für Musik, die seine Ohren erfreuen soll. Die Schalen für das Morgenopfer werden schon am Abend zuvor abgetrocknet und aufeinander gestapelt.

Die vielleicht häufigste Opfergabe, die auf Pilgerreisen dargebracht wird, besteht aus duftendem Rauch (*sang*). Manchmal fungiert ein erhöht angebrachter Herd, der in einen Kamin eingebaut ist, für diesen Zweck – wie etwa die Feuerstellen auf dem Barkhor in den vier Richtungen des Lhasa Jokhang. Wenn es aber keinen rituellen Feueraltar gibt, dann kann dieses Rauchopfer auch unter freiem Himmel dargebracht werden. Am liebsten sind den Buddhas und ihrem Gefolge Blätter und Zweige von duftenden Sträuchern wie Wacholder und Rhododendron. Wichtig ist dabei, dass der duftende Rauch in den Himmel aufsteigt und als Opfergabe angenommen wird. Gebete werden den »drei Juwelen«, den Bodhisattvas und den Buddha-Gottheiten dargebracht, aber die Empfänger, die in den Gebeten des Laien am höchsten stehen, sind Schutzgottheiten wie Berggötter und die Wächter der Tradition mit ihrem Gefolge aus kleineren Geistern, bei denen man eine karmische Schuld zu begleichen hat.

Das Opfern oder rituelle Geben ist im Allgemeinen die wichtigste Intention des Pilgers am Kraftplatz. Es ist die wirksamste rituelle Geste, die eine Vertrautheit mit der göttlichen Gegenwart erzeugt und damit auch die Voraussetzung für jeden denkbaren Vorteil, den der Pilger dadurch erlangen kann. Deshalb wird die Opfergabe aus folgenden Gründen dargebracht: als Ausdruck von Gehorsam und auch als Danksagung, als Zeichen, dass man eine Antwort von der Gottheit erwartet, als Mittel, um die Gottheiten günstig zu stimmen und feindselige Einflüsse abzuwehren, und schließlich, um Verdienste anzuhäufen und dadurch eine bessere Wiedergeburt zu erlangen. Die Bedeutung des Opfers wird durch die Beziehung zwischen Geber und Empfänger bestimmt.

Umschreitung

Das Umschreiten eines religiös verehrten Objektes, im Tibetischen *khorra* genannt, kann als schlichter Brauch eines vertrauensseligen Gläubigen erscheinen. Und das ist es auch. Tibetische Gläubige umschreiten einen Chörten, einen Tempel, einen heiligen Felsen oder eine heilige Person ohne den Schatten eines Zweifels an der Wirksamkeit dieser Methode und ohne irgendeinen rationalen Grund für diese Handlung. Und dennoch sind es nicht nur Laien, die dies tun, sondern auch die erhabensten Lamas und Yogis.

Man kann jeden heiligen Gegenstand umschreiten und unabhängig von seinem Wesen ein Verdienst erwerben. Am verdienstvollsten ist die Umschreitung der großen heiligen Berge wie des Kang Rimpoche (Kailash), des Amnye Machen und des Tsari. Auch an den Seen in ihrer Umgebung gibt es Umschreitungswege, deren Begehung manchmal noch verdienstvoller ist. Chörtens laden geradezu zur Umschreitung ein und ziehen Gläubige wie der Honig die Bären an. Viele heilige Orte – wie etwa der Lhasa Jokhang – weisen innere und äußere Umschreitungspfade und selbst einen dritten, dazwischenliegenden Weg auf. Am Kang Rimpoche wurde dem inneren und äußeren Umschreitungsweg ein dritter mythischer Weg hinzugefügt, um die Vollkommenheit der bedeutungsvollen metaphysischen Triade zu vervollständigen. Um eine Statue wie den Lhasa Jowo kann man in wenigen Sekunden herumgehen, die Beschreitung anderer Khorra-Wege wie etwa des äußeren Kreises um den Kang Rimpoche erfordert Tage, ja sogar Wochen, wie im Falle des Weges durch die Schluchten rings um den Tsari.

Da die Umschreitung zum *kriya-yoga* – locker formuliert eine Methode, die mit dem physischen Körper vollzogen wird – gehört, ist auch der Zeitpunkt der Übung von Bedeutung. Am günstigsten sind die Morgen- und Abenddämmerung. Die Anzahl der Umschreitungen ist ebenfalls wichtig. Drei und hundertacht, die günstigsten Zahlen in der Numerologie der Bön-Religion und des Buddhismus, werden am häufigsten vollzogen. Zur Zeit einer Sonnen- oder Mondfinsternis oder an einem besonders günstigen Tag eines günstigen Monats multipliziert sich das Verdienst der Umschreitung im Sinne der astrologischen Gesetze exponenziell.

Was die Richtung der Umschreitung betrifft, so gehen Buddhisten im Allgemeinen im Uhrzeigersinn, also mit der rechten Schulter dem Objekt der Verehrung zugewandt, während die Bönpos gegen den

Uhrzeigersinn wandern. Die Buddhisten sagen, dass die erstere Richtung dem »weißen Weg« der Tugend entspricht, die letztere dem »schwarzen Weg« der Untugend. Ja, auf Bergen, die sowohl Buddhisten wie auch Bönpos heilig waren wie dem Kang Rimpoche und an denen die Bönpos unterworfen wurden, haben Buddhisten Letztere gezwungen, in der Richtung des Uhrzeigersinnes zu schreiten. Aber in unserer Zeit kann man die Bönpos nicht mehr als »Schwarze Bön«, als heidnische Opferer von Tieren, als Manipulateure der Geisterwelt und Feinde des Buddha-Dharma betrachten, und die Neuen Bön vollziehen die Umschreitung im Uhrzeigersinn. Dagegen sollten buddhistische Praktizierende des Mutter-Tantra die Umschreitung gegen den Uhrzeigersinn vollziehen. Die jeweilige Richtung ist ein Hinweis auf die Bedeutsamkeit der verschiedenen Traditionen. Die Bewegung im Uhrzeigersinn entspricht der natürlichen und harmonischen sozialen Energie in der Logik der Bodhisattva-Ethik in den Schriften des *mahayana* und der Vater-Tantras, während die Bewegung gegen den Uhrzeigersinn gegen die natürliche Tendenz geht und damit in der Ethik der Mutter-Tantras sowohl Tugend wie auch Laster verkörpert. Die Dynamik der *swastika*, dem Sonnensymbol der Langlebigkeit und des Glücks, folgt denselben Prinzipien. Die rechtshändige Bewegung im Uhrzeigersinn deutet auf Licht und Tugend hin, während die linkshändige Bewegung gegen den Uhrzeigersinn Dunkles und Unheimliches kündet. Dieses Symbol übernahmen die Tibeter als Sinnbild der solaren Kraft von den Indern.

Die Wirksamkeit der Umschreitung kann nicht bezweifelt werden. Selbst ohne die Unterstützung einer Meditationsdisziplin beruhigt und zentriert sich das Bewusstsein des Gläubigen, und im günstigsten Fall wird ein Zustand erweiterten Bewusstseins erreicht. Umschreitung ist eine rituelle Zelebration dieser Bewegung und schenkt Harmonie und Frieden. Durch die Identifikation des Bewusstseins mit dem Zentrum eines Kreises und den symbolischen Modifikationen seiner Umfangslinie entsteht ein Mandala.

Die wichtigsten Khorra-Wege auf tibetischen Pilgerreisen haben meist einen Berg, einen Hügel oder irgendeine andere Erhebung als Mittelpunkt. Chörtens und Tempel können als rituelle Bergformen betrachtet werden. Das dabei entstandene Mandala kann das Grund-Mandala der »fünf Buddhas« oder das Mandala von *Namgyelma* (Sanskrit: Ushnishavijaya), der »Mutter der Buddhas«, sein, die in der Kuppel eines Chörten residiert, oder auch das Mandala des heiligen

Kosmos mit dem Berg Sumeru im Zentrum. Wenn die Umschreitung mit der Rezitation eines Mantra verbunden wird – eine noch mächtigere Methode, um das Bewusstsein zu beruhigen und in ein mandalaartiges Gebilde zu transformieren –, so ist das Wesen dieses Mandala durch die Gottheit bestimmt, die durch das Mantra angerufen wird. Dann offenbart das Mandala eben diese Gottheit im Zentrum ihres Palastes in ihrem »reinen Land«. Wenn der Khorra-Weg in der freien Natur liegt, dann ist die Umschreitung eine mächtige Methode, um die Umgebung zu heiligen und zu transformieren.

Auf den Khorra-Wegen, die durch eine felsige oder wilde Umgebung rings um einen Berg, einen See oder ein großes Kloster führen, findet der dafür empfängliche Pilger zusätzliche Erlebnisse im Felsen, die seine Aufmerksamkeit fesseln. Am gebräuchlichsten ist wahrscheinlich die Felsbildung eines engen Durchganges durch den Zwischenzustand zwischen Tod und Wiedergeburt (*bardo trang*) oder der Weg zur Hölle (*nyelam*). Hier muss sich der Pilger durch enge Felsspalten quetschen oder durch einen Tunnel gleiten. Auf diese Weise kann er bereits für die ähnlich erschreckende Erfahrung des Zustandes nach dem Tod üben und sich insofern auch auf seinen Tod vorbereiten. Die Leichenstätten auf seinem Weg bieten ihm die Möglichkeit, sich niederzusetzen und seinen zukünftigen Tod und die Bardo-Erfahrung zu visualisieren und zu kontemplieren. Weitere Unterbrechungen auf dem Khorra-Weg sind heilkräftige Felsen, die man berührt oder reibt, um einen schmerzenden Rücken, ein Kopfweh oder irgendeine ererbte Krankheit zu heilen.

Rezitation von Mantras und Meditation

Die Pilgerreise kann als Zeitphase betrachtet werden, die voll und ganz den religiösen Handlungen an einem Kraftplatz fern der Heimat gewidmet ist, aber zu ihr gehört auch die Reise zum Kraftplatz, zwischen mehreren Kraftplätzen und die Rückkehr in die Heimat. Nur wenige Laienpilger setzen sich an ihrem Ziel tatsächlich hin und meditieren. Stattdessen wird die Meditation als Grundübung der religiösen Handlungen im Gehen vollzogen. Und die wichtigste Meditationsmethode ist das Rezitieren von Mantras.

Wie bereits erwähnt, bietet die Umschreitung die wertvollste Zeit für die Mantra-Meditation. Aber im heutigen Tibet ergreifen die Pilger jede Gelegenheit, um sich motorisiert über die riesigen Entfernungen der tibetischen Hochebene zu bewegen, und die Straßen, die meist während der maoistischen Periode durch Sklavenarbeit gebaut wurden, ermöglichen einen leichten Zugang zu den meisten Pilgerzielen. Aber auch die motorisierte Fortbewegung verhindert nicht die Rezitation von Mantras, und manchmal zählen ganze Lastwagenladungen von Pilgern, die auf dem Weg zum Kang Rimpoche die offenen Ebenen von Westtibet durchqueren, die Mantras auf ihrem Rosenkranz (*tenga*).

Ein Mantra besteht aus einer Reihe von verbalen Symbolen, die einen bestimmten Buddha anrufen. Beständige, konzentrierte Rezitation erzeugt die tiefe Versenkung, die erforderlich ist, um das Reich der Vision zu betreten, in dem die verbalen Symbole sofort eine Buddha-Gottheit evozieren. Die Initiation (*wang*), die dem Praktizierenden die Mantra-Übungen erlaubt und das Mantra mit Kraft füllt, müssen sowohl Mönche wie auch Laien vor dem Üben empfangen haben. Die Form und Methode der Visualisierung der Buddha-Gottheit wird nach der Initiation übermittelt. Die Übung der Visualisierung einer Gottheit während der Mantra-Rezitation kann von allen, ob Mönch, Yogi oder Laie, vollzogen werden. Vorausgesetzt ist nur die Fähigkeit, sich in notwendigem Maße zu konzentrieren.

Das Mantra, das von allen Tibetern am häufigsten rezitiert wird, und zwar vor allem auf der Pilgerreise, ist das sechssilbige Mantra des Bodhisattva des Mitgefühls, Chenrezik (Sanskrit: Avalokiteshvara). Das ist das wohl bekannte OM MANI PADMA HUNG. Und die religiöse Qualität der Liebe, die diesem Mantra innewohnt, ist wahrscheinlich für die hohe und mitfühlende Energie verantwortlich, die Pilger im allgemeinen auf ihren Reisen begleitet. Die Kraft dieses Mantras ist unbegrenzt. Über seine Wirksamkeit äußert sich Guru Rimpoche folgendermaßen:

> »*Wenn der Pilger* OM MANI PADMA HUNG *rezitiert, wird durch die Silbe* OM *der Abgrund der Wiedergeburt als Gott überquert, und der Himmel leert sich; durch die Silbe* MA *wird der Abgrund der Wiedergeburt als Anti-Gott überquert, und das Reich der eifersüchtigen Götter wird geleert; durch die Silbe* NI *wird der Abgrund der Wiedergeburt als menschliches Wesen überquert, und das Reich des Menschen wird geleert; durch die Silbe* PAD *wird der Abgrund der Wiedergeburt als Tier überquert, und das Reich der Tiere wird geleert;*

durch die Silbe MA *wird der Abgrund der Wiedergeburt als hungriger Geist durchquert, und das Reich der gefolterten Geister wird geleert; durch die Silbe* HUNG *wird der Abgrund der Wiedergeburt als Bewohner der Hölle überquert, und die Höllen werden geleert. Nachdem die sechs Reiche geleert wurden, ist das gesamte samsara leer, und es besteht vollkommene Reinheit. Die Kraft, welche lebende Wesen ins Buddha-Feld führen kann, ist die Herz-Essenz des ›Herrn des Großen Mitgefühls‹, und sie ist in diesem sechssilbigen Mantra enthalten.«*

DOWMAN MS

Anhänger verschiedener religiöser Orden haben ihre eigenen Mantras. Bei Gläubigen der Nyingma-Schule, die Guru Rimpoche für den allumfassenden Buddha halten, ist das zwölfsilbige Mantra OM AH HUNG VAJRA GURU PADMA SIDDHI HUNG das bevorzugte Mantra. Es beschwört den Segen des großen Guru, vor allem sein unzerstörbares Bewusstsein und Mitgefühl. Schüler des Karmapa, die zum Karma-Kagyü-Orden gehören, rezitieren vielleicht die einfache Formel KARMAPA KHYENO! oder »Lama Karmapa ist allwissend!« Bei den Bönpos ist die Entsprechung zu Chenreziks sechssilbigem Mantra die Formel OM MATRI MUYE SALE DU, welche die mitfühlende Energie des Lehrers Shenrab Miwo evoziert. Kinder rezitieren oft das Mantra von Jampelyang (Sanskrit: Manjushri), des Bodhisattva der Intelligenz, dessen Mantra A RA PA CHA NA DHI DHI DHI Gedächtnis und Auffassungsgabe stärkt. OM TARE TU TARE TUREE SWAHA, das Mantra von Drölma (Sanskrit: Arya Tara), der Bodhisattva-Göttin der frommen Hingabe, ist ebenfalls sehr beliebt. Für die Reinigung von Sünden ist das Mantra von Dorje Sempa (Sanskrit: Vajrasattva) geeignet. Es lautet OM VAJRA SATTVA HUNG. Da das Abbüßen von Sünden ein häufiges Motiv für Pilgerreisen ist, vor allem bei Mönchen und Nonnen, rezitieren manche das lange hundertsilbige Mantra von Dorje Sempa und visualisieren dabei auch diesen Buddha. Für langes Leben und Gesundheit wird das Mantra von Tsepakme (Sanskrit: Amitayus), dem »Buddha des grenzenlosen Lebens« hergesagt, und für die Wiedergeburt im Dewachan gibt es das Mantra von Öpakme OM AMIDEWA HRI.

Der tantrische Yogi, der sich voll und ganz in der tantrischen Praxis engagiert, rezitiert mit großer Wahrscheinlichkeit das Mantra seines *yidam*, jener Buddha-Gottheit, die ihn persönlich beschützt und die Quelle seiner spirituellen Kraft und Verwirklichung ist. Solche

Mantras sind geheim und dürfen den Nicht-Eingeweihten nicht verraten werden. Die beliebtesten *yidams* sind Dukhor (Sanskrit: Kalachakra), das »Rad der Zeit«, Demchok (Sanskrit: Samvara) oder »Höchste Seligkeit«, Dorje Phurba (Sanskrit: Vajrakilaya), der »Unzerstörbare Dolch«, Gompo (Sanskrit: Mahakala), der »Große Schwarze«, und die weibliche Buddha-Gottheit Dorje Phakmo (Sanskrit: Vajravarahi), die »Diamantsau«.

Ein Mantra sollte gemurmelt werden. Es kann voller Freude gesungen oder laut und leise rezitiert werden, aber damit es seinen Zweck als Mittel der Konzentration erreicht, sollte man es am besten auf eine Weise murmeln, dass die Silben nur undeutlich zu hören sind und die Lippenbewegung nur wenig artikulierend ist. Dies ermöglicht am besten die Trance der Versenkung, in der die Verwandlung von Gedanken in eine Konstellation von Buddha-Eigenschaften erfolgen kann. Die genaue Aussprache ist nur von sekundärem Belang. Da tibetisch-burmesische Sprachen die zusammengesetzten Konsonanten nicht aussprechen können, die in Mantras, welche aus dem Sanskrit abgeleitet sind, vorkommen, unterscheidet sich die tibetische Aussprache manchmal radikal von der indischen Aussprache. Aber das Mantra sollte in genau der Weise rezitiert werden, in der es durch den Lama übermittelt wird, und wenn die Aussprache eines alten Lama im Laufe eines langen Lebens persönlich gefärbt geworden ist, so bleibt sie dennoch verbindlich. Im Übrigen erlangte der Schüler »Schwerhörig«, der ein falsch ausgesprochenes Mantra das ganze Leben lang gläubig rezitierte, mehr spirituellen Nutzen als der Schüler »Genaue Kopie«, dessen Aussprache pedantisch war, und dem es an Glauben mangelte. Die oben erwähnten Mantras habe ich buchstäblich zitiert.

Auf vielerlei Weise unterstützt die Pilgerreise die Grundübung der Mantra-Rezitation, und ihr Ziel einer Vereinigung mit der Buddha-Gottheit. Fern von der Heimat lenken weltliche Sorgen nicht im selben Ausmaß von der Konzentration ab. Die selbstgewählte Intention konzentrierter spiritueller Übungen setzt eine Spirale zunehmend intensiver Anwendung in Gang. Der Pilger hat gleichgesinnte Mitreisende. Er interagiert mit dem heiligen Raum, den er durchquert oder an seinem Reiseziel erreicht. Deshalb verleiht seine visionäre Imagination diesem Raum heilige Bedeutsamkeit, und zugleich wird seine Vision durch die göttlichen Eigenschaften dieses heiligen Raumes beeinflusst. Niederwerfung, Opfergaben und Umschreitung bieten eine ständige Verstärkung dieses Zustandes, der dem spirituellen Verständnis förderlich ist. Der Kraftplatz verfeinert und stärkt sein Bewusstsein. Magische Weihegegenstände, denen er begegnet, heben die Neigung zum Unglauben auf. Buddha-Statuen, Stapel von heiligen Schriften, in Fels gehauene heilige Silben, Chörtens usw. spiegeln den Buddha-artigen Bewusstseinszustand, der sein innerlich visualisiertes Ziel ist und helfen ihm bei dessen Verwirklichung.

Wenn die Meditation als höherer Bewusstseinszustand begriffen wird, in welchem dem Meditierenden das Wesen seines Buddha-Bewusstseins und dessen mitfühlende Emanation verständlich wird, dann kann sich der Pilger, der sich den Schwingungen eines Kraftplatzes überlässt und seine religiösen Handlungen, vor allem die Rezitation der Mantras, gläubig vollzieht, unablässig in einem meditativen Zustand befinden. Wenn Meditation als formal strukturierte Übung innerhalb eines gegebenen Zeitrahmens verstanden wird, dann ist sie dem Yogi vorbehalten, der sich in einer Höhle oder Einsiedelei an einem Kraftplatz niedersetzt und sich über einen längeren Zeitraum hinweg einem fortschreitenden Übungsweg widmet. Die meisten Tibeter verstehen Meditation in diesem letzteren Sinn und schreiben ein unwillkürliches Erreichen von Verständnis oder höherem Bewusstsein den Segnungen des Kraftplatzes oder einer dort wohnenden heiligen Person zu.

Der fortschreitende Weg der Meditation in der tantrischen Tradition beginnt mit Einführungsübungen und durchläuft drei Phasen. Die Einführung besteht aus Niederwerfungsübungen, begleitet von einem Vers der Zuflucht zum Buddha, der Rezitation des Bodhisattva-Gelübdes, ferner des hundertsilbigen Mantras von Dorje Sempa mit dazugehöriger Visualisation sowie der Rezitation eines Opfergebetes, bei dem Reis in der rituellen Form eines Mandala geopfert wird, und dem Guru-Yoga. Guru-Yoga ist das wichtigste von diesen Ritualen und besteht aus einer komplexen tantrischen liturgischen Meditation, die von rituellen Handlungen begleitet wird, welche in einem rituellen Nachvollzug der Einweihung in das Mandala des Guru-Lama gipfeln. Diese Meditation gehört mit Sicherheit zur Praxis eines jeden Yogi in seiner Einsiedelei an einem Kraftplatz. All diese Rituale müssen hunderttausendmal wiederholt werden, aber Elemente eines jeden einzelnen Rituals gehören zu den religiösen Handlungen, die jeder Pilger vollziehen sollte.

Die drei weiteren Phasen der Meditation sind die wichtigste Praxis aller tantrischen Yogis. Die erste nennt man die schöpferische Phase, in der das Bewusstsein darauf abgerichtet wird, die Wirklichkeit in Form von männlichen und weiblichen Gottheiten in einem Mandala wahrzunehmen. Dies geschieht, indem man die Prinzipien und Dynamiken des Erkennens in symbolischer, meist anthropomorpher Form visualisiert. Die zweite Phase ist der Prozess der Erfüllung, in dem diese archetypischen Bilder in den Aufbau des Geistes integriert werden, und zwar dadurch, dass sie aufgelöst und in Modi einer reinen, existenziellen Wahrnehmung verwandelt werden. Die Methode, die dabei angewendet wird, besteht in verschiedenen Arten von Yoga, welche die dualistische Vision des normalen Bewusstseins durchbrechen und eine nicht-duale Vision von Licht und Wachheit schaffen. Das Yoga der mystischen Hitze (*tummo*) ist eines davon. Die dritte Phase kann man am besten als die elementare buddhistische Meditation begreifen, in der das Wesen des Geistes beobachtet wird. Dies ist eine formlose Meditation und gilt als diejenige, die für den ungeübten Adepten am schwierigsten ist.

Nur für fortgeschrittene Übende wird die einsame Praxis der tantrischen Meditation in einer abgeschiedenen Einsiedelei als angemessen betrachtet. Yogis, die Jahre ihres Lebens einer solchen Meditation widmen, zollt man den höchsten Status in der religiösen Gesellschaft. Obwohl auch Mönche in den Klöstern tantrische Meditation praktizieren, vor allem die Einführungsübungen, befassen sich die meisten von ihnen mit dem Studium und gemeinsamen rituellen Bräuchen. Eine derartige Arbeit ist der Kultivierung eines Karmas förderlich, das ihnen erlaubt, sich der intensiven Meditation in der Abgeschiedenheit des Yogi zu unterziehen. Insofern kann man die Klöster als Orte der Lehrzeit für zukünftige Yogis betrachten. Die Klosterhierarchie, die Tulkus, Äbte und Lehrer, von denen die meisten einige Zeit mit Meditation in den Einsiedeleien verbracht haben, gelten als Bodhisattvas, die das Ziel ihrer Meditation erreicht und aus ihrer Einsiedelei herabgestiegen sind, um in der klösterlichen Umgebung all jenen zu helfen, deren Praxis weniger fortgeschritten ist. Vor der Kulturrevolution praktizierten die meisten Männer und Frauen außerhalb der Klöster religiöse Übungen, die ein Karma erzeugen sollten, das eine Wiedergeburt ermöglichte, in der die Einweihung in einem Kloster erlangt werden konnte.

Gebete

Gebet als ritueller Akt der Verehrung an einem Kraftplatz gehört mit Sicherheit zur Praxis der meisten Pilger. Aber die Tibeter formulieren keine persönlichen Bittgebete, wie sie christlichen Kindern gelehrt werden: »Bitte, gib mir das und jenes!« Ihre Zugangsweise ist indirekt: Sie erzeugen den entsprechenden Raum, und die göttliche Instanz erfüllt ihn mit dem, was gewünscht wird, oder besser, mit dem, was karmisch möglich ist. Die Erschaffung dieses Raumes geschieht beim Buddhisten zuallererst durch die Zuflucht, die man beim Guru-Lama und den »drei Juwelen« sucht und die ebenfalls zusammen mit der Niederwerfung rezitiert wird:

Lamala kyabsuchao!
Sangyela kyabsuchao!
Chola kyabsuchao!
Gendunla kyabsuchao!

Ich suche Zuflucht beim Lama!
Ich suche Zuflucht beim Buddha!
Ich suche Zuflucht in der Lehre!
Ich suche Zuflucht in der Gemeinschaft!

Das am meisten gebräuchliche Gebet zu Guru Rimpoche ist das »Gebet der Sieben Zeilen«:

HUNG! Im Nordwesten des Landes Orgyen,
Auf dem Bett aus Blütenstaub einer Lotusblume,
Erschien Padmasambhava, der »Lotus-Geborene«,
Ausgestattet mit der wundersamen, höchsten Verwirklichung,
Umgeben von einer Schar von Himmelswandlerinnen;
Damit ich dir nacheifern kann
Bitte ich dich, hierherzukommen und uns zu segnen.
GURU PADMA SIDDHI HUNG!

Jede Familientradition und jeder religiöse Orden hat seine eigene Gebetstradition.

Es gibt besondere Gebete, die man an verschiedenen Kraftplätzen, an besonderen Tagen und zu bestimmten Zwecken rezitieren kann.

Das Gebet, das den Opferritus begleitet, sollte nicht mit dem Mantra verwechselt werden, das von Pilgern, die von einem Kraftplatz zum anderen wandern, während des Khorra und zu jedem anderen möglichen Zeitpunkt rezitiert wird.

Ein besonderes Gebet, das als integraler Teil zur Praxis eines jeden frommen Buddhisten gehört, ist das Gebet für die Widmung des Verdienstes, und dieses Gebet unterscheidet den Buddhisten (oder auch den Bönpo) von seinen materialistischen Brüdern und Schwestern. Es ist von entscheidender Bedeutung. Hier ist der Wortlaut:

»Möge jeder Verdienst, der durch diese Übung erlangt wird, der Erleuchtung aller fühlenden Wesen gewidmet sein.«

Diese Übung kann die Pilgerreise selbst sein, aber auch jede religiöse Handlung oder Meditation, die während der Pilgerreise durchgeführt wird. Das Verdienst ist das Plus auf der Karmabank, der gegen ein weltliches Gut eingetauscht werden könnte oder für die Gewissheit des Erfolges in irgendeiner finanziellen Unternehmung. Stattdessen betet der Pilger, dass das Verdienst Buddhas Erleuchtung zugute kommt – für sich selbst und andere. Keine buddhistische Meditation oder sonstige rituelle Handlung ist vollständig ohne die Rezitation dieses oder eines ähnlichen Gebetes.

Gelübde und Verbote

Das erste Gelübde, das der Pilger ablegt, beinhaltet die Vollendung der Pilgerreise. Nur indem sie voll und ganz abgeschlossen wird, können Segnungen angehäuft und weltliche oder spirituelle Ziele erreicht werden. Zusammen mit diesem Eid legen viele Pilger die grundlegenden buddhistischen Gelübde noch einmal ab, nämlich Abstand zu nehmen von Mord, Diebstahl, Rausch und sexuellem Fehlverhalten. Manche legen auch die zehn Gelübde der Laieneinweihung ab, nämlich auf Mord, Diebstahl, sexuelles Fehlverhalten, Lüge, Klatsch, üble Nachrede, Fluchen, böse Gedanken, Begierde und Voreingenommenheit zu verzichten. Manche legen auch einen besonderen Eid in Bezug auf sexuelle Enthaltsamkeit oder Abstinenz vom Fleischgenuss und/oder Alkohol ab.

Traditionellerweise ist während der Pilgerreise auch die Jagd und vor allem der Fischfang verboten, was heute in Zentraltibet irrelevant ist, da das Jagdwild fast vollständig ausgerottet worden ist, aber in Amdo und Kham hat dieses Gesetz noch immer Gültigkeit. Das Verbot ist für die Nomaden am wichtigsten, die noch immer in gewissem Maße von der Jagd abhängig sind, um genügend Fleisch zu beziehen. Das Gelübde über den Verzicht auf Jagd und Fischfang ist grundlegend, um den Gedanken der Erleuchtung (*bodhichitta*) zu erwecken und die mitfühlende Haltung des Bodhisattva gegenüber allen fühlenden Wesen zu kultivieren. Mönche und vor allem Nonnen führen das Tötungsverbot oftmals bis in sein logisches Extrem, indem sie überaus sorgfältig darauf achten, dass sie nicht auf Insekten treten und das Leben der Läuse, die sie aus ihrem Haar entfernen, schonen.

Auch verschiedene Körperfunktionen sind an bestimmten Kraftplätzen verboten. In einem Pilgerführer zum Berg Tsari wird der Pilger darauf aufmerksam gemacht, dass er nur unterhalb des Khorra-Weges oder in der Nähe von Steinhaufen, die den Weg zu den entsprechenden Orten weisen, Blase oder Darm entleeren darf. »Abgesehen von solchen Orten darfst du nichts aus dem Körper ausscheiden – und dazu gehört auch das Spucken, das Furzen oder das Schnäuzen – oder andere unsaubere Handlungen vollziehen.« Wenn dieses Verbot jedoch missachtet wird, dann »wirst du zweifellos zur Hölle fahren«. »Jeder, der diese Anordnungen nicht befolgt, wird taub, stumm oder leprös geboren werden, selbst wenn er die Wiedergeburt im Reich des Menschen erreicht. Achte deshalb auf deine Handlungen.« Einschränkungen dieser Art sind nicht im Interesse der Hygiene gemeint, sondern um die Reinheit und Heiligkeit des »reinen Landes« – des Kraftplatzes – zu erhalten.

Quellen des Segens

Sakrale Symbole, Ritualgegenstände und sich manifestierende Phänomene

Kraftplätze sind das Ziel der Pilger, aber die heiligen Symbole und Kraftobjekte, die sich dort befinden und mit dem Ort selbst untrennbar verbunden sind, ziehen die Aufmerksamkeit des Pilgers auf sich und sind die unmittelbare Quelle des Segens. Manche Kraftplätze, vor allem Höhlen und andere natürliche Landschaftsbildungen wurden durch den Holocaust der chinesischen Invasion und der Plünderung durch die Roten Garden vollkommen beraubt. Aber selbst dort kann der Pilger unverrückbare Sakralobjekte wie etwa Reliefs oder sich selbst manifestierende Phänomene im Felsen finden. Deshalb gibt es immer irgendeine Repräsentation der drei Arten von Kunstgegenständen, die den Buddha-Körper, die Buddha-Sprache und das Buddha-Denken in der Form von Abbildungen, Schriften und Chörtens symbolisieren. Ihr tibetischer Name *tensum* zeigt ihre Funktion an. Er bedeutet »die drei Objekte oder Unterstützungen der Verehrung«.

Buddha-Abbildungen, die seinen Körper darstellen, können Statuen aus Ton, Stein, Bronze oder Holz sein, in Stein gehauene Reliefs, Malereien auf Putz oder Fels, Bildrollen aus Baumwolle oder Seide (Thangkas), gewebte Bilder, Bilder, die als Gebetsfahnen auf Baumwolltücher gedruckt sind oder aber auf Papier, das in Amuletten verschlossen wird, und schließlich auch sich selbst manifestierende zwei- oder dreidimensionale Bilder. Die am häufigsten abgebildeten Personen sind Shakyamuni Buddha oder einer der »fünf Buddhas« – Namnang (Vairochana) Mikyopa (Akshobhya), Rinchen Jungne (Ratnasambhava), Öpakme (Amitabha) und Donyodrubpa (Amoghasiddhi), ferner die *Bodhisattvas* Chenrezik (Avalokiteshvara), Jampelyang (Manjushri), Chakna Dorje (Vajrapani) Jampa (Maitreya) und Drölma (Arya Tara) wie auch Guru Rimpoche und die großen Gründer-Lamas der religiösen Orden. Jeder Klostertempel besitzt irgendein Bildnis der wichtigsten tantrischen Buddha-Gottheit und der Khandroma Dorje Neljorma (Vajra Yogini). Die Wächter-Könige der »vier Himmelsrichtungen« sind ebenfalls auf Wandgemälden zugegen, und für die jeweiligen Beschützer des Klosters wie etwa Pelden Lhamo, Nakpochenpo usw. gilt dasselbe.

In den großen Klöstern sind die Schriften, die als Symbol für die Buddha-Sprache gelten, der Kanon von Shakyamuni Buddhas Predigten (*Kangyur*) und die kanonischen Kommentare zu ihnen, die von den großen indischen Weisen und Yogis (*Tengyur*) geschrieben wurden – alles natürlich in tibetischer Sprache. Kleinere Klöster besitzen eine Bücherei mit Schriften, vielleicht einen Teil des *Kangyur*, wie etwa die grundlegenden *Prajnaparamita Sutras*, die gesammelten Werke (*sungbum*) des Klostergründers oder die bestimmenden Werke des Ordens, zu dem das Kloster gehört. Nur einige wenige Klöster besitzen Schriften aus der Zeit vor 1959. Die Roten Garden verwendeten die Texte, um Feuer zu entzünden oder überließen sie der Korrosion durch die Elemente. Noch immer kann man in den Ruinen eines Klosters Stapel von zerrissenen Buchseiten sehen oder in einem restaurierten Gebäude einen Raum finden, der die geschmuggelten Überreste einer alten Bibliothek enthält.

In Höhlen- oder Felsheiligtümern werden die Schriften durch heilige Silben und Mantras symbolisiert, die in den Fels gehauen sind. Manchmal gehören sie zu der Art derer, die sich selbst manifestieren, wie etwa *mani*-Steine, Mantras, die von Gläubigen in Steine oder Felsen gehauen wurden, um sich Verdienste zu erwerben. *Mani*-Wände, die manchmal Hunderte von Metern lang sind und aus Hunderten von Tafeln bestehen, in die eine oder mehrere Sutren eingeritzt sind, symbolisieren die Buddha-Sprache. Aber während der Kulturrevolution wurden auch viele *mani*-Steine und *mani*-Wände zerstört und sind gegenwärtig nur eine Ansammlung von Fragmenten. Die Buddha-Sprache wird auch durch Mantras dargestellt, die manchmal mehrere Meter hoch sind und auf Berghänge eingezeichnet wurden.

Der dritte der »Gegenstände oder Unterstützungen der Verehrung« ist der Chörten, der das Buddha-Bewusstsein darstellt. Es gibt sie in verschiedenen Formen und Größen, von wenigen Zentimetern bis zu einer Höhe von mehr als hundert Metern. Ein Chörten kann ein kleines Bronzeobjekt, ein Gemälde, ein grafisches Relief in Stein sein, aber auch ein Reliquienschrein innerhalb eines großen Tempels oder ein massives Monument aus Stein und Erde. Die Chörtens mit eingebauten Schatzkammern waren in der Zeit der Verfolgungen die wichtigsten Ziele der Schatzfinder, und es sind nur relativ wenige erhalten geblieben. Allerdings wurden an verschiedenen Kraftplätzen grob geformte neue Bauwerke errichtet.

Einige traditionelle Religionskulturen in Asien, vor allem die indische, schätzen ein altes Bildnis, Buch oder Symbol nicht höher als ein neues, das erst vor kurzem geweiht wurde. Auf Tibet trifft das nicht zu. Hier wird die Kraft eines Gegenstandes ebenso wie die Kraft eines Ortes vom Kontakt mit oder der Gegenwart eines Heiligen oder Yogi abgeleitet. Seine Vision oder Schwingung verleiht dem Objekt die Kraft dieser Buddha-Resonanz. Ein Bildnis, dessen Schöpfung Jowo Atisha oder Milarepa zugeschrieben wird, trägt die erleuchtete Kraft des Buddha in sich, und sein Segen entspricht dem Segen seines Erzeugers. Die Schatzgegenstände, die von Guru Rimpoche versteckt wurden, beinhalten eine Kraft, die dem großen Guru selbst gleicht.

Aufgrund ihres Alters haben alte Bildnisse, Schriften und Chörtens also mit größerer Wahrscheinlichkeit die Gegenwart von großen und heiligen Männern erlebt; und wenn man diese alten Gegenstände verehrt oder sie berührt, kann man ihren Segen erlangen.

Dasselbe gilt auch für heilige Bundes-Gegenstände. Das sind Gegenstände, die ein tantrischer Yogi mit sich trägt und mit deren Hilfe ein ritueller Bund geschlossen wurde, indem man durch ein Visionsgelübde versprach, keinen Unterschied zwischen dem Symbol und seiner existenziellen Buddha-Bedeutsamkeit zu machen, oder indem man es einfach längere Zeit benutzte. Die gebräuchlichsten Bundes-Gegenstände sind Dorje (Sanskrit: *vajra*) und *drilbu* (Sanskrit: *ghanta*) oder Handzimbel. Sie repräsentieren, ja sie *sind* der männliche und weibliche Aspekt der elementaren »Zwei-in-Einem«-Wirklichkeit, nämlich Weisheit und Mitgefühl. Auf dem Altar des Yogi sind sie immer zugegen und werden bei so gut wie jedem tantrischen Ritual verwendet. »Bundes«-Gegenstände sind auch die Schädelschale (*thopa*, Sanskrit: *kapala*), die Leere versinnbildlicht und dem Yogi als Trinkgefäß oder als Behältnis für symbolisches Blut oder Samen bei der rituellen Opferung dient, ferner auch der Phurba (Sanskrit: *kila*), der Ritualdolch, den man so oft im Gürtel des *ngakpa*-Magiers stecken sieht und der rituell zur Unterwerfung der Geister verwendet wird – als Sinnbild dynamischer Leere. Man glaubt, dass diese Bundes-Gegenstände nicht nur die Schwingung der visionären Kraft und Wachsamkeit des Yogi, der sie verwendet, in sich tragen, sondern auch die Buddha-Eigenschaften *sind*, die sie darstellen. Diese Art von Kraftobjekten sind eine mächtige Quelle des Segens, vor allem, wenn eines von ihnen einmal dem Guru Rimpoche, einem Dalai Lama oder Drukpa Kunley gehörte.

Gläubige, die noch in diesem Leben die Erleuchtung Buddhas erlangen wollen, stimmen sich auf die höhere metaphysische Wirklichkeit oder Schwingung eines Objektes ein, und selbst wenn die vermutete Entstehung und Geschichte dieses Gegenstandes Humbug ist, entspringt aus der bloßen Vorstellung eine Buddha-Eigenschaft und verleiht ihm eine Kraft, die dann wieder reflektiert wird. Ähnlich verfahren auch Tiefgläubige, die nach weltlichen Gütern, Heilung oder Absolution verlangen und dazu Weihegegenstände brauchen, die dann zu magischen Objekten werden. Das sind beispielsweise die persönlichen Habseligkeiten von Heiligen und Yogis, und die Sandalen, Gewänder, Stäbe oder Bettelschale von Männern der Macht können auf den Altären der Kraftplatze gefunden werden. Sogar die Unterhosen des verstorbenen *Dudjom Rimpoche* wurden zerschnitten und als magische Objekte unter seinen Schülern verteilt.

Dieselbe Kraft wird auch »selbst-manifestierten« oder »spontan entstandenen« (*rangjun*) Phänomenen zugeschrieben. An den meisten wichtigeren Kraftplätzen, zu denen tibetische Pilger reisen – selbst außerhalb von Tibet –, gibt es Steinformationen, die – so heißt es – ohne das Zutun einer menschlichen Hand spontan entstanden sind. Manchmal ist es ein grobes Relief eines Buddha-Bildes im Felsen oder eine grobe dreidimensionale Gestalt, die als Buddha wahrgenommen werden kann. Auch Dorjes gehören dazu, und mantrische Saatsilben wie A oder OM AH HUNG findet man oft als selbst-manifestierte Phänomene im Felsen. Die meisten davon stammen aus einer uralten Vergangenheit – wie etwa die Fragmente von Meteor-Eisen, die in der ungeschlachten Form eines Dorje oder eines anderen heiligen Symbols (*tokchak*) vom Himmel gefallen sind.

Während *rangjun*-Manifestationen als physische Reflektion einer spontan entstandenen Buddhaschaft betrachtet werden können, zeigen die Abdrücke, die von Yogis hinterlassen wurden – am häufigsten in ihren Meditationshöhlen –, eine Kontrolle über die Elemente, die eine der acht großen magischen Kräfte (*siddhis*) ist, die mit Buddhas Erleuchtung einhergeht. Die Guru-Rimpoche-Höhle in Terdrom ist voll von solchen Abdrücken. Hier finden die Pilger den Abdruck von Sitzfläche und Rücken, Kopf und Hand, Dreizack (*katvanga*) und Schädelschale des großen Guru. Am häufigsten kommen Abdrücke von Füßen und Händen vor. Shakyamuni Buddha hinterließ seine Fußspuren im Felsen an den vier Eckpunkten des Khorra-Weges rings um den Kang Rimpoche, um den Berg anzupflocken und die Unveränderlichkeit seines erleuchteten Zustandes zu demonstrieren.

Wenn der fromme Pilger an seinem Ziel spontan entstandene Phänomene und Abdrücke im Felsen findet, so ist dies für ihn nur die Bestätigung für das Wesen und die Wirksamkeit des Kraftplatzes und die Kraft der Yogis, die dort meditiert haben. Beim etwas skeptischeren westlichen Pilger können sie zumindest eine Mischung von Glauben und Zweifel hervorrufen. Die Pilgerreise selbst hat dann bereits eine Lockerung der gewohnten Voreingenommenheiten erzeugt, und die Weihegegenstände am Kraftplatz helfen bei der Entstehung eines Bewusstseinszustandes, der einem Bund mit der geistigen Energie des Ortes förderlich ist.

Heilige Substanzen

Es gibt bestimmte Substanzen, die Pilger an ihrem Ziel erwerben können, um damit verschiedener Arten von Segnungen teilhaftig zu werden. Einige davon sind natürliche Stoffe wie Wasser, Fels oder Ton. Es können aber auch alchemistische Zubereitungen sein, die von einem tantrischen Lama unter genauestens kontrollierten rituellen Bedingungen hergestellt wurden, oder aber selbst-manifestierte Substanzen mit magischer Kraft. Einige davon lindern Krankheiten, andere übermitteln die spirituellen Segnungen eines Lama oder einer Buddha-Gottheit. Für den Yogi kann die heilige Substanz auch ein psychedelisches Kraut sein.

Die gröbste dieser heiligen Substanzen ist der Felsen selbst, der von der Kraft des heiligen Berges durchdrungen ist und dann, wenn er in das Haus des Pilgers zurückgebracht wird, dort wie eine Batterie wirkt, die den Effekt des Kraftplatzes erzeugt, von dem er stammt. Er kann auch nach Hause getragen werden, um dort ins Fundament oder die Mauern eines Chörten eingepasst zu werden, der sich dadurch in den Berg verwandelt, aus dem der Stein entnommen ist. Auf dem Amnye-Machen-Khorra-Weg am Drokdu-Nyakha-La-Pass gibt es einen Steinbruch für solche Kraftobjekte. Viele Kraftplätze besitzen besondere Stellen, denen heilige Erde (*sane*) entnommen wird, die dann ebenfalls beim Bau eines Chörten und auch zur Herstellung von *tsatsa* verwendet werden können. *Tsatsa* sind kleine, nur wenige Zentimeter hohe Tonbildnisse, die in eine Bronzeform gepresst und dann an der Sonne getrocknet werden. Sie zeigen die Gestalt eines Buddha im Relief oder vielleicht auch einen Chörten als Rundplastik. Der Ton für das *tsatsa* wird oft auch mit den Reliquien eines Lama vermischt und in einem Chörten oder einem zu diesem Zweck gebauten Beinhaus aufgestellt. Wenn es mit den Reliquien eines Laien vermischt wird, so kann es an einem lokalen Kraftplatz aufgestellt werden, der dem Beschützer heilig ist, mit dem der Geist des Verstorbenen verbunden ist. Das *tsatsa* von dem Ort zu entfernen, an dem es rituell platziert wurde, ist ein unschickliches Verhalten.

Manchmal ist heilige Erde auch heilkräftig, sei es in der rohen Form, in der sie aus dem Boden gegraben wird, sei es nach der Zubereitung oder Vermischung durch den Arzt. Auf den meisten Khorra-Wegen in der Nähe von Berg-Kraftplätzen gibt es Stellen (*nesa*), an denen der Pilger heilkräftige Erde für eine ganze Reihe von Heilzwecken ausgräbt.

Auch Wasser aus einer heiligen Quelle oder einem heiligen See kann nach Hause gebracht werden, sodass Personen, die an der Pilgerreise nicht teilgenommen haben, einen Nutzen aus dem rituellen Versprengen des Wassers ziehen können, das dem Bad in der echten Quelle ebenso entspricht wie ein Tropfen des Wassers auf der Zunge dem Trinken einer ganzen Flasche an der Quelle. Wasser, das einer Quelle in der Meditationshöhle eines verwirklichten Yogi entnommen wurde oder einer nahe gelegenen Quelle entstammt, die vielleicht magisch erzeugt wurde, ist besonders heilkräftig. Es wird *drubchu* oder »Wasser der Verwirklichung« genannt.

Der Begriff der »heiligen Substanzen« kann sich aber auch konkreter auf die Zubereitungen beziehen, die in tantrischen Ritualen speziell für die Verteilung unter den Gläubigen hergestellt werden. In tantrischen Opferritualen sind die beiden Hauptsubstanzen jene, die Blut und Samen (*rakta* und *dudtsi*), das »Rote« und das »Weiße«, also die weibliche und die männliche Sexualflüssigkeit, symbolisieren. Sie können durch eine ganze Reihe von Stoffen, vor allem rote und weiße Flüssigkeiten vertreten werden, zu denen sicher auch Alkohol gehört, der Spuren von Menstruationsblut und Samen enthalten kann, aber nicht muss. Die Opfergabe des weiblichen Teiles kann auch durch Fleisch symbolisiert werden. Die Gottheit und ihr Gefolge werden durch geweihte Kegel aus Gerstenmehl und Melasse dargestellt, vielleicht auch durch Alkohol oder *torma*, den »Stoff, der zerstreut oder verteilt wird«.

Das wichtigste Produkt der alchemistischen Zubereitung wird »ambrosische Dharma-Medizin« genannt (*dutsi chomen*). Sie ist eine Mischung aus Kräutern und Mineralien, die in einem komplizierten Ritual hergestellt wird, das unter Beachtung der Mondphase, der Deklination der Planeten und Sterne und der rituellen Reinheit der Teilnehmer, vor allem des Lama, der die Kraftübertragung vollzieht, vonstatten geht. Diese Mischung braucht vielleicht mehrere Tage, um zu reifen. Sie beginnt als klebrige Masse und manifestiert sich schließlich in winzigen dunklen Kügelchen. Meist wird sie in großen Mengen, in Dutzenden von Kilogramm hergestellt, da sie nur selten erzeugt wird und für mehrere Jahre reichen muss. Die verschiedenen Tantras empfehlen verschiedene Rezepte für diese Ambrosia, die jeweils auch verschiedene Wirkungen erzielen. Wenn es um den Segen eines lebenden Lama geht, dann werden die Körperflüssigkeiten dieses Lama das überaus heilige Ingredienz sein. Wenn der Lama aber schon in ein anderes Leben hinübergegangen ist, dann kann die Mischung pulverisierte Reliquien von ihm enthalten. Bestimmte Kräuteringredienzien können der Substanz die Kraft der Gottheit übertragen, die für den Ort zuständig ist, an dem die Kräuter gesammelt wurden. So können z.B. Kräuter, die vom Berg Tsari stammen, die Kraft der dort weilenden Himmelswandlerinnen enthalten. Diese Kräuter können medizinische Allheilmittel sein oder auch psychedelische Eigenschaften besitzen. Aber ihre pharmakologischen Qualitäten sind von der Macht, die sie aus ihrer Umgebung am Kraftplatz beziehen, nicht zu trennen. Diese Qualitäten werden tatsächlich mit den Himmelswandlerinnen (*khandroma*) identifiziert, sodass es keine Trennung zwischen dem aktiven chemischen Wirkstoff und der Buddha-Gegenwart gibt. Die meisten dieser Ambrosia-Substanzen werden nach dem homöopathischen Prinzip produziert, das der feineren Verdünnung des Stoffes die größere Potenz zuschreibt. Mit Sicherheit lässt sich diese Potenz nicht durch ihre Quantität bestimmen. Eine Elementspur genügt schon. Auf diese Weise kann eine Ambrosia als Reliquie des großen Mystikers und Gelehrten Longchen Rabjampa, der vor mehr als 600 Jahren verstarb, von einem heutigen Lama einem Schüler überreicht werden, denn vielleicht enthält es die Spur eines Stückchens, das selbst nur eine Spur der ursprünglichen Substanz beinhaltete, und dennoch ist das keine weniger potente Quelle des Segens als die ursprüngliche Reliquie.

Solche magischen Mischungen helfen zuallererst dabei, die Schleier der Emotion und der Gedankenformen in der Meditation aufzulösen. Aber sie können auch eine harmonische Schwingung im feinstofflichen Körper und eine chemische Balance – Gesundheit – im physischen Körper erzeugen. Dieselben Kräuter, aus denen sowohl medizinische wie auch psychoaktive Ingredienzien für alchemistische Mischungen gewonnen werden, können von den Yogis an Kraftplätzen auch für allopathische Behandlungen in allopathischer Dosierung gesammelt werden.

Die geheime Tradition, die das Vorgehen bei der Zubereitung von magischen Substanzen bestimmt, ist meist mündlich über die spirituelle Traditionslinie des Yogi übermittelt worden. Aber selbst für einen Eingeweihten des Tantra, aus dem das jeweilige Rezept abgeleitet wurde, ist es schwierig, eine Unterweisung in einigen alchemistischen

Aspekten des Yoga zu erlangen. Im Allgemeinen wird diese Kunst *chulen* oder »Extraktion der Essenzen« genannt, und Yogis werden verschiedene Diäten vorgeschrieben, die ihnen bei der Meditation helfen. *Chongzhi* z.B., ein kalkhaltiges Mineral, wird als Allheilmittel verwendet und kann auch für sich selbst zum einzigen Nahrungsmittel werden. *Ashvadudh* ist ein schwarzer Ausfluss aus Felsmaterial, der Lebensenergie und sexuelle Kraft stärkt. *Lingchen* ist eine Pflanze, die auf den hoch gelegenen Wiesen der Abhänge des Berges Tsari wächst und einen Zustand der Euphorie und Fröhlichkeit erzeugt, in dem Levitation und andere magische Kräfte des Yoga verwirklicht werden können. *Ludu Dorje* ist die am meisten geschätzte psychotropische Pflanze und wächst ebenfalls auf den Hängen des Berges Tsari. Aus diesen hochpotenten Substanzen werden überaus kostbare, kugelförmige Pillen (*rilbu*) hergestellt.

Eine magische Substanz, die weder eine alchemistische Mischung noch eine rein pflanzliche Panazee ist, nennt man *ringsel*. Die winzigen, weißen, perlenartigen Pillen manifestieren sich selbst: Sie fallen allein oder in zahllosen Mengen aus Chörtens heraus und liegen rings um sie auf dem Boden. Man kann sie auch in den Reliquien eines Yogi entdecken, der sich in einen Regenbogenkörper aufgelöst hat und nur einige wenige *ringsel* zurückließ, oder auch im Verbrennungs-Chörten, nachdem der Körper verzehrt worden ist. Die großartige Eigenschaft eines *ringsel* besteht darin, dass es sich spontan reproduziert und vervielfacht, wenn man es in einem heiligen Raum platziert.

Die heilige Person

Wenn die Buddha-Vision vervollkommnet wird, so kann man jeden, den man auf der Pilgerreise trifft, als heilige Person wahrnehmen. Aber die Tradition unterstützt besondere Rollen, die von besonders ausgebildeten Personen, den Lamas, gespielt werden. Der Lama ist ein Lehrer, der durch Aktivität von Körper, Sprache und Denken die Lehre Buddhas demonstriert. Er kann als Tulku, Mönch, Yogi, Gelehrter, wandernder *ngakpa*-Magier oder in einer Reihe von anderen Gestalten erscheinen. Für den Pilger ist er eine heilige Person, der er Verehrung zollt, und er kann für ihn die Rolle des Spiegels spielen. Wenn er beispielsweise in der Wahrnehmung des Gläubigen als Gott erscheint, dann demonstriert er eine göttliche Erscheinung; wenn er ein Magier ist, so vollzieht er Magie wie Heilung oder Prophezeiung; wenn er ein Buddha ist, so kann er predigen oder eine Form des *samadhi* vorführen. Auf diese Weise übermittelt die heilige Person den Segen Buddhas (*jinlab*) und wird deshalb einer größeren Verehrung teilhaftig als die »drei Juwelen«. Der Pilger richtet an den Lama Niederwerfung, Opfer und Gebet am Kraftplatz und erhält von ihm den Segen.

Die höchste Rolle ist die des Tulku. Er ist ein inkarnierter Buddha. Hier wird ein besonders anziehendes und begabtes Kind schon in sehr frühem Alter als ein Glied in der Abfolge der Wiedergeburten erkannt und erhält im Treibhausklima der klösterlichen Erziehung eine Ausbildung in tantrischer Tradition, sodass es nichts anderes kennt und das spirituelle Ideal des tantrischen Buddhismus beispielhaft vorlebt. Zumindest geschah dies oft in den alten Tagen, als die kulturelle Tradition noch intakt war, als Tibet noch eine isolierte Gesellschaft in Mittelasien war, und zwar nicht nur von dem Einfluss der westlichen Kultur isoliert, sondern auch von der Sphäre der indischen und chinesischen Kultur. Damals erließ sich jedes Kloster sein eigenes Gesetz, und das tägliche Leben spulte sich als langer ritueller Akt ab, sodass sich die Konditionierung des Tulku über 20 oder 30 Jahre lang entfalten konnte. Vielleicht ist auch das eine ideale Abstraktion, aber die Kraft des Glaubens ist stark, und zweifellos glaubten und glauben die Tibeter noch heute an die Realität ihrer Buddha-Tulkus ebenso fest, wie wir an die Star-Qualitäten eines Kino-Idols oder an die Festigkeit von Stahl glauben.

Der Tulku war im Kloster die spirituelle Autorität, und ein großes Kloster hatte mehrere Tulkus. Weil sie auch die politische Autorität und die Hauptstütze der lamaistischen Religion waren, wurden sie von den chinesischen Kommunisten am härtesten behandelt und bildeten einen unverhältnismäßig großen Anteil der Flüchtlinge und derer, die systematisch vernichtet wurden. Einige sind geblieben, aber in diesen Tagen ist es nicht üblich, dass ein Tulku in einem Kloster lebt; meist führt ein Abt den Vorsitz.

In der Höhle oder Einsiedelei ist der Lama meist ein Yogi. Der meditierende Einsiedler wird vom gegenwärtigen Regime toleriert, vermutlich, weil er keine politische Bedrohung darstellt. Wenn er seine Tätigkeit gut genug ausübt, so kann er als selbst erzeugter Tulku anerkannt werden und initiiert vielleicht eine Linie von Reinkarnationen. In der Nyingma-Tradition der Offenbarung ist ein solcher Yogi eine Emanation von Guru Rimpoche oder – anders ausgedrückt – Guru Rimpoche selbst. Als solcher besitzt er die allwissende Wachheit und die spirituellen Kräfte von Guru Rimpoche und verfügt über eine Aura magischer Transformationskraft.

Die Segnungen, die von der heiligen Person übermittelt werden, ob es nun ein Tulku, ein Yogi, ein Mönch oder ein *ngakpa*-Magier ist, unterscheiden sich nicht in ihrer Qualität von dem Segen, der von Kraftobjekten ausgeht oder auch der Verbindung, die man im Akt der Anbetung zu einer Buddha-Wesenheit herstellen kann. Aber die heilige Person vereint den Segen des Buddha-Körpers, der Buddha-Sprache und des Buddha-Bewusstseins, ist leicht zugänglich und hat ein Gelübde abgelegt, allen fühlenden Wesen zu dienen. Die Übermittlung von Segnungen ist eine seiner wichtigsten Funktionen. Aus diesem Grund sind Weihegegenstände und die transformierte Landschaft als Ziel der Pilgerreise zweitrangig gegenüber dem Lama. Als Hauptagent der Segenspendung ist er das spirituelle Herz eines Kraftplatzes.

Das tibetische Wort für »Segen« – *jinlab* – bedeutet »Gnadenwelle«. Dieser Segen wird als Energie des Mitgefühls und des Wohlwollens oder sogar als psychedelisches Hoch erfahren. Er tränkt das Bewusstsein des Empfängers ebenso »wie rote Farbe weißes Leinen färbt«. Der Segen der heiligen Person kann durch das Medium einer Geste oder eines Wortes oder auch durch die Berührung mit der Hand oder einem Kraftobjekt von Bewusstsein zu Bewusstsein übermittelt werden. Er kann auch in Form einer geknoteten Schutzkordel (*sungdu*) überreicht werden, um negative Einflüsse abzuwehren, oder in einem Amulett in Form eines kleinen, quadratischen, flachen Beutels, der ein geschriebenes Mantra oder irgendeine schützende Zeichnung enthält. Sowohl die Kordel wie auch das Amulett werden um den Hals getragen. Alle heiligen Substanzen, die dem Pilger von der heiligen Person geschenkt werden, sind von der ganz besonderen Potenz seines Segens durchdrungen.

TEIL 5
KRAFTPLÄTZE

Das Ziel der Pilger sind Kraftplätze, im Tibetischen *ne* oder *nechen* genannt, was auch »heilig« oder »heiliger Ort« bedeuten kann. Die heilige Atmosphäre eines Ortes, seine Energie und die Beziehung des Pilgers zu ihm sollte genügen, um die Wünsche des Pilgers zu erfüllen. Die gewaltigsten Kraftplätze sind die großen heiligen Berge und die Seen in ihrer Nähe, die aufgrund ihrer Macht ganze Landstriche – oft mehrere hundert Quadratkilometer – heiligen. Kraftzentren sind vor allem Höhlen, Gipfel und Felsen, ferner auch Quellen, Zusammenflüsse von Wasserläufen und Leichenstätten. Manchmal wurden die natürlichen Formen von Menschenhand verändert, und der Kraftplatz ist nun mit dem dort errichteten Gebäude – der Einsiedelei, dem Kloster, dem Tempel, dem Chörten usw. – untrennbar verbunden. Unabhängig davon, was dort gebaut wurde, bezieht jeder Kraftplatz seine Bedeutsamkeit vor allem von seiner geomantischen Lage und erst in zweiter Linie durch göttliche oder menschliche Tätigkeit.

Geomantie ist die Weissagung aus der Landschaft. Die in Europa gebräuchlichste Form ist die Arbeit mit der Wünschelrute, mit der unterirdische Wasserläufe entdeckt werden. Die Chinesen haben mehr als alle anderen die Kunst des Feng Shui entwickelt – oder ist es eine Wissenschaft? Wörtlich bedeutet *feng shui* »Wind«, »Wasser« – »Wind, den du nicht verstehen, und Wasser, das du nicht greifen kannst«. Im engeren Sinne ist es das Wissen über die Beziehung zwischen Topographie, Wasserläufen, natürlichem Chi und der menschlichen Modifikation der Landschaft. In der Praxis wird *feng shui* eingesetzt, um den passenden Platz für ein Gebäude und seine ideale Ausrichtung zu finden. Die meisten neuen chinesischen Gebäude in Hong Kong sind nach solchen Prinzipien platziert worden. Aber obwohl Tibet viel von seiner mystischen Wissenschaft und Kunst aus China bezogen hat, und zwar vor allem im Bereich der Medizin und der Astrologie, zu der ja in gewisser Weise auch die Geomantie gehört, scheint das *feng shui*-System Tibet niemals erreicht zu haben. Die tibetische Geomantie müssen wir in weniger komplexen Begriffen verstehen als das *feng shui*-Prinzip: Es ist eher die Kunst, den Ort der vollkommenen Harmonie der Elemente in der Landschaft zu ahnen oder – um es nüchterner auszudrücken – günstige geomantische Züge in der Landschaft zu erkennen und Kraftplätze zu lokalisieren. Dies geschieht durch Yogis, die über eine visionäre Sicht der Beziehung von Bewusstsein und Landschaft verfügen.

Ein Kraftplatz ist in dieser Beziehung ein Punkt, an dem der Himmel die Erde berührt, also etwa der Gipfel eines Berges. Einige der überaus heiligen Berge sind der Kang Rimpoche (Kailash), der Labchi, Tsari, Nyangchen Thanglha, Bönri, *Khawa Karpo* und Amnye Machen. Jedes Tal hat in seiner Nähe einen Berg als Kraftplatz. Auch Seen – Stellen, an denen sich Erde, Himmel und Wasser treffen – sind Kraftplätze. Dazu gehören etwa der Tso Mapham (Manasarovar), Yamdrok Tso, Lamo Latso, Namtso und Tso Ngon (Kokonor). Auch Quellen von wichtigen Flüssen sind Kraftplätze, etwa die Quellen der vier großen Flüsse in den vier Richtungen des Kang Rimpoche. Ferner sind es auch die Treffpunkte von zwei Flüssen – wie etwa die Vereinigung des Yarlung Tsangpo und des Kyichu, des Yarlung Tsangpo und des Nyangchu und der Zusammenfluss in Labchi. Wo Feuer und Wasser gemischt auftreten – wie etwa an den heißen Quellen von Terdrom und Tretapuri oder an den Flammen auf dem Wasser in Chimi Gyatsa (indisch: Muktinath) –, befindet sich ein Kraftplatz. Eine besondere Verbindung von Raum und Fels – etwa in einer Höhle – kann zum Kraftplatz werden. Auch ein Gebirgspass ist ein Kraftplatz, da er einen Altar unterhalb eines Beggipfels bietet.

Natürlich gibt es viele Orte in Tibet, die laut geomantischer Definition Kraftplätze sind, aber wenn sie nicht durch die Tradition geheiligt wurden, fehlt ihnen die Assoziation mit dem Buddha-Bewusstsein, die ihnen eine besondere Heiligkeit verleiht. Wenn sowohl geomantische wie auch menschliche Faktoren optimiert werden, so resultiert daraus ein intensiver Kraftplatz – ein *nechen*. Manchmal aber geht dem geomantischen Kraftplatz jegliche menschliche Aktivität ab, denn tibetische Buddhisten klettern im Gegensatz zu den chinesischen Taoisten und den Bönpos meist nicht auf Berge. Umgekehrt ist ein Ort, der einem religiösen Orden besonders heilig ist, manchmal von sichtbaren geomantischen Formationen gänzlich frei, wie etwa der Geburtsort eines Heiligen oder der Sitz eines Klosters.

Kraftplätze sind Wohnstätten einer Buddha-Gottheit, eines Gottes oder Geistes. Aber die Bestimmung solcher göttlicher Wohnorte erfordert den Einsatz des menschlichen Bewusstseins. Deshalb gehört es zur Arbeit eines Yogi oder Adepten, sie zu erkennen, und dann wird er als solcher noch durch die lange Anwesenheit eines Weisen bestätigt, der an ihm die jeweilige Gottheit anruft, günstig stimmt und verehrt. Die Wichtigkeit des Ortes wird durch die spirituelle Leistung dieses ersten Weisen bestimmt, denn sein Erfolg zieht auch andere Yogis an diesen Ort. Erfolg besteht in der Erlangung der Buddhaschaft oder spiritueller Kräfte, die als Magie oder Wundertätigkeit manifestiert wird. Vielleicht initiiert der erste große Name, der mit diesem Ort assoziiert wird, über viele Generationen hinweg eine Traditionslinie von Schülern, die ihn noch weiter heiligen. Vielleicht werden sich dort auch mehrere Traditionslinien festsetzen, sodass nicht nur eine einzige das Monopol hat. Jedenfalls aber wird ein heiliger Ort durch die Tradition weiter geheiligt.

In der buddhistischen Tradition war die stärkste heiligende Aktivität eines menschlichen Wesens die Erleuchtung des Shakyamuni Buddha. Sie kennzeichnete den Bodhi-Baum in Bodhgaya als Zentrum der buddhistischen Welt. Shakyamunis Sitz unter dem Baum, der als *Dorjeden* oder »unzerstörbarer Thron« bezeichnet wird, liegt inmitten der Ganges-Ebene und verfügt über keine offensichtlichen geomantischen Qualitäten – als Kraftplatz wird er vor allem durch menschliche Aktivität geheiligt. Der Erleuchtungsort des Guru Rimpoche in *Yanglesho* (Pharmping) im Katmandu-Tal ist eine nach Süden gewandte Felshöhle auf einem Bergvorsprung. Aber in Tibet wird der Augenblick der Erleuchtung eines Yogi nicht aufgezeichnet, man erinnert sich nur an die Meditationsorte der unzähligen Buddha-Lamas.

Wenn ein Kraftplatz nur durch einen Buddha-Lama mit Kraft gefüllt wurde, gehört er noch immer zur profanen Landschaft, auch wenn er günstige geomantische Qualitäten aufweist. Wenn es eine Höhle ist, so haben vielleicht Ziegen- oder Yak-Hirten in ihr Schutz gesucht und Holzkohlenreste und Kot aus Jahrhunderten dort hinterlassen.

Ein Kraftplatz wird durch einen Lama oder tantrischen Magier geheiligt. Allein schon seine Anwesenheit genügt, um ihn mit Macht auszustatten. Aber wenn er sich dort längere Zeit aufhält, so wird er sicher zum Thema von Legenden, und diese Legenden werden dann auch den Felsen mit Heiligkeit durchdringen und das wahrgenommene Energiemuster von chaotischer oberflächlicher Bösartigkeit – oder potenzieller Bösartigkeit – in einen Punkt transzendentalen Bewusstseins im Zentrum eines Mandala verwandeln. Die Meditation eines Yogi heiligt und »öffnet« eine Höhle. Ein Kraftplatz im Gebirge wird von dem ersten Adepten, der ihn umschreitet, geheiligt. Ein verborgenes Tal wird durch einen Schatzfinder »geöffnet«, der Guru Rimpoches Karte offenbart und seine Anhänger dorthinführt. Die Anhänger eines bestimmten religiösen Ordens können einen Kraftplatz nur dann als »offen« betrachten, wenn der Gründer oder ein Meister dieses Ordens ihn »geöffnet« hat.

Die Verbindung von günstigen geomantischen Eigenschaften und der zeitweiligen Anwesenheit eines Yogi, der ihn mit Kraft ausgestattet hat, erzeugt eine Atmosphäre, die einem Pilger, der sich diesem Ort mit tiefer Hingabe nähert, sofort zugänglich ist. Die Gefühle, die daraus resultieren, können als Gefühle der Macht beschrieben werden, aber durch buddhistische Verehrungs- und Meditations-Methoden transformiert der Yogi die latente Energie des Ortes in transzendentales Bewusstsein und mitfühlendes Verhalten. Dieser Zustand des Buddha-Bewusstseins ist der Entdeckung von verborgenen Schätzen förderlich. Kraftplätze waren definitionsgemäß Orte der verborgenen Kostbarkeiten, aber in der Lehre des Nyingma-Ordens enthalten nur Stellen, die von Guru Rimpoche oder seinen wichtigsten Emanationen mit Macht ausgestattet wurden, zugängliche Schätze. Als Guru Rimpoche durch Tibet reiste und in zahllosen Höhlen- und Tempel-Kraftplätzen meditierte, versteckte er für die glücklichen Wesen zukünftiger Generationen überall Kostbarkeiten, und deshalb werden diese Orte als *terne* oder »Schatz-Kraftplätze« bezeichnet.

Diese Schätze oder *terma* fallen unter drei Kategorien – Schätze des Körpers, der Sprache und des Bewusstseins. Die Körper-Schätze sind kleine Bilder und heilige Gegenstände wie heilige Dolche (*phurbas*) und Dorjes. Die Schätze des Bewusstseins sind kleine Chörtens. Die Schätze der Sprache sind am häufigsten und bestehen aus Texten, die auf verschiedene Weise versteckt wurden. Einige davon waren alte Manuskripte, die in großen Statuen und Chörtens verborgen wurden, aber die meisten wurden von Guru Rimpoche und seiner Gefährtin Khandro Yeshe Tsogyal auf eine mystische Formel, die so genannte »Dakini-Schrift« (*khandro dayik*), reduziert und niedergeschrieben, um dann in den großen Elementen Erde, Wasser, Feuer, Luft und Raum verborgen zu werden. Davon waren die Erd-Schätze (*sater*) und die Raum- oder Bewusstseins-Schätze (*gongter*) am wichtigsten. Die Erd-Schätze wurden zumeist im Felsen von Höhlen-Kraftplätzen versteckt. Die Raum-Schätze wurden in einem Meditationsraum verborgen. Wo immer der große Guru einen

Schatz versteckte, verbarg er getrennt davon auch ein Manifest, in dem der Inhalt des Schatzes aufgelistet wurde. Ferner versteckte er auch Listen von zweimal geoffenbarten Schätzen, Texte, die geoffenbart und dann wieder versteckt werden sollten, weil die Zeit ungünstig war. Auch echte Schlüssel zu den Schätzen wurden getrennt verborgen. Als Nächstes formulierte der Guru ein Gebet der Wunscherfüllung für all jene, die sie entdeckten. Er betete, dass sie würdig sein mögen und dass der Schatz ihnen Glück bringen möge. Dann setzte er drei Siegel auf die Verstecke und trug den Wächtern und Schatzfindern auf, den Schatz geheim zu halten. Später äußerte er prophetische Hinweise darauf, wer die Schätze an welchen Stellen finden würde.

Die Anweisungen, die er den potenziellen Schatzfindern gab, offenbart viel über die Nyingma-Tradition:

> *»Ihr Gesegneten, die ihr meine Schätze in der Zukunft entdecken werdet, behaltet dieses Testament in eurem Bewusstsein. Wenn ihr die Lehre nicht halten könnt, so wird mit Sicherheit Unglück über euch kommen – haltet sie also geheim. Wenn ihr die geheime Lehre vorzeitig offenbart, so werdet ihr von der Eifersucht, dem Neid und dem Fluch der Menschen getroffen – zeigt deshalb zuerst nur Zeichen eurer vollkommenen Leistung. Wenn ihr große Erhabenheit und Bekanntheit erlangt, wenn euer Ruhm erklingt, so werden die Menschen Böses über euch gießen – seid also auf schwarzmagische Kräfte gefasst.*
>
> *Lasst eure Vision so hoch wie der Himmel werden; wenn ihr die Grenzen eurer Vision nicht überwunden habt, so werdet ihr vom Weg abkommen. Eure Meditation sollte so stark wie eine goldene Speiche im Boden sein; wenn eure Meditation nicht stabil ist, so wird der bloße Vollzug äußerer ritueller Formen sie nicht dazu machen. Eure Aktivität sollte heroisch und vertrauensvoll sein; Anmaßung und bloße gute Absichten werden andere nicht transformieren.*
>
> *Der Gipfel des Weges wird durch Hingabe und Mitgefühl erreicht; achtet auf die Reinheit eurer Gelübde und behandelt andere mit Mitgefühl. Gebt anderen keine spirituelle Unterweisungen, bevor nicht in eurer eigenen Meditationspraxis Zeichen der Vollkommenheit erscheinen; solange andere kein Vertrauen in eure Lehre haben, werden sie ihr keinen Respekt zollen. Vermittelt nicht gleichzeitig die Lehre und persönlichen Rat; nachdem der Schüler Unterweisung erhalten*

hat, wird er vielleicht seine Verbindung mit dir abbrechen, prüfe deshalb das potenzielle Gefäß mit Sorgfalt.
Diese Lehre über den verborgenen Schatz ist äußerst tief, praktiziert sie deshalb mit gründlicher Unterscheidungskraft. Wenn ihr euch an meinen Rat haltet, so werdet ihr sofort Segen auf euch ziehen. Ihr werdet Buddha in euch selbst finden. All eure Bedürfnisse werden von anderen Menschen erfüllt. Ihr werdet respektiert sein und von allen bedient werden. Die Götter werden eure Nahrung bereiten. Eure Wünsche werden erfüllt werden. Ihr werdet Buddhas spirituelle Traditionslinie aufrechterhalten. Ihr werdet intuitiv die Bedeutung des Buddha-Dharma erkennen. Ihr werdet eine Gemeinschaft gründen und die Lehre weit verbreiten.
Wenn ihr euch jedoch entgegen meinem Rat verhaltet, wenn ihr selbst keine eigene Erfahrung im Sinne der Lehre macht und euch um der Nahrung und des Reichtums willen an anderen orientiert, so werdet ihr den Buddha entehren, seine Lehre mit Füßen treten, ein schlechtes Beispiel in der Gemeinschaft abgeben, zu einem sündhaften Meister, einem Berater der Verdammten werden, und indem ihr euch auf den Weg zur Hölle macht, werdet ihr euren kostbaren menschlichen Körper wegwerfen. Meine Lehre über den verborgenen Schatz ist gefährlich, deshalb müsst ihr wissen, wie ihr sie in aller Vollkommenheit erhaltet.« DOWMAN, MS

Seit dem 11. Jahrhundert gab es immer Schatzfinder in Tibet, und der große Guru prophezeite, dass es einen Schatzfinder in jedem Tal geben würde. Jede Generation sollte neu geoffenbarte, für ihre Bedürfnisse spezifische Texte haben, und jedes Tal solle seinen eigenen Guru-Rimpoche-Ersatz erhalten, dessen Anwesenheit allein schon die Tradition stärken würde, der er seine Anerkennung verdankte.

Der Inhalt der Schatz-Texte war ganz verschieden. Meist waren die Biografien des großen Guru Schatz-Texte. Aber ein großer Teil davon waren auch Meditationsliturgien für die Anrufung von Buddha-Gottheiten und zur Besänftigung der Wächter-Gottheiten.

Geomantisch bedeutsame Kraftplätze, vor allem Höhlen, wurden durch Legenden bereichert, dass Guru Rimpoche dort eine Zeit lang meditiert und einen Schatz versteckt habe. Diese Orte zogen im Laufe der Jahrhunderte potenzielle Entdecker und einen Strom von Meditierenden an, die diese Legenden und die Heiligkeit der Orte noch mehr stärkten.

Berge und Seen

Pilgerführer zu Kraftplätzen

Die meisten der großen Kraftplätze in den Bergen (*neri*) erstrecken sich über ausgedehnte Wüsteneien, in denen jede menschliche Siedlung fehlt. Von fern und nah reisen Pilger dorthin, und sie beziehen zuverlässige und detaillierte Informationen über den jeweiligen Ort aus Texten, die man als *neyiks* oder »Führer zu den Kraftplätzen« bezeichnet. Manchmal wurden diese Führer von denjenigen geschrieben, die den betreffenden Kraftplatz geöffnet haben, aber meistens waren es spätere Eingeweihte spiritueller Linien, die den Reichtum vieler kleinerer Visionen von Yogis und Legenden, die sich im Laufe der Zeit ansammelten, den Erkenntnissen und visionären Wahrnehmungen desjenigen hinzufügten, der den Kraftplatz »geöffnet« hatte. Die Wichtigkeit dieser Texte zeigt sich an diesem Vers, der einem Pilgerführer zum Berg Tsari entstammt:

»Wenn Pilger den Führer zum Tsari vernachlässigen
So werden sie zu bloßen Touristen.
Ohne die Lobreden über den kreisförmigen Pilgerweg
Schwätzen sie nur darüber, dass das Kloster-Yak gestohlen wurde.«

HUBER 1993

Diese Führer zeigen genauestens, was der Pilger sucht und was und wie er es sieht. Es wird in allen Einzelheiten ausgeführt, wie eine Mandala-Vision des Berges erzeugt wird und aus welchen Elementen diese Vision besteht. Auch die Wichtigkeit des Khorra-Weges ist deutlich, da der größere Teil eines jeden Führers der Beschreibung von Phänomenen gewidmet ist, denen man auf dem Weg begegnet. Es werden Eigenschaften erwähnt, die zu einem Glaubenszweifel oder sogar zu Unglauben führen können, ferner selbst-manifestierende Phänomene und die machtvollen Weihegegenstände, die »Befreiung durch das Sehen« erzeugen, und schließlich auch Phänomene, an die sich Legenden von der Wundertätigkeit der großen Adepten heften.

Die am besten bekannten Berge in ganz Tibet sind der Kang Rimpoche, der Labchi und der Tsari, die drei Wohnstätten der Buddha-Gottheit Demchok. Sie sind die berühmtesten Einsiedeleien der Kagyü-Yogis, aber auch aller anderen religiösen Orden. Manche Berge sind vielleicht für Menschen, die im Territorium des jeweiligen Berggottes wohnen, wichtiger, und der Amnye Machen, Kahwa Karpo und Nyenchen Thanglha haben nationale Bedeutsamkeit, aber am wichtigsten sind die drei oben genannten Berge.

Kang Rimpoche

Shri Kailash oder Kang Tise ist der heiligste der heiligen Berge. Die Tibeter nennen ihn einfach Kang Rimpoche oder »kostbarer Berg«. Er liegt hinter der Wasserscheide des Himalaya in Westtibet, fern von jedem Bevölkerungszentrum, und seine Unzugänglichkeit hat seine Rätselhaftigkeit und seine Anziehungskraft nur gesteigert. Während die Pilger einst Monate brauchten, um ihn zu Fuß aus Ost- und Zentraltibet zu erreichen, fahren sie nun im Lastwagen dorthin, aber das tut seiner Heiligkeit keinen Abbruch. Für die 500 Millionen Hindus im Süden ist er die Wohnstätte des Großen Gottes Shiva Mahadeva, die Weltachse, der Angelpunkt des Universums, und eine Pilgerreise dorthin gewährt mit aller Sicherheit eine Wiedergeburt im Paradies Shivas. Für alle Tibeter – Bönpos wie Buddhisten – ist er das Zentrum des Kosmos, und die Wohltaten der Pilgerschaft werden dort automatisch verliehen.

Viele heilige Berge sind pyramidal oder konisch geformt, oder sie weisen eine natürliche Eigenschaft auf, die sie gegenüber anderen hervorhebt. Der Kang Rimpoche ist sanft gerundet und erhebt sich ein gutes Stück über die umliegenden Gipfel. Auch im Sommer ist seine Spitze von Schnee bedeckt, während seine Nachbarn grau gefärbt sind. Seine vier Hänge, die in die vier Himmelsrichtungen weisen, sind leicht zu erkennen: Am Südhang kann man eine Swastika erkennen, an der Westseite einen Gletscher, die Nordseite ist nicht weiter gekennzeichnet, und die Ostseite kann man vom Khorra-Weg nur kurze Zeit sehen. Für das westliche Bewusstsein ist seine physische Großartigkeit eine überwältigende Sinneserfahrung, und die überschwänglichen Worte, mit denen ihn die wenigen europäischen Besucher zu einer Zeit beschrieben, als Tibet noch verschlossen war, finden nun ihr Echo in den Lobeshymnen heutiger Chinatouristen. Tibeter sind im Allgemeinen für die physische Pracht der Landschaft unzugänglich, aber weil sich dieser Berg für eine Mandala-Vision eignet, weil seine Symmetrie diese Vision spontan induzieren kann, wird er von Yogis ganz besonders verehrt. Die Symmetrie seiner vier Hänge und der ungefähre Kreis des äußeren Khorra-Weges finden ihre Entsprechung in den Quellen der vier großen Ströme, die in den vier Himmelsrichtungen entspringen: Im Osten ist es der Tsangpo (Brahmaputra), den man in Zentraltibet Yarlung Tsangpo nennt. Im Süden entspringt der Karnali, ein wichtiger Nebenfluss des Ganges. Im Westen fließt der Sutlej, ein wichtiger Nebenfluss des Indus, aus dem Tso-Mapham-See hervor, und an der Nordseite entspringt der Indus. Das besondere geomantische Kennzeichen dieser Umgebung ist der Tso-Mapham-See im Süden des Berges.

Was die göttliche Kraft des Berges selbst angeht, so war er der Sitz des Berggottes Gekho, eines Bön-Gottes. Die Bönpos betrachteten diesen Berg als Kristall-Chörten, und die Buddhisten verfeinerten diese Vision noch: Sie sehen in ihm das »Mandala der fünf Buddhas«, das durch die Farben von Lapislazuli, Gold, Rubin und Smaragd symbolisiert wird, aus denen die Hänge im Osten, Süden, Westen und Norden geschaffen sind. Aber für den einfachen Pilger ist der Berg der König und die niedrigeren Gipfel rings um ihn seine Minister. Die südlichen Buddhisten, die tantrischer Visualisierung abgeneigt sind, betrachten den Berg als einen Ort, der von Shakyamuni und seinem heiligmäßigen Schüler *Yenlakjung* und einem Gefolge von 500 Arhats, die aus dem Süden flohen, gesegnet wurde. Für einen Tibeter, der das Mandala der buddhistischen Kosmologie kennt, ist der Kang Rimpoche der Berg Sumeru: Auf seiner Spitze befindet sich ein Buddha-Palast, die Götter in ihrer hierarchischen Ordnung thronen im Himmel darüber, die Bewohner der Hölle schmachten am Fuße des Berges, er selbst ist wie ein Dolch geformt, der in alle Tiefen des Universums reicht, und rings um ihn liegen die Kontinente mit ihren vier Strömen in den vier Himmelsrichtungen – China, Indien, Europa und Sibirien.

Für den tantrischen Yogi ist der Berg die höchste Wohnstätte von Demchok (Sanskrit: Samvara), dessen Name »Höchste Seligkeit« bedeutet. Der Kang Rimpoche, der Labchi, Tsari, Amnye Machen – all diese großen heiligen Berge sind Demchok, aber der Kang Rimpoche ist der größte und wichtigste unter ihnen. Von außen betrachtet ist der Schneegipfel die große Buddha-Gottheit Demchok in höchster Vereinigung mit seiner *khandroma*-Gefährtin Dorje Phakmo, und die umliegenden Gipfel sind ihre 16 Opfergöttinnen. Die drei feinstofflichen Kanäle der Vereinigung von Vater- und Mutter-Gottheiten manifestieren sich in dem Spalt, der in der Mitte des Südhanges von oben nach unten verläuft, und in den beiden Wasserläufen, die auf der Ost- und Westseite fließen. Im Inneren ist der Berg das Mandala von Demchok, in ihm residieren 62 Göttinnen.

Das Mandala des Kang Rimpoche wurde im Laufe der Jahrtausende von zahllosen Buddhas und Yogis geheiligt. Als Erster brachte sich Shakyamuni Buddha selbst zusammen mit 500 Arhats magisch aus ihm hervor. Seine Fußspuren, die »unveränderlichen Nägel«, die den Berg an die Erde binden, bezeugen seine Gegenwart. Diese »Nägel« sind notwendig, weil der Berg das Wesen einer Feder besitzt. Es heißt, dass er ursprünglich zum Nutzen aller fühlenden Wesen aus einem anderen Land nach Tibet gekommen ist, aber im Zeitalter des Verfalls, dem Kaliyuga, besteht die Gefahr, dass er wieder wegfliegt. Die vier Nägel binden ihn fest, wie auch die vier Gebetsfahnen, die durch Eisenketten miteinander verbunden waren, ihn einstmals davor bewahrten, in die Unterwelt zu fallen.

Nach Shakyamuni meditierte Guru Rimpoche an diesem Berg und versteckte Schätze in den Höhlen, in denen er saß. Später kam auch der große Yogi Milarepa hierher, um zu meditieren, und er hinterließ als Erbschaft eine Legende, die sich um den Berg flocht. Er forderte den Bön-Yogi *Naro Bönchung* zu einem magischen Kampf heraus, und die Niederlage des Bönpos führte zur Vertreibung des Bön-Ordens vom Kang Rimpoche. Im 13. Jahrhundert öffnete der große Adept Gotsangpa, der »Herr des Adlernestes« diesen Kraftplatz für den Drukpa-Kagyü-Orden, und seither haben Einsiedler und Yogis dieser Linie den Berg zahlenmäßig beherrscht. Im Laufe der Jahrhunderte kamen einige der namhaftesten Yogis der tibetischen Tradition hierher und meditierten im Anblick des großen Schneeberges – wie etwa Zhabkar Rimpoche (»Kleiner Weißfuß«), der dort im 19. Jahrhundert drei Jahre eingemauert verbrachte.

Kein anderer Gebirgs-Kraftplatz besitzt eine vergleichbare Dichte von Gipfeln und Felsen, die als Paläste, Residenzen und Wohnstätten von Buddhas und Bodhisattvas betrachtet werden wie das Mandala des Kang Rimpoche, kein anderer Berg weist so viele Felsformationen auf, die als heilige Kunstwerke, als selbst-manifestierte Bilder und Ritualgegenstände wahrgenommen werden. Unzählige Steinmale und Mauern umgeben den Berg. Auf den Khorra-Wegen liegen fünf Klöster, die von den Kommunisten zerstört, aber allesamt wieder aufgebaut oder restauriert wurden. Es ist hier nicht genügend Raum, um all diese Dinge und all die Höhlen und Einsiedeleien zu beschreiben, die von zahllosen Yogis geheiligt wurden, die in der Nähe des Berges meditierten. Stattdessen möchte ich – etwas willkürlich – nur die nun folgenden Elemente behandeln.

Der innere Khorra-Weg

Der innere Khorra-Weg des Kang Rimpoche führt den Pilger an den Fuß der Südseite des heiligen Berges. Das Ausmaß der Reinigung, das erforderlich ist, um aus dieser engen Annäherung den maximalen Nutzen zu ziehen, erscheint in der folgenden Geschichte. Eine Frau aus Kham, die einen Säugling auf dem Rücken festgebunden hatte, beugte sich einst herab, um aus dem Khandro-Tso-See unterhalb des Drölma-La-Passes zu trinken, dabei aber glitt das Kind über ihren Kopf in das Eiswasser und ertrank. Daraufhin schloss sich eine Eisdecke über dem See, die seither nicht mehr aufgetaut ist. Nun begann die Frau, den Berg zu umschreiten, um ihre Schuld zu büßen, und nach nur dreizehn Umschreitungen ließ sie Hand- und Fußspuren im Felsen zurück und erlangte im »reinen Land« der Himmelswandlerinnen einen Regenbogenkörper.

Wie beim äußeren Khorra-Weg beginnt die Umschreitung in Darchen im Süden und folgt dem Selung-Tal (»graues Tal«) nach Norden. Auf dem Weg liegt auch das vor kurzem wieder aufgebaute Selung Gompa. Dahinter erhebt sich der kristallene Berg, der Palast des Shiva Mahadeva, und seitlich liegt ein hervorstehender Fels, der den Namen Hanumanju trägt. Auch er ist von der Westseite des äußeren Khorra-Weges aus sichtbar. Über Selung umkreist der Weg den Bergpalast des Arhat Yenlakjung und seines fünfhundertköpfigen Gefolges, eine Felsformation, die von Hindus als der Stier Nandi, Shiva Mahadavas Reittier, wahrgenommen wird. Über einen Bergpass auf der Nordseite von Yenlakjung erreicht man Serdung Chusum, die »dreizehn goldenen Reliquien-Chörtens«. Diese Reihe von dreizehn Chörtens, die auf einem Felsvorsprung an der Südseite des Kang Rimpoche errichtet und vor kurzem neu aufgebaut wurde, enthielt die Reliquien von dreizehn *Drikung-Kagyü-Hierarchen*, von denen viele zwischen dem 14. und 19. Jahrhundert am Kang Rimpoche meditierten. Unter den Serdung Chusum im Osten des Palastes von Yenlakjung befinden sich zwei kleine Seen. Sie werden als Schädelschalen betrachtet, welche die wichtigsten tantrischen Opfergaben für die Buddha-Gottheit Demchok enthalten. Der Erste, Rakta Tso, ist schwarz (oder rot) und enthält das Blut, das von den Himmelswandlerinnen geopfert wurde. Der Zweite, Dutsi Tso, enthält das weiße Elixier, den Samen der Buddhas. Diese Seen sind von Kraft erfüllte Teiche der Himmelswandlerinnen. Der Gipfel im Osten, der von einem Vorhang aus weißer Seide verhüllt zu sein scheint, ist der Bergpalast der göttlichen Versammlung von Yeshe Gompo, dem »Schutzherrn des Reinen Bewusstseins«.

Auf dem Rückweg nach Darchen findet man in der Nähe des Selung Gompa einen Weg, der nach Osten zum Gyangdrak Gompa (»Hörweite-Kloster«) führt. Dieses Kloster gehört nicht zum inneren Khorra-Weg und kann bei der Begehung des äußeren Kreises erreicht werden, wenn man sich von *Dzutrul Phuk* aus nach Westen wendet und einen Gebirgspass zum Gyangdrak-Tal überquert. Von Darchen aus ist es über die Schlucht des Gyangdrakchu-Flusses leicht erreichbar. Das restaurierte Gyangdrak-Kloster ist das größte unter den Klöstern auf dem Kang Rimpoche, es wurde von den Drikung Kagyüs errichtet und beherbergte einstmals weitere drei von den Reliquien-*serdungs* der Drikung-Hierarchen. Dort befindet sich auch ein Heiligtum der zornvollen Schutzgottheit der Drikung Kagyüs namens *Apchi Lhamo*.

Der äußere Khorra-Weg

Dreizehn Umschreitungen des äußeren Khorra-Weges um den Kang Rimpoche bringen ein Verdienst, das der Umschreitung des inneren Kreises gleichkommt, und gewähren überhaupt erst den Zugang zu diesem inneren Weg. Aus diesem Grund und auch, weil dieser Weg den Berg selbst nicht umkreist und deshalb weniger wirksam ist, wird er von Pilgern nur selten beschritten.

Die äußere Umschreitung beginnt in Darchen auf der Barkha-Ebene und zieht sich in nordwestlicher Richtung durch das Lhalung-Tal. An der Stelle, an der man zum ersten Mal den Gipfel des Kang Rimpoche vor Augen hat, befindet sich der Chaktsel Kang (»Bergrücken der Niederwerfung«). Hier wollte der große Adept Gotsangpa nach einer Umschreitung des Tso-Mapham-Sees ein Feuer entzünden, um Tee zu kochen, aber als er in seiner Umgebung nach Herdsteinen suchte, konnte er nur selbst-manifestierte Buddha-Bildnisse und heilige Silben in den Felsen entdecken. Also vollzog er stattdessen Niederwerfungen vor dem Kang Rimpoche.

Am Eingang zum Lhalung-Tal erhebt sich Darboche, der »große Flaggenmast«. Dieser zehn Meter hohe Mast wird alljährlich am Vollmondtag im Monat der Erleuchtung von Shakyamuni Buddha im Mai gefeiert. In diesem eigentlich vorbuddhistischen Ritual wird die Unterwerfung der Erde und die Machtübernahme der Buddha-Gottheiten neu inszeniert. Im Osten auf einem Felsvorsprung befindet sich die Leichenstätte der Yogis, dort lassen die Nomaden dieser Gegend wie auch die Klosterbewohner am liebsten die sterbliche Hülle ihrer Nächsten zurück. Über diesem Ort des Todes befindet sich Naro Bönchungs Höhle, in der er meditierte, bevor er durch Milarepa vertrieben wurde. Dessen Fußabdruck ist über dem Höhleneingang zu sehen. Darunter befindet sich eine Quelle namens Menchu Nesel, deren heilkräftiges Wasser ein Allheilmittel für alle Krankheiten ist. Jenseits des großen Mastes von Darboche sieht man den Chörten Kangnyi oder »zweifüßigen Chörten«. Wenn man das Tor zwischen den beiden »Füßen« durchschreitet, so bringt dies Glück. Weiter oben befindet sich eine Fußspur Buddhas, ein »unveränderlicher Nagel«, der durch ein Steinmal gekennzeichnet ist.

Das Lhalung-Tal verengt sich, auf beiden Seiten türmen sich rote Sandsteinfelsen und klettern zu Gipfeln empor, die ihrem Wesen nach Paläste der Buddha-Gottheiten sind. Auf der Westseite des Tales befindet sich der Palast des »Schwarzen Jambhala«, des schwarzen Gottes des Reichtums, und in einem Tal daneben gibt es eine Guru Rimpoche-Höhle namens Sangngak Chos Phuk (»Höhle der tantrischen Lehre«). In ihr finden sich Hand- und Fußabdrücke des großen Guru sowie eine Wasserquelle der Verwirklichung. Darüber sieht man ein selbst-manifestiertes Bild von Chenrezik.

Über den roten Felsen, die sich vom Lhachu-Flusstal her auftürmen, erhebt sich im Westen ein Gipfel namens Nyenri, der einem Seidenzelt gleicht. Dies ist der Palast des einheimischen Berggottes des Kang Rimpoche, der Tise Lhatsen oder Tsangpa Karpo heißt. Auf seiner Schulter befindet sich eine Milarepa-Höhle namens Rechen Phuk, in der sich Milarepa aufhielt, nachdem er während seines Kampfes mit Naro Bönchung über den Kang Rimpoche geschritten war. Auf den Steilhängen des Nyenri gibt es viele Höhlen und Einsiedeleien. Das Heiligtum für Tise Lhatsen befindet sich im Tempel des Schutzgottes in Nyenpoi Ridzong (»Nyens Bergfeste«), einem Kloster, das irgendwann vor langer Zeit von einem großen Adepten namens Nyen erbaut wurde. Dieses Drukpa-Kagyü-Kloster, das von

Gotsangpa gesegnet wurde, steht am Fuße des östlichen Steilhanges auf einer letzten Erhebung und wird auch Choku-Kloster genannt, weil es das heiligste Buddha-Bildnis im Kang-Rimpoche-Mandala, nämlich den Choku Rimpoche, beherbergt. *Choku* bezeichnet den Buddha-Körper des unermesslichen Raumes, der hier in der Gestalt des Amitabha verkörpert ist. An diese Statue aus weißem Marmor heftet sich eine historische Legende. Vor langer Zeit tauchte es spontan aus dem Milchsee in Lahaul auf und wurde im 11. Jahrhundert dem König von Guge von Chenrezik in der Verkleidung eines Yogi als Opfergabe überreicht. Jahrhunderte vergingen, und Tise Lhatsen, der die Statue begehrte, erschien in Gestalt von sieben indischen Yogis, die am Guge-Kloster, in dem es stand, um Almosen bettelten. Die Mönche wiesen sie voller Verachtung ab, und daraufhin verwandelten sich die Yogis in sieben Wölfe und verschwanden. Sieben Tage später verschwand auch die Statue selbst – sie wurde vom Berggott des Kang Rimpoche entführt. Im 17. Jahrhundert schickte der König von Guge Soldaten aus, um die Statue zurückzuholen, und da sie äußerst schwer war, schlangen sie ein Seil um ihren Hals und zogen sie voran. Als sie sich zum Tee niederließen, verwandelte sich der Tee im Topf in Blut, und sie flohen und ließen die Statue hinter sich. Ein alter Mann fand sie, und sie sprach zu ihm und bat ihn, nach Nyenpoi Ridzong zurückgebracht zu werden. Der alte Mann ergriff sie, und da sie für ihn so leicht wie eine Feder war, brachte er sie zu diesem Kloster. Ein alter Spruch zeugt von der Wichtigkeit dieses Bildes: »Außen Kang Rimpoche, innen Choku Rimpoche.«

Dieses Kloster besitzt zwei Ritualgegenstände, die fast ebenso heilig sind wie der Choku Rimpoche: eine Muschel und einen Teekessel, der dem großen indischen Yogi und Gelehrten Naropa gehörte. Die Heiligkeit und Kraft von Gegenständen, die Naropa, dem indischen Meister von Milarepas Lehrer Marpa Lotsawa gehört haben sollen, ist ebenso groß, als ob sie Shakyamuni Buddha selbst gehört hätten: Wenn man auch nur die Augen auf der Muschel ruhen lässt, so schenkt sie Befreiung vom Rad der Wiedergeburten. Die Kulturrevolution verstreute diese Gegenstände, und es ist ein Wunder, dass sie wieder in Choku zusammengekommen sind. Choku Gompa war der Sammelpunkt aller Bilder, die von den Chinesen nach der Liberalisierung der achtziger Jahre zurückgegeben wurden.

Wenn man über den Lhachu-Fluss zurückkehrt und den Pfad ins obere Lhalung-Tal hinaufgeht, so findet man einen Strom von fünffarbigem Regenbogenlicht, in dem die spirituelle Macht des Kang Rimpoche enthalten ist. Im Osten dieses Pfades befindet sich ein Felsgewölbe, der »Palast von Gompo Beng« (dem indischen Dämon Ravana), der in eine buddhistische Schutzgottheit verwandelt wurde. Auch seine Opfergabe aus Gerstenmehl, sein Yak und seinen Hund kann man im Fels entdecken. Am unteren Rand des Gewölbes sieht man eine Felsfront, aus der ein großer Block wie eine Kristallschachtel hervorsteht. Der große Adept *Nyo Lhanangpa* hatte hier eine Vision des »Großen Mitfühlenden«, die von diesem Block absorbiert wurde. Dahinter sieht man ein Bild des indischen Affengottes Hanumanju, Shiva Mahadevas eifrigstem Anhänger, der vor dem Palast seines Meisters kniet und Weihrauch als Opfergabe trägt. Hoch an der Westseite des Tales befindet sich ein Berg, der als Chörten des Namgyelma (Sanskrit: Ushnishavijaya) betrachtet wird, und außerdem sieben kleinere Gipfel, die den Wohnsitz von *König Ling Gesars* sieben Brüdern darstellen.

Neben dem Pfad trifft man auf einen schwarzen Felsblock, der den Namen Tamdrin (Sanskrit: Hayagriva) Dronkhang, »Buddha-Sitz in der Form eines Pferdehalses«, trägt. Er ist mit einem selbst-manifestierten Relief von Tamdrin geschmückt, jener Buddha-Gottheit, welche die sieben Schlangengeister unterwirft. Ganz in der Nähe ist einer von Shakyamuni Buddhas Fußabdrücken, ein »unveränderlicher Nagel«, der den Berg an den Boden bindet. Man nennt ihn Bolnubma oder »knöcheltief eingesunken«. Auf der Oberfläche des darüber liegenden Gletschers, auf dem Kang Rimpoche selbst, kann man die Kristalltore sehen, die von den vier Wächtern des Mandala bewacht werden.

An der Stelle, an der sich der Khorra-Weg nach Osten wendet, an der sowohl die westliche wie auch die nördliche Flanke des Kang Rimpoche sichtbar sind und der rote Sandstein des Lhalung-Tales zum grauen Granit des Drölma-Chu-Tales wird, befindet sich Drira Phuk Gompa, ein Kloster, das am nördlichen Ende von Dronglung, dem »Wild-Yak-Tal«, steht. Als der große Adept Gotsangpa eine Pilgerreise zum Kang Rimpoche antrat, um diese Gegend als Kraftplatz für die Drukpa Kagyü-Meditation zu öffnen, umschritt er den Berg, und wie durch Magie erschien eine wilde weibliche Yak-Kuh vor ihm. Er folgte ihren Spuren und bemerkte von der Spitze eines Felsblockes aus, wie sie in eine darüber liegende Höhle verschwand. Er kletterte zu der Höhle empor und fand in ihr nur den Abdruck ihres Hornes auf dem Felsen, in dem sie verschwunden war. In seiner Buddha-Vision identifizierte Gotsangpa die wilde Yak-Kuh als Emanation der weiblichen Buddha-Gottheit Senge Dongchan, der »Löwenköpfigen Himmelstänzerin«. Diese Botschafterin zeigte ihm den Weg zum Kraftplatz und verschwand in ihm, nicht ohne die Spur ihrer Anwesenheit als Hörnerabdruck im Felsen zu hinterlassen. Gotsangpas Anteil an der Entdeckung wird durch seine Abdrücke im Felsen bezeugt, auf dem er stand, als er das Yak in die Höhle verschwinden sah. Er meditierte lange in dieser Höhle und wurde von der »Löwenköpfigen Himmelstänzerin« ernährt. Als er sie aufgrund der bitteren Kälte verlassen musste, drückte er seinen Kopf in den Felsen und sagte: »Wer immer seinen Kopf in diese Höhlung drückt, wird der Wiedergeburt in den unteren Reichen des Seins entkommen. Dies gilt auch für Vögel, Nagetiere und Insekten. Das Tal, in dem er dem Yak begegnete, heißt Dronglung oder »Wild-Yak-Tal«, und die Höhle wurde Drira Phuk oder »Yak-Horn-Höhle« genannt. Sie wurde zum wichtigsten Meditations-Kraftplatz für Drukpa-Kagyü-Yogis, und das Drira Phuk Gompa wurde rings um diese Höhle erbaut. Heute schmückt nur noch ein puppenartiges Bild von Gotsangpa den Altar. Der Berg hinter der Höhle gilt als »Wohnstätte der tausend Buddhas unseres Glück bringenden Zeitalters«.

Vom Drira-Phuk-Kloster sieht man hinter dem Drölma Chu den kahlen Nordhang des Kang Rimpoche aufsteigen. Auf seinen Schneeflächen kann man die Gestalt von Guru Rimpoche erkennen, der auf einem Schwein reitet, und die einer Dämonin, die ein Schwein führt. In den Schneewehen befindet sich der Palast des Königs der Schlangengeister Tsukna Rinchen (»Juwelen-Haarknoten«), der den Namen Chumik Ngulbum (»hunderttausend Silberquellen«) trägt.

Zwischen dem Drira Phuk Gompa und dem Kang Rimpoche befinden sich die Paläste von Jampelyang und Chenrezik im Osten und Chakna Dorje im Westen. Dies sind die Bodhisattva-Schutzgottheiten von Körper, Sprache und Bewusstsein. Zwischen Chenrezik und Chakna Dorje führt ein Weg zu einer Stelle, an der »das Fleisch des Kang Rimpoche«, eine Ablagerung aus Kalk und medizinischen Allheilmitteln aus dem Boden gewonnen wird.

Vom Drira Phuk Gompa klettert der Pilger im Osten das Drölma-Chu-Tal zum höchsten Punkt des Drölma-La-Passes empor. Auf dem Weg befindet sich Jarok Dronkhang, die »Krähen-Wohnstätte«. Hier brachte Gotsangpa dem Geistherrn des Lhalung-Tales ein Gerstenopfer dar. Die gesamte Gerste wurde von einer Krähe gestohlen, die der Yogi als Anhänger von Gompo, dem »großen Schwarzen Herrn« identifizierte. Er jagte sie das Tal hinauf, und kurz vor der Leichenstätte von *Silwaitsel* (»kühler Hain«) verschwand sie in einem Felsblock und hinterließ auf ihm ihren Abdruck.

Silwaitsel ist wahrscheinlich der mächtigste Ritualort auf dem äußeren Khorra-Weg. Er entspricht der berühmten indischen Verbrennungsstätte Sitarvana in der Nähe von Bodhgaya, die auf den Kang Rimpoche übertragen wurde. Sie besteht aus einem einfachen Steinkreis im steinigen Talboden des Drölma-Chu-Flusses, der vielleicht hin und wieder für Himmelsbestattungen verwendet wird. Aber da die wichtigere Leichenstätte in der Gegend des Kang Rimpoche im unteren Lhalung-Tal liegt, ist dieser Steinkreis von Kleidern, Haarlocken, Satteltaschen und anderen persönlichen Gegenständen bedeckt, die dem Ort und seiner Schutzgottheit als Zeichen geopfert werden, die an den Pilger erinnern, wenn er durch das enge Tor des Zwischenzustandes zwischen Tod und Wiedergeburt schreitet. Auch Blut wird geopfert, das meist aus der Nase rinnt und auf die Felsen geschmiert wird. In der Mythologie des Khorra-Weges stellt die Leichenstätte den Ort des Todes dar, bevor durch Eingreifen der Erlöserin Drölma auf der Oberseite des Passes die spirituelle Wiedergeburt erlangt wird. Hier kann sich der Pilger auf den Rücken legen und seinen eigenen Tod visualisieren.

Im weiteren Verlauf des Pfades findet man drei aufeinander liegende riesige Felsblöcke. Den ersten brachte Naro Bönchung hierher, als er einen magischen Wettstreit mit Milarepa ausfocht. Als er den zweiten auf den ersten legen wollte, fixierte Milarepa den Block mit seinem Blick und stürzte ihn wieder herab. Er rollte den Weg hinab und ist am Handabdruck des Bön-Schamanen und am Fußabdruck von Milarepa erkennbar. Dann legte Milarepa zwei weitere Blöcke auf Naro Bönchungs ersten Block. Und diese drei Blöcke stellen nun die drei Buddha-Körper dar.

Wie bereits erzählt, verlor Gotsangpa in einem von Felsen übersäten Feld in der Nähe des Drölma-La-Passes den Weg, als er den Umschreitungspfad um den heiligen Berg öffnete. Er trat in einen Bewusstseinszustand ein, den man »geheimer Weg der Himmelswandlerinnen« nennt, und sofort erschien vor ihm ein Rudel von 21 Wölfen. Er erkannte die Wölfe als Emanationen der 21Gestalten der Erlöserin Drölma, die ausgeschickt wurden, um ihn zu führen. Er folgte ihnen bis zur Spitze des Passes, wo sie dann wie magisch in den Felsen verschwanden. Daraus ging der Name dieses Passes – Drölma La – hervor. Spuren von Wolfspfoten, die man im Fels erkennen kann, zeugen von dieser Begegnung. Der »geheime Weg der Himmelswandlerinnen« erscheint in der physischen Geographie als höherer und kürzerer Weg, der den Hauptpfad in der Nähe von Silwaitsel verlässt, östlich des Jampelyang-Palastes über den Kandro-Sanglam-La-Pass läuft und zum Lhamchu-Tal hinabführt.

Die Höhe des Passes ist durch einen großen kubischen Felsblock namens Phaböng Mebar oder »Flammender Fels« gekennzeichnet, auf dem ein Fahnenmast in einem Steinmal steckt; von ihm sind Schnüre zu einem Kreis von weiteren Pfosten gespannt, an denen Gebetsfahnen hängen. Pilger streichen Butter als Opfergabe auf diesen Felsen und hinterlassen hier ihre persönlichen Gegenstände. Ein Vorsprung an der Rückseite des »Flammenden Felsen« ist die Wohnstätte von Drölma, in welche die Wölfe sich verflüchtigten. Auf diesen Felsen sind buddhistische und Bönpo-Mantras gemalt.

In den Bergen im Norden des Drölma-La-Passes liegen die Paläste von Gompo, dem »großen Schwarzen Herrn« und dem Berggott *Kangwa Zangpo* (»Vollkommen Gut«). Hier gibt es auch einen Erleuchtungs-Chörten (*Jangchub* Chörten). Unterhalb des Drölma-La-Passes innerhalb des Khorra-Weges befindet sich Khandro Trumtso, das »Schwimmbecken der Himmelswandlerinnen«, das davon zeugt, dass der Kang Rimpoche das »reine Land« der Himmelswandlerinnen ist. Es wird auch *Thukjechenpo Tso* oder »See des großen mitfühlenden Herrn« genannt. In der Vergangenheit war er vielleicht das ganze Jahr durch zugefroren, aber in diesen Sommern schmilzt das Eis, sodass Pilger in ihm baden oder zumindest eine Flasche des kräftigenden Wassers nach Hause bringen können. In den Felsen, die im Süden unterhalb des Khandro Trumtso liegen, sieht man die Gestalten von Senge Dongchan, der »Löwenköpfigen Himmelstänzerin«, von Chakna Dorje (»den Dorje in der Hand«) und von Tamdrin, dem »Herrn mit dem Pferdehals«.

Auf Melong Teng (»Spiegel-Terrasse«) sind drei oder vielleicht auch vier Fußabdrücke von Milarepa sichtbar. An diesen Stellen sank sein Fuß in den Felsen, als er Naro Bönchung in der buddhistischen Richtung, nämlich im Uhrzeigersinn, über den Khorra-Weg zerrte. Weiter unten in einer Rinne auf der rechten Seite findet man acht oder neun weitere Fußabdrücke von ihm auf einer Felstafel.

Vom Drölma-La-Pass führt der Weg steil zum Lhamchu-Tal hinab. Unten befindet sich ein Felsblock, auf dem der Fußabdruck von Shakyamuni Buddha erkennbar ist – ein »unveränderlicher Nagel«, genannt Drakdokma oder »Fußtritt auf dem Felsen«. In der Nähe davon gibt es auch einen Fußabdruck von Guru Rimpoche. Weiter untern biegt sich das Lhamchu-Tal in das Dzonglung-Tal hinein. Hier bewässern viele Flussläufe die Weiden für die Yak-Herden der Nomaden.

Auf dem Bergrücken im Osten erhebt sich der fünfgipfelige Bergpalast der fünf *Tsering-Chenga*-Schwestern. Dies sind Schutzgottheiten der Berge, denen Milarepa auftrug, das Mandala des Kang Rimpoche zu bewachen. Weiter im Süden gibt es östlich des Kang Rimpoche Berge, denen die selbst-manifestierten Bilder der Schutzgottheiten Miyowa (Sanskrit: Achala) oder »Unveränderlicher« und Gompo (Mahakala) oder »großer schwarzer Herr« eingeprägt sind, die dort von Tsangpa Gyare, dem Wurzelguru der Drukpa-Kagyü-Linie, visionär empfangen wurden. Ein weiterer Berg enthält ein Bild von Dorje Phakmo, der »Diamantsau«, die dort von dem Adepten Nyo Lhanangpa visualisiert und eingeprägt wurde. Weiter unten im Osten befindet sich der Bergpalast von Menlha, dem »Medizin-Buddha«, während sich im Westen Menlung, das »Medizin-Tal«, erstreckt. Dort ist der Boden von Heilkräutern bedeckt, und aus den Felsabhängen gewinnt man heilkräftige Mineralien.

Im Südosten des Kang Rimpoche, im Dzonglung-Tal, liegt die berühmte Dzutrul-Phuk-Höhle, die »Höhle der magischen Entfaltung« oder »Höhle der Wunder«. Das Kloster, das über dieser Höhle gebaut wurde, ist das Hauptheiligtum auf der Ostseite des Berges. Dzutrul Phuk ist eine von Milarepas wichtigsten Meditationshöhlen, und er sorgte auch für die Entfaltung der Magie, die der Höhle ihren Namen verlieh, als er mit dem Bön-Schamanen Naro Bönchung kämpfte. Der buddhistische Yogi und der Schamane befanden sich in einem Wettrennen rings um den Berg, wobei der Buddhist im Uhrzeigersinn lief, und der Bönpo gegen den Uhrzeigersinn, und an diesem Punkt kreuzten sich ihre Wege. Genau in diesem Augenblick wurden sie von einem Wolkenbruch getroffen, und als sie gemeinsam Schutz suchten, kamen sie überein, gemeinsam ein Heiligtum zu errichten und sich dabei die Arbeit zu teilen. Naro Bönchung spaltete Steine mit seinen magischen Kräften, und Milarepa setzte die Macht seines fixen Blickes ein, um Löcher durch sie zu bohren, um ihn zu übertreffen. Der Bönpo versuchte es ihm nachzutun, aber es misslang ihm, er blieb gelähmt zurück, und seine Augen traten aus den Höhlen aus. Nachdem Milarepa die Mauern fertig gebaut hatte, erhob sich ein großer flacher Stein auf Befehl des Meisters, um das Dach zu bilden. Um ihn der Höhe der Decke anzupassen, hob Milarepa den Stein zuerst mit seinem Kopf und hinterließ dabei einen Abdruck im Felsen, dann drückte er ihn von oben herab und hinterließ dabei einen Fußabdruck.

Auf dem Altar der Höhle ist ein Bildnis des Milarepa das wichtigste sakrale Symbol, und es zeigt den großen Heiligen in seiner gewohnten Haltung mit der rechten Hand hinter dem Ohr. Manche sagen, dass er auf diese Weise die geflüsterten Anweisungen der Himmelswandlerinnen besser hören kann, während andere behaupten, dass er den übersinnlichen Nerv hinter dem Ohr drückt. Das ursprüngliche Bild wurde von seinem Biografen, dem »göttlichen Irren von Tsang« geformt, der dabei ein wenig vom Blut des Meisters unter den Ton mischte, aber dieses Bild ist verschwunden. Der wichtigste Ritualgegenstand des Klosters ist ein Steindreizack, der von Milarepa gesegnet wurde. Er ist inzwischen zerbrochen und befindet sich oben auf der Höhle.

In der Nachbarschaft von Dzutrul Phuk gibt es viele Meditationshöhlen. In einer kleinen Höhle lebte Zhabkar Rimpoche (»Kleiner Weißfuß«) drei Jahre lang zu Beginn des 19. Jahrhunderts. Wenn er Pausen in seiner Meditation einlegte, so lehrte er seine zahlreichen Schüler durch ein Fenster in der Tür zur Höhle. Für ihn bestand die besondere Bedeutsamkeit des Kang Rimpoche in der Wohnstätte von Khandro Senge Dongchan, der »Löwenköpfigen Himmelstänzerin«. In der Nähe befindet sich ein »unveränderlicher Nagel«, ein Fußabdruck von Shakyamuni Buddha. Von Dzutrul Phuk aus kehrt der Khorra-Weg durch Trangser Trangmar, den »goldenen und roten Hohlweg« nach Darchen zurück.

Tso Mapham – Der See Manasarovar

Tso Mapham, der »Unbesiegbare See«, heißt auch Tso Rimpoche, der »Kostbare See«. Er füllt ein Becken in der Barkha-Ebene zwischen dem Kang Rimpoche und dem Gurla-Mandhata-Berg im Süden. Sein Umfang beträgt 88 Kilometer. Im Sommer ist er zur Zeit der Morgendämmerung meistens ruhig und heiter. Am späteren Morgen erhebt sich oftmals eine frische Brise, und seine ebene Oberfläche wird von gekräuselten Wellen gebrochen. Am Nachmittag wird er häufig vom Sturm bewegt, und die Wellen überschlagen sich und branden an das Ufer. Abends kehrt er dann wieder zu seiner ruhigen Heiterkeit zurück.

Man kann sich diesen See als achtblättrige Lotusblüte oder auch als Mandala-Quadrat mit vier Toren in den vier Himmelsrichtungen vorstellen. An seinem Ostufer kann man den Rosenapfelbaum (Sanskrit: Jambuvriksha) sehen, den Baum des Lebens von Dzambuling, dem südlichen Kontinent der buddhistischen Kosmologie.

Der See wurde von Shakyamuni Buddha mit spiritueller Macht erfüllt. Mit seinen 500 Schülern reiste er auf magische Weise hierher, und der Schlangenkönig des Sees ließ einen Lotus mit fünfhundert und einer Blüte aufsprießen. Shakyamuni saß im Zentrum, und seine Mönche saßen auf den ringsum verteilten Lotusblüten, während Buddha sie das Buddha-Dharma lehrte. Der Schlangenkönig des Sees ist ein Buddha, der die Schlangengestalt annahm, um die Schlangengeister das Buddha-Dharma zu lehren, und er wirkt noch immer weiter, um die Flüsse, Blumen, Früchte, Heilpflanzen und Wälder der Welt zu vermehren.

Der Khorra-Weg ist 134 Kilometer lang. Ortsansässige Tibeter ziehen es vor, die Pilgerreise im Winter durchzuführen, da sie dann dem Ufersaum folgen können. Nur wenige Pilger vollziehen heute die vollständige Umschreitung; manche tun es im Lastwagen innerhalb von zwei oder drei Tagen. Die sandige Ebene, in der Tso Mapham liegt, enthält keine auffälligen Naturformationen, und die Abwesenheit von Felsen impliziert auch ein Fehlen von selbst-manifestierten Phänomenen und Wohnstätten von Göttern und Buddhas. Die einzigen Ablenkungen des Pilgers von der Konzentration auf den Weg sind die Klöster, die ihn umgeben. Es gibt ungefähr acht Klöster, die fast regelmäßig in den vier Himmelsrichtungen und den vier Zwischenrichtungen angeordnet sind. Sie dienen als Wohnsitze für Lamas und als Herbergen für Einsiedler und Pilger.

Auf der östlichen Seite des Sees liegt das Seralung Gompa oder »Dornbusch-Tal-Kloster«. Dies ist nicht nur das östliche Tor, das man durchquert, um in dem See zu baden, sondern auch der Eingang zum Mandala des Tso Mapham. Ursprünglich wurde es im 18. Jahrhundert vom Drikung-Kagyü-Orden an einer geschützten Stelle des Seeufers erbaut und erst vor kurzem in der Nähe der ursprünglichen

Stelle neu aufgebaut. Etwa eineinhalb Kilometer südlich von Seralung erheben sich drei Hügel – die Wohnstätten der drei Bodhisattva-Schutzgottheiten von Körper, Sprache und Bewusstsein, also Chenrezik, Jampelyang und Chakna Dorje, und unweit von dort gibt es einen Ort namens Jema Nanga, einen schmalen Streifen mit violettem Sand, aus dem Sand in den fünf Farben des Mandala ausgelesen werden kann. Diesen Sand zu schmecken ist eine der am meisten geschätzten Segnungen des Tso Mapham.

Im Südosten befinden sich an der Stelle, wo der Richung-Fluss in den See fließt, die Ruinen des Nyego Gompa (»Kloster des vergnügten Kopfes«). Dort verbrachte Jowo Atisha im 12. Jahrhundert mehrere Tage, als er auf dem Weg von Bengalen nach Guge war. Dieses Kloster wurde von Mönchen des Sakya-Ordens gegründet. Im Süden steht das Trugolho Gompa, eine Geluk-Gründung, die unmittelbar am Seeufer gebaut ist. Der Name bedeutet »südliches Badetor«, und dort zu baden ist spirituell am ergiebigsten. Dies ist das letzte Stück, das im Herbst zufriert, und das erste, das im Frühling wieder auftaut.

Hinter dem Trugo Gompa erhebt sich der Berg Gurla Mandhata mit seinen fünf Schwester-Gipfeln, der Wohnstätte der Berggöttin Menmo Namgyel. Dies ist auch die Wohnstätte von Lhamo Yangchan, der »Jungfrau mit der süßen Stimme«, der Bodhisattva-Göttin Sarasvati. Dieser Kraftplatz-Berg ist noch nicht geöffnet, er wartet auf einen Buddha oder Yogi, der sein göttliches Wesen visionär erblickt.

Im Westen des Sees liegt das Gosul oder Gotsuk Gompa, das auf einer Erhebung über dem See erbaut wurde. Der zentrale Kraftplatz ist hier die Höhle, in der Gotsangpa weilte, und weil es Gotsangpa war, der am Kang Rimpoche die Drukpa-Kagyü-Tradition initiierte, wurde die Höhle Gotsuk (»Beginn«) genannt. Später im 19. Jahrhundert wurde über dieser Höhle ein Kloster erbaut. Die Höhle, in der Jowo Atisha meditierte, liegt am Seeufer.

Im Nordwesten liegt Jiu Gompa (»Kloster des kleinen Vogels«), das auf einem Felsvorsprung genau an der Stelle errichtet wurde, wo der Gangachu-Fluss den Tso Mapham verlässt. Dieses Kloster ist im Stil des »ruhmreichen, kupferfarbenen, reinen Berglandes« gebaut, denn hier meditierte Guru Rimpoche in einer kleinen Höhle unter der Versammlungshalle. Heute wird es von Drukpa-Kagyü-Mönchen verwaltet. Es stellt das westliche Badetor dar.

Auf der Nordseite des Sees liegt das Serkyib Gompa (»Kloster des Vogel-Unterschlupfs beim goldenen Steilhang«) in einem geschützten Tal mit Meditationshöhlen in den dahinter liegenden Felsen. Shakyamuni Buddha prophezeite, dass er zusammen mit seinen 500 Mönchen in den Höhlen dieses Ortes dem Tso Mapham huldigen würde. Das nördliche Badetor, das Kloster Langpona (»Elefantenrüssel«), steht in einiger Entfernung vom See auf einem elefantenförmigen Hügel, während Langchen Phuk, die »Elefanten-Höhle« in der Nähe des Seeufers liegt.

Im Nordosten befindet sich das Bönri Gompa, und zwar eher auf dem Bönri-Hügel als unmittelbar am See. Nachdem Naro Bönchung von Milarepa im Kampf um die Oberhoheit am Kang Rimpoche besiegt worden war, bat er Milarepa um einen Ort, an dem er dem großen Schneeberg seine Huldigung erweisen könne. Milarepa warf ein wenig Schnee in die Luft, und als der Schnee auf diesem Hügel landete, übereignete er ihn Naro Bönchung und den Bönpos. Das Bönri-Kloster ist jedoch eigentlich eine Geluk-Gründung, die durch einen Yogi vom *Sera Gompa* in Lhasa erfolgte. Es muß erst wieder restauriert werden.

Der Tso Mapham wird durch den Gangachu-Fluss mit dem Lanka Tso in einem Zickzack-Kanal verbunden. Je nach der Gunst des Schlangenkönigs fluktuiert sein Wasserstand erheblich von Jahreszeit zu Jahreszeit und von Jahr zu Jahr. Lanka Tso ist ein Dämonensee, ein schwarzer Giftsee in Gestalt eines Bettüberwurfs aus Menschenhaut. Dort weilt der Berggott Bengchen (indisch: Ravana), der große Wächter des Buddha-Dharma.

Labchi: Das Yogi-Paradies

Auf dem reichlich bewässerten Südhang des Himalaya-Gebirges – westlich des Mount Everest zwischen den Berggipfeln des *Gaurishankar* und des Jowo Bamare – steigt eine Schlucht zu einem Zusammenfluss von zwei Wasserläufen auf. Dort erhebt sich der Berg Labchi über reichen, von Blumen übersäten Weideflächen und bewaldeten Tälern, und die Wolken und der Nebel, die ihn einhüllen, verleihen ihm die Aura des »reinen Landes«:

»Die Felsberge sind wie elegante Diamantspitzen,
Die Kette der Schneegipfel ist wie Perlen aufgereiht,
Die wunderschönen Wälder sind wie gefällig fließende
Gewänder drapiert:

Sicher vergnügt sich der mächtige Herr mit seinem starken
Gefolge an diesem Ort!
Der flache Boden ist mit reizendem grünen Rasen bedeckt,
Der ihn wie ein Mantel bekleidet, von strömenden Flüssen
wird er geschmückt und durchzogen,
Und das herabfallende Wasser tönt wie Lauten und Schellen:
Wenn wir diesen Schmuck aus unnachahmlicher Schönheit sehen,
So zweifeln wir zuerst am Zeugnis unserer Augen und denken,
Ist dieser Ort schon der Himmel, das Reich der Unsterblichkeit?
Ist er eine Illusion, die von Magiern erschaffen wurde?
Oder ist es das Erlebnis eines luziden Traumes?« HUBER 1989

Hier ist die Wasserscheide des Himalaya von Flüssen zerschnitten, die ineinander münden und dann südwärts nach Nepal fließen. Noch vor ihrem Zusammenfluss ragt der heilige Berg Labchi mit seinen zerklüfteten Felsen empor, und hinter ihm erheben sich weitere Gipfel, die zur Labchi Kangyi Rawa, der »Labchi-Gebirgskette« gehören, die sich nordwärts bis zu den Tingri-Ebenen, westwärts bis zum Nyalam-Tal und östlich bis nach *Rongshar* und *Chuwar* erstreckt. Die felsige Südseite des Labchi, die bereits innerhalb der politischen Grenzen von Nepal liegt, blickt auf das Kangchu-Tal im Herzen von Nepal herab.

In der mythischen Geographie des Labchi besteht dieser zentrale Kraftplatz aus dem felsigen Berggipfel selbst und dem groben dreieckigen »Schurz«, der sich vom Berg bis zum Zusammenfluss der Flüsse Kangchu und Takialingchu ausbreitet. Der Berg ist der männliche, phallische Gipfel, und die dreieckige Ebene das Symbol des weiblichen Buddha. Die heiligen Höhlen, die zum Ruhm des Labchi beitragen, liegen innerhalb dieses Dreieecks. Dies ist das Herz des Ortes, aber auch das Herz von Godavari, denn der Labchi wird als wichtiger Kraftplatz und eine der 24 Wohnstätten von Demchok genannt, jener Buddha-Gottheit, die Shiva Mahadeva besiegte und diesen Ort als wichtigsten Zugang zum Demchok-Mandala bestimmte. Die ganze Ausdehnung des »reinen Landes« am Labchi (Sanskrit: Godavari) umfasst das ganze Himalayagebirge und die Täler und Ebene dahinter – vom Kyirong-Tal im Westen zum Rongshar-Tal im Osten, und dieses ganze Gebiet entspricht dem Tätigkeitsfeld des Buddha-Yogi, der das Labchi-Mandala als einen der wichtigsten Orte der Meditation und Pilgerschaft öffnete und weihte. Dies war Jetsun Milarepa, der durch sein Leuchten auch die dunkelsten Ecken des Labchi erhellt.

Die mythische Geschichte des Labchi beginnt zu einer frühen Zeit im Kaliyuga, des Zeitalters des Verfalls und Kampfes. Zu dieser Zeit gewann Ugra Bhairava, eine schreckliche Gestalt von Shiva Mahadeva, die Herrschaft über das Kernland von Indien. Seine dämonischen Anhänger aus den drei Welten nahmen die Lingams an den 24 Kraftplätzen in Besitz, gaben sich einer verzerrten Vision hin und wurden von lasziver Sinnlichkeit und zornigem Konflikt besessen. Da sie sich immer an Mahadeva wandten, um bei ihm Zuflucht zu suchen, ließ sich der große Gott schließlich in den Lingams nieder. Aber nach einiger Zeit versuchten der Buddha Dorje Chang (Sanskrit: Vajradhara) und seine Gefährtin den fühlenden Wesen zu helfen, indem sie Mahadeva besiegten. In einer äußerst heftigen Emanation des Mitgefühls namens Heruka trampelte er in einem zornigen Tanz auf Shivas Körper. Heruka ließ sich auf dem Kang Rimpoche, dem einstigen Palast Shivas, nieder und zog das Gefolge der 62 Gottheiten des Demchok-Mandalas an sich.

Der Labchi, jener phallische Gipfel, der die Wohnstätte von Mahadeva gewesen war, diente einem Paar von aggressiven »Geruchsfressenden Himmelsgöttern« (*driza* oder Sanskrit: *gandharvas*) als persönliches Territorium. Sie hatten diesen Ort jedoch vergiftet. Nach ihrem Sieg über Mahadeva überwanden Dorje Chang und seine Gefährtin mit vereinten Kräften auch diese Himmelsdämonen. Ihr Sieg resultierte in einer inneren Transformation der Dämonen, und die Gestalt und die Ausstattung der Himmelsgötter blieben unverändert. Nach Dorje Changs Sieg wurde der Berg Labchi zur Wohnstätte für Demchok gemacht. Er residiert mit seinem Gefolge aus 62 Gottheiten im Berggipfel, der den Lingam darstellt. Wenn man die 24 Kraftplätze der Pilgerreise im menschlichen Körper lokalisiert, so lag der Berg Labchi im linken Ohr des feinstofflichen Körpers eines Yogi. Aber vielleicht wird dies dem Ruhm und der machtvollen Ausstrahlung dieses Ortes nicht ganz gerecht, denn er ist auch das Kehlchakra von Demchok, das Zentrum seiner Manifestation als Sprache, Schwingung und Vision. Der Kang Rimpoche ist in diesem Bild sein Kopfchakra und die Manifestation des illusorischen Rades der sensorischen Emanation und der Tsari sein Herzchakra und das Zentrum des Rades des reinen Bewusstseins.

Auf diese Weise wurde der Labchi zum Mandala von Demchok und einem überaus günstigen Ort für die Praxis der tantrischen Meditation. Trotzdem blieb der Labchi die Spielwiese von Fleisch fressenden Himmelswandlerinnen und Himmelswandlern, bis ihn schließlich der indische Gründer der tantrischen Mahamudra-Linie, Meister Saraha, aufsuchte und die Wirklichkeit von Demchoks Gegenwart erkannte. Nachdem der Labchi geöffnet worden war, besuchten ihn verschiedene indische Meister, um dort zu meditieren. Die großen tibetischen Könige befriedeten die Gegend, Guru Rimpoche kam und fesselte die Fleisch fressenden Himmelstänzer und -tänzerinnen durch ein Gelübde. Und nun wurde der Labchi zu einem Ort, an dem auch normale Menschen von Demchoks Gegenwart profitieren konnten.

Im 11. Jahrhundert öffnete der hohe Yogi Milarepa den Labchi vollständig und unterwarf die einheimischen Götter und Dämonen. Er heiligte ihn durch seine erleuchtete Gegenwart und Meditation und schuf eine Legende, welche die Menschen dieser Gegend inspirierte und schützte und Pilger aus ganz Tibet anzog. Milarepa wurde in einer Bauernfamilie in Mangyul geboren, einer Gegend nördlich von Langthang Himal und des Katmandu-Tales. Er verlor seinen Vater schon in frühem Alter, musste zusehen, wie sein Onkel sein väterliches Erbe stahl, wie seine Mutter in Knechtschaft und soziale Ächtung verfiel und wie seine Schwester mit ihr litt. Diese frühen Erfahrungen erfüllten ihn mit tiefer und anhaltender Bitterkeit und einem heftigen Hass gegen jene, die den Ruin seiner Familie verursacht hatten. Er versuchte, sich durch schwarze Magie zu rächen, die er beherrschte und gegen seine Verfolger einsetzte. Aber nach dem Mord an seinem Onkel empfand er Schuld und Reue, und die nächste Phase seines Lebens war der Reinigung seines Karma gewidmet. Er wurde zum Schüler eines der großen Meister seiner Zeit – Marpa Lotsawa – der das Demchok-Tantra von dem berühmten indischen Meister Naropa empfangen hatte. Marpa, der gnadenlose Aufgaben auferlegte, forderte von dem Bauernjungen, einen steinernen Turm mit neun Stockwerken immer wieder aufzubauen und abzureißen, bis er nicht nur von seinen Sünden gereinigt war, sondern auch sein Ego voll und ganz zerstört hatte. An diesem Punkt weihte ihn Marpa in das Demchok-Mandala ein, und die Vorbereitung war so umfassend und tief greifend gewesen, dass bereits eine winzige Erfahrung der Meditation ihm die Verwirklichung der Buddha-Vision vermittelte. Dann drängte ihn sein Meister, seine Meditation in den Höhlen des Zentralhimalaya auszureifen:

»Nimm deine Zuflucht zu der Einsamkeit der unfruchtbaren Berge, des Schnees und der Wälder ... In der Wildnis der Höhle hast du einen offenen Markt, auf dem du Samsara gegen Nirvana eintauschen kannst ... Im Kristallpalast der Götter wirst du Zeuge deines eigenen Sieges sein.« LHALUNGPA 1977: 94, 97, 98

Labchi war einer der wichtigsten Orte, zu denen Marpa seinen brillanten Schüler schickte. Aber zuerst ging Milarepa ins Kyirong-Tal, in dem er zwölf Jahre in der Höhle von Drakar Taso (»Zahn des Weiß-Felsen-Pferdes«) verbrachte. Dort entwickelte er seine Meditation voll und ganz und erlangte die Buddha-Verwirklichung einschließlich der dazugehörigen magischen Kräfte. Danach suchte er zwar immer wieder lange Phasen der Abgeschiedenheit, widmete sich aber gleichzeitig der Arbeit für alle fühlenden Wesen: Er fesselte Götter und Dämonen, lehrte seine Schüler, weihte Meditationsorte usw., und eine seiner ersten Handlungen bestand darin, den Labchi zu öffnen.

Die Öffnung des Labchi

Milarepa näherte sich dem Labchi von *Tashigang* aus, dem westlichen Tor zum Kraftplatz, das an der Straße zwischen Katmandu und Lhasa liegt. Auf dem Zullekang-La-Pass, benannt nach einer der wilden Dämoninnen dieser Gegend, die der Meister dann als Gefährtin in der Meditation nahm, erlebte er den ersten Widerstand gegen sein Vorhaben. Götter und Dämonen beschworen Blitz und Donner über ihn, und die Berge bewegten sich, um ihn zu zerquetschen – sie dämmten den Fluss auf der anderen Seite und erzeugten einen See. Milarepa steckte seinen Stab in den Damm und entwässerte den See. Heute heißt dieser leere Gletschersee Mudzing.

Dann schickten Götter und Dämonen Wellen von Felsblöcken auf den Meister herab, aber die Himmelswandlerinnen schufen einen sicheren schlangenartigen Weg zwischen ihnen, den sie Khandro Sanglam (»geheimer Weg der Himmelswandlerinnen«) nannten, und die erstarrten Felswellen kann man noch heute in der Landschaft sehen. Am Boden dieses »geheimen Weges« besiegte Milarepa Götter und Dämonen durch das *samadhi* seines fixierten Blickes.

In der Nähe meditierte er auf dem Jamgang, dem »Bergrücken der liebenden Freundlichkeit« bevor er nach *Chuzang* (»Glück bringendes Stromtal«) hinabstieg. Dort wurde er von dem elefantenköpfigen Gott Ganesha angegriffen, der Hindernisse sowohl erschafft wie auch entfernt und der den vor-buddhistischen Labchi schützte. Ganesha hatte sich in einen dämonischen Newar-Priester verwandelt. Umringt von einem ungeheuren Gefolge von Dämonen warf er Berge und einen Hagel von Waffen auf den Meister herab. Da Milarepa das illusionäre Wesen seiner Magie erkannte, fesselte er Ganesha durch ein Gelübde. Dadurch schützte er die Tradition am Labchi und wurde sogar zum freigebigen Förderer des Meisters und seiner Nachfolger in der spirituellen Traditionslinie.

In Namphukma, der »Himmelshöhle« in Ramding, brachten ihm die Himmelswandlerinnen des Labchi Opfer dar und hinterließen ihre Fußabdrücke im Felsen. Aber weiter unten, bei Lagu Lungu (»neun Pässe, neun Täler«) befindet sich der Wunderstein, auf dem der Meister seinen Phallus knetete, der sich voller Wut aufrichtete, als ihn die Dämonen mit der Halluzination vieler großer weiblicher Sexualorgane angriffen. Auch diesen Widerstand löste er durch seinen konzentrierten Blick auf. Unmittelbar, bevor er den zentralen Punkt des Labchi betrat, wurde er von Ganesha begrüßt, der ihn um Unterweisung in der buddhistischen Tradition bat. Nachdem er sie empfangen hatte, löste er sich in einen Felsblock auf, der heute im Tempel der kleinen Schutzgeister direkt über dem Dorf Labchi aufbewahrt wird. Dann fand Milarepa die Dudul-Phukmoche-Höhle, meditierte dort ein Jahr lang und weihte den Ort.

Berg und Chojung

Am Labchi gibt es keinen See. Seine zentralen Kraftplätze sind der phallische Berg und die Vulva-Ebene darunter. Der Labchi ist der Palast des ruhmreichen Demchok und sein Mandala mit den 62 Göttinnen:

> *»Von außen erscheint er wie ein lebloser Berg, der in stolzem Glanz in den Himmel emporragt. Aber im Inneren, im Zentrum eines himmlischen Hauses, das aus selbst-leuchtender Erkenntnis aufgebaut ist, befinden sich die schemenhaften Emanationen des Mandala von Demchok mit seinen zweiundsechzig Gottheiten.«*
>
> HUBER 1989

Die dreieckige Ebene an seiner Basis ist das *chojung* von Dorje Phakmo, Demchoks Gefährtin. *Chojung* (Sanskrit: *dharmodaya*) bedeutet

»Quelle aller Dinge« und stellt als Dreiecks-Symbol die weiblichen Sexualorgane einschließlich des Schoßes dar. Das *chojung* von Dorje Phakmo ist die Quelle großer, allumfassender kosmischer Illusion, die in der Buddha-Vision empfangen wurde. Die Darstellung dieser kosmischen Illusion in der Landschaft am Fuße des Labchi ist dreifach: Es gibt Dreiecke der Elemente Erde, Wasser und Raum. Hier liegen auch die sekundären Kraftplätze des Labchi. Obwohl der Berg also durch die Gebiete von Nyalam, Tingri und Rongshar umschritten werden kann, gibt es keinen wirklichen Khorra-Weg rings um den Labchi. Die Kraftplätze werden nach Belieben innerhalb des Dreiecks besucht und umschritten.

Deshalb ist die geomantische Perspektive am Labchi aus der Sicht des Yogi, der in seiner Meditationshöhle sitzt, ein halbmondförmiges Mandala: Wenn er selbst mit dem Rücken im Zentrum des Mandala sitzt, wird sein Blickfeld durch den Halbkreis der ringsum liegenden Schneegipfel bestimmt. Nur die Schlucht, die dem Kangchu-Fluss den Weg nach außen gewährt, unterbricht diese Gebirgsmauer. Im Südosten erhebt sich das Massiv des *Jomo Tseringma* (Sanskrit: Gaurishankar). Innerhalb dieser Außenmauer liegen die Bergpaläste der Bodhisattva-Beschützer von Körper, Sprache und Bewusstsein: Der große mitfühlende Chenrezik weilt im Berg Karpo Bumye im Südosten, der Meister des geheimen Tantra, Chakna Dorje, im Nakpo Bumye im Süden und der Bodhisattva der Intelligenz, Jampelyang, im Serpo Bumye im Südwesten.

Der Ort der größten Macht im *chojung* ist Dudul Phukmoche (»große Dämonen-bindende Höhle«), in der Milarepa den Labchi durch seine Meditation weihte. Sie liegt unter einem riesigen Felsblock, vor dem ein Tempel gebaut wurde. Auf dessen Rückseite führt ein Tunnel, der als Sexualorgan von Dorje Phakmo (Sanskrit: Vajravarahi) gilt, in die ursprüngliche Meditationshöhle. Die Vorstellung von diesem Tunnel als Dorje Phakmos Vagina gehört zu einem größeren Muster, in welchem ihr Kopf an der Höhle Drubphuk Rechen, ihr Bauch an der Höhle Sengkhyam Phuk liegt und ihr Knie ein Fels vor der Höhle Dudul Phukmoche ist. Vielleicht versuchen die Einheimischen, auf diese Weise die esoterische Vision der Lamas von Dorje Phakmo als *chojung*-Dreieck in der Landschaft zu begreifen, denn der einfache Pilger braucht eine anthropomorphe Dorje Phakmo. Wir halten dies für ein harmloses Beispiel für den Transformationsprozess der Landschaft durch die Buddha-Vision, aber im Labchi-Pilgerführer wird diese Sichtweise vom Autor zu einer verderblichen Entwürdigung der Tradition, »dummes Geschwätz, das man nicht glauben sollte«. Damit drückt er auch die Ansicht aus, dass der zentrale Labchi-Kraftplatz nicht für normale Menschen – einheimische Gläubige und Laienpilger – gedacht ist, weil er das Tätigkeitsfeld der Buddhas ist. Das bedeutet allerdings nicht, dass normale Menschen nicht dorthingehen sollten, sondern nur, dass sie keinen Versuch machen sollten, sich über das visionäre Reich der nicht-dualen Wahrnehmung zu äußern.

Die Heiligkeit und Kraft von Höhlen wie Dudul Phukmoche werden durch den wahrnehmbaren Grad der Erleuchtung ihrer Bewohner im Laufe der Jahrhunderte gemessen. Jetsun Milarepa hatte schon vor seinem Aufenthalt am Labchi das vollkommene Bewusstsein Buddhas und die dazugehörigen magischen Kräfte erlangt. Deshalb wurde nicht nur die Höhle, sondern der gesamte Berg von seiner Schwingung durchdrungen und transformiert. Aus diesem Grund ist Meditation hier intensiver und Segen leichter zu erlangen. Die Legenden berichten, dass er einmal sechs Monate lang eingeschneit war und sich während dieser ganzen Zeit von einem einzigen Topf mit Gerstenmehl nährte. Eine andere Geschichte besagt, dass er in hohem Alter die Neigung hatte, auf dem Berg Nakpo Bumye nach Süden zu wandern, und dass er ihn dazu brachte, seinen Gipfel vor ihm zur Höhle hinabzuneigen, ihn aufzuheben und dann zu seiner normalen aufrechten Lage zurückzukehren. Später flog Milarepa wieder zur Höhle zurück. Eine Zeit lang teilte er sich diesen Raum mit seinem spirituellen Herzenssohn Rechungpa, dessen Ruf als Skeptiker und Einzelgänger in der Traditionslinie ihm nur dazu diente, seine wirkliche spirituelle Bestimmung zu erkennen. Nach Rechungpa wurde die Höhle von einer Reihe von Kagyü-Yogis genutzt, und zwar vor allem von dem Drikung- und Drukpa-Orden. Sie alle wurden berühmte Adepten. Auch der göttliche Verrückte Tsangnyon meditierte hier im 15. Jahrhundert, und vielleicht verfasste er seine berühmte Biografie über Milarepa genau in dieser Höhle. Zu Beginn des 19. Jahrhunderts meditierte hier auch Zhabkar Rimpoche, ein Nyingma-Yogi.

Im Westen der Höhle Dudul Phukmoche steht ein großer Felsblock, der wie Garudas Ei geformt ist und auf dem das Mantra OM MANI PADMA HUNG eingezeichnet ist. Als zwei Parteien von Milarepas Schülern aus Nyalam und Rongshar um seinen Körper stritten, verdoppelte sich sein Körper auf wundersame Weise und wurde zur

Verbrennung auf diesen Felsen gebracht, ein Ereignis, das von Regenbögen, einem Blütenschauer und Duft und Musik in der Luft begleitet wurde. In diesem Augenblick manifestierte sich das Mantra auf dem Felsen von selbst.

Hoch über der Höhle Dudul Phukmoche befindet sich der Höhlentempel Drubphuk Rechen, in dem sich vor dem Bau des Chora-Gepheling-Klosters die Anhänger von Demchok am 10. Tag jedes Mondzyklus zu treffen pflegten. Auf dieser Höhle, die Rechungpa, Milarepas Herzenssohn, vorbehalten war, hinterließ der Meister seinen Fußabdruck auf dem Dach. Weil Milarepa unbedingt seinen Schüler begrüßen wollte, der von einer Pilgerreise nach Indien zurückgekehrt war, flog er nach Drakmar Chonglung in Rongshar und prägte dort seinen Fußabdruck ein. Der göttliche Verrückte Tsangnyon bemalte ihn mit Gold. Die wichtigsten Bilder auf dem Altar sind ein Sieges-Chörten, der Reliquienschrein eines einheimischen Yogi namens Labchiwa und etwa 20 Sandelholz-Skulpturen von wichtigen Gestalten der Kagyü-Linie.

Auf der Westseite liegt Bepa Gong, die »obere geheime Höhle«, die auch den Namen Bepa Kunsel, die »geheime, alles erleuchtende Höhle«, trägt. Dort absorbierte Milarepa die 62 Gottheiten des Demchok-Mandala in sein Wesen, und außerdem löste ein Schatz-Finder der Nyingma-Linie seinen Körper in einen Regenbogen auf, nachdem er seine Dzokchen-Übung vollendet hatte.

An der Spitze des *chojung*-»Schurzes«, am Fuße eines Felsens, der sich zu den heiligen Höhen des Labchi-Berges auftürmt, befindet sich die Höhle Wosel Zewa Phuk (»Höhle des hell strahlenden Juwels«), die ebenfalls lange Zeit von Milarepa bewohnt war. Vor einer Höhlung im Felsen wurde ein Tempel mit drei Räumen gebaut. In östlicher Richtung in der Nähe der Höhle sieht man Milarepas Fußabdruck, den er hinterließ, als er nach Chuwar flog. Im Westen befindet sich eine Quelle, sein Wasser der Verwirklichung.

Dudul Phukmoche, Drubphuk Rechen, Bepa Kunsel und Wosel Zewa Phuk sind die vier Haupthöhlen von Labchi. Aber es gibt auch andere, die ebenso heilig sind, weil sie durch die Meditation des Meisters oder eines seiner Nachfolger in der spirituellen Linie geheiligt wurden. Die Sengkhyam-Höhle besteht aus Innenräumen, die über der Höhle Dudul Phukmoche durch überhängende Felsen gebildet werden. Auf der Westseite befinden sich die Höhlen West-Rechen, Lachwa Phuk, Taktsang Phuk (»Tiger-Höhle«), Bepa Wok (»untere geheime Höhle«) und Yuthok Phuk (»Höhle von Yuthokpa«, dem Gründer der tibetischen Medizin), die allesamt von großen Adepten mit Macht erfüllt und geheiligt wurden. Am Zusammenfluss der zwei Wasserläufe befindet sich schließlich Lungten Phuk (»Höhle der Anweisung«). Diesen Namen trägt sie, weil ein Hierarch des Drikung-Kagyü-Ordens diesen Ort einem Schüler als »rotes Herz eines Mannes im Rachen einer nach unten gleitenden Giftschlange« beschrieb, die ihm die Anweisung gab, dort zu bleiben und zu meditieren. Der Labchi ist ein traditioneller Kraftplatz für ernsthaft Meditierende, die nach Erleuchtung streben. Höhlen und Adepten sind wie Schlösser und Könige – die Ersteren sind ohne die Letzteren überflüssig.

Bis zum 19. Jahrhundert war der Labchi Yogis vorbehalten, die in Höhlen oder den nahe liegenden Tempeln wohnten. Als dann jedoch der Drikung-Kagyü-Orden verfiel, hatte er in Zentraltibet keine starke monastische Basis mehr, und der Zustrom der Yogis versiegte. Die Mönche, die in Drubphuk Rechen und anderswo lebten, waren »locker in Bezug auf ihre Sexualorgane« geworden, und die Mönchsdisziplin verfiel. Im Jahre 1819 kam der unnachahmliche Zhabkar Rimpoche (»kleiner Weißfuß«) zum Labchi, um dort zu meditieren, und während seines Aufenthalts setzte er die Höhlen und die Disziplin ihrer Bewohner instand und gründete das Kloster Chora Gepheling Gompa. Im Hof (*chora*) steht ein rechteckiges Tempelgebäude mit einem leicht geneigten Dach, das von einem kleinen Türmchen in der Mitte gekrönt ist. Dieser Tempel wurde im Laufe der Jahrhunderte zum Verwahrort der Buddha-Statuen und Ritualgegenstände von Labchi, vor allem seit 1962, als die Grenze zwischen Nepal und Tibet verändert wurde, um das Herz des Labchi Nepal einzuverleiben. Durch diesen äußerst günstigen Umstand war der Labchi den Verwüstungen der Roten Garden nicht unterworfen, und die Gebäude an diesem Ort sind alle im unverändert originalen Zustand geblieben. Einige der Bildnisse und Weihegegenstände wurden vor dem Verkauf an Kunsthändler und der Plünderung durch Kunstdiebe bewahrt und können nun im Chora-Gepheling-Kloster betrachtet werden.

Unter den Altarbildern steht in der Mitte eine lebensgroße Bronzestatue von Milarepa, die nach einer Vision des göttlichen Verrückten Tsangnyon hergestellt wurde, ferner eine alte Skulptur von Drikung Kyabgon, dem Gründer der Drikung-Kagyü-Linie, eine schöne Tonfigur von Ganesha, dem Beschützer des Labchi, aus heilkräftigem Lehm, mehrere große Bronze-Bilder von Dorje Chang, dem Adibuddha, der das Demchok-Mandala aus sich hervorbringt und schließlich lebensgroße vergoldete Bildnisse von Milarepas Schüler Gampopa und auch Tsangnyon.

Südlich des Klosters auf einem Berg, auf dem Rhododendren und Heilpflanzen wachsen, befindet sich ein Chörten namens Thongdrol Chenpo (»Schenkt Befreiung, wenn man ihn betrachtet«). Dieses Bauwerk wurde von Zhabkar Rimpoche errichtet.

Tsari: Der Kristallberg der höchsten Seligkeit

Der »unbefleckte Kristallberg Tsari« stellt das ultimative Pilgerziel dar. Er ist die Wohnstätte der Buddha-Gottheit Demchok (»höchste Glückseligkeit«) und seines Mandala mit den in ihm weilenden Gottheiten. Er ist auch die Hauptwohnstätte der Himmelswandlerinnen, unter denen Khandroma Dorje Phakmo die höchste ist. Mehr als der Kang Rimpoche und der Labchi ist er der tantrische Kraftplatz *par excellence*, ein Ort der Prüfung, an dem die Himmelswandlerinnen wohnen. Er ist ein Ort von atemberaubender Schönheit, ein Schneeberg, der aus üppig grünen Weidegründen und Wäldern emporragt, während in den Tälern darunter dichter Urwald wächst:

> *»Weiß und strahlend, in der Farbe von Kristall,*
> *Ist der mittlere Berg ein König auf seinem Thron*
> *Umgeben von kleineren Gipfeln als Ministern.*
> *Bunte Blumen breiten sich über das ganze Gebiet.*
> *Blüten und Früchte schmücken die Bäume.*
> *Seine Wiesen sind wie goldene Tabletts,*
> *Die ihre blauen Seen wie Mandalas aus Türkis tragen;*
> *Seine Flüsse entfalten sich wie weiße seidene Schals.«*
>
> RICARD 1994:248

Trotzdem macht der Dschungel ihn unzugänglich und gefährlich, und die Pilger setzen in den Schluchten ihr Leben aufs Spiel.

Der Berg liegt am südöstlichen Ende des großen Himalaya-Gebirgszuges. Er ist einer der letzten Gipfel, bevor der Yarlung Tsangpo (Sanskrit: Brahmaputra) sich in der weltweit tiefsten Schlucht seinen Weg durch die Gebirgskette bahnt. Der Tsari ist von den Nebenflüssen des Subansiri-Flusses umgeben, die in Arunachal Pradesh im Süden in den Brahmaputra münden. Es liegt in der alten tibetischen Region Loyul, aber diese Gegend wurde durch die McMahon-Linie, die Grenze zwischen Indien und Tibet politisch getrennt. Unter dem Namen *Charitra* oder Devikota gehört sie zu den wichtigen Berg-Kraftplätzen des Subkontinents.

Dakpa Shelri, der »unbefleckte Kristallberg« ist ein großer Chörten aus Kristall. Er ist selbst-manifestiert und stellt das Buddha-Bewusstsein dar. Er wird als »Glück bringender vieltoriger Chörten« (*tashi gomang*-Chörten) betrachtet, und er enthält das göttliche Mandala, das Rad der erhabenen Seligkeit und vollkommenen Erkenntnis, die Demchoks Bewusstsein darstellt:

»An seinem Gipfel wohnen die Lamas und die Buddha-Gottheiten,
In seiner Mitte wohnen die Buddhas der drei Zeiten,
An seiner Basis wohnen die Beschützer und Wächter.
Rings um ihn wohnen die Himmelstänzer und Himmelswandlerinnen;
Und seine Umgebung ist ein himmlischer Palast.« HUBER 1993

Die Basis des Demchok-Mandala liegt in der Unterwelt, dem Reich der Schlangengeister, in Form von gekreuzten Dorjes, deren Kreuzungspunkt in senkrechter Richtung zur Spitze des Berges projiziert wird, die aus Juwelen und Gold besteht. Die Basis wird auch als Swastika betrachtet, die sich im Uhrzeigersinn dreht. Im mittleren Gipfel des Dakpa Shelri, dem Zentrum des Mandala, weilt der Wurzel-Lama, der als Demchok und Phakmo in Erscheinung tritt, die in enger Vereinigung auf dem Leichnam von Bhairava und den Brüsten von Kali tanzen:

»Der Held Heruka, dessen Füße bedeckt sind
Von dem roten Blut, das aus dem erschlagenen
Bhairava hervorströmt,
Und die Himmelswandlerin, die das Bewusstsein von
Schleiern befreit,
Sie bilden den ›Unbefleckten Kristallberg‹, der die
Dämonen besiegt.« HUBER 1993

Die topografischen Eigenschaften, die dieses Mandala erklären, sind die vier Gipfel in den vier Himmelsrichtungen – die Paläste der vier männlichen und weiblichen Buddha-Gottheiten in Vereinigung.

Die vier Tore in das Mandala sind von vier Pässen, vier Schluchten, vier Flüssen mit Wasser in vier verschiedenen Farben, vier steinernen Thronen, vier Höhlen und vier Seen gekennzeichnet. Das ganze Mandala ist von einer Mauer von Dorjes umgeben, die mit vier Toren ausgestattet ist: *Chikchar* im Norden, die Parpa-Rong-Schlucht im Osten, der Jowo-Them-La-Pass im Süden und die Domtsang-Rong-Schlucht im Westen. Dies waren die Tore, durch die die Yogis eintraten, die das Mandala öffneten, und an diesen Toren begegneten sie seinen Wächtern: den Khandromas Dorje Yudronma und Senge Dongchan und dem Herrn des Todes, Shinje Marpo.

Die vier heiligen Seen am Berg Tsari liegen rings um den oberen Teil des Berges. Kala Dungtso (»Muschelschalen-See«), Photrang Kyokmotso (»Löffelsee-Palast«) und Photrang Yumtso (»Türkissee-Palast«) sind die Hauptseen, aber es gibt noch viel mehr kleine Seen oberhalb des mittleren Khorra-Weges. Diese Seen sind »wie Fenster in dem harten Felsen und den Erdmauern des großen Palastes, durch die man in die Kammern der göttlichen Residenz sehen oder eintreten« kann. Oder sie sind Spiegel, welche die göttliche Wirklichkeit reflektieren. Sie sind auch Seen des Lebensgeistes (*latso*), dessen Wasser die Lebenskraft der Gottheiten und Wächter des Berges enthalten. Das Wasser dieser Seen wäscht Pilger, die in ihnen baden, von ihren Sünden rein.

Die Vorstellung vom Tsari als Wohnstätte von Demchok und Dorje Phakmo in enger Vereinigung ist die wichtigste Ansicht des Berges, aber manche Yogis konzentrieren sich einzig und allein auf den weiblichen Aspekt von Demchoks Mandala, nämlich auf den Berg als Wohnstätte von Dorje Phakmo und den Himmelswandlerinnen. In dieser Vision heißen die vier zentralen Gipfel »vier reine Bergstätten der Himmelswandlerinnen«, die das Buddha-Feld von Dorje Phakmo (Dhumatala) enthalten. Das Wesen der Himmelswandlerinnen und ihrer männlichen Entsprechungen ist Raum, und man stellt sich vor, dass sie rings um die Berggipfel im Himmel weilen. Wenn sie sich verkörpern und vor allem wenn ihnen das Auge der Weisheit fehlt und sie an Fleisch und Blut Gefallen finden und wenn sie Wächtergottheiten sind, so wohnen sie an der Basis des Berg-Mandala. Und so erlangte der indische Adept *Lawapa*, der in der Dorje-Phuk-Höhle im Schutz einer »Wohnstätte des reinen Berges« meditierte, die höchste Verwirklichung und magische Kräfte von einer Himmelswandlerin und ging nach seinem Tod in die »reine Wohnstätte« ein. Magische

Kräfte sind das besondere Geschenk der Himmelswandlerinnen, und deshalb ist der Berg Tsari das Hauptziel von Yogis, die das Mutter-Tantra praktizieren.

Der Name Tsari ist von »Charitra« abgeleitet. Dies war eine der acht großen tantrischen Verbrennungsstätten des Subkontinents, die zumeist in Orissa lagen. Die Wurzel des Wortes »Charitra« bedeutet »Tätigkeit«, und damit ist in diesem Zusammenhang die zielgerichtete Praxis des Yogi auf dem Weg des Mutter-Tantra gemeint, die am besten auf einer Verbrennungsstätte vollzogen wird. Der Tsari wird auch mit Devikot, einem der 24 großen Kraftplätze des Subkontinentes, gleichgesetzt. In dem System dieser 24 Orte, das in drei auf Himmel, Erde und Unterwelt bezogene Mandalas aufgeteilt ist, die jeweils Körper, Sprache und Bewusstsein von Demchok symbolisieren, gehört Devikota zum Mandala des Bewusstseins. Deshalb ist es eine besondere Wohnstätte der Himmelswandlerinnen, deren Wesen der Raum ist, und Charitra ist das Tätigkeitsfeld des tantrischen Yogi, dessen beste Verbündete die Himmelswandlerinnen sind – Botschafterinnen aus einem Reich der Vision, Musen, die den Weg zu verborgenen Schätzen weisen, Quellen der Einweihung, Geister der bewusstseinsverändernden Kräuter und – als verkörperte Wesen – Gefährtinnen in der Praxis des tantrischen Yoga. Zhabkar Rimpoche (»Kleiner Weißfuß«) sagt:

»Im Zentrum auf dem »Unbefleckten Kristallberg«
Wohnen zweitausendachthundert Gottheiten.
Auf jedem der umgebenden Hügel, Felsen und Seen
Gibt es zahllose Helden und Himmelswandlerinnen.
Und die Männer und Frauen, die hier leben
Gehören alle zur Rasse der Helden und Himmelswandlerinnen.«

RICARD 1994:248

Didaktische Etymologien des »Tsari« machen ihn zum »Kräuterberg« und »Berg des feinstofflichen Kanals«, und beides bezieht sich auf die Tätigkeit von Yogis im Angesicht der Himmelstänzerinnen.

Prüfungsgelände der großen Adepten

Die Höhlen und Einsiedeleien des Kang Rimpoche, die zwischen Felsen und Schieferbergen versteckt liegen, sind nackt und kalt. Am Labchi ist die Meditationsumgebung ein Paradies. Der Tsari aber, der von

Dschungel umgeben ist und an dessen Fuß es kannibalische Stämme, wilde Tiere und giftige Insekten gibt, ist nur zugänglich, wenn man Leib und Leben wagt. In den ersten Jahrhunderten nach seiner Öffnung für die Meditation – die ohnehin später als die Öffnung des Kang Rimpoche und des Labchi stattfand – wurde er mit Sicherheit nur von wirklich wagemutigen Yogis und ernsthaften Tantrikern, selten aber von Laien und Mönchen aufgesucht. Er war der Kraftplatz von großen indischen Adepten, die das alchemistische Yoga des *rasayana* praktizierten und zusammen mit den Himmelswandlerinnen dieser Region und sogar mit den Schutzgöttinnen der Berge das sexuelle Yoga der Mutter-Tantras übten. Als Je Gampopa Yogis aus Zentraltibet ausschickte, um den Tsari für die Kagyü-Orden zu öffnen, warnte er sie:

> *»Es ist ein Ort, an dem es sich gehört, Khandroma Dorje Phakmo (Sanskrit: Vajravarahi) Fleisch und Alkohol zu opfern. Dort werden alle magischen Kräfte verwirklicht, wie es diejenigen mit dem entsprechenden Glück und Karma wünschen. Dort werden Menschen ohne Glück von den weltlichen Himmelswandlerinnen, die sich an Fleisch und Blut erfreuen, zerstört. Der Eingangspfad wird von Tigern und Leoparden, von wilden Bären, wilden Männern und giftigen Insekten frequentiert.«* HUBER 1993

Als der große Ordensreformator Je Tsongkhapa auf einer Pilgerreise zum Tsari kam, weigerte er sich als ordinierter *gelong*-Mönch, irgendetwas mit Alkohol zu tun zu haben, und selbst als ihn heftige Schmerzen am Fuß quälten, lehnte er den Alkohol ab, der ihm angeboten wurde. Deshalb »empfand er einen Schmerz, als ob Bambussplitter seinen Fuß durchbohrten«. Erst nachdem er einige geheiligte Substanzen geschluckt hatte, verließ ihn der Schmerz. Tsongkhapa wird hier – verglichen mit den Kagyü-Yogis – als ziemlich begrenzter Geist geschildert, aber ein solches Porträt ist für diese Buddha-Gestalt unfair. Diese Geschichte wird in einer Weise erzählt, als ob Mönche für eine Reise zum Tsari nicht geeignet seien und als ob sie sich von diesem durch und durch tantrischen Ort besser fern halten sollten. Aber jeder Mönch, der den Tsari-Khorra-Weg beschritt, war automatisch ein Yogi.

Bereits Jahrhunderte zuvor war der indische Adept Lawapa zusammen mit seinem Schüler Bhusuku zum Tsari gekommen, und obwohl

Letzterer die gleiche Meisterschaft erlangen sollte wie sein Lehrer, fehlte ihm damals noch das »Bewusstsein des einen Geschmacks«, das von tantrischen Meistern angestrebt wird.

Ein Nyingma-Lama erzählt die folgende heilsame Geschichte, nicht ohne warnend darauf hinzuweisen, dass es sinnlos sei, sich dem Thron von Demchok ohne die angemessene Haltung zu nähern: Die indisch-buddhistischen Sadhus hatten den Tsari durch das östliche Tor betreten und waren von Chikchar zur Dorje-Phuk-Höhle emporgeklettert, die hoch oben am Berg liegt. Hier konnte Lawapa 21 Jungfrauen erkennen, die in einem Kreis im tief darunter liegenden Tal tanzten und Bhusuku befahlen, herabzusteigen und die Tänzerin in der Mitte zu holen. Aber als Bhusuku sie zu seinem Meister zurückbrachte, geriet seine konzentrierte Vision ins Wanken, die Jungfrau verschwand, und da stand er nun und hielt stattdessen einen Rettich in der Hand. Lawapa befahl ihm, Rettichsuppe für sie beide zuzubereiten, aber da Bhusuku glaubte, dass die Suppe das Fleisch der Jungfrau enthielt, war er nicht imstande, sie zu trinken, wie sein Meister es tat. Stattdessen schüttete er sie auf den Boden, wo ein Hund sie aufleckt. Nun schwebten Lawapa und der Hund zum Gipfel des Khandro-Berges in das »reine Land« der Himmelswandlerinnen und blieben dort, bis Bhusuku, der sich einsam und verlassen fühlte, darum betete, dass sein Meister zurückkehren würde. Nun erschien Lawapa vor ihm in einer Aura aus Regenbogen-Licht und schälte einfach seine Haut ab, um dann das Mandala von Demchoks 62 Gottheiten in seinem Körper zu offenbaren. Der Rettich ist Bhusukus sinnliches Verlangen, das im Tantra, und zwar vor allem im Demchok-Tantra, in reines Bewusstsein transformiert werden muss.

Marpa, der Übersetzer, hatte prophezeit, dass Jetsun Milarepas Schüler den Tsari öffnen würden. Deshalb schickte Dakpo Lhaie Gampopa für die Kagyü-Orden, die im Laufe der Jahrhunderte die Höhlen und Einsiedeleien des Tsari beherrschen sollten, seinen Schüler Kyepo Yeshe Dorje, um diesen Ort zu öffnen. Beim ersten Versuch scheiterte Yeshe Dorje kläglich. Eine der dort weilenden Himmelswandlerinnen befahl ihm, nach Hause zurückzukehren und es im nächsten Jahr noch einmal zu versuchen. Er sollte mit Regenhut, Regenstiefeln und einem Stab wiederkommen und dabei sein vorgeschütztes Mönchtum aufgeben. Stattdessen solle er sich dem Berg mit Gesang und Tanz nähern. Bei seinem zweiten Versuch erreichte Yeshe Dorje den Photrang-Yumtso-See, und einige einheimische Himmelstänzerinnen gaben ihm eine Dosis *lingchen*, ein dort wachsendes bewusstseinsveränderndes Kraut, und er erlangte magische Kräfte.

Das spontane und gewalttätige Verhalten von Tsangpa Gyare, dem Gründer des Drukpa Kagyü-Ordens, scheint dem Eintritt in Dorje Phakmos Mandala angemessener zu sein. Er zerstörte nämlich eine Illusion verlockender Vulven, indem er in sie eindrang. Als Nächstes nahm er dann die äußerst wilde Schutzgöttin Dorje Yudronma, die ursprüngliche Berggöttin des Tsari in Gestalt einer Yak-Hirtin, als Gefährtin. Als ihm ein Schlangengeist in Gestalt eines riesigen Frosches entgegentrat, sprang er auf dessen Rücken und zertrampelte ihn. Seine Meditationshöhle hieß Doinying Phuk (»Steinherz-Höhle«).

Guru Rimpoche, der das Mandala durch das südliche Tor über den Jowo-Them-La-Pass betrat, meditierte hier sieben Jahre, sieben Monate und sieben Tage lang in der Höhle Zilchan Sangphuk (»Höhle des strahlenden Geheimnisses«), und er verbarg dort viele Schatz-Texte. Ein wenig später kam der Dzokchen-Lehrer Vimalamitra auf magische Weise zum Tsari und lehrte Götter und Dämonen. Aber die Kagyü-Mythologie erzählt, wie schwierig es für die ernsthaften Yogis war, den Tsari zu öffnen. Zu ihnen gehörten vor allem Yeshe Dorje, Tsangpa Gyare, Nyo Lhanangpa und Gotsangpa. Die Namen dieser beiden Letzten sind uns aus Legenden über die Öffnung des Kang Rimpoche bekannt, und wie beim Kang Rimpoche und Labchi sollten im Laufe der Jahrhunderte die Drukpa- und Drikung-Kagyü-Linien die Höhlen und Einsiedeleien des Tsari beherrschen. Je Tsongkhapas Pilgerreise verband im 15. Jahrhundert den Geluk-Orden, den er gründete, mit dem Tsari. Während der letzten Jahrhunderte unterstützte die Regierung von Lhasa die großen zwölfjährigen Pilgerfahrten zu diesem Ort, indem sie Begleittruppen zur Verfügung stellte und die grausamen Lopa-Stämme mit Geld entschädigte.

Die drei Khorra-Wege

Der Tsari wird auf drei Ebenen umschritten. Yogis durchlaufen den Gipfel-Pfad (*tsekor*), der die vier heiligen Gipfel umkreist, die Höhlen berührt, die durch tantrische Meditation geheiligt wurden, und zwei bis vier Tage erfordert. Laien und Mönche gehen über den mittleren Weg (*zhungkor*), der die Bergrücken über sieben Pässe kreuzt, die strahlenförmig von den Gipfeln ausgehen. Dies ist noch immer die leichteste Route, die bis zu einer Woche in Anspruch nimmt. Der Weg durch die Schluchten (*rongkor*), die langwierige, mühevolle

Durchquerung von tiefen Tälern, die das Massiv auf drei Seiten flankieren, dauert zwei Wochen. Über diesen Weg ziehen sich alle zwölf Jahre die großen Pilgerzüge. Aber jeder der drei Wege ist von Schwierigkeiten gesäumt, und der Kagyü-Pilger rezitiert das folgende Gebet:

»Glorreicher Tsaritra, reiner Kraftplatz der Himmelswandlerinnen,
Meister der Kagyü-Linie, Buddha-Gottheiten,
Himmelswandlerinnen, Dharma-Schutzgottheiten –
wir beten zu euch.
Reinigt uns durch euren Segen von Sünden und Verdunkelungen;
Befriedet Gegner und vertreibt Gefahren;
Verleiht uns höchste Verwirklichung und magische Kräfte.«

HUBER 1993

Der Gipfelweg, der nur während des Sommers begehbar ist, beginnt und endet bei Chikchar, dem Nordtor zum Tsari-Mandala. Chikchar, der »Ort der sofortigen Verwirklichung« ist einer der wichtigsten Kraftplätze am Berg Tsari. Dies ist die Wohnstätte von Shinje, dem Herrn des Todes, einem einheimischen Wächter und Türsteher beim Demchok-Mandala. Er wurde von Tsangpa Gyare in Gestalt eines achtjährigen Jungen gebannt. Hier steht auch der Tempel von Dorje Phakmo, der im Jahre 1570 von Padma Karpo erbaut wurde. Hier fand Tsangpa Gyare, wie bereits erwähnt, den Weg durch Nicht-Menschen blockiert, die ihm als große Zahl von Vulven erschienen. Sein Phallus richtete sich zornig auf, er durchbohrte sie alle nacheinander, und sie wurden in Fels verwandelt. Die Abdrücke von Vulva und Phallus sind noch heute deutlich sichtbar.

Das Tal, das über diesem Ort des Dramas liegt, beherbergt die Einsiedeleien der Drukpa-Kagyü-Meditationsgemeinschaft, deren fortgeschrittene tantrische Meditation auf *tummo* oder »mystische Hitze« abzielte. Ein alljährliches Winter-Ritual schrieb vor, dass leicht gekleidete Yogis eine ganze Nacht im verschneiten oberen Teil des Tales verbringen mussten. Zhabkar Rimpoche (»Kleiner Weißfuß«) hielt sich ein Jahr und einen Monat in der Yangon-Einsiedelei auf.

Von Chikchar steigt der Pass zum Drölma-La-Pass auf, berührt Lawapas Höhle, in der der große Adept mit seinem Schüler Bhusuku meditierte, bevor sie zur Dorje-Phuk-Höhle hinaufkletterten. Vom Drölma-La-Pass biegt der Weg in die Schlucht Mipak Rong (»Schlucht der Menschenhaut«) hinab, steigt wieder zum Shakam La, dem »Pass des trockenen Fleisches«, auf, fällt hinab zur Schlucht Jampa Rong (»Schlucht der liebenden Freundlichkeit«) und führt wieder hinauf zum Takma-La-Pass (»Tigerin-Pass«). Hier zweigt der Gipfelpfad vom Hauptweg ab und läuft hoch oben auf dem Weg nach Süden über die vier heiligen Gipfel. Dorje Phuk, die Höhle, in der Lawapa die Jungfrau in Gestalt eines Rettichs verzehrte, und andere Höhlen, die für die Mahamudra-Praxis geeignet sind, befinden sich nördlich davon. Dann läuft der Gipfelpfad wieder zum Hauptweg zurück und durchquert dort Khandro Tsokhang, den »Versammlungsplatz der Himmelswandlerinnen«, führt nach unten in die Schlucht Taktsang Rong (»Tigerhöhlen-Schlucht«) und steigt wieder auf zum Shangu-La-Pass. Dann dreht er unter dem Nordhang des Gipfels Dakpo Shelri nach Nordosten ab. Hier ist die Essenz des Berges Tsari konzentriert, und hier ist auch der höchste Punkt des Khorra-Rituals. Unmittelbar unter dem Gipfel Dakpo Shelri befindet sich der See Kala Dungtso (»Muschelschalen-See«), der im Schaum der gekräuselten Wellen Demchoks reichliche weiße Sexualflüssigkeit präsentiert und außerdem auch Höhlen für die Mahamudra-Meditation anbietet. Und was die Gipfel selbst betrifft, so ist der Dakpo Shelri die Vereinigung der vollkommenen Erkenntnis und der geschickten Methoden, also Demchok und Dorje Phakmo in Vereinigung, während die beiden anderen Gipfel Dorje Ri und Sherab Ri jeweils den männlichen und weiblichen Aspekt für sich genommen repräsentieren. Yogis müssen sich je nach der Phase der Meditation, in der sie sich befinden, einem der drei Gipfel nähern – der Phase der Schöpfung, der Erfüllung oder der Vereinigung.

Auf der anderen Seite des Dakpo Shelri liegt der See Photrang Kyokmotso (»Löffelsee-Palast«), der auch Sindhura Gyamtso (»Ozean von Sindhura«) genannt wird, weil rotes Bleipulver in seinem Wasser schwebt, ihm dadurch eine rote Färbung verleiht und es dadurch zum Elixier von Dorje Phakos roter Sexualflüssigkeit (rotes *bodhichitta*) macht. Tsangpa Gyare meditierte hier in einer Höhle namens Mikra Phuk (»Augenschutz-Höhle«), weil Dorje Phakmo ihm einen Augenschutz geschenkt hatte, den sie aus ihrem eigenen Haar gewoben hatte. Die Quellen, die unter den Bergen hervorblubbern, bieten besonders reinigendes Wasser und sogar den heiligen Urin (*sangchab*) von Dorje Phakmo. Es ist verboten, das rote oder weiße Elixier zu sammeln, bevor man nicht dreizehn mittlere Khorras absolviert oder eine dreijährige tantrische Meditationszeit hinter sich gebracht hat.

Der Weg zurück nach Chikchar überquert den Kyobchen-La-Pass und streift den See Trakshe Latso (»Lebensgeist-See«) einer Schutzgottheit. Wenn man vom Kyobchen-La-Pass herabsteigt, so findet man die psychotropische Pflanze *ludu Dorje*. Dieses seltene Kraut (*codonopsis convolvulaceae* oder *ovata*), auch »erhabenes Kraut« genannt, kann hier gesammelt und zu einem Trank gemischt werden. Dieser wird dann von Yogis, die magische Kräfte erwerben wollen oder ihn als Allheilmittel verwenden, eingenommen:

> *»Dieser Balsam von heilkräftigem Elixier,*
> *Der von der Himmelswandlerinnen des reinen Bewusstseins*
> *dargeboten wird,*
> *Der mit reiner tantrischer Hingabe eingenommen wird,*
> *Entfernt die Neigung zu schlechter Wiedergeburt.«* HUBER 1993

Es ist nicht bekannt, in welchem Ausmaß die Wirkung dieses Krautes von der Himmelswandlerin, dem Glauben des Yogi, der rituellen Prozedur oder einem aktiven pharmakologischen Bestandteil abhängt.

Der mittlere Khorra-Weg beginnt im Tsari-Tal bei Dotsen (oder Bod Dotsenchan). Dies war der Weg, auf dem der bemerkenswerte Yogi Kyepo Yeshe Dorje eintrat und den Umschreitungsweg öffnete. Die Öffnung des Weges wird jedes Jahr zur Zeit des Vollmondes im dritten Monat rituell begangen. Die Bedeutsamkeit von Dotsen liegt darin, dass hier die Wächtergottheiten weilen. *Dotsen* bedeutet »tibetischer Sexualfels«, und dieser Ort wird von manchen für das Kraftzentrum des gesamten Tsari-Mandala betrachtet. Hier gibt es Felsen in der Form von Phallus und Vulva (Lingam und Yoni), und aus der Vulva, die »zusammengepressten Schenkeln gleicht«, fließt heiliges Wasser. Diese Felsen sind überaus berühmt. Sie stellen Lingam und Yoni von Mahadeva und Uma dar, die von Demchok besiegt wurden, und darüber hinaus ist der Vulva-Fels auch die Wohnstätte der »Löwenköpfigen Himmelstänzerin« und Wächterin Khandro Senge Dongchan. Für kinderlose Frauen ist dies ein Ort, um Fruchtbarkeit zu erlangen – durch den Segen des Steines, das Wasser oder einen Yogi-Sadhu, der in der Nacht hier wartet, um seinen durchaus physischen Segen zu spenden.

Der mittlere Khorra-Weg führt nach Chikchar und dann zum Drölma-La-Pass hinauf. Hier müssen weibliche Pilger umkehren, denn ihnen ist verboten, den ganzen Weg zu zelebrieren. Sie kehren nach Dotsen zurück und schreiten dann gegen den Uhrzeigersinn, in der Richtung des Mutter-Tantra, nach Domtsang auf der Westseite. Um diese sexistische Diskriminierung auf einem tantrischen Berg, einer der wichtigsten Wohnstätten der Himmelswandlerinnen, zu erklären, gibt es nur eine dümmliche Geschichte über die Erlöserin Drölma, die quer über dem Pass lag, um die moralische Stärke von Männern und Frauen zu beurteilen. Der erste Mann, der auf sie traf, ging um sie herum, die erste Frau trat über sie hinweg. Der Mangel an Sensibilität bei dieser Vertreterin des weiblichen Geschlechtes führte zum Ausschluss aller Frauen von der südlichen, stärkeren Seite des Khorra-Weges. Aber der Berg, der mit Dorje Phakmo oder ihren beigeordneten Schutzgöttinnen Dorje Yudronma und Senge Dongchan gleichgesetzt wird, ist dennoch groß genug, um jede moralische oder rituelle Unreinheit in jeder Person, gleich welchen Geschlechts, zu erfassen und zu reinigen. Insofern bleibt der Grund für diesen Ausschluss eben doch dunkel und unerklärlich.

Vom Drölma-La-Pass geht er Weg zum Takma-La-Pass weiter und dann auf einer langen, hoch gelegenen Straße nach zum See Photrang Yumtso (»Prachtvoller Türkissee-Palast«) am äußersten Süden des Khorra-Weges. Dies ist der wichtigste von allen Seen am Tsari, die Quelle aller magischen Kräfte, und sie enthält den gesamten Mandala-Palast von Demchok: Ihn zu sehen heißt das Mandala betreten. Er wurde von dem Drukpa-Kagyü-Yogi Kyepo Yeshe Dorje geheiligt, der hier das gesamte Mandala der 62 Gottheiten von Demchok erkannte. Auch er nahm die bewusstseinsverändernde Droge *lingchen* ein, und durch die Vermittlung einer Himmelswandlerin, deren Wesen mit dem der Pflanze identisch ist, erlangte er magische Kräfte, was mit der Levitation begann. Er feierte sein euphorisches Erlebnis mit Tanz und Gesang und hinterließ ein Andenken, indem er seinen Stab in den Felsen schleuderte. Der See Photrang Yumtso (»Prachtvoller Türkissee-Palast«) ist eine Schale für alle möglichen Opfergaben. Juwelen, Schmuck und Münzen werden in sein Wasser geworfen.

Der Weg kehrt ins Tsari-Tal zurück, und zwar über den Tagyuk-La-Pass (»Pass des galoppierenden Pferdes«), Khandro Tsokhang »Versammlungsplatz der Himmelswandlerinnen«, Taktsang Rong (»Tigerhöhlen-Schlucht«), den Aufenthaltsort der Fleisch fressenden Himmelswandlerinnen, ferner den Shangu-La-Pass, über Domtsang Rong (»Bärenlager-Schlucht«), an dem der Khorra-Weg der Frauen auf der Westseite endet. Dann klettert der Weg den Khargyuk-La-

Pass empor und führt nach Yulme im Yulme-Tal hinab, um schließlich über den Ribpa-La-Pass hinunter nach Chozam im Tsari-Tal zu verlaufen.

Der äußere Prozessionsweg, der durch die Schluchten führt, der Tsari *rongkor*, beträgt etwa 150 Kilometer und dauert etwa zwei Wochen. Die große zwölfjährige Pilgerfahrt, die im Jahr des Affen (1992 und 2004) im Winter stattfindet, war während des 19. und der ersten Hälfte des 20. Jahrhunderts die beliebteste Pilgerfahrt von ganz Tibet und zog Zehntausende von Menschen aller Art aus allen Gebieten Tibets an. Im Jahre 1992 wurde diese alte Tradition wieder aufgenommen. Und das, obwohl der Tsari *ronkor* die gefährlichste und anstrengendste Pilgerroute ist. Der Boden der südlichen Schluchten ist mit undurchdringlichem Dschungel bedeckt, der von feindseligen Eingeborenen bewohnt wird. Das Klima ist schrecklich, da diese Gegend weltweit die meisten Niederschläge aufweist. Insekten und andere Tiere machen das Leben zur Hölle, offene Wunden und Bisse führen zur sofortigen Infektion, und alle Vorräte für die zweiwöchige Expedition müssen die Pilger auf dem eigenen Rücken tragen. Zhabkar Rimpoche (»Kleiner Weißfuß«), der diese Pilgerfahrt im Jahre 1812 vollzog, sah Pilger an Krankheiten und Hunger sterben, während die Stärkeren die Schwächeren auf dem Rücken trugen. Dutzende starben, und selbst wenn sie ihren Ausgangspunkt erreichten, starben noch einige an Erschöpfung und Entwässerung. Zwar suchen die Pilger nicht den Tod auf dem *rongkor*, aber sie versuchen ihm bewusst zu begegnen, denn es gibt vielleicht keine bessere Methode, um die Nähe des Todes zu kontemplieren und den spirituellen Vorteil aus der Reinigung zu beziehen, die dabei automatisch stattfindet.

Der Khorra-Weg beginnt weiter unten im Tsari-Tal bei *Bodzok Sumdo* (»Zusammenfluss, an dem Tibet endet«) auf einer offenen Fläche in der Nähe des Dorfe Lo Mikhyimdun. Hier ist die Grenze zu Arunachal Pradesh in Indien, einer Region, die von den Tibetern Loyul (»Land der Lopas«) genannt wird, und *lopa* bedeutet »Wilder« oder »Barbar« – ein Fremder also, wenn es um das Buddha-Dharma geht. Die Route folgt den Schluchten des Tsari nach Südosten, dreht an der Schlucht der Jayul-Flusses nach Westen, verläuft dann am Flussbett des Yulme-Flusses oder auch des Jar-Flusses nach Nordwesten, bis dann ein Pass zurück zum Tsari-Flusssystem führt. Auf diesem Weg gibt es keine Siedlungen, erst in Jayul erreicht man das Sangngak Choling Gompa. Dies ist das Hauptkloster der Tsari-Region, ein

Drukpa-Kagyü-Kloster, das von Padma Karpo erbaut und im Jahre 1986 restauriert wurde. Mit der Rückkehr ins Tsari-Tal endet dann die Pilgerfahrt.

Amnye Machen: Der Schrein der Räuberbanditen

Der Amnye Machen ist der heilige Berg aller Menschen von Amdo. Nach dem Kang Rimpoche, dem Labchi und dem Tsari ist er der wichtigste Berg-Kraftplatz in ganz Tibet und kann als Kang Rimpoche von Osttibet betrachtet werden. Das Massiv der drei Hauptgipfel erhebt sich am westlichen Ende der Gebirgskette, die ebenfalls Amnye Machen heißt und aus den Ebenen von Amdo aufsteigt. Diese Gebirgskette ist in ostwestlicher Richtung etwa 200 Kilometer lang und liegt im Osten der Zwillingsseen Kyering Tso und Ngoring Tso, innerhalb der Kurve des *Machu-Flusses*, der in China den Namen Huang Ho trägt.

Der Berggott Amnye Machen ist der Souverän unter allen Herren der Erde (*sadak*) von Amdo. Er ist auch der Kriegsgott (*dralha*) von ganz Amdo, der Feind aller Angreifer des Landes, der Menschen und des Buddha-Dharma. *Machen* bezieht sich auf das Territorium, das er beherrscht, *Amnye* bedeutet »Ahne«, und somit ist der Amnye Machen der »Ahnherr der Menschen von Amdo«. Manchmal wird *Machen* auch als »prachtvoller Pfau« verstanden, und dann wird der Amnye Machen zum »großen Pfauenahnen«. Er heißt auch *Machen Pomra* (*pomra* für »Berg«) und Magyel oder »König von Ma«. Die Bönpos nennen ihn Manyen Pomra, und das ist wahrscheinlich sein ältester Name: Er zeichnet ihn als einen *nyen*-Gott aus, den größten und wildesten aller Berggötter. Als solcher erscheint er im Zentrum eines Mandala der 360 tibetischen Beggötter, und dabei ist Nyenchen Thanglha, der wichtigste zentraltibetische *nyen*-Berggott, nur eine Emanation des Machen in der nördlichen Richtung des Mandala. Der große Berggott Amnye Machen herrscht über seine Region, aber für die Yogis ist er vor allem die Wohnstätte der tantrischen Buddha-Gottheit Demchok (»Höchste Seligkeit«).

Für tibetische Pilger, die nicht aus Amdo stammen, steigert die Ferne dieses Berges im Osten von Tibet sein Geheimnis und seinen Ruhm. Zentraltibeter können sich nur ungefähr vorstellen, wo er liegt, aber Lamas wissen, dass sein Berggott einer der großen Schutzherren von Tibet und des Buddha-Dharma ist. In der Vergangenheit war er nicht nur durch seine Abgelegenheit, sondern auch wegen der Wildheit der Nomadenstämme unzugänglich, deren Schaf- und Yak-Herden die Weiden im Süden und Osten des Berges abgrasen und die auch die Region im Norden beherrschen. Diese Kriegerstämme heißen *Goloks* und sind berüchtigt als die beutegierigsten und ungestümsten Bewohner von ganz Tibet. In der Geschichte waren sie ein Bollwerk gegen moslemische Einfälle aus dem Nordosten und gegen mongolische und chinesische Militärinterventionen. Im späten 19. und in der ersten Hälfte des 20. Jahrhunderts schützten sie die Grenzen vor westlichen Forschern und töteten, verwundeten oder verjagten all jene, die ihr Gebiet betraten. Die chinesischen Kommunisten zogen es vor, sich nicht mit ihnen anzulegen und nur eine einzige lebenswichtige Zugangsstraße im fernen Norden der Einflusssphäre der Goloks zu schützen. Diese Stämme wurden schließlich eher durch Vernachlässigung als durch Eroberung befriedet.

Die heftige Unabhängigkeit der Goloks und ihre Ablehnung jeder äußeren Autorität ließen sie nicht nur als Krieger, sondern auch als Banditen bekannt werden. Deshalb heißt der Amnye Machen auch »Heiligtum der Räuberbanditen«. Die Goloks forderten hohe Tribute von den Gütern der Karavanen, die von *Xining* und *Lanchou* über Amdo nach Zentraltibet zogen, und die Händler betrachteten dies als Banditentum, vor allem, weil eine Weigerung, den Wohlstand der Goloks zu mehren, zu Tod oder Verstümmelung führte! Auch Gruppen von eindringenden Pilgern, die ohne Empfehlungen, Blutsbande oder Glück auf dem Weg zum Amnye Machen waren, stellten für marodierende Golok-Reiter ein leichtes Opfer dar. Selbst Yogis, die sich in Berghöhlen zurückgezogen hatten, waren vor ihren Räubereien nicht sicher. Zhabkar Rimpoche (»Kleiner Weißfuß«) wurde während seiner Meditationszeit in der Nähe des Amnye-Machen-Khorra-Weges beraubt, aber nachdem er den Golok-Räuber überzeugt hatte, dass er einen machtvollen Yogi bestahl, verwandelte er den Raub in eine Gelegenheit für Großzügigkeit und gab dem Mann einen Teil seines Nahrungsvorrates mit seinem Segen dazu.

Das beutegierige Verhalten der Goloks spiegelt die Wildheit des ungezähmten Berggottes Amnye Machen. Dieser Gott ist nicht nur wütend und heftig, sondern auch äußerst widerspenstig. Als Guru Rimpoche alle Berggötter von Tibet unterworfen hatte, rief er sie alle in Samye Chokhor als Schutzherren des Buddha-Dharma zusammen:

»Aber der große Berggott Machen Pomra weigerte sich zu kommen. Also fing ihn der Meister mit seiner Hakengeste im Herzen und schleppte ihn dorthin. In der Gestalt eines Schamanenpriesters, der einen Mantel aus Wolfsfell trug und mit einem Hut aus Affenhaut winkte und der mit einem Fuß in Amdo und mit dem anderen in Hepori stand, fiel er mit einem dumpfen Aufschlag vor dem Meister zu Boden.

» *›Ich bin ein riesiges Raubtier‹, sagte er zum Meister. ›Aber, kleiner Mönch, ich konnte deinem eindringlichen Befehl nicht widerstehen. Wie lauten deine Befehle?‹*

›Nimm diese Opfer an und erfülle die Wünsche des Königs‹, antwortete der Meister.

›Ich werde tun, was du sagst‹, sagte Machen Pomra. ›Aber ich bin überaus gierig und mag gerne wertvolle Dinge. Teigkügelchen aus Mehl und Wasser genügen mir nicht als Opfer. Gib mir materielle Gegenstände!‹

Der Meister nahm fünf Arten von Edelsteinen, mahlte sie zu Staub, segnete sie und bot sie Machen Pomra dar. Daraufhin unterstellte sich der große Berggott dem Befehl des Meisters und verpflichtete sich, dem Buddha-Dharma zu dienen.«

DOWMAN, MS

Nach dieser endgültigen Unterwerfung des Amnye Machen durch Guru Rimpoche erreichte der Berggott die zehnte und letzte Ebene des Bodhisattva-Weges, auf der Chenrezik weilt. Auf diese Weise wurden nicht nur seine angeborenen heftigen Kriegereigenschaften dem Buddha-Dharma zur Verfügung gestellt, sondern auch seine Motivation wurde ebenso rein wie der Bodhisattva des Mitgefühls. Seine Ikonographie zeigt ihn gerüstet und bewaffnet, aber mit einem schönen weißen Körper mit den Zeichen eines Helden auf einem fliegenden Pferd reitend. Zur Zeit von Je Tsongkhapa war der Amnye Machen bereits vollständig unterworfen, und der Gründer des Gelukpa-Ordens machte ihn zum Schutzgott der Geluk-Tradition in Ganden Namgyeling.

Das zentrale Amnye-Machen-Massiv besteht aus acht Hauptgipfeln verschiedener Höhe. Die drei wichtigsten davon sind der pyramidale Chenrezik im Süden, der Amnye Machen, der sich als der niedrigste von den dreien weich gerundet in der Mitte erhebt und der

Dradul Lungshok, der als höchster im Norden emporragt. Für die Bönpos und Laienbuddhisten ist der mittlere Gipfel der Palast von Machen. Die umliegenden Gipfel sind die Residenzen seiner Gefährtin Gungmen Lhari, einer Tiger-Dämonin und wilden Frau (*menmo*), die einen Topf voll Nektar und einen Spiegel trägt und auf einem Hirsch reitet, seiner neun Söhne, die wie ihr Vater gerüstet und bewaffnet sind und auf Pferden sitzen, und seiner neun Töchter, die auf Kuckucks reiten. Aber für den Yogi, der das Mutter-Tantra praktiziert, ist der Amnye-Machen-Gipfel ein Mandala von Demchok (Sanskrit: Samvara), der von seinen opfernden Göttinnen umgeben ist, während männliche und weibliche Himmelswandlerinnen im Himmel darüber schweben. Das Mandala von Demchok ist im Grundriss durch den Gipfel des Amnye Machen, ferner die umliegenden Gipfel und schließlich die Tore in den vier Himmelsrichtungen definiert. In diesem Mandala wird Machen selbst als bloßer Schutzgott in eine Hilfsposition im Westen abgeschoben.

Mit dem Amnye-Machen-Massiv ist auch König Gesar assoziiert, jener archetypische tibetische Kriegerheld und Beschützer der buddhistischen Lehre, den man auch Sengchen Gyelpo oder »großen Löwenkönig« nennt. Er befreite Tibet einst von den Horden der Feinde und wartet nur darauf, dass er wieder einen ähnlichen Dinest erweisen kann. Alle Tibeter kennen seine Legende, und ganz besonders wird sein Name von den Barden Osttibets besungen, wo sich auch die Landschaft Ling befindet. Gesars Schwert steht verborgen im Zentrum des Amnye-Machen-Gipfels.

Die Pilgerreise zum Amnye Machen war immer durch seine Unzugänglichkeit und die Wildheit der Landschaft beschränkt. Seit die religiöse Unterdrückung in den achtziger Jahren etwas gelockert wurde, sind fast ausschließlich Goloks als Pilger dorthin zurückgekehrt. Aber das letzte Jahr des Pferdes innerhalb des Zwölfjahreszyklus, das als günstigste Zeit für die Pilgerreise zum Amnye Machen gilt, fiel ins Jahr 1990, und im neunten Mondmonat dieses Jahres umschritten Hunderte von Pilgern den Berg. Der Khorra-Weg ist etwa 180 Kilometer lang.

Einige wenige Pilger vollzogen die Umschreitung mit vollen Niederwerfungen und brauchten auf diese Weise etwa 40 Tage; die meisten wanderten in Gruppen, trieben ihre Lasten-Yaks vor sich her und beendeten die Umschreitung nach einer Woche; viele ritten auf Pferden und waren nach drei Tagen fertig. Die letzte Variante verweist nicht so sehr auf einen lockeren Umgang mit der Lehre – weil Reiten ja nur einen Bruchteil der Verdienste erzeugt, die durch Gehen oder Niederwerfungen erlangt werden –, sondern vielmehr auf die Untrennbarkeit der Goloks von ihrem Pferdesattel, auf dem sie ihr ganzes Leben von Kindesbeinen an verbringen. Man sagt, dass ein Golok lieber zu Hause bleibt, anstatt die wenigen Meter zwischen seinem Zelt und dem seines Nachbarn zu Fuß zurückzulegen. Viele von diesen Pilgern trugen Gewehre. Auch dies ist weniger an Zeichen für die Missachtung des Jagdverbotes auf allen Pilgerfahrten als vielmehr ein Ausdruck der Bindung der Golok an ihre Waffen, die sie überall mit sich tragen.

Der Khorra-Weg liegt als flache Ellipse auf einer Durchschnittshöhe von etwa 4300 Metern, manchmal in nächster Nähe des Massivs, manchmal auch etwas entfernt. Man erreicht ihn im Nordosten von Zhozan Kunghe aus, im Südosten von der Golok-Hauptstadt Tawo Kongma, im Nordwesten von Tawo Zholma (Xiadawu), drei Stunden Fußmarsch von Nuwo Dradul Wangchuk entfernt. In der Nähe dieses Ortes liegt das Kloster *Guru Gompa*, das einzige Kloster auf dem Khorra-Weg, das von Nyingmas gegründet wurd. Hier sieht man das Amnye-Machen-Mandala auf den Wänden abgebildet. Das Kloster sollte am Ende des Umganges besucht werden.

Das Nordtor zum Mandala ist Nuwo Dradul Wangchuk oder »der jüngere Bruder, der als Herr den Feind unterwirft«. Dies ist die Wohnstätte des jüngeren Bruders des Amnye Machen. Hier findet man auch Zhabkars Handabdruck eingeprägt.

Nordöstlich davon, am Ende des Chungon oder »Blau-Wasser-Tales«, befindet sich der Drokdu-Nyakha-La-Pass, ein Ort an dem Steine (*nedo*) gesammelt, nach Hause gebracht und auf einem Altar oder in einem Chörten aufbewahrt werden. Am Grunde des Passes gibt es einen Ort (*nesa*), an dem Erde ausgegraben und für späteren medizinischen Bedarf getrocknet wird. Der Weg folgte dem Yekhokchu-Fluss bis zum Zusammenfluss mit dem Yonkhokchu in Chuwarna (»Ort des Zusammenflusses«). Aber bevor man Chuwarna über dem Yekhok-Tal auf der Nordseite erreicht, trifft man auf den Palast des ruhmreichen Yeshe Gompo (»Herr der Weisheit«). Den Palast stellt man sich als Hain über einem Beinacker vor. Sein zorniger Schutzgott steht in seiner Mitte in einem lodernden Feuer ursprünglicher Weisheit, umgeben von einem Gefolge von Wächtern. Er dient Demchok zum Nutzen aller gefühlsbegabten Wesen.

In Chuwarna gibt es einen großen restaurierten Chörten, den *Chörten Karpo* innerhalb eines ummauerten Gebäudekomplexes. Dies ist das Osttor zum Mandala. Von hier aus dreht der Weg nach Süden ab und steigt zum Yonkhok-Tal hinauf, das spärlich bewaldet ist. Dann findet man auf einem großen Felsen in Gotson (»Waffen«), einem flachen Gelände neben dem Weg, den Handabdruck von Gesars älterem Bruder Gyatsa Shelkar (»Weißmond-Gesicht«). Gotson ist die Waffenschmiede des Machen Pomra, der Goloks und Gesars. Es liegt im Berg über diesem Ort. Weiter oben ist ein Gipfel über Gotson von wilden Frauen bewohnt, die zu Machen Pomras Gefolge gehören. Sie sind reizvoll anzusehen – nackt, mit rot bemalten Körpern tanzen sie und schwingen ihre Hüften nach links. Über Gotson im Süden befindet sich der Bergpalast der Tsering Chenga, der »fünf Göttinnen des langen Lebens«, die auch Abur Barlung genannt werden. Dort vollziehen sie mit ihrer Anführerin Tashi Tseringma in der Mitte den Ritus des tantrischen Festmahls zusammen mit einem Gefolge von Himmelswandlerinnen. Hinter Gotson liegt die herzförmige Berg-Wohnstätte von Machens Gefährtin Dorje Drak Gyalma, einer der Wächterinnen des Passes, der nach Tibet führt.

Am östlichen Ende des Khorra-Weges liegt Tselnak Khamdo, das nach der dort vorkommenden roten und schwarzen Erde benannt ist. Im Südwesten durchquert der Weg dann Weideland und erreicht Ludung Shukpa, den »Wacholderbaum des Schlangengeistes«. Hier befindet sich der riesige Baum, zwei Höhlen und Drölmas Quelle sowie Pfosten, an denen Gebetsfahnen aufgehängt sind. Weiter im Westen liegt der höchste Punkt des Khorra-Weges, nämlich Tamchok Kongpa (»die Höhen des erhabenen Pferdes«), und auf ihm ein hoher Pfosten für Gebetsfahnen, die von den Pilgern dargebracht werden. Hier liegt auch ein aufgetürmter Haufen von Pferdeschädeln, Haar von ihrer Mähne und Zügel, die geopfert werden, um das Glück der Pferde der Pilger zu steigern. Dies ist das südliche Tor zum Mandala. Unter dem Pass befindet sich eine Ebene namens Ngangwai Shokteng (»Auf Gänseschwingen«), über der sich der Schneegipfel Nyerwa Dronyi Shelkar erhebt.

Auf der Gegenseite der Ebene gibt es einen kleinen See, einen Spiegelsee, welcher der Lebensgeistsee des Amnye Machen sein könnte. Dahinter liegt eine Böschung mit mehreren Vorsprüngen, die Mowatowa (»Exorzist, Orakelkundiger«) genannt wird. Am Boden dieser Böschung findet man die zerbrochenen Mauern einer Einsiedelei, die von dem berühmten Yogi aus Amdo, Zhabkar, bewohnt war. Dort meditierte er im Jahre 1809 einige wenige Monate lang und heiligte den Ort. Er kam mit zwei Dienern, die »eine kleine Steinhütte gerade in der passenden Größe für mich bauten, und zwar an einem sonnigen Fleck, der unter einem Felsvorsprung lag«. Die Einsiedelei blickte auf zwei Seen herab, als Zhabkar dort weilte. Der große Yogi komponierte während dieses Sommers viele Lieder, einige über das wilde Leben in dieser Gegend, vor allem die Wildesel-Herden (*kyang*). Er erwähnt den Amnye Machen nur als Wohnstätte von Machen, dem Schutzherrn auf der zehnten Bodhisattva-Ebene. Eines Tages kletterte er auf einen der Gipfel und verlor sich in der Erfahrung des Raumes. Er beschreibt sein *samadhi* folgendermaßen:

»Wie die Sonne, die an einem klaren Herbsthimmel scheint, lag die leuchtende Leere – das wahre Wesen des Bewusstseins – offen vor mir. In einem Zustand ohne Zentrum, ohne Grenzen, leer wie der Raum waren alle Phänomene – Formen und Klänge – in aller Spontaneität vorhanden, lebendig wie die Sonne, der Mond, die Planeten und Sterne. Bewusstsein und äußere Phänomene verschmolzen voll und ganz in einem einzigen Geschmack.

Freund und Feind – kein Unterschied; Gold und Stein – kein Unterschied; dieses Leben und das nächste – kein Unterschied. Als ich dies für mich selbst gesehen hatte, war ich bereit, unter den glorreichen himmlischen Yogis zu sitzen.« RICARD 1994:175

Mowatowa ist der Ort der Bodhisattva-Vision. Über Mowatowa liegt die Berg-Wohnstätte von Chenrezik, dem Bodhisattva des Mitgefühls. Dem Pilgerführer zufolge ist sein »Körper von der Farbe der schneebedeckten Berge, die von Tausenden von Sonnen liebkost werden«. Auf seiner Linken liegt die Residenz von Chakna Dorje, dem Meister der Tantras, dessen Körper die Farbe von Lapislazuli hat, umgeben von einer riesigen Schar von Bodhisattvas. Auf Chenreziks rechter Seite liegt die Wohnstätte von Jampelyang, dem Bodhisattva der Intelligenz. In der Nähe am Rande eines Gletschers befindet sich die Wohnstätte von Drölma, der Bodhisattva-Göttin der Hingabe. »Diese Wohnstätten der Bodhisattvas sehen aus wie Haufen von Erde und Stein, aber in Wirklichkeit sind sie genauso wie der Potala das ›reine Land‹ der Bodhisattvas.«

Wenn man weiter westlich von der Ebene hinabklettert, so erreicht man Jema Drudel (»Körner von ausgestreuter Sand-Gerste«), einen Ort der Sanddünen. Hier gibt es einen Eingang zum Palast des großen Schutzherrn der buddhistischen Tradition, Machen Pomra, der im Wesentlichen der »große Mitfühlende« oder Thukjechenpo (Sanskrit: Mahakarunika) ist:

> *»Er besitzt einen weißen Körper, ähnlich einem verschneiten Berg, aber mit rötlichem Schimmer. Er hat ein Gesicht und zwei Hände. In seiner Rechten hält er einen Pfeil, der alle Wünsche erfüllt, aus einem hohlen Schilfrohr gefertigt und mit bunter Seide geschmückt ist. In seiner Linken hält er einen wunscherfüllenden Edelstein an sein Herz. Er trägt Seide und Juwelenschmuck, eine Brokatweste, ein Kettenhemd und einen goldenen Helm. Er sitzt auf dem stolzen weißen Pferd mit der Mähne aus Türkis – in einer Haltung königlicher Eleganz sitzt er auf einem goldenen Sattel, der mit kostbarem Schmuck besetzt ist.«* BUFFETRILLE, MS

In nächster Nähe gibt es einen Fluss, und wenn man an seinem Ufer flussaufwärts geht, so findet man eine Quelle namens Drölma Drubchu (»Quelle von Drölmas vollendeter Leistung«). Wenn der Pilger noch weiter wandert, so erreicht er Goku Chenmo. Ein *goku* ist ein riesiges Thangka mit Applikationen, und hier scheinen die mannigfaltigen Farben der darüber liegenden Felsfront diesem Ort ein solches zu bilden. Hinter dem *goku* befindet sich das westliche Tor zum Palast von Machen, und dahinter leben viele Mönche, die die lebenden Wesen durch das melodiöse Chanten von Buddhas Lehren zur Befreiung führen.

Jenseits von Gokuchenmo liegt der Gethuk-La-Pass, und in seiner Nähe findet man einen Felsen mit einem länglichen Stein, der wie ein Griff aussieht. Dieser Griff wurde von Gesar verwendet, um sein Pferd anzubinden, als er sich auf dem Pass ausruhte. Unterhalb, im Tal von Gethuk Nang liegt ein Ort namens Shinje Gyama Dang Melong (»Waagschalen und Spiegel des Todesgottes«), in dem der Pilger seinen Tod und das Urteil betrachten kann, das Shinje, der Herr des Todes über ihn verhängt. Dazu muss er durch einen engen Tunnel, der das Gefühl nach dem Tod simuliert, kriechen, und wenn er an seinem Ende angekommen ist, hängt er an seinen Füßen und muss versuchen, einen vorstehenden Felsen unter ihm zu erreichen. Wenn der Pilger diese Prüfung überlebt hat, so hebt er einen Felsblock auf und trägt ihn im Kreis um eine *mani*-Mauer. Damit evoziert er vielleicht die Wiedergeburt in der Hölle, die ihn vielleicht am Ende des Bardo erwartet. Dies ist der letzte Kraftplatz auf dem Khorra-Weg, der am Kloster Guru Gompa im Nordwesten endet.

Bönri: Der große Bön-Berg

Am Kongpo Bönri treten wir in das mythische Paradies des Bön-Ordens ein. Der Bönri ist der wichtigste Kraftplatz der Bön in ganz Tibet. In Zentraltibet gibt es so gut wie keine Bönpo-Kraftplätze, denn nachdem die Bön von König Trisong Detsen im 8. Jahrhundert vertrieben wurden, haben sie sich nie wieder erholen können. Aber in der Region des Bönri blüht ihre Tradition noch immer, und davon zeugt ihr heiliger Berg als lebendes Denkmal.

Die alte Provinz Kongpo, die südöstlich von Lhasa, östlich der alten *Provinz Dakpo* und nördlich des Yarlung-Tsangpo-Flusses liegt, bildet eine Region zwischen Zentraltibet und den feuchten Dschungeln, die den Tsari weiter im Südosten umgeben, und den bewaldeten Tälern und Hochebenen von Kham auf der anderen Seite. Diese Zwischenregion ist ebenfalls bewaldet und war einst für ihre schönen Pferde berühmt. Aus der Perspektive sowohl der Zentraltibeter wie auch der Khampas betrachtet, sind die Kongpos zu eng mit den Lopas, den Stämmen des Osthimalaya, verwandt. Es heißt, dass sie Frösche und Schlangen essen, dass Neffen und Onkel miteinander kämpfen und einander töten, dass Brüder und Schwester miteinander Sexualverkehr pflegen und vor allem dass man sich davor hüten muss, vergiftet zu werden, wenn man diese Gegend durchquert! Ob Pilger vergiftet werden oder auf andere Weise getötet werden – jedenfalls essen die Kongpos das Fleisch von Durchreisenden, und ein Kaufmann oder Pilger, der diesem Schicksal entgeht, hat Glück gehabt. Insofern ist es nicht erstaunlich, dass die alte schamanische Religion des Bön hier am Bönri vertreten ist – östlich des geomantisch günstigen Zusammenflusses von Nyangchu und Yarlung Tsangpo, der von Westen nach Osten fließt.

Aber in den Klöstern des Bönri wird nicht der alte vorbuddhistische Schamanismus praktiziert. Vielmehr gehören sie zum reformierten Neuen Bön-Orden, und abgesehen davon, dass sie ihren Berg gegen den Uhrzeigersinn umschreiten, wird der westliche Pilger keinen größeren Unterschied zwischen der Bön-Tradition und den buddhistischen Bräuchen am Kang Rimpoche oder Tsari feststellen. Was auf dem Khorra-Weg vor sich geht, erscheint identisch. Aber hier murmelt der Pilger Bön-Mantras und -Gebete, die Namen der angerufenen Yogis und Gottheiten sind ungewohnt, und die Bilder in den Tempeln und auf den Gebetsfahnen wirken merkwürdig und fremdartig. Und während der Yogi und Pilger in den Führern zum Kang Rimpoche, Labchi und Tsari aufgefordert wird, den Berg als Mandala zu visualisieren, konzentrieren sich die Führer zum Bönri mehr auf die mythischen Ereignisse, mit denen Shenrab Miwo, der Buddha und Prophet der Bön, beschäftigt war, als er diesen Ort besuchte.

Zuallererst wird der Berg jedoch als Bewusstsein von Shenrab Miwo visualisiert. Der große Gründer des Bön-Ordens war aus seinem Heimatland Takzik im persischen Herrschaftsbereich geflohen, um die dämonischen Kräfte Tibets zu unterwerfen und die Menschen zu bekehren. Der Herr der tibetischen Dämonen war *Khyabpa Lagring*, der Shenrab Miwo mehrere Pferde gestohlen und in Kongpo Zuflucht gesucht hatte. Khyabpa schuf einen schwarzen Berg, um das Yarlung-Tsangpo-Tal zu blockieren, aber der Meister wirbelte diesen Berg einfach fort und ließ aus seinem Bewusstsein den Bönri, einen noch größeren Berg entstehen:

> »*Aus seinem Herzen strömte ein Strahl von purpurfarbenem Licht in der Länge einer Säule hervor, der die Milliarden von Reichen durchdrang und einen Berg wie einen Haufen von flammenden Juwelen schuf...und er erschien wie Tsomchok Khagying (›höchster Herr edler Himmel‹) und stand in Vereinigung mit seiner Gefährtin. Er hatte drei Gesichter, sechs Arme und zwei Beine ...*«
>
> RAMBLE, MS

Der Berg ist also von Shenrabs Bewusstsein nicht zu trennen – er ist eine makellose Illusion.

Viel später in der sagenhaften Zeit der tibetischen Geschichte stieg der erste tibetische *König Nyatri Tsenpo* an einem Seil vom Himmel zum Gipfel des Bönri herab, und der erste König, der nicht an seinem Seil zum Himmel zurückkehrte, *Drigum Tsenpo*, wurde hier beerdigt. Auch Guru Rimpoche kam zum Bönri, heiligte den Ort durch seine Meditation und hinterließ verborgene Schätze und seine Fußabdrücke im Stein. Der Berg wurde erst im 14. Jahrhundert für die Meditation und Pilgerfahrten der Bönpos geöffnet, und zwar durch einen Yogi namens *Ripa Drukse* aus Amdo, wo die Bönpos niemals verfolgt worden waren. Da dieser Yogi den Berg-Kraftplatz am Bönri geöffnet hat, besitzt er denselben Status wie Gotsangpa am Kang Rimpoche. Er meditierte drei Jahre lang am Bönri und unterwarf in dieser Zeit die einheimischen Schutzgottheiten der Bön-Tradition. Dann erschien ihm die Göttin *Sipai Gyelmo* als Tiger und weihte ihn in die Kraftplätze des Berges und ihre Mythologie ein. Ripa Drukse erbaute ein Kloster auf dem Bönri und hinterließ zahllose Fußabdrücke im Felsen als Zeugnis seiner spirituellen Verwirklichung.

Die fünf Höhlen auf den Hängen des Berges und die fünf Seen, die im Berg verborgen sind, kennzeichnen ihn als Mandala, in dessen Mitte die Buddha-Gottheit Tsomchok Khagying sitzt. Die fünf Höhlen-Kraftplätze wurden von Shenrab Miwo selbst und durch die Meditation von Gelehrten, Adepten und Bön-Priestern geheiligt. Jede Höhle besitzt einen besonderen Meditationszyklus, in jeder sind Schatz-Texte verborgen, und jede weist Körperabdrücke der Heiligen und Yogis auf, die dort meditierten.

Aus dem Bönri-Massiv ragen drei Gipfel empor: Der Lhari im Südwesten, der Muri in der Mitte und der Shenri am östlichen Ende des Bergrückens. Diese drei Gipfel, die nicht zum Konzept des Bönri als Mandala gehören, beinhalten stattdessen die dreifache Wirklichkeit von Shenrab Miwo – seinen Buddha-Körper, seine Buddha-Sprache und sein Buddha-Bewusstsein. Obwohl es bei den Tibetern als spirituell unverfroren gilt, diese Gipfel zu besteigen, gibt es Wege, die dort hinauf führen, vielleicht, weil sie leicht zugänglich sind und weil die Bönpos mehr als die Buddhisten geneigt sind, es den chinesischen Taoisten nachzutun. Lhari, der »göttliche Gipfel« ist am bekanntesten, weil hier Nyatri Tsenpo an seinem Himmelsseil herabstieg. Der volle Name dieses Gipfels lautet Lhari Gyangtho. In der Nähe seines höchsten Punktes findet man Nyatri Tsenpos Fußabdruck in der Form einer ungewöhnlich hervorstehenden Mulde. Dieser Gipfel ist auch die Wohnstätte von Ama Yongma, der Beschützerin des darunter liegenden Dorfes Liding.

Der Bönri-Khorra-Weg

Den Bönri-Khorra-Weg erreicht man von der Straße am Südufer des Yarlung Tsangpo mit dem Schiff. Auf der Nordseite des Berges befindet sich die Stadt Nyingtri auf der Straße, die Lhasa mit Chamdo verbindet. Diese Stadt liegt auf dem Khorra-Weg, und dort beginnen die meisten Pilger ihre Umschreitung. Der Weg beträgt etwa 60 Kilometer und nimmt etwa zwei Tage in Anspruch. Sowohl Buddhisten wie auch Bönpos beschreiten ihn gegen den Uhrzeigersinn. Dies wird durch eine Legende erklärt: Ein Bönpo wetteiferte mit einem Karmapa, wer den Berg am schnellsten umschreiten könne, und dabei wurde der Karmapa in seiner normalen Richtung – im Uhrzeigersinn – von einem Tiger aufgehalten. Seitdem passen sich die Buddhisten den Bönpos an. Dieser Khorra-Weg ist voll von kleineren Kraftplätzen, von denen ich nur diejenigen erwähne, die den Bönpos am wichtigsten sind.

Auf der Westseite des Nyingtri gibt es einen Gebäudekomplex, der den überaus heiligen Bön-Baum Kushuk Demdruck schützt, der für die Bönpos denselben Status hat wie der mythische Rosenapfelbaum für die Buddhisten. Er ist der ursprüngliche Baum des Lebens, der Schutz gewährt und Langlebigkeit und magische Kräfte schenkt.

Der Khorra-Weg beginnt über der Stadt, und der erste wichtigere Kraftplatz ist das wieder aufgebaute und funktionierende Sigyel Gompa in der Nähe des Dorfes Kharsamo, das von Ripa Drukse gegründet wurde. Das Kloster Taktse Yungdrungling Gompa (»Ort des Tigers über der Swastika«), eine Amdowa-Gründung, liegt auf dem Weg zu dem Dorf Pangna.

Nach dem Dorf Miyul Kyithing erreicht man den Friedhof Mijik Tri (»Friedhof des furchtlosen Thrones«), der zwischen dem Fuß des Bönri und dem Nyangchu-Fluss liegt. Dies ist der unheimliche König der 108 Plätze, an denen rings um den Berg die Körper der Toten verabschiedet werden. Der große Erdhügel in diesem Friedhof ist die sagenhafte Begräbnisstätte des Königs Drigum Tsenpo, dem wegen seiner Verfolgung der Bön-Religion als erstem tibetischen König der Aufstieg in den Himmel versagt wurde.

In der Nähe der Flüsse Nyangchu und Yarlung Tsangpo liegt das Dorf Drena, und in dieser Gegend liegen die wichtigsten Kultorte des Bönri. Unmittelbar vor Drena befindet sich die Quelle Tashi Chimik Dadrang (»Glück bringende Quelle des Pfeil-Loches«). Im letzten Akt des magischen Machtspieles zwischen den weißen und schwarzen Kräften, die von Shenrab Miwo und Khyabpa verkörpert wurden, versprach der Kongpo-Dämon dem Bön-Meister, dass er die Bön-Tradition annehmen würde, wenn der Meister sieben Schilde mit einem einzigen Pfeil durchdringen könne. Shenrab gelang diese Leistung, und sofort entsprang aus dem Boden, an dem der Pfeil aus den Schilden gezogen wurde, eine Quelle. Das Dorf Drena trägt seinen Namen, weil Shenrab nach seinem Sieg über den Dämon Pfunde (*dres*) von Türkis und Gold geschenkt wurden. Hier wurden dem Meister auch die sieben Pferde zurückerstattet, die Khyabpa gestohlen hatte, und dann in Quellen gewaschen.

Auf der Südseite des Berges liegt das Dorf Yungdrungdzin (»Träger der Swastika«), in dem eine Säule aus dem 8. Jahrhundert an Nyatri Tsenpo und Drigum Tsenpo erinnert und das Herrschaftsrecht der Kongpo-Könige festlegt. Hinter dem Anlegeplatz der Fähren befindet sich der Do Jowo Lhakhang (»Stein-Buddha-Tempel«), der Teil eines Nyingma-Klosters, in dem ein selbst-manifestiertes Steinbildnis des Buddha steht, das dem in Lhasa entspricht.

Von dem Dorf Miri führt der Weg nach Drakar Zhabje (»Weißfels-Fußabdruck«), wo man auf einem großen, flachen Stein den Fußabdruck von Shenrab Miwo findet, der an den Sieg des Meisters über den Dämon Khyabpa erinnert.

Von diesem Ort aus führt der Weg langsam nach oben zum Bönri-La-Pass, und dieser Teil des Weges führt durch verzauberte Wälder und enthält zahllose Kraftplätze. Zunächst gibt es dort Shenrab Shuktri (»Shenrabs Meditationsthron«). In Thangshing Durtro (»Fichten-Friedhof«) befindet sich ein Geisterbaum (*lashing*), an dem die winzigen Särge von Säuglingen von den Zweigen hängen, um sicherzustellen, dass die Geister dieser karmisch ungeformten Wesen im Bardo-Zustand zwischen Tod und Wiedergeburt nicht auf Hindernisse treffen. Weiter oben am Weg sind leiterartig eingekerbte Stöcke als Opfergaben gegen die Felsen gelehnt, damit die Geister der Toten vom Bardo in den Himmel klettern können – wie die alten Könige, die nach ihrem Tod an einem Himmelsseil in den Himmel hinaufstiegen. Darüber liegt der östliche Höhlenkraftplatz Takla Drubphuk, eine der wichtigsten Meditationshöhlen des Berges. Bei zwei Dritteln des Weges zum Pass liegt Bardo Trang, »enger Durchgang im Zwischenzustand«, eine enge Öffnung zwischen zwei Felsen, durch die der Pilger kriechen kann, um seinen späteren Durchgang durch das Bardo zu erleichtern. Noch weiter oben trifft man auf Dikpa Phabsa, einen Felsen, auf den sich der Pilger setzt, um seine Sünden loszulassen und sich ohne sie wieder zu erheben.

Unmittelbar vor dem Pass befindet sich ein großer Fels, an dem die Tochter eines berühmten Schatzfinders der vorigen Generation –

Sangngak Lingpa – im Jahre 1986 in einem komplizierten, öffentlichen Ritual einen Schatz entnahm. Sie demonstrierte damit öffentlich, dass der magische Berg Bönri, der von den Schwingungen der größten Bön-Adepten erfüllt ist und die von Shenrab Miwo versteckten Schätze enthält, von dem kommunistischen Holocaust nicht beschädigt wurde und noch immer geheime Botschaften für Gläubige der Bön-Religion enthält, die nach Befreiung vom Rad der Wiedergeburt streben.

Beim Abstieg auf der Nordseite des Berges kann man bei Dikdo Taksa anhalten und Sündensteine hinterlassen, Steine, in die mentale Spuren der Übertretungen des Pilgers übertragen werden. Von hier aus führt der Weg zur Stadt Nyingtri hinab.

Die Höhle: Der Schoss der Buddhas

Eine Stunde vor der Morgendämmerung erhebt sich das Bewusstsein des Yogi aus tiefem Schlaf in das Reich des Traumes, und sein Meditationstag beginnt. Traum-Yoga ermöglicht ihm die losgelöste Betrachtung eines ungehemmten Flusses illusionärer Traumbilder. Wenige Augenblicke später öffnen sich seine Augen, und er richtet sich urplötzlich aus seiner Schräglage in die volle Meditationshaltung auf und zieht in seiner Holzkiste, die mit einer Yak-Haar-Matratze ausgeschlagen ist, seine wollene *chuba* fester um sich. Mit neuen tiefen Atemzügen energetisiert er Körper und Geist, treibt die tote Luft aus der Tiefe seiner Lunge und atmet das frische *prana* der dünnen Bergluft ein. Dann entspannt er sich in langsamer Bewegung und beginnt mit der Durchführung eines liturgischen Rituals mit seiner Buddha-Gottheit, bei dem er nur Dorje und Zimbel verwendet, die neben einem kleinen Haufen von handgeschriebenen Manuskripten und einer hölzernen Teeschale am Ende der Bettkiste liegen.

Die Wand, die den Höhleneingang verschließt, ist durch eine Tür und ein kleines Fenster durchbrochen. Auf dem Altar im rückwärtigen Teil der Höhle steht ein erst kürzlich angefertigtes, etwa einen Meter hohes Gipsbildnis von Guru Rimpoche. Daneben steht eine kleine, überaus kostbare Bronzestatue, die den *yidam* des Yogi darstellt – ein Geschenk vom Vorsteher seines Dorfes, der es aus einem Versteck hervorzog, in dem es überdauerte, als die Roten Garden das lokale Kloster zerstörten. Neben der Statue liegt eine fein modellierte *torma*, ein abstraktes Symbol des *yidam* aus Gerstenmehl und Zuckersirup. Davor liegen sieben umgekehrte Bronzeschalen in einer Reihe nebeneinander. An einem Nagel in der Wand hängt ein Brokatbild von Shakyamuni Buddha aus einer Fabrik in Shanghai, die Millionen von solchen Bildern für den buddhistischen Bedarf produziert. Daneben hängt ein zerrissenes Papierbild von Chenrezik, das in Indien gedruckt wurde. An einer Seite der Höhle befindet sich ein roher Herd aus drei runden Steinen, ein Topf steht auf offensichtlich erloschener Asche. Neben dem Herd steht ein Holzfass. Und die Vorräte, die unter dem Altar aufgehäuft sind, umfassen einen kleinen Baumwollsack mit Gerstenmehl, ein Paket mit billigem Tee, eine Plastiktüte mit Yak-Butter und einen kleinen Baumwollsack mit Salz.

Der Yogi scheint während einer Pause in der Rezitation seiner Liturgie zu dösen. Die Dämmerung hat sich schon längst zerstreut, und die Sonnenstrahlen strömen durch das Fenster und treffen auf das Standbild von Guru Rimpoche auf dem Altar. Der Yogi bewegt sich und stößt einen durchdringenden Schrei aus, um dann seine Meditationsliturgie zu beenden. Er erhebt sich aus der Bettkiste und tritt in die Sonne hinaus. Hinter ihm liegt der Felsabhang, der zu einem Gipfel emporsteigt, in dem seine Höhle gelegen ist. Die permanente Schneegrenze ist zu sehen, sie liegt bei 4880 Metern. Vor ihm – im Süden – sinken felsübersäte, mit Gras und Blumen bewachsene Terrassen in den Raum hinab. Einige hundert Meter in östlicher und westlicher Richtung enden die Terrassen in Felsvorsprüngen, die jäh zu Flüssen abfallen, die sich in einem fernen Punkt außerhalb seines Gesichtskreises treffen. Nach dem Zusammenfluss sieht man einen silbrig schlängelnden Fluss weit unten in einer Schlucht durch einen niedrigen Bergrücken verschwinden.

Der Yogi geht an der Höhle vorbei zu einer Stelle, an der ein kurzer ausgehöhlter Ast wie ein Wasserrohr das Wasser aus einem Felsspalt langsam tröpfelnd in ein darunter liegendes Felsbecken leitet. Er vollzieht seine Waschungen und füllt den Topf mit Wasser. Als er die Asche bewegt, findet er ein Glühen, das er ins Leben zurückruft, indem er es durch eine grobes Zinnrohr anbläst. Er nährt das Feuer mit dem, was der letzte Winter an toten Wacholderblättern und -wurzeln übrig gelassen hat. Der Topf kocht, er gibt den Tee hinein, gießt das Gebräu in das Holzfass und fügt einen Löffel voll Butter und ein wenig Salz hinzu, um die Mischung dann umzurühren. Sein Frühstück besteht aus einer Schale Gerstenmehl, die mit Tee vermischt wird.

Die beschriebene Höhle heißt Dorje Drubphuk (»unzerstörbare Meditations-Höhle«). Zwar wurde sie wahrscheinlich zuerst von Bön-Schamanen bewohnt, aber es heißt auch, dass Guru Rimpoche sie im 8. Jahrhundert selbst besucht haben soll. Er meditierte in ihr, und die Schwingung seiner Meditation drang in den Felsen ein. Der große Guru unterwarf die örtlichen Dämonen und Geister. Er befreite gleichzeitig die Einwohner der darunter liegenden Dörfer von ihrer Furcht und fesselte die Energie, die nun in der Meditation eines Yogi positiv eingesetzt werden kann. Dort, wo Guru Rimpoche einst in Meditation versunken saß, ist die Praxis nachfolgender Yogis frei von Hindernissen. Dann verbarg der große Guru auch Schatztexte im der Höhle.

Dies alles waren die Gründe, um derentwillen es eine lange zwölf Jahrhunderte dauernde Abfolge von Yogis gab, die in dieser Höhle meditierten. Dieser ununterbrochene Zustrom endete, als die Roten Garden im Jahre 1967 zu diesem Hort der Ruhe hinaufkletterten, den Altar verwüsteten und das goldene Standbild mitsamt dem dort lebenden Yogi mitnahmen. Letzterer wurde dann unten im Tal ins Gefängnis geworfen. In all diesen 1200 Jahren hatten die Yogis den Schlüssel zum Geheimnis der hier verborgenen Schätze nur zweimal entdeckt und Offenbarungen geäußert, die von ihren Schülern mehrere Generationen lang weitergegeben wurden, bis sie dann durch neue Offenbarungen ersetzt wurden, die für die neuere Zeit relevanter waren.

Dorje Drubphuk könnte jede der zahlreichen Höhlen in den Tälern von Tibet sein. Selbst kleine Täler rühmen sich, eine Guru-Rimpoche-Höhle zu besitzen. Für den Yogi, der dort in Buddhas visionärem Reich lebt, ist eine solche Höhle der Ort, der seine Meditationspraxis unterstützt, ein Ort, der förderlich ist für die Erlangung von spiritueller Verwirklichung und Macht. Für den Laien und Gläubigen, der aus einem profanen Milieu stammt, ist sie ein Fenster in das Reich der Vision. Für Wesen, deren Karma sie an einen Glauben in einer äußeren Wirklichkeit bindet, ist sie ein Loch in dem Gewebe der materiellen Existenz, durch das sie einen Blick auf den riesigen Raum der Buddhas werfen können. Sie ist ein Tor zum Mandala-Kreis der Buddhas, bietet eine Möglichkeit in Zeit und Raum, um sich mit den Ressourcen unserer tieferen, spirituellen Schichten zu verbinden und zeigt eine Straße zu den Quellen der göttlichen Energie und Geistigkeit.

Ein geeigneter Höhlenort öffnet sich in den weiten Raum. Wenn der Yogi aus Dorje Drubphuk hervorkommt und gerade nach vorn blickt, so sieht er nur den Himmel. Die Wichtigkeit eines weiträumigen Panoramas für die Meditation des Yogi kann nicht überbetont werden. Das Gefühl eines Lebens in einem riesigen Raum von strahlender Helligkeit schenkt eine Empfindung von Freiheit und ungeheurem geistigen Potenzial. Mit offenen Augen auf den Himmel zu blicken und dabei zu meditieren reinigt den Geist. Aber mehr noch: Die Sinneswahrnehmung des äußeren Raumes verwandelt sich in ein Bewusstsein des inneren Raumes, sodass der Himmel nicht nur eine Metapher für das Bewusstsein ist, sondern auch zur Wirklichkeit des Bewusstseins wird. Tilopa, der Wurzelguru des Kagyü-Ordens, drückt diese Wichtigkeit in einem Lied über Mahamudra-Vorschriften aus:

»Blicke unverwandt in den leeren Himmel, und die Vision geht zu Ende;
Und ebenso, wenn der Geist in sich selbst hineinblickt,
Endet der Fluss der diskursiven und begrifflichen Gedanken,
Und höchste Erleuchtung wird gewonnen.

Das ursprüngliche Wesen des Bewusstseins gleicht dem Raum;
Es durchdringt und umfasst alle Dinge unter der Sonne.

Reiner Raum besitzt weder Farbe noch Form,
Und er kann nicht befleckt werden durch Schwarz oder Weiß;
Ebenso ist die Essenz des Bewusstseins jenseits von Farbe und Form,
Und es kann nicht durch schwarze oder weiße Taten befleckt werden.

Wie reiner Raum transzendiert der Geist die Welt des Denkens ganz und gar …« DOWMAN N.D.: 2

In der buddhistischen Metaphysik ist dieser Raum Leere (*tongpanyi shunyata*), und die Gleichsetzung von Bewusstsein mit Leere ist die notwendige Voraussetzung, um das Mandala zu erzeugen, welches das Bewusstsein, die Dynamik und die Eigenschaften der Buddhas darstellt. Das Gefühl des Yogi, der in Dorje Drubphuk im Zentrum seines Mandala sitzt, wird durch das topografische Panorama unterstützt, das er wahrnimmt, wenn er seine Augen vom Himmel zu den Bergen herabsenkt. Die Bergketten auf beiden Seiten bilden einen

Halbkreis, während der Gipfel hinter ihm, in dem sich die Höhle befindet, den Mittelpunkt eines Kreises zu bilden scheint, zu dem der Bergrücken gehört.

Für den Yogi, der in dieser Höhle die Kraft und Verwirklichung der Buddhas in seiner Lebenszeit erreichen will, ist der Kraftplatz von Dorje Drubphuk die ideale Stelle, um sich zur Meditation zurückzuziehen. Für den einheimischen Gläubigen erfüllt er eine andere Funktion. Zunächst sind Yogi und Kraftplatz für ihn ein und dasselbe, und wenn er sich den Berg zur Höhle hinaufkämpft, wird sein Denken vom Yogi beherrscht. Der Yogi ist der Lama, und das Karma, das ihn zu diesem Ort gebracht hat, unterscheidet ihn von anderen Menschen. Sein Lebensstil, seine tantrischen Einweihungen und seine Meditationspraxis haben ihn mit der Aura der Buddhaschaft umgeben, die er – wie er weiß – erst noch verwirklichen muss. Der Yogi besänftigt die Götter, Dämonen und Geister des Ortes und besitzt Macht über sie. Vielleicht ist der Yogi sogar selbst ein Gott oder Geist, denn er ist dafür bekannt, dass er magische Wirkungen ausüben, die Gestalt wandeln oder im Himmel fliegen kann. Deshalb bringt der Gläubige dem Yogi eine Opfergabe, meistens Nahrung. Wenn er ein Bauer aus den Tälern ist, so ist es Gerstenmehl (*tsampa*), wenn er ein Nomade von den hoch liegenden Weiden ist, so bringt er Butter, Milch, Käse, Joghurt oder Buttermilch. Diese Opfergabe bringt ihm Verdienste ein, und wenn der Yogi milde gestimmt ist, wird er ihm vielleicht das geben, was er sich wünscht, böse Einflüsse abwehren und ihm die Gnade der einheimischen Götter gewähren. Wenn der Yogi jedoch möglicherweise übel wollend ist, so wird die Opfergabe ihn zumindest dazu bewegen, seine Negativität für andere aufzusparen. Und so macht der Gläubige ein Tauschgeschäft mit dem Yogi – Opfergaben gegen Segen.

Durch ständige Anwesenheit und Vertrautheit gewöhnen sich der Yogi und der einheimische Gläubige an die machtvolle spirituelle Wirkung des Höhlen-Kraftplatzes. Der Pilger, der ihn zum ersten Mal betritt und lange und mühevolle Reisen hinter sich hat, ist ganz besonders empfänglich für die Wirkung der Höhle, weil die Legenden über sie seine Erwartung genährt haben und weil diese Erwartung wie eine Art von Selbstsuggestion auf sein Bewusstsein wirkt. Wenn er sich der Heiligkeit der Höhle mit Glauben und Hingabe nähert, so erlebt er Ehrfurcht und Staunen. Wenn er den heiligen Raum betritt, so verändert sich der Stoffwechsel seines Körpers, und sein Bewusstsein wird erweitert. Seine Sinneswahrnehmungen werden schärfer: Die Farben sind heller, die Formen besser umrissen und konzentriert, das Gehör ist schärfer, der Klang eindringlicher, Geruch, Geschmack und Berührung sind intensiver. Vielleicht sieht der Pilger Erscheinungen oder hört Echos. Vielleicht fühlt sich sein Körper schwerelos, schwebend an, als ob seine Bewegung verlangsamt erfolgte. Vielleicht gleiten Gedanken, die von jeder Bindung frei sind, in seinem Geist ein und aus. Vielleicht entsteht ein Gefühl von heller und klarer Ekstase, wenn das Zeitgefühl aufgehoben wird. Dies ist eine Zeit, in der Vision möglich wird. Mit dem Eintritt in dieses mythische Reich können Botschaften und symbolische Hinweise eintreffen, die auf seinen Lebensweg einwirken.

Die Höhlen des großen Guru Rimpoche

Die heiligen Berge gewähren als Kraftplätze einen Makrokosmos heiligen Raumes; die Höhlen und Einsiedeleien sind die mikrokosmischen Kraftzentren in den größeren Mandalas der Berge. Guru-Rimpoche-Höhlen findet man an allen wichtigen Berg-Kraftplätzen, aber auch in den meisten wichtigen Tälern in Tibet. Dies sind sehr alte Höhlen, in die Yogis sich von der Welt zurückgezogen haben, um die Kraft des Geistes zu entwickeln. Viele dieser Kraftplätze wurden zweifelsohne schon lange vor der Hereinkunft des Buddhismus durch die schamanische Tradition geheiligt. Aber mit dem Buddhismus und seiner Betonung des einsamen Rückzuges und der Meditation wurden die Höhlen von Tibet zu einem höchst begehrten Grundbesitz.

Als Erste verlieh die Nyingma-Tradition den Meditationshöhlen kanonische Anerkennung, indem sie einzelne von ihnen als Plätze auswies, die von Guru Rimpoche geheiligt wurden. Später achtete der Kagyü-Orden besonders auf Höhlen, die von Milarepa gesegnet wurden. Auch die Sakyapas und Gelukpas haben ihre Höhlenkraftplätze, aber da sie sich mehr der monastischen Gelehrsamkeit verschrieben haben, waren diese Höhlen für sie nicht so wichtig.

Die weit verbreiteten sagenhaften Biografien von Guru Rimpoche erzählen, wie er zuerst den Ehrgeiz von König Trisong Detsen erfüllte, das große Samye-Chokhor-Kloster zu erbauen, um dann durch ganz Tibet zu reisen und in allen Höhlen-Kraftplätzen zu meditieren. Und wenn es vor seinem Besuch noch keine Kraftplätze gewesen waren, dann waren sie es, wenn er sich von seinem Meditationssitz erhob und weiterwanderte. In den alten Texten werden die Zeiten und Orte aufgelistet, die er in jeder einzelnen Höhle zubrachte. In anderen weniger wichtigen Texten werden Hunderte von Stellen genannt, auf denen sich der große Guru niederließ: »All diese einsamen, isolierten Orte wurden als Meditationsorte gesegnet.« Sein Segen bestand darin, dass er die einheimischen Geister fesselte, die Höhlen sicherte und schützte und auch den Felsen mit seinem meditativen Bewusstsein durchdrang. Diese letzte Funktion ist eine automatische Wirkung des Buddha-Bewusstseins. Während der große Guru im *samadhi* in einer Höhle saß, umfing sein Geist den umliegenden Fels, und es heißt, dass die Kraft dieses Bewusstseins die Felsmaterie »schwängerte«. Dies entfernt bei denen, die ihm nachfolgen, Hindernisse bei der Meditation, denn wenn ein karmischer Prozess einmal durchlaufen ist, so wird es für die Nachfolger immer leichter, ihn zu wiederholen. Nachdem also Guru Rimpoche in den Höhlen von Tibet sein Meditationsrepertoire durchlaufen hatte, erreichten seine Nachfolger dasselbe Ziel mit immer geringerem Aufwand. Und dies ist der Segen des großen Guru.

Zweifellos sind die Geschichten, die über Guru Rimpoches Wanderungen durch ganz Tibet erzählt werden, apokryph. Vielleicht hat er in allen Höhlen von Zentral- und Südtibet meditiert, aber es ist höchst unwahrscheinlich, dass er nach Kham reiste. Wenn gesagt wird, dass Guru Rimpoche in einer Höhle in Kham meditierte, so sollte dies dahingehend verstanden werden, dass eine seiner Emanationen dies tat. Nach seinem Tod wurde der große Guru mit einer Bewusstseinsschicht eins, aus der sich nachfolgende Inkarnationen von Tulkus speisten. Diese Tulkus oder inkarnierte Buddhas entsprangen derselben spirituellen Form wie der historische Guru Rimpoche selbst, sie besaßen dieselben Eigenschaften und Karmas. Wenn also ein Tulku des großen Guru in einem Höhlen-Kraftplatz meditiert, so hat dies dieselbe Wirkung, wie wenn es der große Guru selbst tut. Auch seine Gefährtin Yeshe Tsogyal und andere von seinen 25 historischen Schülern und ihren Tulkus übten denselben Einfluss aus.

Die Guru-Rimpoche-Höhlen werden je nach ihrer Wichtigkeit in Gruppen geordnet. Beispielsweise gibt es 21 wichtige Höhlen, die man Tigernest (*taktsang*) nennt. Die wichtigste Gruppe heißt »die fünf Kraftplätze der einsamen Meditation«. Jede davon weist irgendeine Eigenschaft oder ein geomantisches Merkmal auf, das sie zu einer besonderen Attraktion macht. Diese fünf Höhlen werden mit Körper, Sprache, Geist, Eigenschaft und Handlung des großen Guru in Beziehung gesetzt, und zwar in Entsprechung zu den fünf Chakren von Kopf, Kehle, Herz, Nabel und Beckenboden.

Yangdzong in Drak

Die Höhle Drak Yangdzong (»Äußerste Festung«) ist der Kraftplatz für den *Körper* des großen Guru. Drak ist ein Distrikt nördlich des Yarlung Tsangpo, der von Chitesho aus mit der Fähre zu erreichen ist. Er ist als Geburtsort von Jomo Yeshe Tsogyal, Guru Rimpoches wichtigster tibetischer Gefährtin, berühmt, und auf dem Weg, der den Pilger zum Drak-Tal hinaufführt, liegt ihr Lebensgeist-See. Drak Yangdzong liegt hoch auf der westlichen Seite des Tales. Dort bilden Vorsprünge eines Kalksteingrates ein breites Amphitheater. Die Höhlen sind nur schwer zu entdecken, da sie hoch oben auf dem nackten, weißen Felsen der nach Süden weisenden Seite gelegen sind. Dieser Fels heißt Shinje Rolpai Photrang oder »Festung des tanzenden Herrn des Todes«. Wenn der Pilger den Felshang auf Brücken aus Holzbohlen, die mit Draht verbunden sind, emporklimmt und die verfallenen Überreste von mehreren Meditationshütten hinter sich lässt, erreicht er den Eingang zur Höhle des großen Guru. In ihr gibt es einen großen Raum von etwa 30 Meter Höhe, Tiefe und Breite. Ein Tempel, der vor langer Zeit in ihr errichtet wurde, hat sich ebenso wie mehrere Einsiedlerzellen erhalten. Die Grotte besitzt alles, was für ein kleines Meditationszentrum nötig ist, und wird auch heute noch als solches genutzt.

An der linken Seite führt ein Weg in das obere Höhlensystem. Über eine Leiter kann der Pilger zu einem schwer begehbaren, engen Tunnel gelangen, der in eine große, schoßartige Kaverne mündet. Und wenn er durch diesen Tunnel gleitet, so findet er auf der gegenüberliegenden Seite der Kaverne einen Sims mit einer kleinen Öffnung in Taillenhöhe, die Zugang zu einer kleinen, kreisförmigen Höhle gewährt – wie ein Embryo, der an der Wand des mütterlichen Schoßes haftet. Diese Höhle, dieses innere Heiligtum ist das Herz von Drak Yangdzong. Winzige Perlen von kristallinem Felsen sind in einem Loch im Felsen mit zerbröseltem Kalkstein vermischt; dies ist das von den Pilgern wegen seiner heilkräftigen und schützenden Eigenschaften geschätzte *ringsel.* Solche kleinen zusätzlichen Höhlen tief im Inneren einer Berggrotte, die dem Guru Rimpoche heilig waren, werden oft »Khandromas geheime Höhle« genannt. Dies erinnert an die kosmische Saat der Leere, die das Herz der Himmelswandlerin oder *khandroma* ausmacht.

Die untere Höhle ist der Meditationsort, an dem Guru Rimpoche selbst meditierte und die Schatz-Texte über Dorje Phurba, den »unzerstörbaren Dolch« versteckte. Nach seinem Aufenthalt wurde die Höhle von seinem engen Schüler Sangye Yeshe bewohnt, der durch seine Fertigkeit mit dem magischen Ritualdolch imstande war, Geister herbeizurufen und sie von ihrem Leiden zu befreien, aber auch den Felsen zu durchbohren. Danach wurde hier eine Meditationsschule eingerichtet, und die 55 Yogis von Yangdzong nahmen ihren Platz in den Annalen der Meditationserfolge des Nyingma-Ordens ein. Im Laufe der Jahrhunderte haben zahllose Yogis mit ihnen gewetteifert.

Chimphu in der Nähe von Samye Chokhor

Chimphu ist der Ort, an dem die berühmtesten Höhlen in Tibet liegen. Er befindet sich am Ausgang eines Tales, das von Samye Chokhor aus etwa zwölf Kilometer nordwärts verläuft. Dort, wo sich das Tal öffnet und steil aufsteigt, um ein breites nach Süden gerichtetes Amphitheater zu bilden, das durch einen Fluss zweigeteilt wird, gibt es zahllose bewohnte Höhlen und Einsiedeleien. Sie bilden den Kraftplatz der *Sprache* des großen Guru. Dies war sein bevorzugter Meditationsort, als das Kloster von Samye gebaut wurde. Als es fertiggestellt war, initiierte er hier 25 enge Schüler, und die meisten der Höhlen sind nach jenen Adepten benannt, von denen sie geweiht wurden. Chimphu wurde Samyes Meditationszentrum, und die meisten der großen Namen des Nyingma-Ordens sind mit diesem Ort assoziiert. Die Höhlen und Einsiedeleien wurden allesamt durch die Kulturrevolution beschädigt, aber heute blüht Chimphu wieder.

Über dem Amphitheater gibt es eine sich verjüngende Klippe, die etwa 15 Meter hoch ist und aus dem Berghang hervorsteht. Sie heißt Zangdok Pelri oder »kupferfarbenes, reines Bergland« von Guru Rimpoche. Diese Klippe besteht aus übereinander gehäuften Gletschertrümmern, die einen Felsvorsprung bedecken, und die Zwischenräume zwischen den Felsblöcken, die von Erde und kleinen Felsbrocken gereinigt sind, bilden hervorragende Höhlen, in denen manchmal ein Felsüberhang eine abgetrennte Küche ergibt. In diese Felsüberhänge sind aber auch weitere Einsiedeleien eingebaut. Zangdok Pelri ist eine der bemerkenswertesten und heiligsten geomantischen Bildungen von

Chimphu und wird auch von je einem höher und tiefer gelegenen Khorra-Weg umlaufen. Zu den wichtigsten Höhlen in dieser Felsklippe gehört die Höhle Metok Phuk (»Blumen-Höhle«), in der Jikme Lingpa drei Besuche von Longchenpa empfing und dadurch die volle Erkenntnis des »Herztropfens der ungeheuren Weite« erlangte, ferner auch die obere und untere *Nyang-Tingngedzin*-Höhle. In ihnen meditierten Nyang und König Trisong Detsen, und Longchenpa entdeckte die dort verborgenen Dzokchenpa-Schatz-Texte.

Das wichtigste Höhlenheiligtum von Guru Rimpoche und das mystische Zentrum von Chimphu ist Drakmar Keutsang (»Rotfels-Schatzkammer«), die über der Felsklippe Zangdok Pelri liegt. Über ihr und der Bairo-Phuk-Höhle wurde ein neuer Tempel gebaut. In beiden Höhlen gibt es heute keine visuellen Meditationshilfen mehr. Neue Bilder des großen Guru und seiner Gefährtinnen Mandarava und Yeshe Tsogyal beherrschen den Altar. Vor der Höhle inmitten des Bodens der Versammlungshalle befindet sich der Felsen, auf dem der große Guru Prinzessin Padma Tsel, die vorzeitig verstorbene Tochter von König Trisong Detsen, wieder ins Leben zurückbrachte.

Bairo Phuk, die Höhle von *Bairotsana*, kann man durch einen etwa vier Meter langen Tunnel erreichen, der sich zu einer kleinen Kammer öffnet. Sie ist kaum lang genug, um einem Mann in ausgestreckter Länge Platz zu gewähren.

Weiter oben liegen mehrere weitere wichtige Höhlen, in denen der große Guru, Yeshe Tsogyal und ihre nepalesische Gefährtin Atsara Sale meditierten, während sich oben auf dem Grat die Höhle Gurkar Tsephuk (»Höhle der weißen Zeltspitze«) von Guru Rimpoche befindet. Östlich der Felsrinne gibt es noch viele weitere Einsiedeleien, aber der Haupt-Kraftplatz auf dieser Seite ist der Reliquien-Chörten von Longchenpa, der hier verstarb. Longchenpa war der bedeutendste der Schatzfinder, die Schätze aus den Verstecken offenbarten, die der große Guru in den Chimphu-Höhlen verborgen hatte. Die Geschichte dieses Ortes ist auch die Geschichte der Adepten, die sie entdeckten.

Kharchu in Lhodrak

Kharchu ist der Name eines Klosters in *Lhodrak* im südlichen Tibet. Es steht am Ende einer Bergkette, und in jeder Richtung rahmen Schneegipfel den Horizont ein. Innerhalb dieses Mandala liegt ein Berg namens *Chakphurchan Ri* (»Berg des großen Eisendolches«), und in ihm befindet sich eine große Kaverne, in der Guru Rimpoche sieben Jahre lang meditierte. Dies ist der einsame Platz, der das *Bewusstsein* des großen Guru verkörpert. Hier wird der Berg ganz buchstäblich mit ihm gleichgesetzt, und die Kaverne ist sein Bauch. In ihr befindet sich eine dreistöckige, aus Holz gebaute Einsiedelei, die auf jeder Ebene einen Zugang zu Nebenhöhlen gewährt. Die oberste davon führt zu einem Gang, der den Pilger zur geheimen Höhle des »eisernen Dolches« führt. Obwohl diese Kaverne zuerst durch Guru Rimpoche geheiligt wurde, meditierte hier auch der Gründer des Drukpa-Kagyü-Ordens, Tsangpa Gyare. Und deshalb ist sie seiner spirituellen Linie heilig.

Sheldrak im Yarlung-Tal

Guru Rimpoches Kristallhöhle, der einsame Ort der Meditation, der seine *Eigenschaften* zeigt, liegt im pyramidenförmigen Gipfel des Sheldrak-Berges auf der westlichen Seite des unteren Yarlung-Tales. Wenn die Sonne den westlichen Bergrücken des Tales passiert hat, so zwinkert der Höhlenort wie ein weißes Auge aus der dunklen Felssubstanz an der Spitze des Berges. Sheldrak ist der Inbegriff der »Adlernest«-Einsiedelei und blickt über das ganze Yarlung-Tal herab. Die Bergrücken des Amphitheaters gewähren die Empfindung eines Mandalas und schützen gleichzeitig eine Stelle in einer Höhe, die normalerweise die volle Kraft der Elemente verspüren würde. Nachdem Guru Rimpoche hier meditiert, die einheimischen Götter und Geister unterworfen und Schätze versteckt hatte, wurde Sheldrak ebenso berühmt wie Chimphu und *Drak Yerpa*. Hier erlangten die 30 Adepten von Sheldrak die Verwirklichung.

Die Haupthöhle ist ein ummauerter Felsüberhang von etwa drei Metern Tiefe. Dies ergibt eine ideale Meditationshöhle mit einem weiten Blick über das Yarlung-Tal. Auf der Höhlenwand sind Rangjun-Bilder erkennbar. Die Weihegegenstände, die diese Höhle ursprünglich heiligten, sind verschwunden, aber das sprechende Bronzebildnis von Guru Rimpoche, das als wichtigste Meditationshilfe galt, kann heute im Trandruk-Kloster betrachtet werden.

Unter der Höhle gibt es einige Stufen, die an der Felsfront entlang zum wieder aufgebauten Guru-Tsengye-Tempel führen, dem Tempel der »acht Formen« des großen Guru. Etwa 50 Meter darunter in südwestlicher Richtung befindet sich ein Tal, in dem ein Meditationszentrum lag und eine Quelle sprudelte, die den Einsiedlern Wasser spendete. Die Gefährtin des großen Guru, Yeshe Tsogyal, hatte ihre eigene Lieblingshöhle, die »geheime Tsogyal-Höhle«, die etwas südlicher gelegen ist. Der Ort, an dem die wichtigsten Schätze des großen Guru versteckt wurden, war die Höhle Padma Shelphuk (»Lotus-Kristall-Höhle«) auf der anderen Seite des Amphitheaters in nordöstlicher Richtung.

Hier entdeckte der Schatzfinder Orgyen Lingpa im 14. Jahrhundert in der Statue von Rahu Texte, die das Tor zur Höhle bewachten. Seine populärste Offenbarung war das »Padma Kathang«, unsere Hauptquelle der Legenden über das Leben des großen Guru.

Nering Senge Dzong in Monkha

Der außergewöhnliche Kraftplatz *Nering Senge Dzong* liegt im Monkha-Bezirk von Bhutan, östlich von Bumthang, nördlich von Kurto und drei Tagesreisen nördlich von Lhungdrub Dzong in der Nähe der tibetischen Grenze. Dies ist der Kraftplatz der *Handlungen* des großen Guru. Vor der Haupthöhle von Senge Dzong steht ein kleiner Tempel, der die Bildnisse von Guru Rimpoche und Yeshe Tsogyal enthält. In der Nähe befindet sich ein Kloster mit einem Tempel, in dem der wichtigste Gegenstand der Macht ein Reliquienschrein ist, der antike Kunstwerke, heilige Dolche und Bildnisse – wahrscheinlich aus der Zeit von Guru Rimpoche – enthält. Etwa 500 Meter über Senge Dzong über der Baumlinie in einem hoch liegenden Becken gibt es einen kleinen See, und über dem See ist ein Sims, der die Vorderseite einer Meditationshöhle bildet.

Guru Rimpoche und Yeshe Tsogyal haben sowohl mit der unteren wie auch der oberen Höhle von Senge Dzong zu tun. Guru Rimpoche erschien hier in Gestalt von Dorje Drolo, dem »Diamant-Fettbauch«, einer zornigen Emanation. Senge Dzong und Taktsang waren die Orte, an denen er das »Dorje Phurba Tantra« offenbarte. Yeshe Tsogyal praktizierte hier ihre asketischen Übungen und erlangte die Erleuchtung.

Die Milarepa-Höhlen: In den Fußstapfen des Meisters

Während die Guru-Rimpoche-Höhlen in ganz Tibet vorkommen, beschränken sich die Milarepa-Höhlen auf das Himalayagebiet, in dem der große Yogi seine Wanderungen vollzog – das Gebiet zwischen den Flüssen Rongshar und Kyirong mit einer Erweiterung zum Kang Rimpoche. Diese Höhlen bildeten die ursprünglichen Einsiedeleien der Yogis vom Kagyü-Orden. All die Höhlen, die hier erwähnt werden, wurden seit dem kommunistischen Holocaust identifiziert, und ihre Existenz wurde verifiziert.

Jetsun Milarepa wurde in *Gungthang* geboren, einer kargen Hochebene, deren Wasser in den Kyirong-Fluss (Sanskrit: Tsishuli) abfließt. Dort verbrachte er seine unglücklichen frühen Jahre. Seine Adresse – Haus der vier Säulen und acht Balken beim Feld »Fruchtbares Dreieck« – befand sich in dem kleinen Dorf Kya Ngatsa im oberen Tsalung-Tal, im alten Königreich Gungthang, dem oberen Becken des Kyirong-Flusses, im Westen des Pelku-Tso-Sees, in der Region Mangyul und der Provinz Tsang. Nur ein Chörten kennzeichnet heute seinen Geburtsplatz. Das Dorf Kya Ngatsa heißt heute Tsalung.

In Drowolung in Lhodrak, unweit der Grenze zu Bhutan, traf Milarepa seinen Lehrer Marpa Lotsawa, der ihm auftrug, einen neunstöckigen, steinernen Turm mit dem Namen Serkhar Guthok immer wieder aufzubauen, abzureißen und wieder aufzubauen, um sein Karma zu reinigen. Nachdem er eingeweiht war und Unterricht in der Meditation bekam, meditierte er in *Taknya Lungten Phuk* (»Höhle der Nacken-Prophezeiung«), die einen halben Tagesmarsch von Drowolung entfernt ist. Dort verbrachte er ein ganzes Jahr in vollkommener Abgeschiedenheit mit einer Butterlampe auf dem Kopf, um sein Rückgrat gerade zu halten.

Als er später von Lhodrak nach Mangyul zurückkehrte, um die Gebeine seiner Mutter zu bestatten und sich um seine Schwester zu kümmern, verweilte er in der Höhle Tsalung Kangtsuk Phuk (»Höhle, in der ich auf meinen eigenen zwei Beinen stehe«). Diesen Namen verlieh er ihr, weil er sich endlich zu einem Leben des Verzichts entschlossen hatte und sein von der Familie ererbtes Feld, seinen letzten weltlichen Beitz, seiner gierigen Tante übereignete. Von Kya Ngatse ging er zu einer Höhle namens Drakar Taso Umadzong (»mittlerer Weg-Festung-Pferdezahn-weißer Fels«), in der er zwölf Jahre verbringen sollte, um seinen Geist im asketischen Extrem der Armut und Selbstverleugnung reifen zu lassen. Damit begründete er seinen späteren Ruhm. Die Einsiedeleien und die Meditationshöhle von Drakar Taso, die nicht weit von Kya Ngatsa entfernt sind, sitzen wie Vögel auf einem nackten Felsen, den man über einen halsbrecherischen Weg erreicht. Zur Meditationshöhle steigt man von den Gebäuden der Einsiedelei mit Leitern empor. Hier erlangte Milarepa Buddhas Erleuchtung und auch magische Kräfte, wie etwa die Fähigkeit zu fliegen. Man soll ihn gesehen haben, als er zu der Höhle Khyung Dribma Phuk (»Höhle des Adlerschattens«) flog.

Marpas Anweisung gehorchend ging Milarepa dann von der Höhle Drakar Taso zum östlichsten Punkt seiner Wanderungen, nach Rongshar – damals *Drin* genannt – im Norden des Berges Gaurishankar. Hier hielt er sich in der Höhle Kyi Phuk, der »glücklichen Höhle« auf, und dort besuchte ihn auch seine Schwester. In Chuwar, dem Zentrum des Rongshar-Tales, verweilte er in der Höhle Khyung Gong Phuk (»Höhle des Adlereies«). Heute steht ein Haus vor ihr, und in der Nähe findet man die Ruinen des Klosters Gephel Photrang Gompa. Weiter oben im Menlung-Tal in Richtung Südosten befindet sich die Höhle Dom Phuk (»Bären-Höhle«), in der sich der Meister in einen Bären verwandelte. Im Westen von Drinthang liegt das abgeschlossene Meditations-Heiligtum Drakmar Chonglung (»Roter Fels des Chonglung-Tales«), das im Leben des Meisters äußerst bedeutsam war. Hier fesselte er Ganesha, den elefantenköpfigen Gott der Hindus.

In der Gegend von Drakmar Chonglung segnete Milarepa Khyung Dzong (»Adlerschloß«), Potho Namkha Dzong, eine einfache Steinhütte und Kyiphuk Nyima Dzong (»Sonnenfestung der glücklichen Höhle«). In Khyung Dzong begegneten ihm die »fünf Schwestern des langen Lebens«, Himmelswandlerinnen, die ihm an der Spitze eines Dämonenheeres erschienen, das den Himmel erfüllte. Eine von ihnen glich einer grausamen Dämonin mit skelettartigem Aussehen. Die Zweite hatte das Gesicht eines Schakals, aus dessen Körperöffnungen Blut floß. Die Dritte ähnelte dem Todesgott Yama und spielte Sonnen- und Mond-Zimbeln. Die Vierte war eine schwarze Frau, die Planeten und Sterne auf dem Boden warf und dabei schrie: »Schlag zu! Töte!« Und die Letzte erschien ihm als wunderschöne, lächelnde Verführerin. Da sie unfähig waren, sein *samadhi* zu stören, entschlossen sie sich, ihn als Meister anzuerkennen. Später brachten sie ihm als fünf wunderschöne Frauen die Geschenke der Langlebigkeit, einen leuchtenden Spiegel, Nahrung und Wohlstand, einen Juwelenschatz und Vieh. Als sie ein zweites Mal kamen, brachten sie ihm Weihrauch, Blumen, Speisen und Trank dar, und der Meister weihte sie in die Mandalas von Drölma und Kurukulla ein und verriet ihnen tantrische Methoden. Später wurde die Anführerin der fünf Himmelswandlerinnen, Tashi Tseringma, aufgrund der unhygienischen Zustände in einem Rongshar-Haushalt krank, und Milarepa kümmerte sich um sie in einem silbernen Zelt auf den hoch gelegenen Hängen ihres Wohnortes auf den Bergen. Er heilte sie, und sie wurde zu seiner Gefährtin in der Meditationspraxis.

Von Rongshar ging Milarepa zum Labchi, aber es scheint, dass er den längeren Weg um den Berg wählte, um das Labchi-Mandala durch das westliche Haupttor in Tashigang im *Bezirk Nyalam* zu betreten. Seine Höhle in Tashigang heißt Dropa Phuk (»Bauch-Höhle«), da sie in einem bauchförmigen Felsen liegt, und er kehrte mehrere Male zu ihr zurück. Von Dropa Phuk aus betrat er das Labchi-Mandala, fesselte Dämonen auf seinem Weg und öffnete den Berg-Kraftplatz für die Meditation und heiligte die dort liegenden vier großen Höhlen.

Als Milarepa in seine Heimat Magyul zurückkehrte, hielt er sich in Lingpa Drakmar Dzong (»Rotfels-Festung von Lingpa«) auf, die neben dem Dorf Longda liegt, und fesselte dort die Dämonin der Höhle. Dann wanderte er weiter zum *Riwo-Pelbar-Berg* im Kyirong-Tal, wo er in der Höhle Rakma Jangchub Dzong (»Erleuchtungs-Festung«) im Rakma-Tal verweilte. Sie liegt hoch auf den westlichen Hängen des Riwo Pelbar und blickt auf die Schlucht des Rakmachu-Flusses herab. Bei seinem zweiten Aufenthalt in dieser Höhle lehrte er einen jungen Schafhirten namens Sangye Khyab Repa. Danach hielt er sich in der Höhle Kyangphen Namkha Dzong (»Himmelsfestung mit der Fahne«) auf, die nördlich von Rakma in der Nähe des Kyangphen-Klosters liegt – dort, wo sich die Kyirong-Schlucht zu einer Ebene weitet.

Danach reiste der Meister nach Yolmo im Nordosten des Katmandu-Tales. Dort war seine wichtigste Höhle Takphuk Senge Dzong (»Tiger-Höhle, Löwen-Festung«) im Süden von Tarkyi Gaon neben dem Fluss. Dies ist eine kleine Höhle unter einem Felsblock, die heute unzugänglich ist. Vielleicht verweilte Milarepa bei diesem Abstecher nach Nepal in der Höhle Mon Nyishang (auch Manang Bhot genannt) auf dem Berg Gurta hoch über der südwärts gewandten Seite dieses nepalesischen Tales, das im Norden des Annapurna-Massivs liegt. Es heißt, dass er hier meditierte, als plötzlich ein Hirsch erschien und erschöpft vor seinen Füßen zusammenbrach. Ihm folgte ein Jagdhund, der sich ebenfalls zufrieden vor seinen Füßen niederlegte.

Schließlich kam ein Jäger hinzu, der dann von Milarepa bekehrt wurde. Unter dem Namen Kyirepa Gompo Dorje sollte dieser Jäger später den Ruhm des Meisters in Nepal verbreiten. Die Fußabdrücke eines Hirsches sind deutlich in einem Felsen neben der Höhle zu sehen. Einige Menschen halten Nyeshang Gurta für eine Höhle im Katmandu-Tal auf den Berghängen im Osten von Bhaktapu. Dort wurde Milarepa vom König von Bhatapur eingeladen, im Luxus seines Palastes zu residieren, aber er schlug dieses Angebot verächtlich aus.

Als er nach Gungthang zurückkehrte, hielt er sich zuerst in der Höhle Kuthangi Phukron Phuk (»Tauben-Höhle von Kuthang«) auf, in der er das »Lied der Tauben« sang und Götter belehrte, welche die Gestalt von Tauben angenommen hatten. Danach weilte er möglicherweise in der geheimen Höhle im verborgenen Tal Kyimolung.

Als er dann wieder das Kyirong-Tal durchquerte, wanderte er zum Regierungssitz Dzonkha. Hier hielt er sich in der Höhle Zawok Phuk (»Brokat-Höhle«) im Dorf Rala und in der Höhle Wosel Phuk (»Höhle des hellen Lichtes«) im Dorf Rongphu auf. In Rala traf er zum ersten Mal Rechungpa, der zu seinem wichtigsten Schüler werden sollte. Rechungpa hat sich die Lepra zugezogen und mauerte den Meister in dieser Höhle ein, während er nach Indien ging, um dort Heilung zu suchen.

Von Dzonkha ging Milarepa zur Höhle Drakya Dorje Dzong (»Diamant-Festung am grauen Fels«), die nordöstlich der Höhle Drakar Taso, halbenwegs zum Pelku-Tso-See und südlich des Tsalung-Berges liegt. Die Höhle befindet sich nördlich des Flusses und ist in seine steil abfallenden Felsufer eingebaut. Zu diesem Ort kehrte Milarepa mehrere Male zurück.

Nachdem er Rakma, Labchi und Tsang besucht hatte, ging der Meister zum Kang Rimpoche und hielt sich in der berühmten Höhle Dzutrul Phuk (»Höhle der magischen Entfaltung«) auf. Hier verharrte er in Meditation, die jedoch durch den Bön-Yogi Naro Bönchung zerstreut wurden, den er zu einem magischen Wettstreit herausforderte. Zu dieser Zeit hielt er sich auch in der Höhle Rechen Phuk auf dem Nyenri-Gipfel auf, nachdem er bei seinem Wettkampf mit Naro Bönchung über den Kang Rimpoche geschritten war.

Zurück in Gungthang weilte er mit Rechungpa in der Höhle Dragkya Dorje Dzong und wurde von den Himmelswandlerinnen bedient. Dann wurde ihm am Ostufer des Pelku-Tso-See die Höhle Bephuk Mamo Dzong (»geheime Höhle der Göttin-Festung«) gezeigt, und zwar von dem Schafhirten Tsiwo Repa, der zu seinem Schüler wurde. Ebenso in der Nähe des Pelku-Tso-Sees am Fuße eines hohen Felsens in der Nähe des heutigen Laphuk Gompa hielt er sich in Laphuk Padma Dzong (»Wilder-Rettich-Höhle, Lotus-Festung«) auf, und hier heilte er einen sterbenden Bönpo und bekehrte seine Familie. Der wilde Rettich ist eine Pflanze, die bei alchemistischen Prozeduren verwendet wird. In der Gegend des Pelku-Tso-See verweilte er in der Höhle Betse Doyon Dzong (»Festung des sinnlichen Vergnügens«) in Betse und in der Höhle Lango Ludu Dzong, der »Festung des Elefantentores und Schlangengeistes«).

Schließlich kehrte der Meister nach Rongshar zurück, um dort zu sterben. In Drinthang, einem Dorf unterhalb von Chuwar, liegt die Höhle, in der er durch den Gelehrten Tsakpuwa vergiftet wurde. Letzterer glaubte nicht an seine spirituellen Leistungen und wurde dann mörderisch eifersüchtig. Milarepas Sterbeort liegt im Menlung-Tal im Südosten von Chuwar in der Höhle Driche Phuk (»Höhle der Dri-Zunge«), die so genannt wird, weil ein vorstehender Fels wie die Zunge eines *dri*, eines Yaks, aussieht. Diese Höhle besitzt zwei Ebenen. Die untere, geheime Höhle war Milarepas Meditationskammer und sein Sterbeort. In ihr gibt es einen Stein, den der Meister vom Labchi mitbrachte und den er mit seinem Handabdruck prägte.

Verborgene Täler

In der mythischen Tradition von Guru Rimpoche heißt es, dass der große Guru nicht nur Meditationsorte in ganz Tibet heiligte und Schätze versteckte, sondern auch verborgene Täler (*beyuls*) lokalisierte, bevor er Tibet verließ, um in den »ruhmreichen, kupferfarbenen Berg« einzugehen. Zu der riesigen Anzahl von Schatz-Texten (*termas*), die er dem tibetischen Volk als Teil seiner Erbschaft hinterließ, gehören auch Führer zu diesen verborgenen Tälern. Auch sie wurden im Laufe der Jahrhunderte von Schatzfindern entdeckt, die Emanationen des großen Guru mit dem erforderlichen Karma waren.

Der wichtigste Entdecker und Verbreiter dieser Texte und der Tradition der verborgenen Täler war *Rikdzin Godem*, der Führer zu solchen Tälern in einem großen Versteck von Schatz-Texten, dem so genannten »nördlichen Schatz« (*jangter*), entdeckte. Rikdzin Godem wurde im 14. Jahrhundert in der Provinz Tsang geboren und begründete eine der beiden großen Linien der »Geoffenbarten Texte«, die später im *Dorje Drak Gompa*, unweit des Zusammenflusses von Kyichu und Yarlung Tsangpo etabliert wurden.

Im Wesentlichen gaben diese Führer zu den verborgenen Tälern deren Lage an und beschrieben die Tore in den vier Himmelsrichtungen, durch die sie betreten werden konnten. Sie gaben auch die genaue Zeit an, zu der es günstig sein würde, sie aufzusuchen, und von welchen Omen dies begleitet sein würde. Sie beschrieben auch die Topografie dieser Täler, die Kraftplätze, die man dort finden würde und die Magie des Lebens in ihnen.

Die Täler lagen über ganz Tibet verstreut, aber die meisten von ihnen befanden sich in den hohen Bergen, die das Land umgeben – dem Kunlun-Gebirge, das Tibet von der Takla Makan-Wüste im Norden trennt, vor allem aber dem Himalaya im Süden, in dem die Bevölkerung spärlich war, und unbewohnte Täler topografisch glaubhaft waren. Auf der Südseite des Himalaya öffnen sich manchmal tiefe Schluchten in zugängliche, aber unbewohnbare Täler, die nicht einmal von den Einheimischen erforscht werden.

Nördlich von Kalimpong, einem wichtigen Knotenpunkt des indo-tibetischen Handels vor 1959 befindet sich in der Nähe des Dorfes Laba die Schlucht des Neora-Flusses, in der ein verborgenes Tal liegt, das in den Schatz-Texten, soweit wir wissen, nicht erwähnt wird. Die natürlichen Mauern dieses Tales widerstanden in den zwanziger Jahren unseres Jahrhunderts einer britischen Expedition und vor erst zwanzig Jahren einer Expedition der indischen Armee.

Von den »acht großen verborgenen Tälern«, die von *Takzham Nuden Dorje* in der »Nördlichen Schatz-Tradition« aufgelistet werden, liegen drei im Himalaya: *Dremojong* in Sikkim, Padma Ko in Powo und Budum Lung in Bhutan. Die drei großen verborgenen Täler, die im »Padma Kathang«, dem maßgeblichsten unter den legendären Büchern des großen Guru genannt sind, heißen: Dremojong, *Khenbalung* und Lungsum Jung. Mindestens fünf verborgene Täler liegen im nepalesischen Teil des Himalaya: *Dunglo Jonpa* im Norden des Berges Daulagiri, Kyimolung oder Kuthang in Nubri auf der nördlichen Seite des Berges Manaslu, *Pemthang* in Yolmo im Norden von Katmandu, Khanbalung auf der östlichen Seite des Mount Everest im oberen Arun-Tal und *Padmagang* im Südwesten des Berges Kangchen Jungnga. Es ist, als besitze jede Region des Himalaya ihr eigenes verborgenes Tal. Die Zeit der Entdeckung und Öffnung eines jeden verborgenen

Tales für die menschliche Besiedlung ist festgelegt und kann nicht verändert werden. Dunglo Jonpa z.B. kann erst im Jahre 2172 erschlossen werden. Die verborgenen Täler sind die sicheren Zufluchtsorte für die Gläubigen in Zeiten extremer Unsicherheit, wenn es zu Invasionen und einer Verfolgung des Buddha-Dharma kommt.

Ein Schatzfinder, der diesen Führer lesen und deuten, seinen Anweisungen folgen und seine Schüler erfolgreich in das verborgene Tal führen kann, ist das erste Erfordernis. Wenn die Zeit ungünstig ist oder die Bedingungen fehlen, so wird der Versuch, das Tal zu betreten, misslingen. Im Gebiet des Himalaya erzählt man sich mehrere Geschichten über solche fehlgeschlagene Versuche. In den sechziger Jahren unternahm es Tulshok Lingpa, ein Lama aus Sikkim, eine Gruppe zum hoch gelegenen Tal Pemagang auf der Südwestseite des Kangchen Jungnga zu führen, aber obwohl er den Führer zu lesen vermochte und obwohl die Bedingungen offenbar günstig schienen, wälzte sich eine Lawine auf die Gruppe hernieder und tötete mehrere von ihnen. Die anderen kehrten zurück. Im Jahre 1956 versuchte Kanjur Rimpoche, ein namhafter Buddha-Lama und Schatzfinder aus Riwoche in Kham, der vor der Verfolgung durch die Chinesen floh, seinen Flüchtlingstrek in das innere Heiligtum des Tales Padma Ko zu führen. Aber es gelang nur ihm allein, den Höhlenweg zum inneren Heiligtum zu durchschreiten, sodass er zurückkehren und seine Schüler nach Indien führen musste. Der verstorbene Sherpa-Eremit und Künstler Oleshe aus Jumbesi versuchte Khenbalung, aber ein *yeti* – so erzählt er – blockierte ihm den Weg und hielt ihn davon ab, das verborgene Tal zu betreten.

Der Hauptzweck eines Schatzfinders, der seine Schüler in ein verborgenes Tal führt, besteht darin, einen heiligen Bezirk zu sichern, der vor den tristen Bedingungen des Kaliyuga, der Eisenzeit des Verfalls und der Verzweiflung, aber auch vor einer kriegerischen Invasion geschützt ist. Der erste Zweck der Schatzfinder und seiner Gefolgschaft ist die Meditation. Ein Führer ins Tal Khenbalung verheißt:

> *»Wenn man sich einfach nur in Khenbalung aufhält, so mehren sich ganz von selbst Mitgefühl und Wohlwollen, und größere Weisheit und Kenntnis stellen sich ein. Es ist besser, ein Jahr an diesem Ort zu meditieren als tausend Jahre anderswo, besser, einen Monat der Abgeschiedenheit hier zu verbringen als ein Jahr in der äußeren Welt.«*
>
> BERNBAUM 1980:64

Im Jahre 1975 öffnete *Sangye Dorje Chatrul Rimpoche* ein verborgenes Tal namens Phemthang im Norden von Targye Gaon in Helembu. Sangye Dorje ist ein berühmter Meditationslehrer, der dieses verborgene Tal nur deshalb öffnete, um ein Heiligtum für seine Schüler zu haben, in das sie sich zur Meditation zurückziehen konnten.

Die verborgenen Täler werden als Mandalas beschrieben. Die umliegenden Gipfel definieren den Umfang dieses Mandala, und sein Mittelpunkt ist ein Diamantstein, ein unzerstörbarer Ort. In Padma Ko wurde dieser Punkt als Insel in einem Fluss beschrieben, die das Tal zweiteilt.

Kyimolung oder »Glückliches Tal« in Nubri ist ein hervorragendes Beispiel für das Mandala eines Tales. Der Mittelpunkt eines ringsum liegenden Bergringes ist ein Pagodentempel mit drei Stockwerken im Stil des »ruhmreichen, kupferfarbenen Berges«. Die Berggipfel sind die Wohnstätten der schützenden Berggötter, die unerwünschte Besucher fern halten und die gesegneten Bewohner nicht mehr nach außen lassen, was am besten durch ein Elixier des Vergessens geleistet wird. Physische Unzugänglichkeit dagegen ist die beste Methode, um Eindringlinge draußen zu halten.

Die wichtigsten Kraftplätze der verborgenen Täler sind Höhlen, die von Guru Rimpoche gesegnet wurden und wahrscheinlich Schätze enthalten, die dort versteckt sind. Das verborgene Tal selbst ist ein Buddha-Feld, in dem die Landschaft transformiert ist und das natürliche Fortschreiten der Jahreszeiten eine reiche Ernte ohne menschliches Zutun produziert:

> *»Dunglo Jonpa ist ein Tal mit fünfhundert Dörfern und sammelt Ernten, ohne zu pflanzen; all seine Wasser sind wie Bier und Milch, seine weiße Erde gleicht dem tsampa, und sein Holz ist wie Fleisch.«*
>
> RAMBLE 1995:107

Die Menschen des Himalaya, die in der Nähe von verborgenen Tälern leben und nur selten in der mystischen Tradition des höheren tantrischen Buddhismus gebildet sind, erwarten profanere Dinge von einem verborgenen Tal, aber auch für sie wird gesorgt. Wenn sie aus den Quellen von Khenbalung trinken, so hat dies äußerst angenehme Folgen:

> *»Alle Frauen werden wunderschön. Sie gebären schöne Kinder und haben eine ungebrochene Kette von Nachfahren. Außerdem wird das*

Wasser all ihre Krankheiten heilen. Wenn Männer davon trinken, so werden sie ebenso stark wie die Krieger des (legendären Helden und Königs) Gesar und ebenso schnell und geschickt wie Vögel.«

RAMBLE 1995:63

Das Wasser der Quellen macht Frauen zu leidenschaftlichen Liebhaberinnen, schenkt Männern neue Vitalität und verleiht allen, die von ihm trinken, ewige Jugend und Langlebigkeit.

Die buchstäbliche Tradition der verborgenen Täler vermischt geographische und mythische Elemente in einem bunten Potpourri. Die Geographie liefert das Ausgangsmaterial, und die Buddha-Vision, die eine mythische Terminologie verwendet, transformiert die natürliche Landschaft in ein »reines Land«. Aber gegenwärtige Erfahrungen mit verborgenen Tälern, die vor Jahrhunderten geöffnet wurden, weichen von den utopischen Beschreibungen der Führer ab. Viele der Diskrepanzen können aufgehoben werden, wenn man die begrifflichen Schmerzmittel der Tradition anwendet. Es gibt eben äußere, innere und geheime Aspekte der verborgenen Täler. Die geographische Lage, die eine idyllische, abgeschlossene Umgebung für die Meditation bietet, und vor allem die Tore des Mandala, stellen den äußeren Aspekt dar. Durch Selbstwerdung, Meditation und den transformativen Effekt der Buddha-Vision tritt man in die vollkommene Wirklichkeit des inneren verborgenen Tales ein. Das geheime, verborgene Tal ist der Raum des Buddha-Wesens, ein volles Bewusstsein von allem, was alles im sinnlichen Erfahrungsbereich in ein Buddha-Feld verwandelt.

Geographisch kann man Khenbalung mit dem oberen Tal des Phumchu-Flusses (Arun) gleichsetzen, und zwar an der Stelle, an der er die Grenze zwischen Nepal und Tibet kreuzt. Dieses Tal wurde im 14. Jahrhundert von Rikdzin Godem geöffnet, und bis vor kurzem, als seine spirituelle Linie ausstarb, wurden alljährlich Rituale vollzogen, um die Tore neu zu öffnen. Diese Tore sind häufig auch selbst Kraftplätze. Eine Pilgerfahrt zum *Chörten Nyima*, dem nördlichen Tor in das Tal Dremojong, kann von selbst die Kraft und Buddha-Vision gewähren, die nötig ist, um das verborgene Tal vom Süden her zu betreten. Das nördliche Tal nach Khenbalung ist der machtvolle Berg-Kraftplatz Tsibri. Die Wichtigkeit von Meditation als »Sesam-öffne-Dich« für die Tore zu den verborgenen Tälern wird durch ein echtes, materielles Tor angezeigt, das an der Hinterseite einer dunklen Höhle in eine nackte Felswand weiter unten im Arun-Tal eingefügt ist.

Die Rückkehr des XVII. Karmapa zum Tsurphu-Kloster. *Ward Holmes*

Der Zusammenfluss am Chora Gepheling Gompa von Dudul Phuk aus gesehen, einer Höhle im Berg Labchi.

Hamid Sarda

Der Kraftplatz Terdrom mit seinen Thermalquellen. *Keith Dowman*

Die große Biegung des Tsangpo (Brahmaputra) in der Nähe von Gompa Ne im Verborgenen Land
von Padma Ko. *Hamid Sardar*

Der Orakelsee Lhamo Latso, der Lebensgeist von Tibet vom Thron des Dalai Lama aus gesehen.
Keith Dowman

Samye Chokhor: Tibets erstes Kloster aus dem 8. Jahrhundert. *Keith Dowma*

Der wieder aufgebaute Serdung-Tempel inmitten der Ruinen des Ganden Namgyeling Gompa.
Keith Dowman

Die Tonskulpturen von Bodhisattvas aus dem 12. Jahrhundert in Iwang. *Stone Routes*

Ein Mönch im Kumbum Gompa. *Stone Routes*

Riesige seidene Bildrolle mit Applikationen am Tsurphu Kloster, die Shakyamuni Buddha zeigt.

Keith Dowman

Das große Bildnis von Jampa (Maitreya) in Tashi Lhunpo. *Meryl Dowman*

Das verborgene Land von Padma Ko

Padma Ko ist das berühmteste von Tibets verborgenen Tälern. Es erstreckt sich vom Unteren Kongpo und Pome im Norden bis nach Arunachal Pradesh in Indien im Süden, umfasst beide Seiten der Yarlung-Tsangpo-Schlucht, bevor und nachdem sich der Fluss nach Süden gewendet hat, um seine riesige Schlucht durch den Himalaya zu schneiden und ihn in Richtung Assam zu verlassen. Von den Grenzen von Dzayul im Osten bis nach Lhoyul im Westen umfasst es ein riesiges Täler- und Hügel-Gebiet. Zum westlichen Teil von Padma Ko finden die Pilger Zugang über den Dashung-La-Pass, zum östlichen Teil über die südtibetische Autostraße, die durch das Pochu-Tal und dann über die Pomi-Gebirgskette über den Gawalung-La- oder den Dashing-La-Pass in das Herz von Padma Ko führt. Einer der Ausgangspunkte ist das Kloster *Bhaka Gompa* von Bhaka Tulku Padma Tendzin unterhalb des Su-La-Passes. Dass Padma Ko so groß ist, heißt nicht, dass es deshalb leichter zugänglich wäre. Die tiefe Schlucht des Yarlung Tsangpo teilt sich dort in zwei Teile, und jede Überquerung des Flusses ist voller Gefahren. Die Dschungel auf dem Boden der Täler, vor allem im Süden, sind so gut wie undurchdringlich. Hundert Jahre lang erzeugten sie Frustration und Enttäuschung bei britischen Forschern, die beweisen wollten, dass der tibetische Yarlung Tsangpo und der indische Brahmaputra ein und derselbe Fluss sind. Diese Gegend ist nur dünn besiedelt – im Norden von den Monpa, im Süden von den Stämmen der Mishmi und Abor, die noch Kopfjagd betreiben. Tiger, Bären, Leoparden und ein großes Spektrum von Giftschlangen bewohnen den Dschungel auf dem Talboden. Die Feuchtigkeit ist bedrohlich, Infektionen grassieren.

Die Unzugänglichkeit und Gefahren dieses verborgenen Landes steigern nur sein Geheimnis und seine spirituelle Fruchtbarkeit. Seine rätselhaften Legenden stärken seine Anziehungskraft. Seine natürliche Umgebung ist besonders feindselig und erbarmungslos, und doch wird Padma Ko in den Führern, die von Schatzfindern entdeckt wurden, als »reines Land« und Paradies der Buddhas und Bodhisattvas geschildert, das in jeder Hinsicht in einer vollkommenen Umgebung situiert ist. Die Buddha-Vision scheint hier auf außerordentlich transformative Weise zu wirken – so, als ob eine höllische Gegend plötzlich in ein Buddha-Feld verwandelt würde.

Die Hauptkonfiguration der Landschaft, die diese Transformation unterstützt, ist der Körper von Dorje Phakmo, der »Diamantsau«, der sich über die ganze Region erstreckt. Die Energiezentren (*chakras*) ihres feinstofflichen Körpers und ihre Körperteile sind mit der physischen Oberfläche der Landschaft identisch. Der Yarlung Tsangpo ist der mittlere Kanal, und an ihrem Herz-Zentrum, dem Herzen des verborgenen Landes, befinden sich ein Kristallberg und ein See. Die tatsächliche Identifikation der topografischen Eigenschaften ihres Körpers ist jedoch ein schwieriges Unterfangen, weil die Hinweise in den Texten verschieden bis widersprüchlich sind, sodass auch die Pilger, die diese Texte benutzten, keine rechte Übereinstimmung herstellen konnten. Aber auch dies steigert nur die Rätselhaftigkeit und wirkt als Ansporn zur Entdeckung des mythischen Reiches von Padma Ko.

Eine Tradition identifiziert den Berg *Gyala Pelri* nördlich der großen Biegung des Yarlung Tsangpo als Dorje Phakmos Kopf und Kronenchakra, in dem die höchste Glückseligkeit wohnt. Das Kehlchakra ist die Talzone am Zusammenfluss des Pochu und des Yarlung Tsangpo. Ihr Herzchakra liegt bei Padma Shelri (»Lotus-Kristall-Berg«), dem Versammlungsplatz der Himmelswandlerinnen, an dessen Fuß der See *Kundu Dorsem Photrang* (»Lebenskraft-See«) liegt. Ihre rechte Brust ist der Berg *Namchak Barwa* (»flammender Berg des Meteoreisens«) innerhalb der Biegung des Tsangpo auf dem Westufer. Ihre linke Brust ist der Berg Zumchen Phakmo Dong (»Berg des strahlend lächelnden Sau-Gesichtes«), ein wenig weiter im Nordosten. Ihr Nabelchakra liegt an der »großen Vereinigung«, die manchmal mit dem Rinchen-Pung-Kloster in der Nähe von Kundu bestimmt wird. Ihr geheimer Ort, das Karmachakra, befindet sich weiter im Süden bei einem felsigen Steilabfall namens Choying Gyaltsen (»Siegesfahne des unendlichen Raumes«), aus dem ein Strom vom Nektar des *rakta* fließt – den Sexualflüssigkeiten der Himmelswandlerinnen. Und dieser Ort, der erst noch genau identifiziert werden muss, liegt wahrscheinlich auf der indischen Seite der Grenze.

In der Vision des verborgenen Landes von Padma Ko als eines riesigen Lotus wird Padma Shelri, der »Lotus-Kristall-Berg«, als das Herz von Padma Ko beschrieben und wird manchmal auch mit dem Herzen von Dorje Phakmo im Kundu Dorsem Photrang gleichgesetzt. Deshalb ist Padma Shelri das wichtigste Pilgerziel in Padma Ko und auch der zentrale Berg-Kraftplatz. Der Gipfel heißt Kundu Dorsem Photrang (»Palast des allumfassenden Dorje Sempa«), und der Buddha-Lama Dorje Sempa umfasst alle friedlichen Gottheiten in einem Mandala im Gipfel des Shelri. Da dieser Berg Dorje Phakmos Herz ist, versammeln sich dort auch alle Himmelswandlerinnen. Der See hinter dem Nordabhang des Berges enthält die Lebenskraft der Khandromas. Das Hauptkloster in der Nähe des Berges im Nordwesten heißt Rinchen Pung. Der Berg steht im Zentrum eines tausendblättrigen Lotus, der mit Padma Ko identisch und durch all die Täler und Nebentäler, die von ihm ausgehen, sowie durch Kraftfelsen (*dzongs*), Höhlen, Flüsse, Seen und Friedhöfe bestimmt ist.

Padma Ko wurde erst im 17. Jahrhundert geöffnet. Guru Rimpoche hatte das verborgene Tal besucht und später an anderer Stelle Schatz-Texte verborgen, in denen prophezeit wurde, dass es in einer Zeit des Krieges, des Hungers und schlimmer Zustände in Tibet geöffnet würde. Aber die Offenbarungen, die den Ort beschreiben, erzählen von einem sagenhaften verborgenen Land, das man durch ein Tor in einem Felsabhang betritt, hinter dem sich ein langer Tunnel in ein Buddha-Feld öffnet, eine magisches Tal, in dem Milch und Honig fließen, wilder Wein, Heilpflanzen und Heilbäume wachsen, in dem Krankheit unbekannt ist und alte Männer wieder jung werden. Wenn der treu ergebene Anhänger von Guru Rimpoche aus diesem Tal auf einen hohen Pass in einem Felsenberg aus Smaragd und Perlen hinausklettert, so betritt er den Palast der unendlichen Einfachheit, in dem ein Blumenregen ständig durch einen Himmel fällt, der von Regenbögen durchzogen ist und sich über Lebewesen mit Regenbogen-Körpern spannt, in dem Wünsche unmittelbar wahr werden und Göttinnen sich darbieten und die Aufmerksamkeit wecken. Dies ist Dewachan, das »reine Land« von Amitabha. Wenn Padma Ko in diesem Leben nicht erreicht werden kann, so kann man das »reine Land« im nächsten Leben erlangen, falls das Gebet von echtem Glauben getragen ist.

Die Pilgerfahrt zum Padma Ko wird vom Nyingma-Orden beherrscht, und dieser Ort ist Guru Rimpoche heilig. Allerdings waren auch Kagyü-Yogis aus *Daklha Gampo* an seiner Öffnung beteiligt. Die Schatzfinder waren gleichzeitig auch diejenigen, die ihn öffneten, und deshalb ist es nicht erstaunlich, dass sich die heiligen Stellen auf den Khorra-Wegen rings um den Padma-Shelri-Berg auf Guru Rimpoche und die Nyingma-Tradition beziehen. Es gibt drei Umschreitungswege: der Gipfelweg rings um den Dorsem Photrang, den mittleren Weg um den Padma Shelri und den langen und mühsamen Schluchtenweg um das gesamte Gebiet. Was das dabei erworbene Verdienst betrifft, so entspricht der Gipfelweg dreizehn Beschreitungen des mittleren Weges, und eine Beschreitung des Schluchtenweges entspricht dreizehn Umschreitungen des Gipfelweges. Diese drei Wege berühren viele Seen, Lebenskraft-Seen der Buddha-Gottheiten und Beschützer der Nyingma-Tradition. Die Höhlen in der Nachbarschaft von Latso (auch Kundu-See genannt) wurden von Guru Rimpoche in besonderer Weise gesegnet, weil er hier die Teufelsgeister überwältigte, und in diesen Höhlen findet man noch immer die Schätze, die er versteckte.

Das anhaltende Interesse von Schatzfindern an Padma Ko, das im 17. Jahrhundert begann, zog sich bis ins 20. Jahrhundert, obwohl es zu Unglücksfällen und gelegentlich auch zum Tod eines Meisters kam. *Dudjom Lingpa*, die vorige Inkarnation des verstorbenen Meisters Dudjom Rimpoche, starb im Jahre 1903 während seines Versuches, ein Tor zu Padma Ko zu passieren. Dudjom Rimpoche war selbst in Padma Ko geboren, und zwar in Terkung östlich des Tsangpo. Wie bereits erwähnt, versuchte auch Kanjur Rimpoche im Jahre 1956, seine Flüchtlingsschar aus Riwoche in das verborgene Tal zu führen, aber es gelang nur ihm selbst, es zu betreten. Viele Tibeter, die vor der Unterdrückung durch die Chinesen aus Tibet flohen, hatten ähnliche Ziele. Aber wir wissen nicht, wie vielen Erfolg beschert war.

Klöster und Tempel

Die Höhle, ein Loch im Berg, das in seiner hoch liegenden und abgeschlossenen Lage mit der Schwingung von Buddha-Lamas geladen ist, bietet ein Gefühl von höchster Sicherheit – wie im weiblichen Schoß. In der religiösen Kultur, in der die Buddhaschaft als höchstes Ziel und einsame Meditation als das beste Mittel gilt, um sie zu erlangen, ist die Höhle in einem praktischen Sinn der Schoß der Buddhaschaft, der spirituellen Regeneration und der Ort der Wiedergeburt. Sowohl für den buddhistischen wie auch den hinduistischen Tempel bietet sie die ursprüngliche Inspiration – beide ahmen eine Höhle nach, die in einem idealen Berggipfel gelegen ist. Das Sanskrit-Wort für »Tempel« lautet *garbha-griha*, wörtlich »Schoß-Haus«. Ob ein

Tempel nun die Form einer Pagode oder einer *shikhara* besitzt, er schwingt sich aus einer massiven quadratischen Basis zu einer Spitze oder einem Dach empor, dessen Ecken nach oben gebogen sind, was an aufsteigende Felsvorsprünge erinnert. Er soll die Eigenschaften bieten, die der Yogi in der Höhle findet – ein ruhiges Zentrum, Leere und Transzendenz.

Die frühe tibetische Tempelarchitektur kennt ein inneres Heiligtum mit Buddha-Bildnissen, heiligen Symbolen und machtvollen Weihegegenständen, das sich in einem massiven, kubischen, fensterlosen Steingebäude befindet, welches seinerseits wieder von einem Wandelgang umgeben ist – wie z.B. in Samye Utse. Dieser Tempel imitiert eine Höhle, und in ähnlichen buddhistischen Tempelgebäuden in Burma aus der Pagan-Zeit wurde das Allerheiligste tatsächlich auch »Höhle« (*gu*) genannt. Es bildet auch den Mittelpunkt eines Mandala-Gebäudes. Die klösterliche Versammlungshalle war vor dem Tempel gebaut, und die Nebenkapellen waren an sie angeschlossen. Aber die Tempel, die von König Trisong Detsens Vorfahren errichtet worden waren, stellten bereits vitale Kraftplätze dar, die durch Tradition und Verehrung geheiligt waren. Ausnahmslos waren diese Tempel in den Tälern erbaut worden, und zwar nach anderen geomantischen Prinzipien als die Höhlen-Kraftplätze. Es ist verlockend, die Rolle der Geomantie bei der Lokalisierung dieser Tempel herunterzuspielen, wenn man keine offensichtlichen geomantischen Phänomene entdecken kann. Aber der Lhasa Jokhang wurde von König Songtsen Gampo und seiner chinesischen Gattin Wencheng Kongjo nach chinesischen geomantischen Prinzipien lokalisiert. Wencheng Konjo hatte Texte über Geomantie und wahrscheinlich auch chinesische Geomanten aus ihrem Heimatland mitgebracht. Die legendären Texte erklären in nicht-technischer Weise Wenchengs geomantische Überlegungen und die Schlüsse, die sie aus ihren Weissagemethoden zog. Wenn Geomantie zur Lokalisierung des Jokhang angewendet wurde, so ist es durchaus möglich, dass dieselben Prinzipien auch auf die Lokalisierung aller anderen Missionstempel angewendet wurden.

Diese sind allesamt wichtige Kraftplätze, die durch menschliche Tätigkeit, Verehrung und Meditation geheiligt wurden. Ihre Gründung zu Beginn der buddhistischen Tradition, ihre Verbindung mit den großen buddhistischen Königen und nicht zuletzt Guru Rimpoches Besuche, Meditation und das Verstecken von Schätzen an diesen Orten machen aus ihnen wichtige Kraftplätze. Dieselbe Heiligung durch menschliche Tätigkeit bezieht sich auch auf die Orte, die von Mythen und Legenden umrankt sind. Z.B. wurde der Yambu Lhakhang, das älteste Gebäude in Tibet, durch die Anwesenheit des halbgöttlichen Königs Nyatri Tsenpo geheiligt, nachdem er an seiner Himmelsschnur vom Firmament herabgestiegen war.

Das Kloster Samye Chokhor und der Lhasa Jokhang sind unter den Kloster-Kraftplätzen von Zentraltibet gleichermaßen wichtig, und das Trandruk Gompa im Yarlung-Tal vollendet die Dreiheit. Während König Trisong Detsens Herrschaft wurden diese drei Tal-Klöster zur Basis für drei wichtige Höhlenorte. Der Jokhang war mit Drak Yerpa, Samye mit Chimphu und Trandruk mit Sheldrak verbunden. Samye Chokhor sollte das kosmologische Mandala nachahmen: Der Mittelbau Utse Riksum ist von vier Haupttempeln, acht Nebentempeln in den Haupthimmelsrichtungen und vier Chörtens in den Zwischenrichtungen umgeben. Es ist ein Kraftplatz der verborgenen Schätze mit Versteckplätzen im Utse Riksum, in allen zwölf Tempeln, im Sonnen- und Mond-Tempel, in den vier Chörtens und in den Toren, die in die ringsum verlaufenden Mauern gebaut sind. Im Klosterkomplex von Samye gab es kein wichtiges Gebäude, das nicht von Guru Rimpoche als Kraftplatz geheiligt wurde.

Das ehrwürdige Alter dieser Kraftplätze, die in der Wiege der tibetischen Zivilisation gelegen sind, wie auch ihre Verbindung mit Guru Rimpoche verleihen ihnen bei allen Tibetern besondere Bedeutsamkeit. Aber der Mehrheit der heutigen, nachgeborenen Pilger fehlt ein entwickelter Sinn für lineare Zeit und Geschichte. Der tibetische Kalender basiert auf den sechzigjährigen Jupiterzyklen, deren erster im Jahre 1012 begann. Seither wird die Abfolge der Zyklen gezählt, aber dies ist eher eine esoterische Angelegenheit der Astrologen als ein Wissen der normalen Menschen, und insofern ist der Fortlauf der Zeit im tibetischen Bewusstsein eher zyklisch als linear. Die Besessenheit westlicher Gelehrter von der Geschichte findet bei traditionellen tibetischen Gelehrten kein Echo, und die Anzahl von Werken über die Geschichte dieses Landes im Laufe der Jahrhunderte kann an den Fingern zweier Hände gezählt werden. Aus diesen Gründen haben die alten Kraftplätze des Nyingma-Ordens mehr praktische Bedeutung als die Kraftplätze der großen Lamas, die in der zweiten Ausbreitung des Buddhismus seit dem 11. Jahrhundert religiöse Orden gründeten.

Die Gründer der späteren buddhistischen Schulen waren wie Guru Rimpoche Yogis, die in Höhlen saßen, um ihre Verwirklichung und

Kraft zu erlangen, und indem sie dies taten, definierten und heiligten sie einen Kraftplatz. So wanderte und meditierte z.B. Milarepa im Himalaya. In einigen Phasen seines Lebens genoss er die Einsamkeit und scheute jegliche menschliche Gesellschaft wie die Pest, deshalb sind einige von seinen Höhlen in hohen, so gut wie unzugänglichen Bergverstecken gelegen. Später, als er die Nähe menschlicher Siedlungen brauchte, lebte er in Höhlen, die näher bei Dörfern gelegen waren. Viele der Hochgebirgstäler in dieser dünn besiedelten Gegend auf beiden Seite der Himalaya-Wasserscheide rühmen sich, eine Milarepa-Höhle zu besitzen, wie die zentraltibetischen Täler eine Guru-Rimpoche-Höhle haben.

Milarepas Schüle Je Gampopa, eine großer Gelehrter und Meditationsmeister, brachte die Tradition der geflüsterten Lehre (*kagyü*) nach Zentraltibet, wo gerade eine schwunghafte religiöse Renaissance im Gange war. Je Gampopa selbst und seine Schüler Dusum Khyenpa, Taklung Thangpa, *Drikung Khyabpa*, Tsangpa Gyare, *Drogon Dorje Gyalpo* und *Lama Zhang* ließen sich alle an zentraltibetischen Kraftplätzen nieder und erlangten die Vollkommenheit in der Meditation Milarepas. Ihre Verwirklichung war wie ein Magnet sowohl für die religiöse Hingabe der Schüler wie auch für das Mäzenat der reichen Landbesitzer, und entweder zu ihren Lebzeiten oder aber der ihrer Anhänger wurden große Klöster errichtet, deren Brennpunkte die Höhlen waren, die innerhalb dieser Klostergebäude lagen. Mit der Zeit wurden all diese Klöster zu Zentren von Reichtum und politischer Macht wie auch zum Sitz der Reinkarnation des Gründers, der immer ein Potentat von ungeheurem spirituellem und weltlichem Prestige war. Die Kraft der ursprünglichen Höhlen, die meist besonders auffallende geomantische Eigenschaften aufwiesen, ging im Laufe der Zeit auf das ganze Kloster mit seinem lebenden Buddha auf dem Thron über.

Gegenwärtig ist das Kloster *Tsurphu Gompa*, dessen Karmapa nach einer Pause von 36 Jahren wieder dort weilt, der größte dieser Kagyü-Kraftplätze. Die Höhle, in der die Karmapas meditierten, ist ein Versteck über dem Kloster. Der Meditationsort von Drikung Khyabpa befindet sich im Tempelkomplex von *Drikung Thil*, einem noch immer florierenden Kloster mit einer lebendigen Meditationstradition. Viele andere Klöster werden gerade restauriert wie etwa das große *Ralung Gompa* in Tsang, dem Heimat-Kraftplatz des Drukpa Kagyü-Ordens, das über der Einsiedelei Tsangpa Gyare errichtet wurde. Daklha Gampo, das Kloster, das über der Einsiedelei von Je Gampopa erbaut wurde, wird ebenfalls gegenwärtig restauriert. Der Klostertempel von Densathil, der über der Einsiedelei von Drogon Dorje Gyalpo errichtet wurde, die sich an einem auffallenden, geomantisch bestimmten Punkt in einem Wacholderwald befindet, hat ihren Primat schon vor langer Zeit verloren, behielt aber ihre Anziehungskraft für Pilger aus der *Phakdru-Kagyü*-Linie.

Nachdem also die Kraftplätze der Gründer-Yogis der verschiedenen Kagyü-Linien zum Zentrum von großen Gompas wurden, überbaute man die geomantischen Besonderheiten, die Yogis zur Meditation inspiriert hatten, mit Klostergebäuden. Wie bereits erwähnt, war der Klostertempel im Wesentlichen eine Rekonstruktion der Höhle, und der Kraftsitz in der Höhle wurde auf den rituellen Machtsitz im Kloster übertragen. Und dies war der Thron des Lamas (*kuden*). Der Lama war eine Inkarnation (*tulku*) des erleuchteten Yogi, der die Höhle ursprünglich geheiligt hatte. Der Kraftplatz im Kloster wurde durch die Meditation und die rituelle Aktivität des Lamas und der Mönche geheiligt. Diese Veränderung erfolgte in einer Zeit, als die Zahl und Bedeutung der Klöster stark zunahm, und damit ging auch eine Zunahme der rituellen klösterlichen Aktivitäten im Unterschied zu asketischer Meditation einher. Trotzdem blieb die Meditation in den Höhlen und Einsiedeleien die grundlegende Quelle der spirituellen Vitalität des Klosters, und dieses bot ein Reservoir von Kandidaten für die Meditation in der Einsamkeit.

Die Heimatklöster des Kagyü-Ordens illustrieren am besten die Entwicklung von der Höhle zum Kloster. Aber selbst als Milarepa in seinen Höhlen meditierte, wurden in Zentraltibet bereits Klöster des Kadam-Ordens durch Schüler von Jowo Atisha errichtet. Diese Klöster waren Orte des Studiums und der Mönchsdisziplin, und die feine Schwingung von eifrigen Mönchen und Nonnen machte sie zu geheiligten Kraftplätzen.

Später heiligte Je Tsonkhapa durch seine Anwesenheit und Meditation viele Klöster, die von den Kadampas erbaut worden waren, und zwar vor allem *Reteng Gompa*, das zu einem der mächtigsten Gelug-Kraftplätze wurde. Der wichtigste Geluk-Kraftplatz ist zweifellos das Kloster von Ganden, das rings um Je Tsongkhapas Höhlen-Einsiedelei errichtet wurde. Auch das Heimat-Kloster des Sakya-Orden, das von den fünf Gründer-Lamas des Ordens geheiligt wurde, wie auch Ngor Gompa, das von *Ngorchen Kunga Zangpo* erbaut wurde, sind Kraftplätze von außerordentlicher Ausstrahlung und Macht.

Eine weitere spirituelle Gegenwart, die Klöster zu Kraftplätzen weihen kann, sind die Beschützer der Lehre und Tradition Buddhas. Jedes Kloster hat einen geweihten Raum, der eine Wohnstätte des Beschützers des Buddha-Dharma und des betreffenden Klosters ist. Manche von diesen Beschützern erteilen durch einen besonders ausgebildeten Lama Weissagungen und Orakel.

So wurde z.B. der Dharma-Beschützer *Pehar*, dessen ursprüngliche Wohnstätte das Kloster Samye Chokhor war, während der Amtszeit des großen V. Dalai Lama nach *Nechung Chok* in der Nähe von Lhasa gebracht. Hier wurde Pehar zum Spender des Staatsorakels, also des wichtigsten tibetischen Orakels. Seine Anwesenheit in Nechung verleiht diesem Kloster seine besondere Anziehungskraft für Pilger und macht es zu einem besonderen Kraftplatz.

Chörtens und Steinmale

Ein Chörten (Sanskrit: *stupa* oder *chaitya*) ist ein Monument aus Ziegel und Stein in beliebiger Größe, das aus verschiedenen aufeinander gestapelten Architekturelementen von Bodenplatte, Gewölbe, Schachtel und Spitze besteht. Er markiert einen Kraftplatz und weiht diesen Platz – ebenso wie ein Tempel – noch mehr. Aber auch wenn die Platzierung eines Chörten alle geomantisch günstigen Eigenschaften vermissen lässt, erschafft er durch seinen Aufbau und die unablässige Verehrung, die ihm zuteil wird, ein Kraftplatz. Die Nähe zu einem Chörten ist für eine Höhle oder Einsiedelei eine günstige geomantische Eigenschaft. Der Chörten ist eine spirituelle Batterie, die der Gläubige schon allein durch seine Gegenwart auflädt. Er kommt der Vorstellung vom Buddha-Bewusstsein so nahe, wie es eben nur die Schöpfung der kreativen buddhistischen Vorstellungskraft vermag. Shakyamunis Reliquien wurden in Chörtens eingeschlossen, und seither waren diese Bauwerke überall dort, wohin der Buddhismus gereist ist, ein Brennpunkt der religiösen Verehrung.

Vor der Kulturrevolution waren Chörtens aus Stein ein weit verbreitetes Merkmal der tibetischen Landschaft. In den Tälern rühmte sich jedes Dorf, mindestens einen zu haben. Manchmal gab es Schutz-Chörtens am Eingang und Ausgang der Hauptstraße, die durch das Dorf führte. Wo immer rings um ein Dorf spiritueller Schutz vonnöten war, wurde ein Chörten errichtet.

An einem Weg durch die unbesiedelte Natur kann ein Chörten einen Kraftplatz markieren, an dem vielleicht vor langer Zeit ein Yogi meditierte oder ein Wunder gewirkt wurde. Vielleicht ist in der Bodenplatte ein Dämon eingeschlossen. Öfters wurden Chörtens jedoch als Reliquienschreine erbaut, in denen die Knochen eines großen oder heiligen Mannes bestattet wurden.

Chörtens stehen nur selten hoch auf den Bergrücken gegen den Horizont, aber es gibt einige, die auf Pässen errichtet wurden, um ein Steinmal zu ersetzen. Nur einige wenige Chörtens überlebten die Kulturrevolution, aber viele sind in den letzten zehn Jahren erbaut worden, und der Chörten ist nun wieder ein vertrautes Element der Landschaft geworden.

Die großen Chörtens von Tibet nennt man *kumbums* oder »Tausend-Buddha-Bildnisse«. Auf jeder Ebene sind Sakralräume oder Altarnischen eingebaut, sodass der Chörten in einen Tempel mit übereinander liegenden Ebenen verwandelt wurde, der unzählige Skulpturen oder gemalte Buddha-Abbildungen enthält. Sie haben sich aus dem »vieltorigen Chörten« entwickelt und kommen in der Provinz Tsang und dem Yarlung-Tsangpo-Tal vor. Insgesamt wurden nur fünf davon erbaut, und nur einer hat die Roten Garden ohne Beschädigungen überstanden. Dies ist der prachtvolle Gyantse Kumbum. Die Kumbums von Riwoche und Jonang sind wieder aufgebaut worden. Dagegen sind die Kumbums von Drampa Gyang und Dranang Jampaling noch immer im Zustand der Verwüstung.

Die Tempelterrassen der Kumbums, die an die Bodenplatte der jeweiligen Stufe angeschlossen sind, vergrößern scheinbar das Ausmaß des »Thrones« oder Fundamentes und dramatisieren Kuppel, Schrein und Spitze, die aus dieser Masse hervorstehen. Die Kuppel hat bei den meisten alten tibetischen Chörtens die Form eines abgeflachten Zylinders, und die Spitze mit ihren dreizehn Scheiben trägt ganz oben das Symbol von Sonne und Mond. Ebenso wie die Stupas von Sri Lanka und Altindien gleicht der Chörten einem Pfahl auf dem Antlitz der Erde, der wie ein Anker wirkt, während die Stupas von Burma und Thailand die Bewegung der Energie von der Basis zur Spitze und in den Himmel hinaufleiten.

Der älteste tibetische Reliquien-Chörten ist klein, und im indischen Stil aus Stein gehauen. Er steht im *Drölma Lhakhang* in *Nyethang* in der Nähe von Lhasa. In ihm sind die Reliquien von Jowo Atisha bestattet. Aber als Reliquienschrein kann man den Chörten am besten im Potala und der großen Geluk-Klöstern betrachten. In deren höhlenartigen Innenräumen stehen goldene und mit Juwelen besetzte Chörtens, so genannte *kudungs* oder *serdungs*, die mehrere Meter hoch sind und die Reliquien und oft auch die mumifizierten Körper von ganzen Linien von Tulkus enthalten. Der Potala beherbergt die Reliquien-Chörtens von vielen früheren Dalai Lamas. Erst vor kurzem wurde der verstorbene Panchen Lama mumifiziert und in einem sehr großen *kudung* in einem eigens dafür erbauten Tempel in Tashi Lhunpo bestattet. Diese Chörtens sind in einer der acht Bauarten der »acht Tathagata Chörtens« (*deshinshekpa chörtengye*) errichtet. Alle von ihnen besitzen die Grundfläche, den so genannten »Löwenthron«, auf dem zunächst eine quadratische Basis sitzt, gefolgt von einer Kuppel, dem Schrein, der Spitze mit ihren dreizehn Scheiben sowie einen Schirm, der von Sonne und Mond bekrönt ist. Bei allen ist die Kuppel vasenförmig, mit Ausnahme des *nirvana*-Chörten, dessen Kuppel wie eine Glocke geformt ist. Die anderen sieben können am Muster der Stufen zwischen dem Löwenthron und dem Gewölbe unterschieden werden. Diese Stufen können ungeschmückt, lotusförmig, achteckig, kreisförmig, vieltorig oder nur mit einer Tür versehen sein. Weder der Erleuchtungs-Chörten noch der *nirvana*-Chörten besitzen ein Fenster oder Nischen für Schreine. Aber jeder Typus ist mit einem der wichtigsten Ereignisse von Shakyamuni Buddhas Leben assoziiert und hat einen besonderen Namen:

Der ERLEUCHTUNGS-CHÖRTEN (*jangchub chörten*) erinnert an Shakyamunis Erleuchtung unter dem Bodhi-Baum in Bodhgaya und ist der gewöhnlichste unter ihnen, der an seinen einfachen vier Stufen und dem Fehlen von Fenstern und Nischen für Altäre und Schreine zu erkennen ist.

Der AUFGETÜRMTE-LOTUS-CHÖRTEN (*pepung chörten* oder *sugata chörten*) symbolisiert Shakyamunis Geburt in Lumbini. Er besitzt vier oder mehr Stufen in Lotusform.

Der CHÖRTEN DER DREHUNG DES RADES (*chokhor chörten*), auch GLÜCK BRINGENDER, VIELTORIGER CHÖRTEN (*tashi gomang chörten*) genannt, ist mit Shakyamunis erster Predigt in Sarnath assoziiert.

Seine Stufen weisen Tore auf, jeder Abschnitt auf jeder Stufe enthält mehrere Sakralnischen. Dies ist der Stil der tibetischen Kumbums.

Der WUNDER-CHÖRTEN (*chotrul chörten*) erinnert an Shakyamunis Wunder in Shravasti und gleicht dem vieltorigen Chörten, nur weist er keine Nischen auf den verschiedenen Ebenen auf.

Der CHÖRTEN DES ABSTIEGS VOM TUSHITA-HIMMEL (*lhabab chörten*) ähnelt dem Wunder-Chörten, nur dass in ihm auch Shakyamunis Abstieg vom Tushita-Himmel in Mayadevis Schoß in Kapilavastu angedeutet wird, und zwar durch eine Treppe, die in der Mitte jedes Tores herabläuft.

Der VERSÖHNUNGS-CHÖRTEN (*yendum chörten*) erinnert an Shakyamunis Versöhnung der Mönchsgemeinschaft in Rajagriha. Er besitzt achteckige Stufen in annähernd gleicher Größe.

Der SIEGES-CHÖRTEN (*namgyal chörten*) erinnert an Shakyamunis Lebensverlängerung in Vaisali. Er besitzt drei kreisförmige Stufen.

Der NIRVANA-CHÖRTEN (*nyangde chörten*) symbolisiert Shakyamunis Übertritt ins Nirvana in Kushinagara. Ihn erkennt man an dem Fehlen von Stufen, seinem glockenförmigen Gewölbe auf der zehneckigen Basis sowie dem Fehlen von Sakralnischen und Fenstern.

Die stilistischen Unterschiede sind nicht immer deutlich zu erkennen, aber es gibt eine allgemeine Chörten-Form, die sich für die mythische Vorstellungskraft eignet. Jeder Gläubige weiß, dass der Chörten eine greifbare Verkörperung des Buddha-Bewusstseins ist, und Eingeweihte können ihn als Buddha im Sinne des unermesslichen Raumes, Bewusstseins und Lichtes (*choku*) identifizieren. Aber es gibt noch andere Deutungen der Chörten-Symbolik. Wenn das ganze Bauwerk den Buddha symbolisiert, so ist der »Thron« Buddhas Sitz. Die Basis mit den Treppen sind Beine im Lotus-Sitz, die Kuppel sein Rumpf, dessen Zentrum in seinem Solarplexus liegt, der abgeflachte Schrein sein Kopf, aus dem manchmal seine Augen hervorblicken, und die Achse oder der Pfahl (*tsokshing*), der das ganze Bauwerk von unten bis oben durchläuft, seine Wirbelsäule und der mittlere Kanal des tantrischen Yoga, der vom untersten Chakra bis zum tausendblättrigen Lotus auf der Krone seines Kopfes reicht. Die Spitze ist der mystische Schopf auf seinem Kopf (*ushnisha*), der seinen transzendierenden Geist symbolisiert, und ihre 13 Scheiben zeigen die zehn Stadien der Buddha-Verwirklichung und die drei Dimensionen seiner metaphysischen Wirklichkeit an.

Wenn der Chörten ein kosmisches Symbol ist, so verkörpert der »Thron« oder das Fundament die Schildkröte, die Grundlage aller Dinge. Die Kuppel ist das kosmische Ei und der Schoß von Zeit und Raum und damit auch das Gefäß der Fruchtbarkeit, denn in ihm liegt die Potenzialität aller Dinge. Die Kuppel ist auch die kosmische Brust, welche die gesamte Schöpfung ernährt. Es ist ein Bild des weiblichen Prinzips, während die Achse oder der Pfahl das männliche Prinzip symbolisiert. Diese Achse aus Holz stellt außerdem auch den Baum des Lebens dar, den Baum der sich ausbreitenden Erleuchtung und die Weltachse.

Wenn der Chörten die fünf großen Elemente – Erde, Wasser, Feuer, Luft und Raum – verkörpert, so stellt die gestufte Basis die Erde dar, die runde Kuppel ist das Wasser, die konisch zulaufende Spitze das Feuer, und der Halbmond und der flammende Sonnensame symbolisieren jeweils Luft und Raum. Gläubige, die in den Tantras versiert sind, verinnerlichen den symbolischen Wert der Elemente und ihre Formen und sehen in der Basis, dem Element Erde, die idealisierte innere Leidenschaft des Stolzes, dessen Farbe Gelb ist. Das runde Element des Wasser visualisieren sie in Blau als das reine Wesen von Unwissenheit und Trägheit. Das konisch zulaufende Element Feuer wird in Rot visualisiert und symbolisiert die reine Leidenschaft der Begierde. Das Luft-Element im Halbmond ist für sie die unbefleckte Leidenschaft der Eifersucht, deren Farbe Grün ist. Und das Element des Raumes, der flammende Same der Sonne ist die gereinigte Leidenschaft des Zornes, die in Weiß visualisiert wird. Die Achse des Chörtens ist für sie der mittlere Kanal mit den fünf Chakras und ihrer Assoziation mit den gereinigten Leidenschaften und die Dynamik des Chörtens eine nach oben gerichtete Bewegung, welche die fünf Aspekte integriert, die im flammenden Samen an der Spitze ihren höchsten Ausdruck im Raum finden.

Jeder, der den Bau eines Chörtens beobachtet hat, kann ihn sich als dreidimensionales Mandala vorstellen. Der Thron, das Fundament ist in neun Kammern aufgeteilt, die mit Reliquien, Ritualgegenständen, Edelsteinen, Getreide usw. gefüllt ist. Die gestufte Basis in der Mitte ist das Lager für den Mittelpfosten. Das Gewölbe ist die Wohnstätte der Buddha-Gottheit, die durch ein Bildnis vergegenwärtigt sein kann, das manchmal durch ein Schrein-Fenster zu sehen ist. Die Gottheit ist normalerweise der Buddha Mikyopa, der Bodhisattva Chenrezik oder die zweiarmige Drölma, kann aber auch Namgyalma, die vielarmige Drölma sein, wenn sie die Rolle der Mutter aller Buddhas einnimmt. In dem meist flachen Schrein, der über der Kuppel sitzt, sind manchmal auch Reliquien untergebracht. Von oben gesehen erzeugen die 13 konzentrischen Scheiben der Spitze die Wirkung einer Spirale, deren Mittelpunkt der flammende Same ist.

Der Inhalt eines Chörten, der auf rituelle Weise im Schrein eingeschlossen wird, stärkt seine Kraft und macht aus ihm auch ein Schatz-Versteck. Die Chörtens aus den Tagen von Guru Rimpoche waren Kraftplätze, die ideale Verstecke für seine Schätze boten. Die vier Chörtens, die in südöstlicher, südwestlicher, nordöstlicher und nordwestlicher Richtung von Samye Utse stehen, sind die wichtigsten unter ihnen und bargen viele Verstecke. Manuskripte waren die erste Ernte der Schatzfinder in den frühesten Chörtens, und im Laufe der Jahrhunderte haben diese Bauwerke sehr wichtige Texte freigegeben – wie etwa das *Chojung* von Longchenpa, das im 20. Jahrhundert von Kanjur Rimpoche gefunden wurde –, aber auch Bildnisse und machtvolle Weihegegenstände. Diese Vergegenständlichung von Körper, Sprache und Geist Buddhas sowie Edelsteine, Gold und Silber machen den Chörten zu einer Schatzkiste und einem Lehrmodell für Gläubige. Wie jede Schatzkammer mit materiellen Reichtümern fungiert er als Magnet für Menschen, die von Reichtum fasziniert sind. Wenn die durch Tradition und Glauben gesetzten Hemmschwellen in Kriegszeiten herabgesetzt waren, wenn Gier die Furcht vor göttlicher Vergeltung überwältigte, wurden die Chörtens von Schatz-Suchern geplündert. Vor allem die Roten Garden fühlten sich sehr von ihnen angezogen.

Während der Zeit der Sakya-Herrschaft wurden Hunderte, wenn nicht Tausende von kleinen bronzenen Chörtens im Stil von Miniatur-Reliquienschreinen gegossen und landeten in allen Klöstern in ganz Tibet. Heute nennt man sie auf dem Markt *kadam stupas*. Allein ihre große Zahl – die alle anderen gegossenen Objekte in den Schatten stellt – verweist auf die universelle Verehrung dieses Bauwerkes, und ihre feine Qualität zeigt, wie wichtig ihre Symbolik genommen wird. Der Drölma Lhakhang beherbergt mehrere *kadam stupas*.

Steinmale (*lhatse*) sind primitive Chörtens und kennzeichnen Kraftplätze in der freien Natur. Auf jedem Pass finden Reisende genau dort, wo sich der Aufstieg zum Abstieg wendet, ein Steinmal. Vielleicht stand an dieser Stelle einmal ein Chörten. Diese hoch gelegenen Punkte sind den Wohnstätten der Berggötter am nächsten. Dort kann man mit den Himmelsgöttern kommunizieren, und die Steinmale und Chörtens, die diese Stellen markieren, können auch als Altäre verstanden werden.

Einen Bruchteil des großen Verdienstes, das man sich durch den Bau eines Chörten erwerben kann, gewinnt man, wenn man einem Steinmal einen Stein hinzufügt. Aber Reisende können auch selbst einen Haufen von drei Steinen aufeinander türmen und dann ein Gebet hersagen, das mit den folgenden Worten endet: *Lha sollo! Lha sollo! Lha gyello! Lha gyello! Kei! Ho Hoo!* (Sieg dem Gott!) Wie bei jedem Kraftplatz kann der Reisende auch eine oder mehrere Gebetsfahnen an einem Strick an dem Pfosten anbringen, der aus der Mitte des Steinmales hervorsteht. Die Symbole und Gebete, die auf den Gebetsfahnen gedruckt sind, reinigen den Wind und erfreuen die Götter.

Leichenstätten

Die wichtigeren Leichenstätten (*durtros*) von Tibet sind wichtige Kraftplätze. Die größten von ihnen liegen auf einem Berg oder neben einer Höhle oder einem Kloster-Kraftplatz, obwohl schon sein eigenes Wesen genügt, um einen Ort zu weihen. Die allgemeine Überzeugung, dass die Befreiung vom Rad der Wiedergeburt oder wenigstens eine bessere Wiedergeburt erlangt werden kann, wenn man den Leichnam zu einer der großen Leichenstätten bringt, veranlasst die Verwandten eines Toten, ihn auch aus großer Entfernung zu einem solchen Ort zu transportieren. Aus der Sicht sowohl des orthodoxen wie auch des tantrischen Buddhismus ist dies ein zweifelhafter Glaube, denn das Karma, das die jeweilige Art der Wiedergeburt bestimmt, ist zur Zeit des Todes bereits vollzogen. Aber wie bei den meisten Ritualen nach dem Tod nützen die Reise zu einem wichtigen Kraftplatz und die dort vollzogenen rituellen Akte mehr den Lebenden als den Toten. Die Leichenstätten von kleineren Städten und Dörfern liegen meistens ein gutes Stück außerhalb der Ansiedlungen. Aber der Phawang Durtro hinter dem Sera-Kloster, die wichtigste Leichenstätte von Lhasa, befindet sich inzwischen in der Nähe der nördlichen Vorstädte von Lhasa.

Hohe Lamas wurden einst mumifiziert oder verbrannt, und Opfer von Pest und anderen Epidemien können begraben oder in einen Fluss geworfen werden. Aber in Gegenden, in denen kaum Holz zu finden ist und der Felsboden das ganze Jahr hart oder sechs Monate lang gefroren ist, wird normalerweise die Himmelsbestattung vollzogen. Nach dem Tod lässt man einen Zeitraum von drei Tagen verrinnen, in dem meistens Texte aus dem Tibetanischen Totenbuch (*Bardo Thödrol*) rezitiert werden, um dem befreiten Geist zu helfen, den Leichnam zu verlassen, jede Bindung an ihn und die hinterlassene Umwelt aufzugeben, um durch den Zwischenzustand, das Bardo, zu gleiten. Dann werden die Gelenke der Extremitäten des Leichnams gebrochen, damit die Beine an den Rumpf gebunden werden können, und der Körper des Toten wird vom Ort des Todes zur Leichenstätte gebracht. Wenn die Entfernung kurz ist, wird er auf den Rücken eines Verwandten gebunden, wenn sie größer ist, auf den Rücken eines Lasttieres. Während die Geier unbehaglich in einiger Entfernung warten, wird dem Toten das Haar geschoren, die Metzger (*rogyapas*) öffnen den Körper, entfernen die Organe, amputieren die Gliedmaßen, schneiden das Fleisch in kleine Stücke und zermahlen die Knochen mit einem Stein zu Pulver. Dann wird der zerstückelte Leichnam umhergestreut, und die Geier – kleine Berggeier – werden gerufen, das Fleisch und die Knochen zu verzehren. Hunde und andere Fleisch fressende Tiere verschlingen den Rest. Diese Prozedur unterscheidet sich von Ort zu Ort. Die Metzger, die mit dieser unheimlichen Aufgabe betraut sind, werden gesellschaftlich stigmatisiert, trösten sich aber mit der Funktion, die sie für die Verstorbenen haben: Anderen fühlenden Wesen – Geiern und Hunden – die eigenen sterblichen Überreste zum Verzehr zu überlassen ist ein Akt der Freigebigkeit, und dabei helfen ihnen die Metzger.

Das Mystische an den Leichenstätten gehört eher zum tantrischen Buddhismus als zum Umgang mit dem Leichnam, wie Laien ihn vollziehen. Die Leichenstätte entspricht in Tibet der indischen Verbrennungsstätte, deren erhabenste mit der Erleuchtung vieler großer tantrischer Adepten zu tun haben. In der Legende verbinden Regenbögen die acht großen mythischen Verbrennungsstätten Indiens, und in erster Linie Silwaitsel (Sanskrit: Sitarvana oder »kühler Hain«) in der Nähe von Bodhgaya mit den großen tibetischen *durtro*-Plätzen wie dem am Kang Rimpoche, Drikung, Tsurphu, Bönri und anderen. Diese Verbindung erfüllt die Leichenstätte am empfangenden Ende des Regenbogens mit Kraft, vor allem, wenn der Yogi die Umgebung und die spirituelle Leistung der großen Adepten visualisiert und dadurch die indische Verbrennungsstätte – ein Buddha-Feld und »reines Land« – symbolisch nach Tibet verlagert. Sicherlich verstärkt die Verbindung zwischen den indischen und tibetischen Orten der Leichenentfernung die Vorstellung, dass ein *durtro* ein vollkommener Ort der Meditation ist.

Die großen Leichenstätten werden auch durch ihre Identifikation mit den tantrischen Mandalas geweiht, die unter ihnen angelegt oder symbolisch mit ihnen identifiziert werden. Demchok (Sanskrit: Samvara), dessen Yogi-Anhänger aufgefordert werden, an Leichenstätten und Verbrennungsstätten zu meditieren, ist jene Buddha-Gottheit, dessen Mandala am häufigsten mit diesen Orten assoziiert wird. Die Verbrennung von hohen Lamas, Buddhas und Adepten hat diese Orte auf optimale Weise geweiht.

Die Meditation, die hier am besten vollzogen werden sollte, ist klarerweise die grundlegende Betrachtung der Vergänglichkeit, der Unvermeidlichkeit des Todes, ferner die Betrachtung des Todes als Tor zur Wiedergeburt, die durch das angehäufte Karma bestimmt wird. Auch Meditation über die grundlegende Wirklichkeit der Leere ist hier angemessen. Aber für den tantrischen Yogi, der sich in der Disziplin übt, alles, was in seinem Bewusstsein aufsteigt, in Aspekte des Buddha-Bewusstseins zu verwandeln, bietet das *durtro* auch das notwendige Stimulans für seine Praxis. Hier sammelt sich das ganze Gesindel der Geisterreiche – ruhelose Geister (*bhutas*), hungrige Geister (*yidaks*), Fleischfresser (*shaza*) und Untote (*rolang*). Die »finsteren Herren« (*Gompos*), deren Gefolge aus diesen verschiedenen spirituellen Entitäten besteht, wohnen ebenfalls an diesen Orten. In einem yogischen Prozess, in dem es darum geht, die Tiefen der Hölle zu entleeren, werden diese »finsteren Herren« angerufen, und wenn der Yogi ihr Buddha-Wesen erkennen kann, so müssen sie seinen Befehlen folgen. Je näher der Yogi der Wahrnehmung des hellen Lichtes des Buddha-Wesens in allen Dingen kommt, umso bösartiger und mächtiger sind die spirituellen Kräfte, die sich erheben, um ihn zu behindern.

Auf direktere Weise werden diese Wesenheiten der Leichenstätten von einem *chodpa*-Yogi eingesetzt, der sie einlädt, seinen »Körper«, eigentlich aber sein Ego zu verzehren, um auf diese Weise das Ego umso schneller loslassen zu können. Auf der Außenseite des Khandro-Tsokhang-Khorra-Weges in Terdrom gibt es ein kleines isoliertes Durtro, das noch immer von *chodpas* genutzt wird. Und für tantrische Yogis sind die Himmelbegräbnis-Stätten noch immer die notwendige Bezugsquelle für Knochen, die zu heiligen Ritualgegenständen geformt werden. Diese Knochen erinnern nicht nur an die Durtros, sondern symbolisieren auch Leere. Vor allem der Schenkelknochen wird für Trompeten gebraucht und der Schädel für Schädelschalen, die in Opferriten und manchmal auch zum Essen verwendet werden. Diese tantrische Tradition ist noch immer lebendig – am Drikung Durtro erhielt noch im Jahre 1995 ein *chodpa* den Schädel eines jungen Mönches, der an einer Krankheit gestorben war, und er verbrachte den Morgen damit, ihn in die Form einer Schädelschale zurechtzuschneiden und zu reinigen.

Das Drikung Durtro gehört zu den bekanntesten in Tibet. Es wird als gleichwertig mit dem berühmtesten der acht indischen Verbrennungsorte, nämlich Silwaitsel (Sanskrit: Sitarvana) in der Nähe von Bodhgaya, betrachtet. Die Legende berichtet, dass ein Regenbogen Sitarvana mit diesem Ort verbindet und dass der Schutzgott Yibkyi Chang über beide wacht. Es heißt, dass der Fußabdruck eines Adlers im Felsen von ihm stammt. In einem Kreis von Chörtens, Tempeln und Gebetsfahnen symbolisiert ein Kreis aus groben Felsblöcken von etwa zehn Meter Durchmesser das Mandala von Demchok (Sanskrit: Samvara). Ein höherer aufgerichteter Stein an der Oberseite dieses Mandala und ein flacher Stein in seiner Mitte werden von den *rogyapas* (Metzgern) verwendet. Ein weiterer aufgerichteter Stein ist rot bemalt und gilt als selbst-manifestierter *mani*-Stein. Hinter dem Steinkreis befindet sich ein Kapellenraum mit neuen Gemälden der Bardo-Gottheiten, den hundert zornigen und friedvollen Gottheiten auf den Wänden. In der Nähe davon gibt es einen kleinen Raum, der mit dem geschorenen Haar der Toten gefüllt ist, und weiter rechts steht ein Chörten, der die Stelle markiert, an der sich Drikung Kyabgons Thron befindet.

ANHANG

Führer zu den Kraftplätzen

Westtibet
LADAKH
RUTHOK
PRÄFEKTUR
NGARI
Ruthok
GERTS
Senge Tsangpo
SENGE TSANGPO
Gegye
TSANDA
Indus
GEGYE
Sutlej
C
D
E
Tsanda
G
F
A
Kang
Rimpoche
Lanka
Tso
Tso
Mapham
PURANG
Purang
B
INDIEN
NEPAL

PRÄFEKTUR
NAKCHU
hen
CHEN
PRÄFEKTUR
SHIGATSE

Die Autonome Region Tibet

Zentraltibet mit Nepal und Bhutan

Mittel- und Osttibet
QINGHAI
AMDO
NYENRONG
PRÄFEKTUR NAKCHU
PELGON
NAKCHU
Namtso
SHENTSA
Nyenchen Thangla
BEZIRK DAMZHUNG
Tolung
PRÄFEKTUR LHASA
Nyangchu
PRÄFEKTUR SHIGATSE
BEZIRK NYEMO
Wode Gugyel
Yarlha Shampori
PRÄFEKTUR LHOKHA
Jangzang Lhamo
Yamdrok Tso
Trigu Tso
Padmaling Tso
Kula Khari
Umstrittene Grenze
ASSAM
BHUTAN

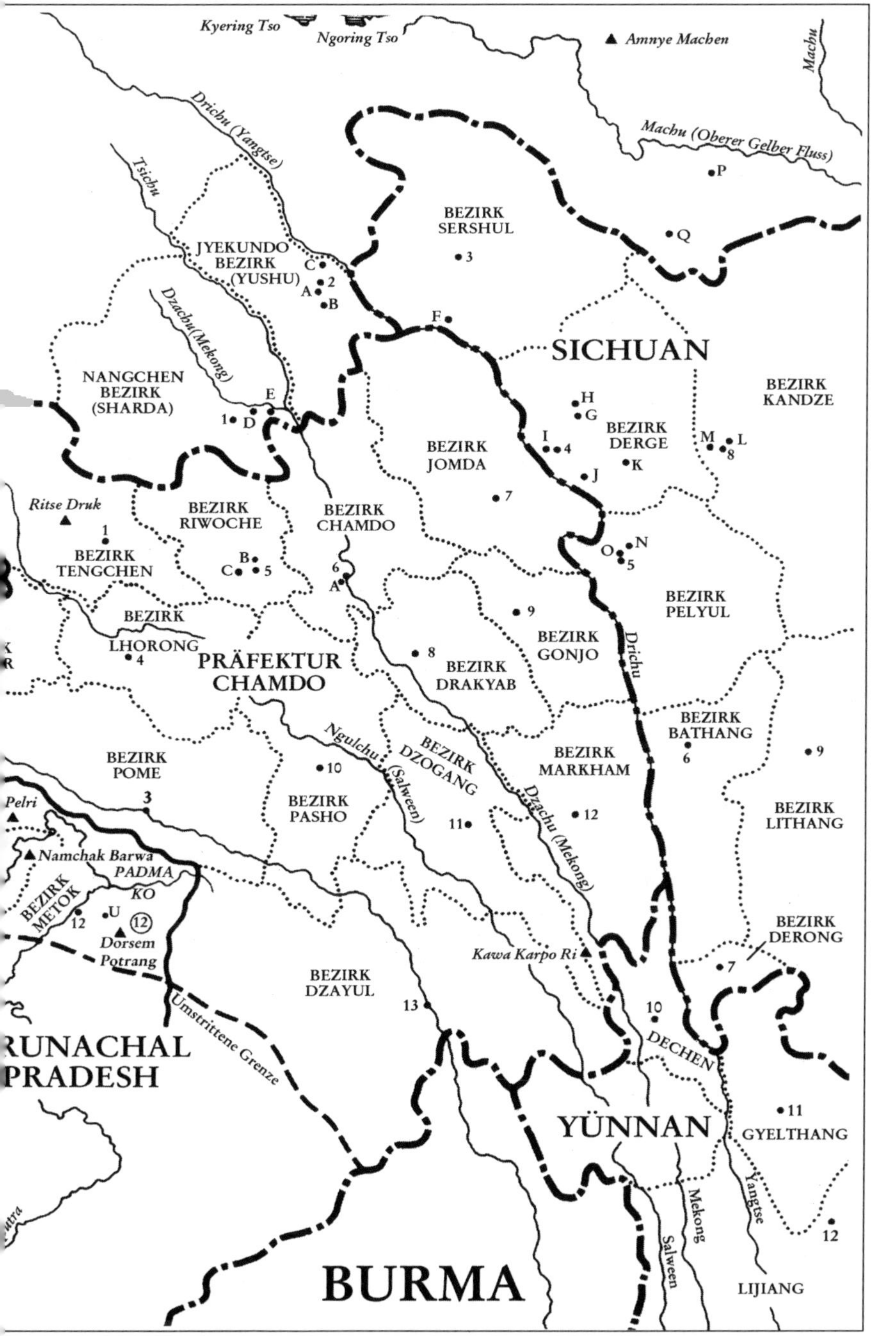
Kyering Tso
Ngoring Tso
Amnye Machen
Machu
Machu (Oberer Gelber Fluss)
Drichu (Yangtse)
Tsichu
BEZIRK SERSHUL
JYEKUNDO BEZIRK (YUSHU)
Dzachu (Mekong)
NANGCHEN BEZIRK (SHARDA)
SICHUAN
BEZIRK KANDZE
BEZIRK DERGE
BEZIRK JOMDA
Ritse Druk
BEZIRK RIWOCHE
BEZIRK CHAMDO
BEZIRK TENGCHEN
BEZIRK PELYUL
BEZIRK LHORONG
PRÄFEKTUR CHAMDO
BEZIRK GONJO
BEZIRK DRAKYAB
Drichu
BEZIRK BATHANG
BEZIRK POME
Ngulchu (Salween)
BEZIRK DZOGANG
BEZIRK MARKHAM
Pelri
BEZIRK PASHO
Dzachu (Mekong)
BEZIRK LITHANG
Namchak Barwa
PADMA KO
BEZIRK METOK
Dorsem Potrang
BEZIRK DERONG
Kawa Karpo Ri
BEZIRK DZAYUL
Umstrittene Grenze
DECHEN
RUNACHAL PRADESH
YÜNNAN
GYELTHANG
Mekong
Yangtse
Salween
BURMA
LIJIANG

Schlüssel zu den Karten

* Ziffern beziehen sich auf Bezirksstädte, die auf den Karten nicht angegeben sind.
* Ziffern, die von einem Kreis umgeben sind, beziehen sich auf Bezirke, die auf den Karten nicht angegeben sind.
* Buchstaben beziehen sich auf Kraftplätze.

Karte von Westtibet

PRÄFEKTUR NGARI

1. Purang
2. Tsanda
3. Senge Tsangpo
4. Ruthok
5. Gegye
6. Gertse
7. Tsochen

BEZIRK PURANG

A. Tretapuri
B. Korchak

BEZIRK TSANDA

C. Tholing
D. Tsaparang
E. Dungkar
F. Khyunglung Ngulkar

BEZIRK SENGE TSANGPO

G. Gurugam

Karte von Zentraltibet mit Nepal und Bhutan

PRÄFEKTUR SHIGATSE

1. Drongpa
2. Saga
3. Dzongkha (Kyirong Xian)
4. Nyalam
5. Tingri
6. Ngamring
7. Latse
8. Sakya
9. Tenkye
10. Kampa
11. Zhethongmon
12. Shigatse
13. Namling
14. Rinpung
15. Panam
16. Gyantse
17. Khangmar
18. Dromo

BEZIRK SHIGATSE

A. Narthang
B. Ngor Ewam Choden
C. Zhalu Gompa

BEZIRK NAMLING

D. Menri Gompa
E. Yungdrung Ling Gompa

BEZIRK LATSE

F. Gyang Bumoche
G. Phuntsokling Gompa

BEZIRK SAKYA

H. Sakya Gompa

TINGRI (BEZIRK SHELKAR)

I. Rongshar

BEZIRK NYALAM

J. Nyalam Dropa Phuk

BEZIRK NGAMRING

K. Ngamring Chode
L. Chung Riwoche Kumbum

DZONGKHA (KYIRONG XIAN)

M. Gungthang-La-Pass
N. Tsalung
P. Drakar Taso Drubphuk
Q. Kyirong

BEZIRK SAGA

R. Tradun Tse

BEZIRK RINPUNG

BEZIRK PANAM

BEZIRK GYANTSE

S. Gyantse Pelkhor Chode
T. Ralung Gompa
U. Kyingkhor Trangdruk

BEZIRK KHANGMAR

V. Nenying Gompa
W. Iwang, Yemar

BEZIRK TENKYE

X. Chörten Nyima

Karte von Mittel- und Osttibet

PRÄFEKTUR NAKCHU

1. Shentsa
2. Pelgon
3. Amdo
4. Nyenrong
5. Nakchu
6. Trachen
7. Sokdzong
8. Driru

PRÄFEKTUR LHASA

1. Lhasa
2. Nyemo
3. Chushul
4. Tolung Dechen
5. Damzhung
6. Lhundrub
7. Taktse
8. Medro Gungkar
9. Kongpo Gyamda
10. Nyingtri
11. Menling
12. Metok

BEZIRK LHASA

BEZIRK CHUSHUL

A. Drolma Lhakhang
B. Sangphu Neuthok
C. Kangri Thokar

TOLUNG DECHEN
D. Kyormo Lung Gompa
E. Nenang Gompa
F. Tsurphu Gompa
BEZIRK TAKTSE
G. Tsel
H. Drak Yerpa
I. Ganden Namgyeling
BEZIRK MEDRO GUNGKAR
J. Gyama
K. Katse Gompa
L. Drikung Thil
M. Terdrom
BEZIRK LHUNDRUB
N. Reteng Gompa
O. Taklung Thang
P. Langthang Gompa
Q. Nalendra Gompa
BEZIRK KONGPO GYAMDA
R. Draksum Dorje Drak
BEZIRK NYINGTRI
S. Buchu
T. Lamaling
BEZIRK METOK
U. Rinchen Pung

PRÄFEKTUR LOKHA
1. Gongkar
2. Dranang
3. Tsethang
4. Chongye
5. Zangri
6. Gyatsa
7. Nangdzong
8. Lhuntse
9. Tsome
10. Lhodrak
11. Nakartse
12. Tsona

GONGKAR
A. Gongkar Chode
B. Dorje Drak Gompa
BEZIRK DRANANG
C. Drak Yangdzong
D. Drathang Gompa
E. Mindroling Gompa
F. Samye Chokhor
G. Chimphu
H. Yamalung
BEZIRK TSETHANG
I. Trandruk Gompa
J. Sheldrak
K. Tashi Dokha
L. Lhakhang Keru
BEZIRK CHONGYE
M. Solnak Thang
N. Königsgräber
BEZIRK ZANGRI
O. Densathil
P. Cholung
Q. Dzingchi Ling
BEZIRK GYATSA
R. Daklha Gampo
S. Chokhor Gyel
BEZIRK NANGDZONG
BEZIRK LHUNTSE
BEZIRK TSOME
A. Mawochok
BEZIRK LHODRAK
B. Khomthing Lhakhang
C. Kharchu
D. Sekhar Guthok
E. Lhalung
F. Guru Lhakhang
BEZIRK NAKARTSE
G. Lho Taklung
H. Samding Gompa
BEZIRK TSONA

PRÄFEKTUR CHAMDO
1. Tengchen
2. Pelbar
3. Pome
4. Lhorong
5. Riwoche
6. Chamdo
7. Jomda
8. Drakyab
9. Gonjo
10. Pasho
11. Dzongang
12. Markham
13. Dzayul
BEZIRK CHAMDO
A. Ganden Jampaling
BEZIRK RIWOCHE
B. Tsuklakhang
C. Takzham Gompa

QINGHAI
1. Nangchen (Sharda)
2. Jyekundo (Yushu)
P. Tarthang Gompa
Q. Dodub Chode
JYEKUNDO BEZIRK (YUSHU)
A. Trangu Gompa
B. Benchen Gompa
C. Drogon Gompa
NANGCHEN BEZIRK (SHARDA)
D. Zurmang Dutsi Thil
E. Zurmang Namgyeltse

SICHUAN
3. Sershul
4. Derge
5. Pelyul
6. Bathang
7. Derong
8. Kandze
9. Lithang
BEZIRK SERSHUL
F. Longthang Drölma
BEZIRK DERGE
G. Dzokchen
H. Zhechen
I. Derge Gonchen
J. Pelpung Gompa
K. Dzongsar Gompa
BEZIRK KANDZE
L. Kandze Gompa
M. Bongen Gompa
BEZIRK PELYUL
N. Kathok Dorjeden
O. Pelyul Namgyel Jangchub Choling

YÜNNAN
10. Dechen
11. Gyelthang
12. Lijiang

Die Autonome Region Tibet ist in sechs Präfekturen (*sakhul*) aufgeteilt und jede Präfektur in zahlreiche Bezirke (*dzong*), deren Bezirksstadt *xian* genannt wird, und jeder Bezirk zerfällt in kleine Landkreise (*qu*), deren Zentrum ein *qu* ist. Die Kraftplätze sind unter ihren Präfekturen und Bezirken angegeben. Sie werden nicht nach dem Alphabet, sondern eher nach geographischer Nähe in Gruppen zusammengefasst. Für Osttibet – Kham (einschließlich der *Präfektur Chamdo*) und Amdo – gibt es einen eigenen Abschnitt. Die Kraftplätze in Tibet sind überaus zahlreich, Tausende von Klöstern könnten den Anspruch erheben, Kraftplätze zu sein. Ich nenne in diesem Buch nur diejenigen, von denen ich weiß, dass sie irgendeine besondere Quelle des Segens oder besonders hervorstechende Eigenschaften aufweisen.

Präfektur Ngari

Sie besteht aus der alten Provinz *Ngari Khorsum* einschließlich des alten Königreiches Zhangzhung, dem späteren Königreich Guge wie auch dem weiten Gebiet des nordwestlichen Jangthang, der nördlichen Ebenen.

KANG RIMPOCHE, KANG TISE oder KAILASH im *Bezirk Purang*, die große heilige Berg-Wohnstätte von Demchok (siehe den Abschnitt über den Kang Rimpoche in Teil 5).

TSO MAPHAM (MANASAROVAR) im Bezirk Purang, der heilige See im Süden des Kang Rimpoche (siehe den Abschnitt über den Tso Mapham in Teil 5).

TRETAPURI (PRETAPURI); auch TIRTHAPURI im Bezirk Purang, 35 km im Südwesten des Kang Rimpoche. Dieser Kraftplatz liegt auf einem Bergrücken und konzentriert sich in heißen Quellen, die am Boden des Felsrückens hervorkommen. Der Khorra-Weg läuft an der Leichenstätte Tsogyal vorbei, führt dann zum Grat hinauf und berührt auf der anderen Seite die »Fünf-Ersatz-Kraftplätze« (*netsabnga*) und das Kloster Drukpa Kagyü Tretapuri Gompa, bis zu den Meditationshöhlen von Guru Rimpoche und Yeshe Tsogyal, den Haupthöhlen unter vielen anderen in dieser Gegend. Tretapuri ist einer der 24 wichtigeren Kraftplätze des Subkontinentes, eine Wohnstätte von

Demchok und vor allem von Dorje Phakmo, an dem Heruka Rudra unterwarf. Er ist für seine heiligen Substanzen berühmt – das Wasser aus den heißen Quellen, rotes Blei aus einem Höhlenort, *ringsel* aus dem Umkreis der heißen Quellen und rote und weiße Erde. Dies alles sind Quellen von Buddhas Segen.

KHORCHAK GOMPA im Bezirk Purang, im Südosten von Puran Xian in der Nähe der Grenze zu Nepal. Diese ist eine Rinchen-Zangpo-Gründung, die auch *Kojarnath* genannt wird, ist ein Sakya-Kloster, in dem sich einst die berühmten vier *Phakpa-Lokesvara*-Statuen befanden. Der Lotsawa Lhakhang hat mit einigen Original-Reliquien überlebt.

GUGE im Bezirk *Tsanda* im Westen des Kailash und nördlich der Grenze zu Indien im Sutlej-Flusstal. Dies war ein Königreich, dessen Blütezeit vom 10. bis zum 17. Jahrhundert währte. Die frühen Könige von Guge führten den Buddhismus wieder in Tibet ein und initiierten die zweite Periode der Verbreitung des Buddhismus, vor allem durch die Einladung von Jowo Atisha aus Bangala nach Tibet. Eine Invasion aus Ladakh und ein Klimawechsel verursachten den Verfall des Königreiches im 17. Jahrhundert und damit den Abstieg der westtibetischen Kultur.

TSAPARANG im Bezirk Tsand im oberen Sutlej-Tal. Dies war die Hauptstadt des alten Königreiches Guge, und seine aus dem 11. Jahrhundert stammende Pracht ist noch immer sichtbar. Die Festung, die aus dem 11. Jahrhundert stammt, erstreckt sich ungefähr 200 m über einen Felsrücken und ist durch Tunnels von unten her begehbar. Im 17. Jahrhundert wurde sie nach einem Massaker aufgegeben. Dieser Ort wurde von den Kommunisten verwüstet, und geblieben ist nur der schön ausgemalte Demchok Mandala Lhakhang. Unter der Festung gibt es drei Tempel, die zum Palast-Kloster gehören und erhalten blieben. Zwei davon, Lhakhang Karpa und Lhakhang Marpo (»Roter« und »Weißer Tempel«), beherbergen mittelmäßig restaurierte Wandmalereien und Tonfiguren. Die Mandala-Gemälde auf den Wänden sind vom Namnang (Sanskrit: Vairochana) Yogatantra-Zyklus abgeleitet. Der dritte Tempel, der Jije (Sanskrit: Vajrabhairava) Lhakhang besitzt hervorragende Wandmalereien aus dem 17. Jahrhundert.

THOLING GOMPA im Bezirk Tsanda im oberen Sutlej-Tal, etwas flussabwärts von Tsaparang im Dorf Tsanda Xian. Dieses Rinchen-Zangpo-Kloster, das aus dem Jahre 995 stammt, enthält drei Tempel. Bei zwei von ihnen sind die Dächer noch intakt. Die Versammlungshalle ist mit schönen Mandala-Wandgemälden aus dem Namnang-(Sanskrit: Vairochana-)Yogatantra-Zyklus abgeleitet und stammt aus dem 16. Jahrhundert. Es ist im reifen westtibetischen Stil ausgeführt. Hier lehrte Jowo Atisha im 11. Jahrhundert. Bis zur Kulturrevolution war es das wichtigste Kloster in Westtibet, dann wurde es zerstört. Es ist noch immer nicht wiederhergestellt.

DUNGKAR im Bezirk Tsanda, 25 km nördlich von Tholing. Hinter den Dörfern erhebt sich eine steile Böschung, in der im 11. Jahrhundert und später zahlreiche Meditationshöhlen ausgehoben wurden, um eine größere Fläche für Höhleneinsiedeleien zu schaffen. Die wichtigste Höhle in Dungkar misst etwa 6,6 m im Quadrat und ist ganz und gar mit schönen Wandbildern bedeckt. Diese zeigen ein Namnang-(Sanskrit: Vairochana-)Mandala, das aus dem 11. Jahrhundert stammt und im modifizierten Kashmir-Stil der frühen monastischen Periode ausgeführt wurde. Auf dem Felsabhang stehen die Ruinen eines Sakya-Klosters aus der Guge-Periode.

PHIYANG im Bezirk Tsanda, etwa 8 km westlich von Dungkar und im selben Tal gelegen. Eine Höhlen-Einsiedelei, die aus der Periode des Königreiches von Guge stammt. Die Wandmalereien gleichen denen von Dungkar.

KHYUNGLUNG NGULKAR im Bezirk Tsanda. In der Nähe der alten Höhlenstadt Khyunglung, die einst die berühmte Hauptstadt des alten Zhangzhung war, liegt das Bön-Kloster Ngulkar, das im Jahre 1936 von Kagya Khyungtrul Jukme Namkhai Dorje, einem Bön-Eklektiker, gegründet wurde.

GURUGAM im *Bezirk Senge Tsangpo* aus der Straße nach Khyunglung. Dieses wichtige Bön-Kloster, das inzwischen wieder aufgebaut wurde, ist das Heimatkloster der wichtigsten Bön-Institution in Indien (Dolanji in der Nähe von Simla). Die Meditationshöhle von Drenpa Namkha, einem Bön-Schüler von Guru Rimpoche, liegt in einem außergewöhnlichen Höhlenkomplex in einem nahe gelegenen Felsabhang.

Präfektur Shigatse

Dazu gehören die alte Provinz Tsang sowie *Lato* und Mangyul im Westen. Sie ist in drei Sektionen aufgeteilt: 1. Die Bezirke *Shigatse* und *Latse*, 2. die Bezirke *Tingri*, Lato, Mangyul und Kyirong, 3. Gyantse und die Gebiete weiter westlich.

Die Bezirke Shigatse und Latse

TASHI LUNPO in der Stadt Shigatse. Tashi Lhunpo hat als einziges der vier großen Geluk-Klöster die kommunistischen Verwüstungen überlebt. Nur die Zellen der 4000 Mönche wurden dem Erdboden gleichgemacht. Die wunderschönen Beispiele für Bauwerke aus dem 17. und 18. Jahrhundert, die verblieben sind, bilden den prachtvollen Kern dieses Klostermuseums. Der Palast des Abtes (*labrang*) enthält den großartigen Reliquien-Chörten (*kudung*). In der Versammlungshalle (*tsokhang*) befindet sich der Reliquien-Chörten von *Gendun Drub*, dem I. Dalai Lama und mehrere Galerien, in denen kleine Bronze-Bildnisse ausgestellt sind. Der *Jampa Lhakhang* enthält die Statue von Jampa Chenpo (Sanskrit: Maitreya), die im Jahre 1914 vom IX. Panchen errichtet wurde, 26 m hoch und von 279 kg Gold bedeckt ist. Die Tantrische Fakultät und die Fakultät für Logik ist wieder in Betrieb. Das jüngste Bauwerk ist ein Tempel, der für den Reliquien-Chörten des verstorbenen X. Panchen Lama erbaut wurde. Tashi Lhunpo wurde im Jahre 1447 von Tsongkhapas Neffen und Schüler Gendun Drub gegründet, der im Nachhinein zum I. Dalai Lama ernannt wurde. Sein Nachfolger zog nach Drepung um, das zum Hauptsitz der Geluk-Macht wurde. Aber Tashi Lhunpo gewann seinen Status als Hauptkloster der Geluks in Tsang wieder zurück, als der große V. Dalai Lama seinen Tutor als vierte Inkarnation von Öpakme (Sanskrit: Amitabha) in der Traditionslinie der Panchen Lamas und Äbte von Tashi Lunpo erkannte. Da Öpakme die spirituelle Quelle von Chenrezik ist, der sich in den Dalai Lamas inkarniert, gelten die Panchen Lamas oftmals als spirituell überlegen gegenüber den Dalai Lamas. Und dies ist ein Verhältnis, das von den Chinesen öfters ausgenützt wurde. Der XIV. Dalai Lama und die Chinesen haben jeweils verschiedene Inkarnationen als XI. Panchen anerkannt. Der äußere Khorra-Weg (*lingkor*) umkreist den ganzen Komplex von Tashi Lhunpo und wird sowohl von einheimischen Gläubigen wie auch Pilgern gerne beschritten.

NARTHANG im Bezirk Shigatse, 14 km westlich von Shigatse. Dieses Kadam-Kloster, das im 12. Jahrhundert gegründet wurde, ging an die Geluks über und wurde für seinen Verlag berühmt, der jedoch zerstört wurde.

NGOR EWAM CHODEN im Bezirk Shigatse im Süden von Narthang. Das Kloster von Ngor, das Heimatkloster der Ngor-Untersekte des Sakya-Ordens, wurde im Jahre 1429 von Ngorchen Kunga Zangpo gegründet, der in Sakya geboren und erzogen wurde und zu einem der erfolgreichsten unter den Sakya-Missionslamas wurde. Dieses Kloster war für seine Gelehrsamkeit und tantrische Disziplin, seine Bücherei, die auch eine reiche Sammlung von Sanskrit-Texten umfasst, und schließlich auch für seinen Malstil berühmt, der von den Newars abgeleitet war und im 15. Jahrhundert seine Blütezeit erlebte. Von seinen achtzehn Schulen und zwei Versammlungshallen wurde nur ein einziger Tempel, der Lamdre Lhakhang, wiederhergestellt und enthält einige wichtige Ritualgegenstände. Zu den Tulkus von Ngor gehören die im Exil lebenden Lamas Kangsa, Tartse, Tende und Lobdin, die alle den Titel Rimpoche tragen.

ZHALU GOMPA im Bezirk Shigatse, etwa 25 km südlich von Shigatse. In der Geschichte des tibetischen Buddhismus wie auch der tibetischen Kunst ist Zhalu eines der wichtigsten Klöster. Seine Hauptgebäude blieben erhalten, aber ihr Zustand ist bedenklich. Zhalu wurde im Jahre 1027 als eine der ursprünglichen Lume-Institutionen gegründet, aber seine Versammlungshalle wurde erst zu Beginn des 14. Jahrhunderts errichtet, als der mongolische Einfluss in Tibet seinen höchsten Stand erreichte. Dies erklärt seine chinesischen Architektur-Einflüsse, die man vor allem in der Formgebung und den mit türkisfarben glasierten Ziegeln geschmückten Dächern sehen kann. Die religiöse Reputation von Zhalu wurde ebenfalls im 14. Jahrhundert geschaffen, als es zum Sitz von Buton Rimpoche wurde, jenem großen Gelehrten, der den tibetisch-buddhistischen Kanon – Kangyur und Tengyur – zusammenstellte. Danach wurde es zum Sitz von Butonpa, einer Schule, die auf der spirituellen Traditionslinie von Buton basierte und sich aus Kadam- und Sakya-Lehrern ableitete. Die Wandgemälde von Zhalu sind der einzige Teil seines Schatzes, der bis heute erhalten blieb. Aber in Quantität und Qualität sind diese Malereien mit nichts anderem im heutigen Tibet zu vergleichen.

MENRI GOMPA im *Bezirk Namling* im Osten von Shigatse am Nordufer des Yarlung Tsangpo im *Tobgyel-Tal.* In einer Enklave von drei Bön-Klöstern war dies das wichtigste, das als Akademie und Schule für Logik Schüler aus ganz Tibet anzog. Menri wurde im Jahre 1405 von Nyame Sherab Gyaltsen gegründet, der aus *Gyarong* stammt. Es wurde vollständig zerstört, und nur eine Versammlungshalle ist wieder aufgebaut worden. Aber die Klostergemeinschaft beginnt inzwischen wieder zu florieren. Im Menri-Lugari-Berg hinter dem Kloster gibt es verschiedene geheime Höhlen. Ebenfalls im Tobgyel-Tal befindet sich *Kharna Gompa*, ein wichtiges Bön-Kloster, das im 19. Jahrhundert gegründet wurde.

YUNGDRUNG LING GOMPA im Bezirk Namling etwa 80 km östlich von Shigatse am Nordufer des Yarlung Tsangpo und auf der östlichen Seite des Wuyuk-Machu-Flusses. Dies ist eines der drei Bön-Klöster in dieser Gegend und eines der größten in Tibet überhaupt und wurde im Jahre 1834 von Dawa Gyaltsen gegründet. Yungdrung Ling hatte 200 Mönche, bevor es gänzlich zerstört wurde. Die Versammlungshalle und der große Thongdrol Lhakhang sind wieder aufgebaut worden, sie beherbergen den Reliquien-Chörten des Gründers. Gegenwärtig wohnt dort *Kunzang Lodro Rimpoche* mit 30 Mönchen. Hinter dem Kloster befindet sich der Wolha-Gyalri-Berg.

GYANG BUMOCHE oder GYANG KUMBUM im Bezirk Latse auf der Latse-Ebene in der Nähe des *Drampa Gyang Lhakhang*. Dies ist einer der fünf großen Kumbum Chörtens, der in den ersten Jahren des 15. Jahrhunderts von *Sakya Sönam Tashi* und *Thangtong* Gyelpo auf einem breiten Fundament (»Thron«) errichtet wurde, allerdings weniger Höhe erreicht als die anderen großen Kumbums. Er wurde schwer beschädigt und ist bisher nicht restauriert worden.

GYANG LONPO LUNG im Bezirg Latse auf der Latse-Ebene östlich des Kumbum. Dort befindet sich in einem reizenden Miniatur-Tal mit Bäumen und Wiesen auf seinen Hängen eine Guru-Rimpoche-Höhle über den Ruinen eines Nyingma-Klosters und einer Reihe von Einsiedeleien.

DRAMPA GYANG LHAKHANG im Bezirk Latse auf der östlichen Seite der Latse-Ebene in der Nähe des Gyang Bumoche. Dieser Missionstempel von König Songtsen Gampo aus dem 7. Jahrhundert, der die linke Hüfte der Dämonin unterwarf, ist inzwischen wieder aufgebaut worden. Hier entdeckte der Schatzfinder *Zangpo Drakpa* aus dem 14. Jahrhundert den *Leu Dunma* Schatz-Text.

JONANG KUMBUM, siehe PHUNTSOKLING GOMPA

PHUNTSOKLING GOMPA im Bezirk Latse in der Yarlung-Tsangpo-Schlucht im Norden von Latse. Dies war das Heimatkloster des unorthodoxen Jonang-Ordens, zu dem der berühmte *Taranatha* gehörte und das vom großen V. Dalai Lama aufgrund seiner metaphysischen Häresien geächtet war. Heute ist es teilweise wiederhergestellt worden. In einem Tal in der Nähe dieses Klosters steht der JONANG KUMBUM, der älteste der großen Kumbums, der etwa um 1330 von *Dolpopa Sherab Gyeltsen* errichtet wurde. Seine Tempel wurden während der Kulturrevolution schlimm beschädigt, aber der feste Mittelpfeiler blieb erhalten, sodass die Restaurierung nicht so schwierig war und inzwischen vollendet ist. Nur Gemäldefragmente, aber keine Figuren haben die Kulturrevolution überlebt. Dieser Kumbum heißt Thöngrol Chenpo oder »Befreiung durch Sehen«.

SAKYA GOMPA im *Bezirk Sakya* etwa 25 km südöstlich von Latse Xian. Dieses Heimatkloster des Sakya-Ordens, das einst eine ganze Klosterstadt war, setzte sich aus einem Nord- und einem Südteil zusammen. Der ältere Komplex im Norden, der rings um die Meditationshöhle von Sachen, dem ersten Patriarchen des Sakya-Ordens, auf der nördlichen Seite des Trumchu-Flusses erbaut war, wurde vollständig zerstört, und nur ein kleiner Tempel auf der Höhle ist wieder aufgebaut worden. Der südliche Komplex besteht heute aus dem Lhakhang Chenmo, einem riesigen, von Mauern umgebenen Tempel von 100 qm Fläche, der im Jahre 1268 von Phakpa begonnen, im Jahre 1276 vollendet und im 16. Jahrhundert restauriert wurde. Heute ist er zu einem sehenswerten Museum geworden, das einen kleinen Teil des Reichtums an heiligen Symbolen und machtvollen Weihegegenständen des alten Klosters enthält. Ein innerer Hof gewährt Zugang zu den Lhakhangs. Die Proportionen des Haupttempels, der Versammlungshalle kann man ahnen, wenn man sich die Dicke der Wände (3,5 m), die Höhe der Decke (16 m) und den Umfang der 40 roh behauenen Baumstämme, die sie tragen (2 m), vor Augen hält. Auf den Altären stehen große Buddha-Statuen, die Reliquien der Sakya-Hierarchen beherbergen, Kraftobjekte wie die Muschel, die Kublai Khan dem Phakpa schenkte, und zahllose Bilder, die aus den Tempeln des nördlichen Komplexes gerettet wurden und alle aus verschiedenen Perioden stammen und in verschiedenen Stilen ausgeführt sind. Dies ist vielleicht der beeindruckendste Innenraum in Tibet. Neben der Versammlungshalle befindet sich die große Bücherei. Vom Hof aus kann man auch andere Lhakhang betreten, die über eine Treppe in das erste Obergeschoss erreichbar sind. Das »ruhmreiche Sakya Gompa« ist heute wieder ein funktionierendes Kloster, aber eine konservative Kommune in der betreffenden Bezirksstadt sorgt dafür, dass die Verehrung, die den Resten der Sakya-Pracht und diesem Gompa geschuldet ist, in dem einst die Lehrer des chinesischen Kaisers wohnten, in Schranken gehalten wird.

Tingri, Lato, Mangyul und Kyirong

Der BERG TSIBRI im Bezirk Tingri im Norden der Ebene von Tingri und im Westen von Shelkar Dzong. Um das heilige Tsibri-Massiv läuft ein Khorra-Weg. Der wichtigste Kraftplatz auf diesem Weg ist TSIBRI GOTSANG, ein Kloster, das auf einem jäh aufragenden Felsen im Südosten der Bergkette liegt und von Guru Rimpoche mit einem verborgenen Schatz gesegnet wurde. Dieses Drukpa-Kagyü-«Adlernest« wurde von dem großen Yogi Gotsangpa im 13. Jahrhundert gegründet und wird gegenwärtig restauriert.

LABCHI im Bezirk Nyalam im Osten von Nyalam an der nepalesischen Grenzen und südlich von Tingri. Dies ist der zweite der großen heiligen Berge, die Wohnstätte von Demchok (siehe den Abschnitt über den Labchi in Teil 5).

CHUWAR im Bezirk Tingri im Drinchu Tal. Siehe RONGSHAR.

RONGSHAR östlich des Berges Labchi. Besuchern aus dem Westen ist dieses Gebiet als »Rosental« bekannt. Es bot einst die wichtigste Straße von Tingri nach Nepal hinunter. Der Rongshar-Fluss trifft sich mehrere Kilometer südlich des Labchi mit dem Gangchu, und beide zusammen werden dann zum Bhote-Kola-Fluss. Das Herz von Rongshar (das in der Antike Drin hieß) ist der Zusammenfluss von Drinchu und Menlungchu, aber das heutige politische Zentrum liegt in Chungmoche Qu. Im Süden von Chuwar liegt das Menlung-Tal, und der Fluss Menlungchu entspringt auf der Südseite von Tsering Chenga (Gaurishankar) im Latso-Wokma-See, dem »unteren See des Lebensgeistes«, und es gibt noch einige weitere Seen unterhalt des Menlung-La-Passes, der nach Nepal führt. Nachdem Jetsun Milarepa in der Höhle Drakar Taso in der Nähe des Flusses Kyirong die Erleuchtung erlangt hatte, kam er als Erstes nach Chuwar. Wiederholt kam er hierher zurück, das letzte Mal, um zu sterben.

DRIN siehe RONGSHAR

TASHI TSERING CHENGA-BERG im Bezirk Tingri südöstlich des Labchi im Süden von Chuwar und Norden von Rowaling an der nepalesischen Grenze. Dieser heilige Berg auf der Wasserscheide des Himalaya ist die Wohnstätte der »fünf Glück bringenden Schwestern des langen Lebens«, der bei den Nepalis GAURISHANKAR heißt. Sie sehen in der doppelten Gipfelformation Shiva Mahadeva, der seine Gefährtin Gauri umarmt. Die Tsering Chenga sind Himmelsgöttinnen oder Himmelswandlerinnen, aber auch Berggöttinnen und Beschützerinnen der Regionen Rongshar und Labchi. Man nennt sie auch *lhamen gyalmo* oder »wilde Göttinnen«. Sie hatten mehrere Begegnungen mit Jetsun Milarepa, der sie unterwarf und als Beschützerinnen der Tradition in das tantrisch-buddhistische Mandala einfügte.

NYALAM DROPA PHUK im Bezirk Nyalam in der Nähe des Dorfes Tashigang etwa 6 km nördlich von Nyalam. Diese wichtige Höhle von Jetsun Milarepa, die aus dem Flussufer ausgehoben wurde, ist nun mit einem Schrein ausgestattet, in dem es ein neues Bild des Meisters gibt. Im Inneren der Höhle kann man noch die Fußabdrücke von Milarepa und Rechungpa sehen. Rechungpas kleinere Höhle liegt über dem Tempel. In der Nähe befindet sich das *Phelgyeling Gompa*.

NGAMRING CHODE im *Bezirk Ngamring* am Ufer des *Ngamring Kyemtso-Sees* im alten Lato Jang. Dies war ursprünglich eine Sakya-Gründung aus dem 13. Jahrhundert, wurde von Je Tsonkhapa gesegnet und entwickelte sich zu einer Universitätsstadt mit zahlreichen Sakya- und Geluk-Colleges, die nun zum Teil wieder aufgebaut sind.

CHUNG RIWOCHE KUMBUM im Bezirk Ngamring etwa 80 km westlich von *Kaga* auf dem Nordufer des Tsangpo im alten Lato Jang. Der Riwoche Kumbum steht neben dem Fluss am Fuße eines Berges namens Pel Riwoche (»ruhmreicher Berg«), auf dem die Ruinen eines gleichnamigen Klosters stehen. Dies ist ein vieltoriger »Tausend-Bilder«-Chörten und wurde im Jahre 1456 von dem Brückenbauer, Schatzfinder und großen Adepten Thangtrong Gyalpo gebaut. Zwar war er seit 1966 beschädigt, aber er wurde renoviert, sodass nur noch der obere Teil der Spitze fehlt. Von seinem äußeren Khorra-Weg und der Außenmauer klettern die vier Stufen oder Terrassen mit den fünf Sakralräumen auf jeder Seite steil zum Gewölbe hinauf, das in sich zwei Ebenen des Khorra-Weges enthält. Weitere Sakralnischen gibt es im Schrein und der Spitze über der Kuppel. Ein großer Teil der Wandgemälde innerhalb der Lhakhangs, die noch nie eine Ton-Skulptur enthielten, hat die Kulturrevolution überlebt. Der Malstil ist eine für diese Provinz typische Modifikation des Stiles von Zhalu, der durch dicke schwarze Umrisslinien sowohl bei Buddha-Bildnissen wie auch bei sonstigem Dekor charakterisiert ist. Um diese Malweise zu kennzeichnen, wurde der Begriff »Lato-Stil« gewählt. Siehe auch GYANG KUMBUM und JONANG KUMBUM.

TRADUN TSE im Bezirk *Drongpa* westlich von *Saga* Xian im alten Jang auf der einstigen Handelsroute. Dieser Missionstempel von König Songtsen Gampo aus dem 7. Jahrhundert, der das rechte Knie der Dämonin unterwarf, ist ein Ort der versteckten Schätze und wurde inzwischen wiederhergestellt.

DZONGKHA oder KYIRONG XIAN im *Bezirk Kyirong*. Dies ist eine alte, ummauerte Stadt, die auf die Ebene des Zusammenflusses von Sarong und Gyang herabblickt. Einst war sie der Sitz und die Burg der Gungthang-Könige und der Geburtsort von Rechungpa.

DRAKAR TASO DRUBPHUK im Bezirk Kyirong, Milarepas Erleuchtungs-Höhle (siehe den Abschnitt über die Milarepa-Höhlen in Teil 5). Das Drakar Taso Gompa befindet sich in der Stadt Kyirong.

GUNGTHANG-LA-PASS im Bezirk Kyirong, östlich von Dzongkha im alten Königreich Gungthang auf der Wasserscheide zwischen dem Kyirong-Tal und dem Pelku-Seebecken. Von diesem Pass aus verließ

Guru Rimpoche Tibet und Dzambuling und floh auf seinem magischen Ross nach Zangdok Pelri, dem »kupferfarbenen Berg«.

PELKU-TSO-SEE, auch PELTHANG TSO und LATSO SINTSO genannt, ist ein großer nierenförmiger See an der Grenze zwischen den Bezirken Kyirong und Tingri im alten Gungthang. Dies ist der Lebensgeist-See einer *sinmo*-Dämonin. Im Nordwesten des Sees liegt Gungthang La (siehe oben), an seinem Ostufer die Milarepa-Höhlen (siehe den Abschnitt über die Milarepa-Höhlen in Teil 5).

RIWO PELBAR im Bezirk Kyirong, das alte MANGYUL auf der westlichen Seite des Kyirong-Flusses (Trishuli) über Kyirong. Dies ist der wichtigste Berg-Kraftplatz im Kyirong-Tal, der von Guru Rimpoche gesegnet und auch mit Schätzen ausgestattet wurde, von denen Rikdzin Godem einige fand. Das Riwo Pelbar Gompa und die Milarepa-Höhlen befinden sich auf den Berghängen.

PHAKPA WATI LHAKHANG im Bezirk Kyirong und der Stadt Kyirong. Dieser vierfach gestufte Pagoden-Tempel im Newarstil, der gerade renoviert wird, war der Ort, an dem sich die vier Skulpturen von Phakpa Lokesvara aus Sandelholz aus dem 7. Jahrhundert befanden. Nach der chinesischen Invasion wurden sie nach Dharamsala gebracht.

JAMTRIN LHAKHANG im Bezirk Kyirong in einem Dorf im Norden von Kyirong, im alten Mangyul. Diese Missionsgründung von König Songtsen Gampo aus dem 7. Jahrhundert, der den rechten Fuß der Dämonin unterwarf, ist heute eine Pagode mit vier Stockwerken im nepalesischen Stil.

Gyantse und die Gebiete im Westen

GYANTSE PELKHOR CHODE im *Bezirk Gyantse*. Die Stadt Gyantse wird vom Dzong, einem früheren Sitz des Gouverneurs von Tsang, beherrscht, der während seiner Einnahme durch die Briten im Jahre 1904 beschädigt, später aber restauriert wurde. Nach 1959 wurde er zum Teil demoliert und vor kurzem erneut renoviert. Der Tempel des Dzong konnte erhalten und in neuen Glanz gebracht werden. Pelkhor Chode, einst eine nicht-sektiererische Enklave, die Sakya-, Geluk- und Kagyü-Klöster innerhalb ihrer Mauern schützte, wurde unter und neben einem halbkreisförmigen Bergrücken im Westen des

Dzong erbaut. Die einzigen noch verbliebenen Gebäude sind der Palast des Abtes (*labrang*), ein Turm, an dem riesige Thangkas zur Schau gestellt werden, der Tsuklhakhang (Haupttempel) und der Gyantse Kumbum. Der Tsuklakhang ist eines der wichtigsten Klostergebäude in Tibet, in dem alle Wandgemälde, Skulpturen und Ritualgegenstände erhalten blieben. Im ersten Stockwerk befinden sich die Drubthob- und Neten-Chodruk-Kapellen, die mit Wandgemälden geschmückt sind und Skulpturen der 84 großen Adepten und der 16 *arhats* enthalten, die allesamt aus dem 15. Jahrhundert stammen. Die Wände des Utse Lhakhang, der obersten Kammer sind von der Decke bis zum Fußboden mit großen Mandalas aus der Sakya-Tradition bedeckt. Der vieltorige Gyantse Kumbum, der Chörten von Pelkhor Chode, der heute einzigartig in der buddhistischen Welt ist, wurde im Jahre 1418 vom Gründer von Pelkhor Chode errichtet. Die Sakralräume auf den neun Stufen des Kumbum, deren Anzahl mit jeder neuen Stufe abnimmt, sind nach dem Kompendium der Sakya-Tantras, dem *Drubthab Kuntu*, angeordnet. So erzeugt jeder Sakralraum und jede Stufe ein Mandala, und der gesamte Kumbum stellt einen dreidimensionalen Weg zu Buddhas Erleuchtung dar, der durch zunehmend feinere tantrische Mandalas illustriert wird. Die Vielzahl seiner Sakralräume wie auch die Vielzahl der Sakralräume im Tsuklakhang zeigen die Meisterschaft der Wandmalerei in der spätmonastischen Periode. Die Tonskulpturen im Kumbum sind meistens schwache, neue Ersatzprodukte, aber von den ursprünglichen Wandgemälden sind noch viele in gutem Zustand.

NENYING GOMPA im *Bezirk Khangmar*, 15 km südlich von Gyantse neben der Autostraße zwischen Gyantse und Yathung. Dieses Kloster wurde im 11. Jahrhundert gegründet und ging später an den Geluk-Orden über. Dort erteilte Je Tsongkhapa seine ersten Lehren. Es wurde zerstört und ist teilweise wieder aufgebaut worden.

KYINGKHOR TRANGDRUK im Bezirk Gyantse, südwestlich von Gyantse Xian, in der Nähe von Kyingkhor Qu. Diese Guru-Rimpoche-Höhle (»Sechs-Tunnel-Mandala«) befindet sich in einem Felsen mit Sakral-Grotten, und die inneren Höhlen erreicht man durch gewundene Höhlengänge mit selbst-manifestierten Fels-Skulpturen und heiligen Quellen. Ein Khorra-Weg, dessen Begehung einen Tag erfordert, umkreist die Kraftplätze von Kyingkhor.

IWANG, auch YEMAR genannt, liegt im Bezirk Kangmar, 65 km südlich von Gyantse neben der Autostraße zwischen Gyantse und Yathung. Dieses kleine, desolate Gebäude enthält die letzten von Tibets noch verbleibenden großen Ton-Figuren aus dem 12. Jahrhundert. Zwei von drei Sakralräumen auf den Seiten eines Innenhofes beherbergen die Skulpturen. Im nördlichen Sakralraum steht der Buddha Donyo Drubpa mit drei sitzenden Jampas auf jeder Seite. Der westliche Sakralraum enthält 16 stehende Bodhisattvas. Von all diesen großen Skulpturen ist die Farbe abgegangen. Sie sehen so aus, wie die Künstler sie vor der Bemalung gesehen haben mussten. Diese traurige Ausstellung kann man nur transzendieren, wenn man die Idee und die feinen Linien dieser Meisterstücke tibetischer Skulptur betrachtet. Vor kurzem sind diese Sakralräume wieder überdacht worden.

YEMAR. Siehe IWANG.

RALUNG GOMPA, weit im Osten des Gyantse-Bezirkes im Windschatten des *Jangzang-Lhamo-Gipfels* und 7 km vom Dorf Ralung entfernt. Dieses Heimatkloster des Drukpa-Kagyü-Ordens wurde im Jahre 1180 von Drogon Tsangpa Gyare, einem Schüler von Drogon Pakmodrupa, gegründet. Der Drukpa-Kagyü-Orden ist in Tibet für seine großen Adepten der asketischen Meditationstradition von Milarepa berühmt, und zwar vor allem an den Berg-Kraftplätzen des Kang Rimpoche, des Labchi und Tsari, aber noch bekannter ist er für seinen prägenden und fruchtbaren Einfluss in Bhutan. Dieser Orden ist eng mit dem Nyingma-Orden affiliiert, und es gibt bei beiden eine starke Tradition des *ngakpa* oder verheirateten Adepten. Das Kloster liegt an einer großartigen Stelle auf der Ebene unter den Schneegipfel, die zahllose Höhlen und Einsiedeleien beherbergen. Während der Kulturrevolution wurde es verwüstet, aber inzwischen wurde innerhalb der mächtigen Mauern des zerstörten Lhakhang Chenpo eine neue Versammlungshalle geschaffen, und eine energiegeladene Mönchsgemeinschaft lässt die Drukpa-Kagyü-Tradition wieder auferstehen. Hier befindet sich auch der Sitz des Drukchen, der in Ladakh wohnt.

CHÖRTEN NYIMA, auf der Grenze zwischen den Bezirken *Tenkye* und *Kampa*, nördlich der Grenze zu Sikkim und zugänglich von Tenkye oder Kampa Xian. Dies ist ein geomantisch spektakulärer Höhlen-Kraftplatz, der den Nyingmapas besonders heilig ist und von Guru Rimpoche, Yeshe Tsogyal und *Namkhai Nyingpo* gesegnet wurde. Es ist der Nordeingang zum verborgenen Tal Dremojong. Westlich von dem kleinen restaurierten Kloster und dem Tamdring Lhakhang befindet sich eine Steilböschung mit den Höhlen des großen Guru, und auf dem Bergrücken gibt es drei Chörtens, die diesem Ort seinen Namen verleihen. Im Osten befindet sich ein Bergrücken mit drei berühmten Leichenstätten. Ein Khorra-Weg, zu dessen Begehung man zwei Tage braucht und der eine Schleife in die südlich gelegenen Berge macht, berührt auch die orakelkräftigen »Lebensgeist«-Seen des großen Guru und seiner Gefährtin.

Präfektur Nakshu

Der Bezirk Nakchu liegt im Nordosten von Zentraltibet, und die gleichnamige Präfektur umfasst die nördlichen Ebenen des Jangthang und erstreckt sich weit nach Norden und Westen bis an die Grenze zur Ngari-Präfektur.

DANGRA YUMTSO und TARGORI im *Bezirk Shentsa*, südwestlich der Nakchu-Präfektur. Dieser See mit dem dazugehörigen Berg liegt im Norden der Nyenchen-Thanglha-Bergkette im Jangthang, im früheren Landkreis Naktsang, etwa 350 km nördlich von Zangzang. Dies ist ein wichtiger Ort für Bön- und Nyingma-Pilgerfahrten. Hier meditierte auch Guru Rimpoche, und Shenrab Miwoche hinterließ seinen Fußabdruck. Der Targori-Berg mit seinem Schneegipfel ist die Wohnstätte einer Gletscher-Nyen-Gottheit. Khorra-Wege umlaufen sowohl den Berg wie auch den See. Der Weg, der um den See führt, beginnt für die meisten Pilger in Ombu an der nördlichen Spitze des Sees und erfordert bis zu elf Tagen Fußmarsch. Wenn man ihn gegen den Uhrzeigersinn beschreitet, so passiert man die Bön-Klöster Ombu, Serzhing und Orgyen, und bei *Khyungdzong* (»Adlersfestung«) gibt es eine Höhlen-Einsiedelei der Bön-Tradition. In der Nähe von Khyungdzong gibt es eine Burg, die von der Wichtigkeit dieser abgelegenen Gegend für die alten Könige von Zhanghzung zeugt.

NAMTSO. Dieser See liegt auf der Grenze zwischen dem südlichen Teil des Bezirkes Pelgon in der *Präfektur Nakchu* und des *Bezirkes Damzhung* in der *Präfektur Lhasa*. Dieser See, der jenseits der Nyenchen-Thanglha-Bergkette auf der Jangthang-Ebene liegt, ist 70 km lang und 40 km breit, und seine Umschreitung erfordert 18 Tage. Sein Name bedeutet »Himmels-See«, und er ist von Bön-Kraftplätzen umgeben. Der wichtigste Kraftplatz liegt am Ende eines Gebirgsausläufers, der im Südosten tief in den See hineinragt und den Eindruck einer Insel im See erzeugt. Dieser besonders starke Kraftplatz heißt *Tashido* (»Glück bringender Fels«), was sich auf eine felsige Erhebung von 200 m am Ende des Gebirgsausläufers bezieht. Namtso ist die Gefährtin des großen Berggottes Nyenchen Thanglha, dessen Bergwohnstätte auf den See herabblickt. Sie ist die Tochter des Gottkönigs Gyajin, der dem Indra der indischen Mythologie entspricht, und ikonographisch stellt man sie sich als reizendes Mädchen vor. Aber hier beim Tashido sind es die starken Kontraste zwischen den Elementen, die sich dem Bewusstsein des Pilgers mit beherrschender Intensität aufdrängen. Der heilige, in vielen Farben schimmernde Berg ist bar jeglicher Vegetation. Das ruhige, kühle Seewasser, das ans Ufer schlägt, ist leicht salzhaltig; aber von einem Augenblick zum anderen kann die drückende Hitze von einem Sturm abgelöst werden, und das Wasser wird in schäumenden, sich überschlagenden Wogen ans Ufer getrieben. Die Sonne schlägt mit nackter Intensität auf den bloßen Felsen, und der riesige Himmel der Ebenen wölbt sich über dieser ganzen Landschaft. Dies ist das Erlebnis der Elemente auf dem tibetischen Hochplateau. An der Südseite des Tashido befindet sich das Tashido Gompa, das in eine große Felsnische eingebaut ist. Hier gibt es auch eine Meditationshöhle von Guru Rimpoche, in der er mehrere Schatz-Texte verbarg. Heute wird es von mehreren Nyingma-Yogis bewohnt. Auf der nach Süden weisenden Böschung befindet sich ein Dutzend ummauerter Höhlen in verschiedener Größe. Man braucht zwischen einer und zwei Stunden, um den Khorra-Weg um den Tashido-Fels zu beschreiten.

NYENCHEN THANGLHA, der wichtigste Gipfel der Bergkette, die sich über den südlichen Teil der Präfektur Nakchu bis zum Kang Rimpoche zieht, liegt im Nordosten von Lhasa in der Nähe des Namtso-Sees. Diese Bergkette trennt das Yarlung-Tsangpo-Tal von der Jangthang-Ebene. Sie ist die Wohnstätte des Berggottes Nyenchen

Thanglha, des größten aller zentraltibetischen, wenn nicht tibetischen Berggötter. Sein Name bedeutet »großer Nyen, Gott der Himmelsebenen«, und seit uralter Zeit wird er von den Bönpos so genannt. Die *nyen* sind eine Klasse von alten Berggöttern, die Menschen gegenüber höchst bösartig sein können, wenn sie nicht günstig gestimmt werden. Die niedrigeren *nyen* weilen in allen möglichen Naturphänomenen. Nyenchen Thanglha ist auch der König der Schlangengeister, die er überhaupt erst zeugt, ferner der König der Geruch fressenden Himmelsgötter und ein Gott, der Schätze bewacht. Er herrscht über die 360 Götter der Himmelsebene, deren Wohnstätten die niedrigeren Gipfel des Nyenchen-Thanglha-Gebirges sind. Guru Rimpoche fesselte ihn, damit er das Buddha-Dharma beschütze, indem er sein drohendes Mudra auf ihn schleuderte, als der Berggott ihn auf seinem Weg nach Samye in Schlangengestalt herausforderte. In gebundenem Zustand erscheint er als weißer menschlicher Held, der in Seide gekleidet ist, ein Rohr und einen Kristallrosenkranz in den Händen hält und in Meditation auf einem weißen Ross durch die drei Reiche reitet. Wenn er von buddhistischen Yogis angerufen wird, um Personen, die ein Gelübde gebrochen haben, oder Feinde des Buddha-Dharma zu züchtigen oder hinzurichten, so erscheint er bewaffnet und gerüstet und mit einem Bärenfell bekleidet.

Präfektur Lokha

Dazu gehört das Yarlung-Tsangpo-Tal vom *Bezirk Gongkar* im Westen über den *Bezirk Tsethang* bis zum *Bezirk Nangdzong* und dem alten Dakpo im Osten, ferner Lhodrak nördlich der Grenze zu Bhutan und *Monyul* im Südosten. Die *Präfektur Lhokha* ist in drei Abschnitte aufgeteilt:

1. Das Yarlung-Tsangpo-Tal und die Täler der Nebenflüsse
2. Der Süden mit Bhutan
3. Das Gebiet rings um den *Yamdrok-Yumtso*-See

Das Yarlung-Tsangpo-Tal und die Täler der Nebenflüsse

GONGKAR CHODE im Bezirk Gongkar im Süden des Yarlung-Tsangpo. Dieses gut erhaltene Sakya-Kloster enthält die ursprünglichen Khyenri-Wandgemälde aus dem 16. Jahrhundert, die während der theokratischen Periode den weit verbreiteten Stil der Khyenri/Menri-Malerei erzeugte.

DORJE DRAK GOMPA im Bezirk Gongkar auf dem Nordufer des Yarlung Tsangpo. Dieses Nyingma-Kloster wurde im 16. Jahrhundert von der dritten Inkarnation von Rikdzin Godem gegründet und wurde inzwischen wieder aufgebaut. Es ist das Lehrzentrum von Rikdzin Godems »nördlichem Schatz« (*jangter*). Hin und wieder wohnt dort die gegenwärtige Inkarnation von Rikdzin Godem.

DRAK YANGDZONG im *Bezirk Dranang* im Drak-Tal. Dies ist ein Guru-Rimpoche-Höhlenkomplex (siehe den Abschnitt über die Guru-Rimpoche-Höhlen in Teil 5).

DRATHANG GOMPA im Bezirk Dranang auf dem Südufer des Yarlung Tsangpo in Drathang Xian im unteren Dranang-Tal. Dieses alte Kloster, das erst noch aus dem gegenwärtigen Zustand eines Warenlagers befreit werden muss, hat überhaupt keine Ähnlichkeit mit einem Kraftplatz, aber durch seine Geschichte wurde es zu einem der heiligsten Orte von Zentraltibet geweiht. Es enthält außergewöhnliche Reste von Wandgemälden aus dem 12. Jahrhundert, die für Kunsthistoriker von großem Interesse sind. Die ursprüngliche Versammlungshalle und der Tempel sind in gutem Zustand, aber die Nebengebäude wurden zerstört. Das Kloster wurde zu Beginn des 11. Jahrhunderts gegründet. Es war eines der vier wichtigsten Tempelorte während der Lebenszeit von Lume. Dort residierte auch der wichtige Schatzfinder *Drapa Ngonshe* aus dem 11. Jahrhundert, der die »vier Medizin-Tantras« offenbarte und dem die Gründung des Klosters im Jahre 1081 zugeschrieben wird. Zu Beginn war Drathang eine Nyingma-Institution, aber in einem frühen Stadium der Sakya-Vorherrschaft wurde es von diesem Orden usurpiert. Die Wandgemälde aus dem 12. Jahrhundert, die im inneren Tempel zu beiden Seiten der Aura angebracht sind, die einstmals den Buddha in der Mitte umgab, weisen einen starken Einfluss der Seidenstraße auf, aber es sind die einzigen ursprünglichen Wandmalereien aus der frühen monastischen Periode in Zentraltibet.

JAMAPALING KUMBUM im Bezirk Dranang im unteren Dranang-Tal etwa 1 km südlich von Drathang Xian. Dieser Kumbum, der in der zweiten Hälfte des 15. Jahrhunderts errichtet wurde, war der größte in Tibet, bevor er während der Kulturrevolution zerstört wurde. Er wird gegenwärtig restauriert. Er steht innerhalb des zerstörten Geluk-Kloster-Komplexes Jampaling, und sowohl Chörten wie auch Kloster sind dem zukünftigen *Buddha Jampa* (Sanskrit: Maitreya) geweiht. Dieser Kumbum heißt Kumbum Thöngdrol Chemo oder »großer Chörten der hunderttausend Bilder, der Befreiung schenkt, wenn man ihn sieht«.

MINDROLING GOMPA im Bezirk Dranang, 16 km das *Drachi-Tal* hinauf. Mindroling ist das Hauptkloster des Nyingma-Ordens in der Autonomen Region Tibet. Es wurde im 17. Jahrhundert von *Padma Garwong Gyurme Dorje*, dem Entdecker des »südlichen Schatzes« (*lhoter*) gegründet. Heute ist es wieder aufgebaut und restauriert worden und hat sich zu einem lebendigen Zentrum für die Verbreitung des »südlichen Schatzes« entwickelt.

SAMYE CHOKHOR im Bezirk Dranang. Dies ist das erste Kloster von Tibet, das von König Trisong Detsen erbaut und im Jahre 779 von dem Abt Shantarakshita geweiht wurde. Nach dem Lhasa Jokhang ist es der mächtigste Kloster-Kraftplatz in Tibet. Es ist von den meditativen Schwingungen von Guru Rimpoche und so gut wie jeder wichtigen Gestalt in der tibetisch-buddhistischen Tradition durchtränkt. Auf architektonischer Ebene stellt dieser ummauerte ellipsenförmige Klosterkomplex das Mandala des buddhistischen Kosmos dar. Der Utse-Tempel in der Mitte verkörpert den Berg Meru, die vier Tempel in den vier Himmelsrichtungen stellen die vier Kontinente dar und die acht Neben-Tempel die Inseln im Ozean. Der Utse-Tempel ist dreistöckig, und das ursprüngliche Erdgeschoss beherbergt in seinem Allerheiligsten den Jowo, der von massiven Wänden ummauert und von einem Gang umgeben ist. Diesen berühmten Klostertempel erreicht man aus der Versammlungshalle. Das zweite Geschoss enthält die Räume der Dalai Lamas, die heute als Schatzkammer für die Kraftobjekte von Samye dienen. Die Bauernkommune, die den Klosterkomplex bewohnte, wird gegenwärtig ausgesiedelt, und die Restaurierung ist größtenteils beendet. Obwohl dieser Komplex im Verwaltungszentrum Samye Qu liegt, ist er heute ein blühendes Nyingma-Kloster.

CHIMPHU im Bezirk Dranang, 12 km nördlich von Samye Chokhor. Dies ist ein Guru-Rimpoche-Höhlenort (siehe den Abschnitt über die Guru-Rimpoche-Höhlen in Teil 5).

YAMALUNG in DRAKMAR im Bezirk Dranang, etwa 18 km nördlich von Samye Chokhor. Diese Guru-Rimpoche-Höhle ist einer der acht Orte der einsamen Verwirklichung. Hier lehrte Guru Rimpoche seine Gefährtin Yeshe Tsogyal die Grundzüge des Buddha-Dharma und erteilte ihr die erste Einweihung. Am Boden dieses Ortes befindet sich eine Quelle in einem Hain, in der das Wasser des langen Lebens fließt, ein Geschenk von Guru Rimpoche, der hier auch Liturgien für die Erlangung von Langlebigkeit versteckte. Ein wenig höher liegt Orgyen Phuk, Guru Rimpoches Höhle, in einem großen verschlossenen Feldüberhang. Innerhalb dieses Höhlen-Sakralraumes gibt es mehrere selbst-manifestierte Phänomene, darunter auch Fuß- und Handabdrücke des großen Guru. In der Mitte des Altares an der Hinterwand befindet sich eine neue Statue von Guru Rimpoche. Weiter oben am Hang gibt es eine kleine Meditations-Höhle des Übersetzers Bairotsana.

TRANDRUK GOMPA im Bezirk Tsethang im Yarlung-Tal, etwa 5 km südlich von Tsethang. Dies ist ein wichtiger Missionstempel von König Songtsen Gampo aus dem 7. Jahrhundert, der erbaut wurde, um die linke Schulter der Dämonin zu unterwerfen. Das gegenwärtige, restaurierte Holzgebäude, das nach dem Vorbild des Lhasa Jokhang errichtet ist, stammt wahrscheinlich aus dem 14. Jahrhundert. Dies ist seit den Zeiten des großen V. Dalai Lama ein Geluk-Kloster. Der neue Sakralraum in der südöstlichen Ecke des Klosterkomplexes beherbergt die wenigen Bildnisse, die aus den zerstörten Tempeln gerettet wurden, ferner mehrere wichtige Bildnisse aus anderen verschwundenen Klöstern des Yarlung-Tales, einschließlich einer *Padmapani*, die in Perlen und Perlmutt beschrieben ist, Steinskulpturen der fünf Buddhas, die vielleicht aus dem 7. Jahrhundert stammen, Bronzestatuen eines sprechenden Menlha, dem Buddha der Heilkunst, sowie einen sprechenden Guru Rimpoche, der auch Ngadrama genannt wird. Letzterer wurde von Guru Rimpoche selbst als naturgetreu bestätigt und aus der Sheldrak-Höhle hierhergebracht. Guru Rimpoche heiligte diesen Ort und versteckte auch hier Schätze.

SHELDRAK im Bezirk Tsethang auf der Westseite des Yarlung-Tales. (Siehe den Abschnitt über die Guru-Rimpoche-Höhlen in Teil 5.)

SOLNAK THANG, auch YARLUNG THANGBOCHE genannt, im *Bezirk Chongye* auf der Ostseite des Chongye-Tales halbenwegs zwischen dem Zusammenfluss des Yarlung- und des Chongye-Flusses und den Chongye-Gräbern. Dieses Kloster wurde im Jahre 1017 von *Drumer Tsultrim Jungne*, einem Schüler des Geluk-Mönches Lume gegründet und ist eines der ältesten in Tibet. Jowo Atishas Zelle (*zimphuk*), der Kraftplatz des Klosters, liegt an einem isolierten Punkt auf der nordöstlichen Seite dieses Ortes. Solnak Thang war ein wichtiges Kadam-Kloster, das später von den Gelukpas übernommen wurde. Nach 1959 wurde es vollständig zerstört, aber der Tempel ist wieder aufgebaut, und mehrere Mönche wohnen heute dort.

YARLHA SHAMPORI. Dieser Berg an der südlichen Grenze des Bezirkes Tsethang ist die Wohnstätte des Berggottes des Yarlung-Tales, der einer der vier wichtigsten Berggötter von Tibet ist.

KACHU GOMPA. Siehe LHAKHANG KERU.

LHAKHANG KERU, auch KACHU GOMPA genannt, im Bezirk Tsethang auf der Nordseite des Yarlung Tsangpo, 15 km flussaufwärts im *Yon-Tal*, in der Nähe von Yon Qu. Die Kraft dieses geomantisch und architektonisch bescheidenen Klosters liegt in seinem hohen Alter. Der Stil des Tempel-Gebäudes ist so einfach, wie man es von sehr frühen Bauten kennt – einige wenige, große, ungeschmückte Balken ohne Stützpfeiler, die das Dach tragen. Es wurde in der Mitte des 8. Jahrhunderts erbaut, nachdem Mönche, die aus Khotan geflüchtet waren, nach Tibet eingeladen worden waren. Die wunderschöne 4 m hohe Ton-Skulptur des Buddha im Tempel stammt wahrscheinlich auch aus dieser Zeit. Die Ton-Skulpturen der Bodhisattvas, die den Buddha auf beiden Seiten flankieren, stammen wahrscheinlich aus dem 11. Jahrhundert. In der Nordwest-Ecke des Hofes befindet sich der kleine Raum, in dem Jowo Atisha im Jahre 1047/8 einen Monat lang weilte. Der kleine Chörten, der einige von seinen Reliquien enthielt, ist verschwunden. Wandgemälde von Jowo Je und seinen wichtigsten Schülern Dromton und *Naktso Lotsawa* sind dort ebenfalls zu sehen. Auch

Je Rimpoche Tsongkhapa wohnte einige Zeit in diesem kleinen Raum. Daneben befindet sich der leere Tempel, der mit der Geluk-Tradition verbunden war. Das Kloster wird gegenwärtig von Nyingma- und Geluk-Mönchen gemeinsam geführt.

TASHI DOKHA im Bezirk Tsethang im Norden des Yarlung Tsangpo im Won-Tal. Etwa 8 km flussaufwärts im Won-Tal in einer Senke auf seiner östlichen Seite entspringt eine Quelle und ermöglicht verschiedensten Grünpflanzen, aus dem unfruchtbaren Berghang aufzusprießen. Dort ist die inzwischen wieder aufgebaute Einsiedelei und der Tempel von Tashi Dokha gelegen, in der Je Tsongkhapa im Jahre 1415 zwei Monate in einsamer Meditation verbrachte. Hier traf er seinen Schüler Gendun Drub, der später zum I. Dalai Lama wurde.

DENSATHIL im Bezirk Zangri auf der Nordseite des Yarlung-Tsangpo-Tales in gleichem Abstand von Yon und *Zangri*. Densathil wurde im Jahre 1158 auf einem Felssims in den oberen Bereichen einer Schlucht hoch über dem Yarlung-Tsangpo-Tal gegründet. Dort hatte Je Gampopas Schüler Drogon Dorje Gyelpo vorher seine Einsiedlerhütte. Dorje Gyelpo ist eher unter dem Namen Phakmodrupa bekannt. Er ist der Gründer der Phakdru-Kagyü-Untersekte und einer Familienlinie, die Zentraltibet während des 14. und 15. Jahrhunderts regierte. Unter Dorje Gyelpos achthundert Schülern, die hier meditierten, waren Taklung Thangpa Tashi Pel (Wurzelguru der Drikung Kagyü) und *Ling Repa Padma Dorje* (Wurzelguru der Drukpa Kagyü). Densathil ist ein Ort von außerordentlicher Naturschönheit, die Schlucht ist voll von Rhododendren, wilden Rosen und einer erstaunlichen Fülle von anderen blühenden Sträuchern. Unter den Kalkstein-Vorsprüngen des breiten Amphitheaters, das den Hintergrund des Klosters bildet, befindet sich ein Wald mit riesigen Wacholderbäumen. Das Kloster verfiel schon vor 1959, besaß aber noch immer ungeheuren Reichtum, der aus der politischen Vorherrschaft der Phakdru resultierte. Während der Kulturrevolution wurde es vollständig zerstört und ist bisher kaum restauriert worden. Der Haupt-Kraftplatz liegt innerhalb der geschleiften Mauern des Lhakhang Chenpo, jenes Ortes, an dem Dorje Gyalpo ganz zu Beginn eine Hütte aus Weidenstäben baute, und die Pilger haben einen Baldachin aus Gebetsfahnen über ihm errichtet.

CHOLUNG im Bezirk Zangri im *Wolkha-Tal* in der Nähe von Wolkha Taktse. Diese Einsiedelei, in der sich Je Tsongkhapa gerne zu einsamer Meditation zurückzog, liegt in der Nähe eines Stromes, der von den Hängen von *Wode Gungyel* herabfällt. Tsongkhapa hinterließ den Beweis für seine Meditationsleistungen in Abdrücken seiner Hände, Füße und Knie sowie des sechssilbigen Mantras OM MANI PADMA HUNG, das er mit dem Finger in den Felsen schrieb. Durch die Meditation des Meisters geweiht, wurde dieser Kraftplatz eine wichtige Geluk-Einsiedelei. Nachdem sie vollständig zerstört worden war, wurde sie im Jahre 1982 restauriert und ist nun wieder ein wichtiger Ort der einsamen Meditation für Mitglieder des Geluk-Ordens. In der Nähe befindet sich Chuzang, eine weitere Einsiedelei, die durch Je Tsonkhapas Meditation geweiht wurde. Hier wurde eine neue Einsiedelei errichtet.

DZINGCHI LING im Bezirk Zangri in Dzingchi Qu hoch im Wolkha-Tal und mit dem Jeep von Tsethang aus zu erreichen. Je Tsonkhapa kam nach Dzingchi Ling, um den wichtigsten Weihegegenstand an diesem Ort zu restaurieren – ein Bildnis von Buddha Jampa, das sich in der Meditation eines Khampa-Mönches namens Buddha Jampa spontan manifestiert hatte. Die Füße des alten Bildes sind nun das Ziel der Verehrung im Jampa Lhakhang, der inzwischen restauriert wurde. Die Lamas von Dzinchi, die Gyaltseb Rimpoches, waren Inkarnationen von Gyaltseb Je Dharma Rinchen, einem von Tsongkhapas Lieblingsschülern, der sich im Palais des Abtes von Dzingchi (*labrang*) aufhielt. Buddha Jampas Meditations-Höhle befindet sich auf der Böschung hinter dem Dorf.

DAKLHA GAMPO im *Bezirk Gyatsa*, dem alten Dakpo, 12 km östlich von Gyatsa Qu, nördlich des Yarlung Tsangpo. Dies ist Je Gampopas Kloster, das im Jahre 1121 gegründet wurde. Je Gampopa Dakpo Lhaje war der Gelehrte und Schüler von Milarepa, der die Lehre des großen Yogi formalisierte und institutionalisierte. Das Kloster war auf der flachen Hochebene hinter Daklha Gampo Ri erbaut. Der Khorra-Weg läuft um das Kloster und die Höhlen in den dahinter liegenden Felsen herum. Diese Höhlen weisen eine lange und gefeierte Geschichte auf und können als die wichtigsten Kraftplätze dieses Ortes betrachtet werden. Sewa Phuk ist die Haupthöhle, die von Gampopa und seinen drei wichtigsten Schülern geweiht wurde. Dies waren Dusum Khyenpa, der erste Karmapa, Phakmo Drupa, der Gründer der

Phakdru-Untersekte und Sagom Shatopa. Das Kloster ist teilweise neu aufgebaut worden, und ein Sakralraum enthält mehrere bemerkenswerte Bildnisse und Kraftobjekte.

LHAMO LATSO. Dieser See im Bezirk Gyatsa, 40 km nördlich von Gyatsa Xian, im alten Dakpo ist ein Orakelsee und beherbergt den Lebensgeist der Schutzgöttin Pelden Lhamo, die mit dem Lebensgeist von Tibet und der Dalai Lamas identifiziert wird. Diesen kleinen See kann man vom Steinthron der Dalai Lamas aus sehen, der auf einem Grat hoch über dem See steht. Und der See fungiert als Spiegel, in dem Visionen der Zukunft gesehen werden können. Der zum See gehörige Kloster-Kraftplatz heißt *Chokhor Gyal*, und dort beginnt die Tages-Pilgerreise zum See. Im Zuge der Restaurierung wird dieses Kloster mit einer auffallenden dreieckigen Mauer umbaut.

WODE GUNGYEL. Dieser Berg an der Grenze zwischen den Bezirken Zangri und Gyatsa im alten Wolkha ist der Ahnenberg der wichtigsten zentraltibetischen Berggötter und deshalb die Ahnengottheit des zentraltibetischen Volkes.

Der Süden

MAWOCHOK GOMPA. Dieses Kloster im Bezirk *Tsome* auf einem Hügel im Osten von Tsome Xian ist der Sitz des großen Schatzfinders *Nyangrel Nyima Wozer* und wurde inzwischen teilweise wieder aufgebaut.

KHOMTHING LHAKHANG. Dieser Tempel im *Bezirk Lhodrak* im *Dorf Lhakhang* in der Nähe des Zusammenflusses von drei Flüssen an der Grenze zu Bhutan ist ein zweistöckiger Missionstempel von König Songtsen Gampo, der den linken Ellbogen der Dämonin unterwerfen sollte. Er beherbergt auch Schatz-Texte, die von vielen Nyingma-Yogis geweiht werden.

TSELAM PELGYIRI. Dieser Berg im Bezirk Lhodrak im Süden des Dorfes Lhakhang enthält eine Guru-Rimpoche-Höhle, in deren Nähe auch Tsogyals Höhle liegt und eine Quelle entspringt.

KHARCHU GOMPA. Dieses Kloster im Bezirk Lhodrak in der Nähe des Dorfes Lhakhang liegt in einer prachtvollen geomantischen Umgebung auf einem von Pinien bedeckten Bergrücken, der von Schneegipfeln umgeben ist. Es wurde teilweise restauriert. Der Khorra-Weg, der einen Tagesmarsch dauert, berührt wichtige Kraftplätze, die dem Nyingma- und Kagyü-Orden sehr heilig sind. Die Namkhai-Nyingpo-Drubphuk-Meditations-Höhlen wurden von dem gleichnamigen Schüler des Guru Rimpoche geweiht, der Zentraltibet im 8. Jahrhundert verlassen hatte und sich hier im Exil befand. Die dreistöckige Einsiedelei war der Meditationsort von Phakmodrupa, dem Gründer des Phakdru-Kagyü-Ordens, und Lhamo Kharchen selbst ist der große indische Kraftplatz Devikota, der nach Tibet verlagert wurde. Der wichtigste Kraftplatz hier ist Chakphurchan Ri, eine der fünf Guru-Rimpoche-Höhlen (siehe den Abschnitt über die Guru-Rimpoche-Höhlen in Teil 5).

PHUKRING IN LHODRAK im Bezirk Lhodrak in der Nähe von Kharchu. Dies ist Namkhai Nyingpos wichtigste Höhle.

SEKHAR GUTHOK im Bezirk Lhodrak im Schatten des *Kula Khari-Berges*. Dies ist der neunstöckige Turm, den Jetsun Milarepa im 11. Jahrhundert erbaute, um sein Karma zu reinigen, und der jetzt zusammen mit einem kleinen Kloster restauriert wird. Einige wenige Kilometer in südöstlicher Richtung befindet sich das *Drowolung Gompa* von Milarepas Lehrer Marpa, das bisher nicht restauriert wurde. Eine halbe Tagesreise entfernt liegt Taknya Lungten Phuk, Milarepas erste Höhleneinsiedelei.

KULA KHARI UND PADMALING TSO im Bezirk Lhodrak. Der große Berg Kula Khari (»Königs-Lebensgeist-Himmelsberg«) an der Grenze zu Bhutan und dem Padmaling Tso (»Lotus-Insel-See«) auf seiner nordöstlichen Seite bilden ein komplementäres Paar. Kula Khari ist einer der vier großen Berggötter von Tibet, eine Emanation des Heldenkönigs Gesar und eine sehr starke Kraft. In seinem Schatten liegt der idyllische See Padmaling, der von Schneegipfeln umgeben ist und auf dessen Ufer das zerstörte Kloster des großen Schatzfinders *Padmalingpa* sowie eine Guru-Rimpoche-Höhle liegen. Khorra-Wege umlaufen sowohl den Berg wie auch den See.

LHALUNG GOMPA im Nordwesten des Lhodrak-Bezirkes an der Autostraße. Dies ist ein wichtiges Kloster, das seit 1154 vom Drukpa-Kagyü- und Nyingma-Orden bewohnt wird und vom *tertön* Padmalingpa aus dem 16. Jahrhundert gesegnet wurde. Es ist teilweise restauriert worden.

GURU LHAKHANG im Bezirk Lhodrak über dem Lhalung Gompa. Dies war der Sitz des Schatzfinders *Guru Chowang* aus dem 12. Jahrhundert. Es wurde teilweise restauriert.

TSARI in der südöstlichen Ecke des Bezirkes Nangdzong im östlichsten Gebiet von Lhokha an der indischen Grenze. Der Tsari ist einer der drei großen Berge, der Demchok geweiht ist (siehe den Abschnitt über den Berg Tsari in Teil 5).

Bhutan (Druk Yul)

Im Süden von Lhodrak liegt das unabhängige Königreich Bhutan. Hier sind vier der wichtigsten Kraftplätze der tibetisch-buddhistischen Tradition gelegen.

KYERCHU LHAKHANG im *Paro-Tal* in West-Bhutan. Dieser Missionstempel von König Songtsen Gampo aus dem 7. Jahrhundert, der den linken Fuß der Dämonin unterwarf, ist im Stil von Bhutan erbaut und in tadellosem Zustand erhalten geblieben.

PARO TAKTSANG PHUK im Paro-Tal. Dieses Kloster, eine von Guru Rimpoches »Tigerhöhlen«, ist auf einem Felssims auf einem hohen senkrecht aufsteigenden Felshang gebaut und kann durch eine lange Klettertour und schließlich über Brücken erreicht werden, die an den Felsen befestigt sind. Die kleine Guru-Rimpoche-Höhle wird vom Haupt-Tempel des Klosters überdeckt. Dies ist der wichtigste Ort, der mit Guru Rimpoches Emanation Dorje Drolo (»Diamant-Fettbauch«) assoziiert ist, eine Gestalt, die mit zornigem Ausdruck auf einer trächtigen Tigerin reitet. Darüber liegt das ursprüngliche Kathokpa Gompa, eine Nyingma-Gründung aus dem späten 13. Jahrhundert. Das Hauptkloster, das vom Drukpa-Kagyü-Orden verwaltet wird, ist im Laufe der Jahrhunderte von menschlichen Feindseligkeiten unberührt geblieben und befindet sich deshalb in dem Urzustand, in dem die Bhutanesen ihre Kraftplätze erhalten. Hier meditierte Milarepa, hier wurden auch zahllose Schatz-Texte geoffenbart, einer davon durch den großen Eisenbrückenbauer Thangtong Gyelpo.

JAMPA LHAKANG im *Bumthang-Tal* in Mittel-Bhutan. Dieser Missionstempel von König Songtsen Gampo aus dem 7. Jahrhundert unterwirft das linke Knie der Dämonin.

NERING SENGE DZONG. (Siehe den Abschnitt über die Guru-Rimpoche-Höhlen in Teil 5.)

Rings um den Yamdrok-Yumtso-See

YAMDROK YUMTSO im *Bezirk Nakartse*. Dies ist ein mächtiger See in der Form eines Skorpions, der mit dem Lebensgeist von Tibet gleichgesetzt wird und die Wohnstätte einer der wichtigsten Schutzgöttinnen von Tibet, *Dorje Gekyi Tso*, darstellt.

LHO TAKLUNG im Bezirk Nakartse auf der südwestlichen Seite des Yamdrok-Yumtso-Sees. Dieses Kloster, das auf einer Bergspitze gelegen ist, war der Zweitsitz des *Taklung-Kagyü-Ordens* in Zentraltibet (siehe TAKLUNG THANG) und unterstand dann dem Dorje Drak Gompa. Es war die einstige Wohnstätte des verstorbenen Kanjur Rimpoche und der *Taklung Tsetrul Rimpoches*. Es war teilweise zerstört und wird nun wiederhergestellt.

SAMDING GOMPA im Bezirk Nakartse in der Nähe von Nakartse Xian über dem *Dremtso-See*. Diese Gründung aus dem 12. Jahrhundert, die zur *Bodongpa-Schule* gehört, ist der inzwischen restaurierte Sitz von *Dorje Phakmo Rimpoche*, die allgemein als die höchste weibliche Inkarnation in Tibet gilt und gegenwärtig in Lhasa residiert.

NOIJIN-KANGZANGRI-BERG, auf der Grenze zwischen den Bezirken Nakartse und Gyantse im Süden des Karola-Passes. Dort weilt der Berggott Kangwa Zangpo, der Territorialherr von Tsang, einer der fünf Berggötter von Tibet. Er gewährt Reichtum und ist mit der Göttin des Yamdrok-Yumtso-Sees als Paar vereint.

Präfektur Lhasa

Zur Lhasa-Präfektur gehören das Tolung-Tal im Westen, das Kyichu-Becken bis zum Namtso-See im Norden, das *Drikung-Tal* im Osten wie auch die gesamte alte Provinz Kongpo mit dem Yarlung-Tsangpo-Tal und Padma Ko bis hinunter zur indischen Grenze im Südosten. Dieser Abschnitt ist in vier Teile aufgeteilt:

1. Lhasa Stadt und Umgebung
2. Das untere Kyichu-Flussbecken im Westen von Lhasa
3. Das obere Kyichu-Flussbecken im Osten von Lhasa
4. Kompo und der Südosten

Lhasa Stadt und Umgebung

LHASA JOKHANG. Im Zentrum von Lhasa befindet sich der Jokhang, der wichtigste Kraftplatz des heutigen Tibet. Er ist der Brennpunkt der spirituellen und nationalen Aspirationen aller Tibeter und das wichtigste Pilgerziel. Es ist ein Tempel-Kraftplatz, der älteste in Tibet, der zu einem Kloster vergrößert und im Laufe der Jahrhunderte restauriert wurde. Die Gebäude überlebten die Kulturrevolution ohne Beschädigungen, allerdings erfuhr er einen beträchtlichen Verlust an heiligen Symbolen und Weihegegenständen. Er wurde im 7. Jahrhundert von Songtsen Gampo erbaut, um das Herz der tibetischen Dämonin zu unterwerfen und um ein Bild des Buddha, den so genannten Lhasa Jowo, zu beherbergen. Er wurde von allen wichtigen Gestalten in der religiösen Geschichte und der leidenschaftlichen Verehrung von Generationen von Gläubigen gesegnet. Drei Khorra-Wege laufen um den Jokhang: der *nankor* mit den Vorhöfen des Klosters, der *barkor* rings um den gesamten Komplex und der *linkor* um die Altstadt von Lhasa.

POTALA. Im Zentrum dieses Festungspalastes befindet sich eine Meditationshöhle, in der König Songtsen Gampo meditierte und die später von Guru Rimpoche gesegnet wurde. Das gegenwärtige massive Bauwerk wurde im 17. Jahrhundert vom großen V. Dalai Lama erbaut und war seither immer die Residenz der Dalai Lamas, der Inkarnationen des Bodhisattva Chenrezik. Dieser Kraftplatz ist heute ein sehenswertes Museum.

DRALHA LUPHUK. Diese Höhle auf der nordöstlichen Seite des *Chakpo Ri* in der Nähe des Potala ist eine Guru-Rimpoche-Höhle und zeugt von seiner Anwesenheit. Hier wurden die Schlangengeister, die den See heimsuchten, der einst im Gebiet von Lhasa lag, eingesperrt, bevor der Jokhang gebaut werden konnte. Der Kaiser Songtsen Gampo selbst soll hier meditiert haben. Einer von Guru Rimpoches Schülern, Nyang Tingngedzin, erlangte hier den Regenbogenkörper. Das Alter von Dralha Luphuk sieht man an ihrer Form. Sie wurde auf eine Weise aus dem Naturfelsen herausgehauen, dass ein massiver Mittelpfeiler zurückblieb, in den dann Bilder der fünf Buddhas gehauen wurden. Berühmte Porträts, die in die Höhlenwände gehauen wurden, zeigen Birwapa Pelden Lhamo und den Kaiser Songtsen Gampo mit seinen Königinnen. All diese beachtlichen Skulpturen, die – so heißt es – wie durch Magie aus dem Felsen erschienen sind, wurden während der Kulturrevolution beschädigt, aber durch hervorragende Restaurationsarbeiten wiederhergestellt.

RAMOCHE GOMPA. Dieses Kloster im Nordwesten des Jokhang wurde zur selben Zeit wie der Jokhang erbaut und beherbergte schließlich ein Bild von Miyo Dorje (Sanskrit: Manjuvajra), das von Songtsen Gampos nepalesischer Königin Bhrikuti aus Nepal mitgebracht worden war. Seit der Kulturrevolution wurde dieses Kloster vollständig neu aufgebaut.

DREPUNG GOMPA, 8 km westlich von Lhasa. Das »ruhmreiche Drepung«, das im Jahre 1416 gegründet wurde, war Tibets größte Klosterstadt, in der mehr als 7000 Mönche wohnten. Es war der Hauptsitz des Geluk-Ordens, bevor der große V. Dalai Lama den Potala erbaute. Danach behielt es seinen ersten Rang unter den vier großen Geluk-Klöstern. Etwa 40 Prozent der alten Klosterstadt sind zerstört worden, aber die Hauptgebäude von Drepung – die vier Colleges, der Dzokchen und die Residenz der Dalai Lamas – sind erhalten geblieben. Dies war eine der reichsten Gründungen in Tibet und ihr Reichtum zeigt sich an Schmuck und Ausstattung dieser Gebäude. Hinter Drepung liegt der Berg-Kraftplatz Gephelri und im Süden die Einsiedelei *Gephel Ritro*.

NECHUNG CHOK. Dieser Kloster-Kraftplatz im Südosten von Drepung leitet seine spirituelle Potenz von der Anwesenheit des Nechung Chokyong, dem Dharma-Beschützer Pehar, ab, der vom staatlichen Orakelpriester befragt wurde. Pehar weilt noch immer hier, aber der Orakelpriester ist im Exil. Nechung heißt auch »Dämonen-Festung des Orakel-Königs«. Es wurde während der Kulturrevolution ausgebrannt, aber die Versammlungshalle, die *gomkhangs* von Pehar und

Pelden Lhamo und der Guru-Rimpoche-Tempel, der ein Kolossal-Standbild des großen Guru beherbergt, sind glanzvoll restauriert worden. Nechung ist der Sitz der Nechung Rimpoches vom Nyingma-Orden, die heute im Exil leben. Der Orakelpriester ist ein Gelukpa.

SERA GOMPA, 5 km nördlich vom Jokhang am Rande der Stadt Lhasa. Dies ist eines der vier großen Geluk-Klöster, das im Jahre 1419 von einem Schüler von Je Tsongkhapa gegründet wurde und im Jahre 1959 mehr als 5000 Mönche beherbergte. Ein Großteil des ursprünglichen Komplexes wurde während der Kulturrevolution zerstört, aber die wichtigsten Colleges und Tempel mit ihren Reliquien und Bildnissen konnten erhalten werden. Die drei Colleges in diesem Kloster sind: 1. Sera Me, in dem die Mönche ihre Grundausbildung erhalten; 2. Sera Je, das größte unter ihnen, das für Wandermönche, und zwar vor allem Mongolen reserviert ist. Es besitzt eine wunderbare Versammlungshalle, in der die Buddha-Gottheit Tamdrin und andere außergewöhnliche Kraftobjekte aufbewahrt werden; 3. Ngakpa Dratsang, eine Schule, in der die Tantras gelehrt werden. Tsokchen, die große Versammlungshalle, beherbergt eine Kolossalstatue des Buddha Jampa und ein eindrucksvolles Bild von Thukjechenpo, dem »großen Mitfühlenden«. Im Sera studieren gegenwärtig etwa 300 Mönche. Hinter diesem Kloster befindet sich die wichtigste Leichenstätte von Lhasa.

PHAWONGKHA PHOTRANG, 8 km nördlich von Lhasa in einem abgeschlossenen Tal. Dies ist einer von Tibets ältesten Kraftplätzen und existierte bereits, als König Songtsen Gampo im frühen 7. Jahrhundert dort anlangte, um in einer Höhlen-Einsiedelei zu meditieren und auf einem riesigen, oben abgeflachten Felsblock einen siebenstöckigen Turm zu erbauen. *Thonmi Sambhota* beendete hier seine Arbeit über das tibetische Alphabet. Guru Rimpoche und König Trisong Detsen meditierte in der Höhlen-Einsiedelei Tsechu Lhakhang. Im 8. Jahrhundert lebten die ersten sieben tibetischen Mönche, die Misedun, in Phawongkha. Der Turm wurde von Langdarma im 9. Jahrhundert teilweise abgetragen, und die heute noch stehenden drei Stockwerke mit einem Tempel im zweiten Stock wurden im Laufe der Jahrhunderte mehrere Male restauriert. Der große V. Dalai Lama reklamierte Phawongkha für den Geluk-Orden, und es wurde zum Sitz der Phawongkha Rimpoches, von denen der Bedeutendste der Tutor des Lehrers des gegenwärtigen Dalai Lama war, der verstorbene Trijang Rimpoche. Phawongkha wird auch mit dem großen indisch-tantrischen Kraftplatz Devikota gleichgesetzt, der Demchok heilig ist. Die Leichenstätte Pawong liegt genau östlich davon.

Unteres Kyichu-Flussbecken, Gebiete westlich von Lhasa

DRÖLMA LHAKHANG im *Bezirk Chushul*, im Dorf Nyethang, 17 km südwestlich von Lhasa auf der Autostraße. Als Atisha im Jahre 1045 nach Zentraltibet kam, machte er ein Kloster namens Chodra Chenpo Dewachan in Nyethang zu seiner Basis. Der Drölma Lhakhang, der sich als einziges Bauwerk dieses Komplexes erhalten hat, wurde von Atishas Herzenssohn Dromton zwischen 1045 und 1054 erbaut. Atisha blieb an diesem Ort, meditierte, studierte, debattierte, lehrte und starb hier im Jahre 1054. Mehrere Geluk-Mönche sorgen gegenwärtig für den Lhakhang, der heute ein Museum ist. Seine drei Kammern enthalten einige der besten Bronzebilder in Tibet, darunter die 21 großen vergoldeten Drölmas, die diesem Lhakhang seinen Namen verleihen, aber auch Reliquien von Atisha, Marpa Lotsawa und Je Tsongkhapa, der dieses Kadam-Kloster für den Geluk-Orden übernahm.

SANGPHU NEUTHOK im Bezirk Chushul auf dem Ostufer des Kyichu unterhalb von Lhasa am oberen Ende des Sang-Tales. Dies war 800 Jahre lang das Hauptzentrum der akademischen Studien in Zentraltibet. Es wurde von einem von Jowo Atishas engsten Schülern, *Ngok Lekpai Sherab*, gegründet, weil sein Meister von einer Akademie geträumt hatte, in der Mönche eine feste Basis in Logik und Philosophie erwerben konnten. Die war ursprünglich eine Kadam-Institution, dann ein nicht sektengebundenes Haus, das vom Sakya-Orden und später vom Geluk-Orden verwaltet wurde. Es ist bisher noch nicht wiederhergestellt worden.

KANGRI THOKAR. Ein Berg im Bezirk Chushul auf der östlichen Seite des Kyichun und am oberen Ende des Nyephu-Tales. Auf der Südflanke des Kangri Thokar (»Weiß-Schädel-Berg«) gibt es einen Bergrücken, der als Körper von Dorje Phakmo (»Diamantsau«) gilt, und die Meditationshöhlen auf diesem Bergrücken zelebrieren ihre übersinnlichen Zentren (*chakras*). Der unvergleichliche Meister Longchen

Rabjampa heiligte diese Höhlen im 14. Jahrhundert durch seine Dzokchen-Meditation, seine Visionen und Text-Offenbarungen. Unterhalb dieses Bergrückens befindet sich das Shikseb Gompa, eine Gründung aus dem 12. Jahrhundert, die mit der Himmelswandlerin *Machik Labdron* zu tun hat, deren Bild den Altar dieses wieder aufgebauten und blühenden Nonnenklosters schmückt.

SHUKSEB ANI GOMPA. Siehe KANGRI THOKAR.

KYORMO LUNG GOMPA. Dieses Kloster im Bezirk *Tolung Dechen*, 7 km nordwestlich von der Dongkar-Brücke war ursprünglich eine Kadam-Schule für Logik, die im 12. Jahrhundert gegründet wurde. An ihr studierte und lehrte auch Je Tsongkhapa. Die Geluk-Klostergebäude sind teilweise restauriert worden. In der Nähe befindet sich *Zhongwa Lhachu*, ein eingeschlossener, von Quellen gespeister Teich, der von Bäumen umgeben ist, ein Kraftplatz, der sowohl von Guru Rimpoche wie auch Je Tsongkhapa gesegnet wurde.

NENANG GOMPA. Dieses Kloster im Bezirk Tolung Dechen im oberen *Drowolung-Tal* in der Nähe des Tsurphu Gompa ist der Sitz der Phawo *Rimpoches* der Zhamar-Kagyü-Linie. Es ist inzwischen wiederhergestellt worden.

TSURPHU GOMPA. Dieses Kloster im Bezirk Tolung Dechen im oberen *Drowolung-Tal*. Tsurphu ist der Sitz der Karmapas – der Schwarzmützen-Lamas – und der Karma Kagyüs. Seitdem der erste Karmapa Dusum Khyenpa, ein Schüler von Je Gampopa, dieses Kloster im Jahre 1185 gegründet hatte, waren die Karma Kagyüs an der vorderen Front des spirituellen Lebens in Tibet und auch des politischen Leben, bis die Gelbmützen dann im 17. Jahrhundert ihre Macht zerstörten. Das ummauerte Tsurphu Gompa, das an der Nordseite des Flusses steht, wurde in der Kultur-Revolution verwüstet, aber ein Großteil davon wurde wieder aufgebaut, und seit der junge *XVII. Karmapa* im Jahre 1994 dort einzog, ist es zum wichtigsten Brennpunkt des buddhistischen Lebens im Lande geworden. Das Hauptgebäude im heutigen Tsurphu ist der Sitz des Karmapa über der Versammlungshalle, in der ein Teil als Heiligtum abgetrennt ist. Dort werden einige Weihegegenstände aufbewahrt. Das neue riesige Thangka, das in Applikationstechnik ausgeführt ist, wird ebenfalls hier gelagert. An die Residenz des Abtes ist der *gomkhan* angeschlossen, in diesem Falle ein Komplex von mehreren kleinen Tempeln, in dem die Schutzgeister günstig gestimmt werden. Auch die Räume der Mönche befinden sich hier. Dahinter steht das Gemo Dratsang, jenes College, das vom I. Karmapa gegründet wurde, ferner auch der Sidung Lhakhang, ein Tempel, der innerhalb der Mauern der riesigen früheren Versammlungshalle gebaut wurde. Er enthält neue Kolossalbilder von Guru Rimpoche, flankiert vom verstorbenen XVI. Karmapa Rikpai Dorje und Shakyamuni Buddha. Hinter und über dem alten Tempel befindet sich das Gyaltseb Gompa, das ebenfalls innerhalb der Mauern der ungeheuren Ruinen des alten Klosters gebaut wurde und dem Regenten des Karmapa gehörte. Der Rest dieses etwa 300 qm großen Komplexes ist mit den Quartieren der Mönche gefüllt. Ein Khorra-Weg läuft um den ganzen Komplex, die Leichenstätte, an der die Karmapas verbrannt wurden, die Einsiedeleien und Höhlen, vor allem die Höhle Padma Khyungdzong (»Lotus-Adler-Festung«), die durch die Meditation des II. und III. Karmapa, Karma Phakshi und Rangjung Dorje, geheiligt wurde. Der Schüler des verstorbenen XVI. Karmapas, der ehrwürdige Drupon Dechen Rimpoche, ist der amtierende Regent, der spirituelle Leiter und Abt in Tsurphu. Zu den Tulkus, die am engsten mit dem gegenwärtigen Karmapa assoziiert sind, gehören Situ Rimpoche, der in Bir in Indien wohnt, Gyaltseb Rimpoche in Rumthek in Sikkim und *Akong Rimpoche* in Samyeling in Schottland.

Oberes Kyichu-Flussbecken, Gebiete östlich von Lhasa

TSEL GOMPA. Dieses Kloster im Bezirk *Taktse*, 10 km östlich von Lhasa wurde im Jahre 1175 von Lama Zhang als eines der »drei Juwelen von Tibet« gegründet. Es wurde zum Heimatkloster des *Zhangpa-Kagyü-Ordens* und besaß beträchtliche politische Macht, bis es dann im 15. Jahrhundert von Je Tsongkhapa in ein Geluk-Kloster verwandelt wurde. Unweit davon, im Süden der Autostraße zwischen Lhasa und Sichuan, liegt Tsel Gungthang, eine Filiale dieses Hauptklosters, die ebenfalls von Lama Zhang erbaut und dann vom Geluk-Orden übernommen wurde. Alle Gebäude dieser beiden Komplexe sind beschädigt worden und wurden noch nicht restauriert.

DRAK YERPA im Bezirk Taktse, 10 km nordöstlich von Lhasa. Diese geomantisch prachtvoll gelegene Höhle und Einsiedelei, die in das natürliche Amphitheater einer Kalksteinböschung eingebaut wurde, trägt den Segen von Guru Rimpoche und wurde zur ausgelagerten Einsiedelei des Lhasa Jokhang. Guru Rimpoches Höhle Dawa Phuk, in der Schätze verborgen wurden, und Jowo Atishas Meditationshöhle sind hier die wichtigsten Kraftplätze. Mehrere andere Höhlen stehen mit anderen Meditationsmeistern in Verbindung. Die Grotte, die ein wieder aufgebautes Bildnis von Buddha Jampa beherbergt, ist ein weiterer wichtiger Kraftplatz. Unterhalb des Hanges befinden sich Wiesen, in denen einst das Kadam-Kloster stand, in dem Atisha das Buddha-Dharma lehrte. Und dort errichtete auch Lume seinen *Neten Lhakhang*. Viele der Höhlen und Tempel von Drak Yerpa sind restauriert worden, und die Einsiedeleien sind bewohnt.

GANDEN NAMGYELING im Bezirk Taktse, 45 km nodöstlich von Lhasa. Je Tsongkhapas Meditationshütte bildete den Kern dieser ersten und wichtigsten Geluk-Klöster. Sie wurde im Jahre 1409 an einem nach Süden weisenden Fels-Amphitheater auf einem hohen Grat errichtet und blickt von Norden auf das Kyichu-Tal herab. Im Jahre 1966 wurde es von der Artillerie der Roten Garden durch Granatenbeschuss zerfetzt und dann von den Mönchen ausgeräumt. Viele der Tempel dieses Klosters wurden seit 1986 wieder aufgebaut. Der wichtigste von ihnen ist der Serdung Lhakhang, der wichtige Reliquien, darunter auch den Reliquien-Chörten von Je Tsongkhapa beherbergt. Er heißt Thöngwa Dönden, »bedeutungsvoll zu betrachten«. Der Sertrikhang Lhakhang enthält den Thron von Je Tsongkhapa, der auch von seinen Schülern Khedrub Je und Gyeltseb Je sowie den nacheinander gewählten Ganden-Hierarchen besetzt wurde. Auch die Residenz der Hierarchen, die im Erdgeschoss drei Tempel und im ersten Obergeschoss die Wohnräume enthält, wurde wieder aufgebaut, obwohl sich der gegenwärtige Bewohner im Exil befindet. Die gewählten Ganden Tripa Rimpoches waren Gelehrte und nahmen auch hohe politische Ämter in der Geluk-Theokratie ein. Dieser gesamte Ort wird von dem *lingkor* umgeben, den man innerhalb einer Stunde beschreiten kann, und ist voll von mystischen Abbildungen im Felsen, die den Glauben des Pilgers unterstützen sollen. Der Höhepunkt des *lingkor* ist Tsongkhapas Meditationshöhle Wozer Phuk (»Höhle des Lichts«).

GYAMA RINCHEN GANG im Bezirk Gungkar, 60 km nordöstlich von Lhasa auf der Medro-Gungkar-Autobahn, südlich des Kyichu-Flusses, 10 km flussaufwärts im *Gyama-Tal*. Das fruchtbare und wohlhabende Gyama-Tal beheimatete früher drei kleine Kadam-Klöster: Rinchen Gang, Dumburi und Trikhang, die alle im 12. Jahrhundert von Schülern von Neuzurpa, einem von Dromtöns wichtigsten Schülern erbaut wurden.

KATSE GOMPA im Bezirk *Medro Gungkar* im Kyichu-Tal in der Nähe des Zusammenflusses von Medro Machu und Kyichu. Der alte Tempel Thukdam Tsuklakhang, ein Missionstempel von König Songtsen Gampo aus dem 7. Jahrhundert auf der rechten Schulter der Dämonin, wurde im ursprünglichen Muster wieder aufgebaut. Andere Klostergebäude liegen noch immer in Ruinen. Ein neues Bild von Drikung Kagyü Apchi beschützt den Tempel. An der Hinterwand der Versammlungshalle befindet sich der *lukhang*, die Wohnstätte der Schlange, die Guru Rimpoche unterwarf.

DRIKUNG im Bezirk Medro Gungkar, 139 km nordöstlich von Lhasa hoch auf einem Grat über dem Drikung-Tal. Im Jahre 1179 akzeptierte ein Schüler von Phakmodrupa namens Rinchen Pel Land von einem anderen von Phakmodrupas Yogi-Schülern hoch auf einem Grat im oberen Teil des Sho-Tales. Er wurde zum Wurzelguru der Drikung Kagyüs. Drikung Thil, eines der Hauptklöster des Kagyü-Ordens, das in der vor-theokratischen Phase von Tibets politischer Geschichte eine wichtige Rolle spielte, hat seine Bedeutung als führendes Kloster des Drikung-Tales, einer heftig unabhängigen ethnischen Enklave, behalten. Obwohl es in der Kulturrevolution zerstört wurde, ist es als lebendige religiöse Institution wieder auferstanden. Den Kern des Klosters bilden zwei Versammlungshallen auf zwei Stockwerken, die einige wichtige Ritualgegenstände enthalten. In nächster Nähe und etwas östlich davon befindet sich der Tempel von Apchi Lhamo, der Schutzgöttin von Trikung, sowie eine überaus heilige Einsiedelei. Am Hügelrücken sind zahllose Einsiedeleien aufgereiht, die von Mönchen, Yogis und jungen Männern besetzt sind, die sich für drei Jahre der Meditation dorthin zurückgezogen haben. Am westlichen Ende des Bergrückens befindet sich Drikung Durtro, Thils Leichenstätte.

TERDROM im Bezirk Medro Gungkar im Kreis Drikung. Die »Schatzkiste« ist ein geomantisch hervorragend gewählter Kraftplatz am Zusammenfluss von zwei Flüssen, an dem heilkräftige Thermalquellen sprudeln. Dieser Ort wurde von Guru Rimpoche, Generationen von Adepten und den Drikung Rimpoches geheiligt. Der innere Khorra-Weg rings um den Zusammenfluss, die heißen Quellen und ein Nonnenkloster berührt auch die »Elefantenkopf-Ebene« über dem Zusammenfluss, an der sich eine Guru-Rimpoche-Höhle, die Wohnstätte einer Inkarnation von Yeshe Tsogyal und die Einsiedeleien der Nonnen befinden. Der mittlere Khorra-Weg, für dessen Beschreitung man einen Tag braucht, läuft auch um das Kalksteinmassiv in Norden. Dort befindet sich in einem aufragenden Berggipfel die *Khandro-Tsokchen-Kiri-Yangdzong-Höhle.* Diese Höhle, die »Versammlungshalle der Luftwandlerinnen«, ist 50 m hoch. Eine Leiter erreicht das Höhlendach und gewährt Zugang zu einem schräg nach oben aufsteigenden Gang, der zu einer noch höher im Kalkfelsen liegenden Höhle führt. Sie heißt Yeshe Tsogyal Sangphuk oder »Yeshe Tsogyals geheime Höhle«. Guru Rimpoche und seine tibetische Gefährtin verbrachten dort zusammen eine Zeit der Meditation, und der große Guru erteilte ihr dort die tantrischen Einweihungen. Ein Khorra-Weg, dessen Beschreitung eine Woche dauert, umfasst die ganze Fläche von Terdrom und Drikung und weitere Einsiedeleien.

KHANDRO TSOKCHEN KIRI YANGDZONG, eine Guru-Rimpoche-Höhle. Siehe TERDROM.

RETENG GOMPA im *Bezirk Lhundrub* im früheren Kreis Jang im oberen Kyichu-Tal. Reteng ist die Perle der Geluk-Klöster, die 1056 von Jowo Atishas wichtigstem Schüler Dromtön, dem Kadam-Meister, gegründet und durch Atishas Reliquien und Je Tsongkhapas Meditation geweiht wurde. Ein Wald aus riesigen Wacholderbäumen, das »Haar von Dromton«, bildet das Kraftplatz-Mandala des Reteng-Klosters, er gleicht einem »himmlischen Garten mit seinen großen göttlichen Bäumen«. Der vielbegangene Khorra-Weg von Reteng läuft um den gesamten Klosterkomplex. Der riesige *tsokhang* wurde in der Hälfte seiner vorigen Größe wieder aufgebaut, und der wichtige Tempel in seinem Inneren enthält die heiligen Symbole und Ritualgegenstände, die aus dem Dutzend der zerstörten Tempel zurückgeblieben sind. Jenseits der restaurierten Gebäude mit Dromtöns Meditationsraum befindet sich der Baum, der mit seinem Lebensgeist (*lashing*) gleichgesetzt wird, sowie eine Quelle namens Dutsi Chumik

Ringmo (»ewige Ambrosia-Quelle«). Hinter und über dem Kloster befindet sich die Einsiedelei Yangon, in der im 15. Jahrhundert Tsongkhapa sein *opus magnum*, das »Lamrim Chenmo« verfasste. Dieser Ort liegt in Trümmern, ist aber dennoch der wichtigste Kraftplatz in Reteng. Reteng war der Sitz der Reteng Rimpoche, deren Letzter eine entscheidende Rolle im Untergang von Tibet spielte.

TAKLUNG THANG im Bezirk Lhundrub im Norden von Lhasa und Phenyul im früheren Jang in einem Tal an der nördlichen Seite des Chak-La-Passes. Taklung Gompa wurde im Jahre 1185 von Taklung Thangpa Tashi Pel, einem Schüler von Phakmodrupa, sowie einigen bekannten Kadam-Lamas gegründet. Ihr Orden war bereits in Taklung vertreten, bevor Tashi Pel sein Kloster und die Taklung-Kagyü-Übertragungslinie begründete. Das alte Kloster wurde von dem architektonisch wundervollen Tsuklakhang, dessen Ruinen heute von seinem vergangenen Ruhm sprechen, in den Schatten gestellt. Die neuen Gebäude, ein Wohntrakt und eine Versammlungshalle, bilden den Kern des Klosterkomplexes, der im Westen gegen den Felsen gebaut wurde. Weihegegenstände der Taklung-Traditionslinie, darunter auch ein Bild der »sprechenden Drölma«, befinden sich auch hier wieder auf einem Taklung-Altar. Die Taklung Kagyüs verloren ihre Unabhängigkeit, nachdem die Gelbmützen im 17. Jahrhundert die Kontrolle über das Kloster übernahmen und die wirkliche Macht der Übertragungslinie nach Lho Taklung im Süden von Yumdrok Tso und Riwoche in Kham ging. Der Hierarch in Taklung war der älteste der drei inkarnierten Lamas Zhabdrung, Matrul und Tsetrul.

LANGTHANG GOMPA. Dieses Kloster im Bezirk Lhundrub im alten Phenyul (dem Tal im Norden von Lhasa) am Ufer des Phenpochu-Flusses war eines der großen Kadam-Klöster, das im Jahre 1093 von Langthangpa gegründet und später vom Sakya-Orden übernommen wurde. Nur die Residenz des Abtes aus dem 15. Jahrhundert hat überlebt und fungiert nun als Versammlungshalle und Tempel. Dort findet man auch einige Kraftobjekte.

NALENDRA GOMPA im Bezirk Lhundrub in Phenyul im Norden von Lhasa am Fuße des Phenpogo-La-Passes. Das »ruhmreiche Nalendra«, das nach der traditionsreichen indischen Akademie Nalanda benannt ist, war eines der letzten großen Kadam-Klöster. Es wurde von dem Universalgelehrten Rongtonpa, einem Zeitgenossen von Tsongkhapa, im Jahre 1435 gegründet und kurz nach Rontonpas Tod vom Sakya-Orden übernommen. Unter den Ruinen des großen, ummauerten Komplexes wurden ein Tempel und der Wohnsitz des Abtes neu aufgebaut.

Kongpo und der Südosten

DRAKSUM-LATSO-SEE im östlichen Kongpo im Bezirk Gyamda. Draksum Latso, ein überflutetes Flusstal zwischen bewaldeten Berghängen, ist der Geistsee von Ling Gesar. Auf der Insel im See steht das *Tsosum Gompa*, ein Kloster, das von Guru Rimpoche und seiner Schatzfinder-Emanation Sangye Lingpa gesegnet und von den Nachfolgern des verstorbenen Dudjom Rimpoche wieder aufgebaut wurde. Auf dem Khorra-Weg, der um die Insel läuft, wird Ling Gesar in mehreren Felsformationen angerufen. Im Norden und Osten erheben sich die Berge Ama Jomo Taktse, Namla Karpo Naphu Gomri und Darchenri über dem See.

DRAKSUM DORJE DRAK im Bezirk Kongpo *Gyamda* in unmittelbarer Nähe der Autostraße zwischen Gyamda und Bayi. Dies war der Geburtsplatz des Schatzfinders Sangye Lingpa aus dem 14. Jahrhundert. *Jatson Nyingpo*, ein Schatzfinder aus dem 17. Jahrhundert, wurde in der Nähe, in Waru Namtsul, geboren und starb auf der entgegengesetzten Seite des Tales in der Einsiedelei Pangri Jokpo.

BÖNRI. Dieser Berg im *Bezirk Nyingtri* östlich des Zusammenflusses von Yarlung Tsangpo und Nyangchu ist der wichtigste Berg-Kraftplatz der Bön-Tradition, der aus drei Gipfel und einem dreitägigen Khorra-Weg besteht (siehe den Abschnitt über den Bönri in Teil 5).

BUCHU SERGYI LHAKHANG im Bezirk Nyingtri auf der östlichen Seite des Nyangchu vor seinem Zusammenfluss mit dem Yarlung Tsangpo, 29 km von Bayi entfernt. Dieser Missionstempel von König Songtsen Gampo aus dem 7. Jahrhundert, der das linke Knie der Dämonin unterwarf, ist mit seinen vergoldeten Dächern wieder aufgebaut worden. Auch dort gibt es verborgene Schätze, und zwar vor allem in Bezug auf verborgene Täler und die Öffnung von Padma Ko.

LAMALING GOMPA, auch ZANGDOK PELRI genannt, im Bezirk Nyingtri in der Nähe von Bayi Xian und Buchu Sergyi Lhakhang. Dieses Kloster war der Sitz des verstorbenen Dudjom Rimpoche, des Vorstandes des Nyingma-Ordens. Der Zangdrok-Pelri-Tempel wurde wieder aufgebaut. Über dem Kloster erhebt sich der Berg Pelri oder Bayi Pelri, ein Guru-Rimpoche-Kraftplatz, der einst ein See mit Insel war.

PADMA KO. Das Zentrum liegt im *Bezirk Metok* und umfasst auch Teile des alten Pomi, Poyul und Lhoyul auf beiden Seiten des Yarlung Tsangpo. Das »verborgene Land von Padma Ko« weist Kraftplätze wie Kundu Dorsem Photrang auf, den wichtigsten heiligen Berg in Padma Ko, der manchmal auch Padma Shelri genannt wird. (Siehe den Abschnitt über Padma Ko in Teil 5.)

NAMCHAK BARWA an der Grenze zwischen den Bezirken *Menling* und Metok innerhalb der großen Kurve des Yarlung Tsangpo. Dieser Berg – »flammendes Himmels-Eisen« – wird in der heiligen Geographie von Padma Ko als rechte Brust von Dorje Phakmo betrachtet.

GYALA PELRI an der Grenze zwischen den Bezirken Nyingtri und Menling, nördlich der großen Kurve des Yarlung Tsangpo. Dieser Berg liegt in der nördlichsten Region von Padma Ko und wird als Kopfchakra von Dorje Phakmo betrachtet.

Osttibet: Kham und Amdo

Das östliche Tibet (Dokham) besteht aus den alten Provinzen Kham und Amdo, deren politische Grenzen im Laufe der Jahrhunderte vielen Veränderungen ausgesetzt waren. Die erste formale Grenze zwischen Tibet und China wurde während der tibetischen Vorherrschaft im 9. Jahrhundert gesetzt und beinhaltete alle tibetisch-sprechenden Regionen. Als Tibet nach 1959 zerstückelt wurde, wurde die alte Provinz Kham im Westen des Yangtse in die Autonome Region Tibet eingegliedert, während der größte Teil des östlichen Kham zu autonomen Präfekturen der chinesischen Provinzen Sichuan und *Yünnan* wurde. Amdo gehört zur neu gebildeten chinesischen Provinz Qinghai und mit einem kleinen Zipfel auch zur chinesischen Provinz *Gansu*.

Kham

Kham ist das Gebiet des tibetischen Hochplateaus, das von den oberen Flussläufen und Nebenflüssen der großen Stöme Südostasiens und Südchinas zerschnitten wird – dem *Ngulchu* (Salween), dem *Dzachu* (Mekong), dem *Drichu* (Yangtse) und dem *Nyakchu* (Yalong). Es wird auch als Gebiet der Chuzhi Kangdruk (»vier Ströme und sechs Gebirgsketten«) bezeichnet. Die vier Ströme sind die oben Genannten, und die sechs Gebirgsketten sind die Flächen des grasbewachsenen Hochlandes, das sich manchmal in Hügellandschaft verwandelt oder sich zu Bergrücken mit Schneegipfeln erhebt, welche die genannten Stromtäler voneinander trennen. Die gesamte riesige Region wird von feuchten Winden, die von Süden die Täler hinaufwehen, ausgiebig bewässert, und deshalb sind die Talhänge auf beiden Seiten der Ströme bewaldet, und das Grasland bietet reichliche Weideflächen.

Die alte Provinz Kham ist heute zwischen der Präfektur Chamdo (Autonome Region Tibet) und Westsichuan aufgeteilt, wobei der Drichu (Yangtse) die Grenze bildet. Die nördlichen Teile liegen nun in der Provinz Qinghai und die südlichen Teile in der Provinz Yünnan. Die Abschnitte im Folgenden sind also:

1. Chamdo-Präfektur
2. Nangchen und Südost-Quinghai
3. Derge und angrenzende Bezirke
4. Ost- und Süd-Kham.

NB: Im Osttibet werden die Konsonanten *ky*, *khy* wie »tsch« und *gy* wie »dsch« ausgesprochen.

Präfektur Chamdo

GANDEN JAMPALING im *Bezirk Chamdo* in der Stadt Chamdo. Dieses große Geluk-Kloster, das als Erstes in Kham erbaut wurde, beherrscht die Höhenzüge über der wichtigen Stadt Chamdo im Stromtal des Dzachu. Chamdo war jener unheilvolle Ort, an dem sich die tibetische Armee im Jahre 1951 den Chinesen ergeben musste. Das Kloster wurde nach der Kulturrevolution wieder aufgebaut und besteht heute aus einer Versammlungshalle, einem *gomkhang*, einer Residenz und dem Lhakhang Nyingba. Die wichtigen Tulkus des Klosters sind Phakpalha, Zhiwalha und Chakra Tulku.

KAWA KARPO. Siehe unten.

RITSE DRUK im *Bezirk Tengchen*, unmittelbar an der Autostraße zwischen Nakchuka und Chamdo in der Nähe der Stadt Tengchen im alten Khyungpo. Dieser Berg-Kraftplatz der Bön-Tradition mit seinen sechs Gipfeln ist ein wichtiger Pilgerort in der Autonomen Region Tibet, der den Bönpos vorbehalten ist. Auf dem Khorra-Weg gibt es neue Bön-Klöster.

RIWOCHE TSUKLAKHANG. Dieses Kloster liegt im *Bezirk Riwoche* im Flusstal des Drichu, 30 km nördlich von *Ratsaka* (Riwoche Stadt). Im alten Bezirk Khyungpo ist Riwoche Tsuklakhang, das 1276 von *Sangye Won* gegründet wurde, der Kern eines wichtigen Taklung-Kagyü- und Nyingma-Klosters. Das Gebäude des riesigen dreistöckigen Tsuklakhang überlebte zwar die Kulturrevolution, bedarf aber der Restaurierung, die gegenwärtig auch stattfindet. Es war der Sitz von *Jedrung Rimpoche*, der ein Lehrer der verstorbenen Dudjom und Kanjur Rimpoches und ein wichtiger Schatzfinder war.

TAKZHAM GOMPA im Bezirk Riwoche, 20 km westlich von Riwoche Xian (Ratsaka). Dieser Sitz des großer Schatz-Finders Takzham Nuden Dorje aus dem 18. Jahrhundert rühmt sich eines Tempel im Zangdok-Pelri-Stil.

Nangchen und Südost-Qinghai

Im Nordwesten von Derge liegt die frühere Region Nangchen, die heute zwischen den drei chinesischen Provinzen Qinghai, Sichuan und der Autonomen Region Tibet aufgeteilt ist. Jyekundo ist die Hauptstadt der autonomen tibetischen Präfektur Yushu in Qinghai. Die neue Bezirksstadt von Nangchen liegt am Ende des südöstlichen Zipfels von Qinghai. Nangchen ist der Nordwesten von Kham, ein Teil des Hügellandes, das durch die Nebenflüsse des Drichu (Yangtse) zerschnitten wird. Die flacheren Gebiete sind von Nomaden bewohnt, und die Täler schützen Klöster und kleine feste Ansiedlungen. In dieser Gegend verfügt der Kagyü-Orden über mehrere wichtige Klöster.

BENCHEN GOMPA im *Bezirk Jyekundo*, 30 km südlich von Jyekundo. Dieses wichtige Karma-Kagyü-Kloster, das in einem geschützten Tal liegt, wurde vollkommen zerstört und wird gegenwärtig wieder aufgebaut. Die Tempelfassade der Sangye-Nyenpa-Höhle über dem Kloster ist renoviert worden. Benchen ist der Sitz von drei Tulkus: *Tenga Rimpoche*, der gegenwärtig in Swayambhu in Katmandu amtiert, *Chimme Rimpoche*, der in London wohnt, und *Sangye Nyenpa*, der in Rumthek in Sikkim wohnt. In der Nähe von Benchen liegt *Bida Nampar Nagdze Lhakhang*, das aus zwei kleinen Häusern besteht. Eines von ihnen ist an eine Felsfront gelehnt, die eine selbst-manifestierte Felsskulptur von Namchang (Sanskrit: Vairochana) aufweist.

TRANGU GOMPA im Bezirk Jyekundo, 6 km südlich von Jyekundo in der Nähe der Autobahn zwischen Nangchen und Derge. Dieses Karma-Kagyü-Kloster, das einst vollkommen zerstört war und gegenwärtig neu aufgebaut wird, ist der Sitz von Trangu Rimpoche, der früher Tutor in Rumthek war und nun in Boudha in Katmandu wohnt.

DROGON GOMPA im Bezirk Jyekundo in der Nähe der Stadt Zhiwu. Dies ist ein Sakya-Kloster, das ursprünglich jedoch eine Kadam-Gründung war. Der gegenwärtige Ober-Tulku ist Drola Jikme, der Sohn des verstorbenen Dudjom Rimpoche und Vater seiner gegenwärtigen Inkarnation. Die Hauptgebäude werden zur Zeit restauriert.

TARIK GOMPA im Osten von Jyekundo. Dieses Sakya-Kloster, das gegenwärtig restauriert wird, ist der Sitz des Tarik Tulku von Boudha in Nepal.

DILYAK GOMPA im Osten von Nangchen Xian. Dies ist eine Barong-Kagyü-Gründung, die von 150 Mönchen bewohnt und gegenwärtig wieder aufgebaut wird. Es ist der Sitz des verstorbenen *Dabzang Rimpoche* von Boudha in Nepal und des verstorbenen *Sabchu Rimpoche* von Swayambhu in Nepal.

KARMA THARGYE CHOKHORLING im *Bezirk Nangchen*, 45 km nördlich von Nangchen Xian. Es wurde zerstört und wird gegenwärtig wieder aufgebaut. Es ist der Sitz von *Beru Khyentse Rimpoche*.

KYODRAK TENYING GOMPA im Norden von Nangchen Xian. Dieses wieder aufgebaute Kagyü-Kloster ist der Sitz von Saga Rimpoche, der dort zusammen mit 308 Mönchen amtiert.

LABKYAB GOMPA im Südosten von Nangchen Xian. Dieses *Baram-Kagyü*-Kloster, das von Sönam Dechen Tulku wieder aufgebaut wurde, ist der Sitz des verstorbenen *Tulku Orgyen* von Boudha in Nepal.

ZUMANG DUTSI THIL im Bezirk Nangchen, 100 km östlich von Nangchen Xian (Sharda), der früheren Hauptstadt des Nangchen-Königreiches. Dieses im Jahre 1475 von *Trunpa Kunga Gyeltsen* gegründete Kloster ist das *Zurmang-Kagyü*-Kloster des verstorbenen Chögyam Trungpa Rimpoche. Die Pracht dieses Klosters ist verschwunden, aber aus der Zerstörung erhebt sich eine neue Versammlungshalle.

ZURMANG NAMGYELTSE GOMPA im Bezirk Nangchen, 60 km östlich von Zurmang Dutsi Thil. Es wurde von Trungpa Mase gegründet und ist das Schwester-Kloster von Dutsithil. Einer seiner Tempel wurde wieder aufgebaut, gegenwärtig gehören 100 Mönche zu ihm.

Derge und benachbarte Bezirke

Derge kann als das Herz von Kham betrachtet werden. Das alte, unabhängige Königreich hatte seinen Mittelpunkt im Tal des Drichu (Yangtse) und seiner Nebenflüsse. Es ist eine Rotmützen-Festung ohne Geluk-Präsenz. Von Derge aus entstand die eklektische Bewegung, die den tibetischen Buddhismus während der letzten 200 Jahre wiederbelebt hat. Heute bildet der Yangtse die Grenzen zwischen der Präfektur Chamdo der Autonomen Region Tibet und dem *Bezirk Derge* in der Provinz Sichuan, sodass das alte Königreich in der Mitte gespalten ist.

DERGE GONCHEN, auch LHUNDRUB TENG genannt, im Bezirk Derge, in Derge Xian. Dieses Sakya-Kloster, das von Thangtong Gyelpo im Jahre 1448 gegründet wurde, ist der Sitz von *Sakya Tridzin*, dem Oberhaupt des Sakya-Ordens, der gegenwärtig in Rajpur, Uttar Pradesh in Indien, residiert. Es war die Ngorpa-Festung in Kham und ein *rimepa*-Kloster. Die Versammlungshalle von Gonchen ist wieder aufgebaut worden. In der Nähe liegt *Derge Parkhang*, der bekannteste Verlag in Tibet, der die Holzblöcke des Kangyur und Tengyur und zahlreicher anderer Zyklen von buddhistischen Texten beherbergt. Es ist ein kommerzieller Betrieb, der jetzt Aufträge aller Art annimmt.

Über Derge auf dem östlichen Hügelkamm befindet sich eine Höhle von Thangtong Gyelpo, dem Eisenbrückenbauer aus dem 15. Jahrhundert.

DZOKCHEN RUDAM SAMTEN CHOLING im Bezirk Derge, in unmittelbarer Nähe der Autostraße zwischen Nakchu und Derge im Nordosten von Derge, auf der nördlichen Seite der *Rudam-Kangtro-Bergkette*, im Süden der *Dzachukha-Region*. Dieses Kloster, das im Jahre 1695 von *Padma Rikdzin* gegründet wurde, entwickelte sich zu einem wichtigen Ausbildungszentrum mit 850 Mönchen. Die alte Residenz der Äbte – Khamsum Zilnon – gehört zu jenen Gebäuden, die nicht zerstört wurden. Hinter dem Kloster Dzokchen Gompa im oberen Rudam-Kyitram-Tal, einem verborgenen Tal, liegen die Einsiedeleien und Höhlen, die von berühmten Nyingma-Meistern geheiligt wurden, darunter auch *Patrul Rimpoche*, der dort »Die Worte meines vollkommenen Lehrers« verfasste, sowie *Mipham Rimpoche*. Der gegenwärtige Dzokchen Rimpoche lebt in Karnataka in Indien.

ZHECHEN TENYI DARGYELING im Bezirk Derge, nördlich von Dzokchen Gompa in Dzachukha. Dies war ein *rimepa*-Kloster, das von dem Zweiten Zhechen, Rabjam Gyurme Kunzang Namgyel, im Jahre 1735 gegründet wurde und früher 200 Mönche beherbergte. Die Hauptgebäude werden gegenwärtig restauriert. Dies war der Sitz des verstorbenen Dilgo Khyentse Rimpoche und *Rabjam Rimpoche*, der gegenwärtig in Boudha in Katmandu residiert. Über dem Kloster auf den Hängen der Drölmari-Berge befindet sich eine Guru-Rimpoche-Höhle und andere Meditations-Höhlen.

LONGTHANG DRÖLMA LHAKHANG im *Bezirk Sershul* in Denkhok Sharma auf der östlichen Seite des Drichu. Der Drölma Lhakhang ist ein Missionstempel von König Songtsen Gampo aus dem 7. Jahrhundert, der die linke Hand der Dämonin unterwirft. Es ist der am weitesten östlich gelegene Tempel, ein Ort, an dem auch Guru Rimpoche einen Schatz verbarg. Er wurde wieder aufgebaut.

KANDZE GOMPA im *Bezirk Kandze* in der Stadt Kandze. Dies ist das größte Geluk-Kloster in Kham, das von den Qosot-Mongolen im 17. Jahrhundert gegründet wurde, als sie Kham befriedeten. Seine ästhetischen Gebäude sind großenteils restauriert worden.

BÖNGEN GOMPA im Bezirk Kandze, östlich von Derge im Rongpatsa-Tal. An diesem Zhangpa-Kagyü-Kloster des verstorbenen *Kalu Rimpoche* wurde ein schöner neuer Tempel errichtet.

KATHOK DORJEDEN im *Bezirk Pelyul* im Süden von Derge über Horpo. Dies ist das wichtigste Nyingma-Kloster in Kham, das im Jahre 1059 von *Dampa Deshek* gegründet wurde und seither für seine Meditationslehrer berühmt ist, die die Meditationsanweisungen des Gründers weitergaben. Es ist auf einem Felssims hoch über dem Tal erbaut und wurde von Rikdzin Dudul Dorje und Rikdzin Longsel Nyingpo im 16. Jahrhundert erweitert. Eine Versammlungshalle und der Zangdok Pelri Lhakhang sind restauriert worden, und obwohl die Mönchspopulation von 800 auf 180 schrumpfte, ist Kathok noch immer eine lebendige Kraft im religiösen Leben von Kham. Es ist der *Sitz von Kathok Drime Zhingkyong Rimpoche*, der gegenwärtig in Chengdu residiert, und wurde wieder aufgebaut.

PELPUNG GOMPA im Bezirk Derge im Süden von Derge, erreichbar auf dem Pferd oder zu Fuß über die Straße von Derge nach Pelyul. Dieses Kloster wurde im Jahre 1727 vom VIII. Situ gegründet und ist das Hauptkloster des Karma-Kagyü-Ordens in Kham – ein *rimepa*-Kloster. Es wurde teilweise wieder aufgebaut und ist der Sitz von Tai Situ Rimpoche, der gegenwärtig in Bir im Kangra-Tal in Indien wohnt.

DZONSAR GOMPA im Bezirk Derge, östlich von Pelpung Gompa. Dieses große Sakya-*rimepa*-Kloster wurde im Jahre 1253 von Phakpa gegründet, im 19. Jahrhundert von dem berühmten Khyentse Wangpo und im 20. Jahrhundert von Khyentse Chokyi Lodro erneuert. Vor 1959 war es vielleicht das lebendigste Kloster in Tibet. Es ist mit dem Namen des verstorbenen Dilgo Khyentse Rimpoche verbunden und Sitz von Dzongsar Khyentse Rimpoche, der im Westen lebt. Die Versammlungshalle wurde wieder aufgebaut, und das Kloster ist wieder in Betrieb. Über Dzongsar befindet sich Padma Shelphuk, eine Guru-Rimpoche-Höhle und ein Kraftplatz mit verborgenen Schätzen. Rongme Karmo, ein weiterer wichtiger Ort mit verborgenen Schätzen, eine »Tigerhöhle«, liegt östlich des Klosters.

PELYUL NAMGYEL JANGCHUB CHOLING im Bezirk Pelyul, 45 km südlich von Kathok Dorjeden im Nguchu-Tal. Dies ist ein wichtiges

Nyingma-Kloster, das im Jahre 1665 von Rikdzin Kunzang Sherab gegründet wurde. Es ist hoch über einem Tal errichtet und besteht heute aus zahllosen verstreuten Einsiedeleien und einer Versammlungshalle. Früher hatte dieses Kloster 600 Mönche, heute ist es zum Teil restauriert. Es ist der Sitz des III. Drubwang *Padma Norbu Rimpoche*, dem offiziellen Oberhaupt des Nyingma-Ordens, der ein neues Kloster in Südindien betreibt, und außerdem auch der Sitz von *Gyatrul Rimpoche* aus Berkeley in Kalifornien.

Östliches und südliches Kham

LITHANG THUBCHEN CHOKHORLING im *Bezirk Lithang* in der Provinz Sichuan auf der Straße zwischen Bathang und *Dartsedo.* Lithang liegt im Hochland zwischen dem Dzachu-Tal und dem Nyakchu-Tal. Es wurde vom III. Dalai Lama im Jahre 1580 gegründet und ist ein großes Geluk-Kloster – das wichtigste Kloster des Lithang-Bezirkes –, in dem früher 2800 Mönche wohnten. Es wurde vollständig durch Bomben zerstört, nachdem es der chinesischen Invasion des Jahres 1951 heftigen Widerstand geleistet hatte. Es wurde von Lithang Kyabgon sehr schnell wieder aufgebaut und besitzt nun eine große Versammlungshalle und die Versammlungshalle Kungarawa.

MINYAK LHAGANG GOMPA im Bezirk Dardo. Lhagang ist der Haupt-Kraftplatz von Minyak, der zu dem alten Chakla-Königreich gehört, dessen Zentrum in Dartsedo liegt. Im Klosterkomplex, der vom Sakya-Orden betrieben wird, befindet sich der berühmte Jokhang Lhakhang, der den Minyak Jowo enthält. Das Bild von Shakyamuni Buddha, das zum Lhasa Jowo werden sollte, gehörte zu der Mitgift der chinesischen Prinzessin Kongjo, die im 7. Jahrhundert eine der Königinnen von König Songtsen Gampo wurde. An diesem Ort konnte der Jowo nicht in Bewegung gebracht werden, bis ein Ersatz hergestellt und aufgerichtet worden war. Es ist unsicher, ob der Minyak Jowo, der jetzt hier steht, das Original aus dem 7. Jahrhundert ist.

GYELMO MURDO der Hauptgipfel der Bergkette, die durch mehrere Bezirke der *Präfektur Ngawa* nördlich der Bezirke Dartsedo und Dardo verläuft. Gyelmo Murdo war der Berg-Kraftplatz des alten Gyrong oder Gyelmorong, das in dieser fernöstlichen Region des ethnischen Tibet 18 Königreiche erlebte. Die Bevölkerung von Gyelmorong galt nie als rein tibetisch und wurde in der jüngeren Geschichte teilweise von den Han kolonisiert. Die Gyelmo-Murdo-Bergkette und ihr Hauptgipfel sind ein wichtiges Ziel für buddhistische und Bön-Pilger. Gyelmo Murdo ist ein *nyen*-Berg wie Amnye Machen und Nyenchen Thanglha, Berge von höchster Elementarkraft. Der Berggott Murdo soll Fruchtbarkeit gewähren, und dies ist eine Hauptmotivation für Pilgerinnen, den Berg zu besuchen. Bevor der kommunistische Puritanismus Einkehr hielt, trugen unverheiratete Mädchen und Frauen, die am Westhang des Murdo lebten, nur einen Fransengürtel unterhalb der Taille, wenn sie den Segen des Berggottes erwarteten. In diese fernöstliche Gegend des Reiches wurde der große Übersetzer, Adept und Dzokchen-Praktizierende Bairotsana im 8. Jahrhundert verbannt. Seine Meditationshöhlen liegen auf dem Nord- und Südhang des Berges. Der Berg besteht aus 64 Gipfeln, und es gibt mehrere Khorra-Wege rings um den Hauptgipfel und außerdem auch einen Pilgerweg, der zu ihm hinaufführt. Innerhalb des inneren Kreises (*nangkor*) befinden sich Senge Dzong Lhakhang und Senge Drak (»Löwenfels«) im Fluss. Im Süden des Berges liegt Senge Dzong (»Löwenfestung«), und der Aufstieg auf die Spitze des Hauptgipfels beginnt an dieser Stelle. Von Senge Dzong aus ist Murdo Wangchuk leicht erreichbar. Dies ist ein Felsenturm, der Murdos Phallus darstellt, einer der wichtigsten Kraftplätze dieser Gegend. Die Begehung des mittleren Pfades (*barkor*) erfordert sieben Tage, während die äußeren Kreise (*chikhor*) – von denen es mehrere Variationen gibt – bis zu drei Wochen in Anspruch nehmen. Die Haupt-Kraftplätze auf dem Weg sind: Tsönak (»Schwarzer See«), Bairotsanas Meditationshöhlen, deren wichtigste Barkham auf der Nordseite des Berges ist, ferner der Bön-Gipfel Yungdrung Ne (»Kraftplatz der Swastika«) auf der östlichen Seite sowie zahlreiche Höhlen, unter ihnen die Meditationshöhle von *Yudra Nyingpo*, dem berühmten Adepten aus dem 8. Jahrhundert.

KHAWA KARPO an der Grenze zwischen dem südlichsten Zipfel der Präfektur Chamdo in der Autonomen Region Tibet und der Autonomen Präfektur Dechen der Provinz Yünnan. Dies ist der Hauptgipfel einer Gebirgskette, die zwischen den Strömen Ngulchu (Salween) und Dzachu (Mekong) im Süden des alten Tsawarong liegt. Manchmal gilt er als Demchoks Chakra der Buddha-Sprache – anstelle des Labchi. Dies ist einer der berühmten Berg-Kraftplätze von Tibet, der sowohl den Bönpos wie auch den Buddhisten heilig ist. Der Khorra-Weg, dessen Beschreitung elf Tage in Anspruch nimmt, gilt als äußerst gefährlich, und die Pilger müssen sich nachts an Bäume binden, damit sie nicht in eine der Schluchten herabstürzen.

GANDEN SUMTSELING GOMPA im *Bezirk Gyelthang* in der Nähe von Gyalthang Xian in der Autonomen Präfektur Dechen der chinesischen Provinz Yünnan. Dieses florierende Geluk-Kloster, das im 17. Jahrhundert gegründet, vollständig zerstört und wieder aufgebaut wurde, stellt sowohl Gyalthang wie auch den benachbarten Bezirken Colleges und Tempel für jedes Tal zur Verfügung. Heute wohnen dort ungefähr 600 Mönche.

BUMISHI GOMPA im *Bezirk Balung* in der Nähe von *Lijiang* im alten Jang Sadam in der Autonomen Präfektur Naxi der chinesischen Provinz Yünnan. Bumishi war die Hauptstadt des Staates *Jang (Naxi)*, der zwischen dem 7. und dem 9. Jahrhundert ein Teil des tibetischen Reiches war. Dieser südliche Außenposten des Karma-Kagyü-Ordens ist im chinesischen Stil erbaut. Im Bezirk Balung gibt es auch eine Höhle, in der sich der chinesische Chan-Meister Bodhidharma aufgehalten haben soll.

Amdo

Die alte Provinz Amdo entspricht dem Machu-Becken (der Fluss Machu ist der Oberlauf des Huang Ho). Dies ist ein hügeliges Land mit Weideflächen. Der Hauptbrennpunkt seiner heiligen Geographie ist der Berg-Kraftplatz des Amnye Machen, der nahe der Grenze zu Kham liegt. Im Nordwesten von Amdo befindet sich der heilige See Tso Ngon (Kokonor). Im fernen Osten ist Labrang und auch Gengya, das jetzt in der Provinz Gansu liegt. Im südlichen Amdo ist die Bevölkerung tibetisch, und zwar hauptsächlich Golok. Im Nordwesten rings um Kokonor sind die buddhistischen Mongolen in der Überzahl. In Tsongkha und dem Nordosten ist die Mehrheit moslemisch und gehört mehreren verschiedenen ethnischen Gruppen an. Ich erwähne hier nur einige von den wichtigen Kraftplätzen von Amdo, und zwar beginnend mit dem Amnye Machen, dann weiter im Norden zum Tso Ngon, im Osten zum Kumbum, um schließlich im Süden nach Labrang und *Rebkong* zu gelangen.

AMNYE MACHEN im *Bezirk Machen*. Dieser große heilige Berg-Kraftplatz von Osttibet erhebt sich aus einer Gebirgskette desselben Namens, die sich 200 km in nordwestlich/südöstlicher Achse bis zu den Zwillingsseen Kyering Tso und Ngoring Tso im Inneren der riesigen Kurve des Machu-Flusses erstreckt. (Siehe den Abschnitt über den Amnye Machen in Teil 5.)

TARTHANG GOMPA im *Bezirk Jikdril* im südlichsten Bereich der Golok-Gebiete. Tarthang Dongak Shedrub Dargyeling, das im Jahre 1882 gegründet wurde, ist ein Zweig des Pelyul Gompa in Kham. Es ist das Heimat-Kloster von Lama Kunga, den wir eher unter dem Namen *Tarthang Tulku* von Berkeley in Kalifornien kennen. Dieses große, lebendige Kloster mit 1000 Mönchen ist auf ästhetische Weise wieder aufgebaut worden, und der Zangdok Pelri Lhakhang ist eines der besonders auffallenden Bauwerke.

DODRUB CHODE im *Bezirk Padma* im südlichen Amdo. Das Dodrub-Chode-Kloster auf der Tsangchen-Ebene im Do-Tal wurde im 19. Jahrhundert von dem *II. Dodrubchen Rimpoche* gegründet. Es ist eine Hauptquelle der Dzokchen-Nyingthik-Tradition geblieben, die von Vimalamitra ausging. Der gegenwärtige IV. Dodrubchen Rimpoche lebt in Gangthok in Sikkim. Die Topografie dieses Ortes wird als die meditierende Gestalt von Longchen Rabjampa gedeutet. Auf einem Hügel in der Ebene befindet sich ein Tempel im Zangdok-Pelri-Stil.

DRAKAR TRELDZONG im Bezirk *Tsigorthang* unmittelbar im Norden des Bezirkes Machen und südlich der Bezirksstadt Xinghai Xian. Diese »Weißfels-Affen-Festung« ist ein Berg-Kraftplatz, um den sich auch Geschichten über Guru Rimpoche ranken, und sie ist eines von Amdos bekanntesten Pilgerzielen. Der fünfstündige Khorra-Weg rings um den Gipfel berührt auch die Meditationshöhle des großen Guru und seine Dorje-Phuklam-Höhle, die eine Öffnung zum Himmel aufweist, die er mit seinem Dorje schlug. Ferner findet man dort auch: Yeshe Tsogyals Einsiedelei, die den Namen Khandro Tsokhang oder »Versammlungshalle der Himmelswandlerinnen« trägt, einen Bardo-Gang, durch den man hindurchkriechen muss, einige selbst-manifestierte Bildnisse mit magischen Eigenschaften, Orte, die sich auf Je Tsongkhapas Aufenthalt in dieser Gegend beziehen, ein lebendiges Geluk-Kloster mit 300 Mönchen sowie mehrere bewohnte Einsiedeleien.

TSO-NGON-SEE im *Bezirk Kangtsa*, 100 km westlich von Xining im nördlichen Amdo. Im Westen ist es am besten unter seinem mongolischen Namen Kokonor bekannt, was ebenso wie Tso Ngon »blaues Meer« oder »Türkis-See« bedeutet, und die umliegenden Gebiete sind hauptsächlich von mongolischen Buddhisten bewohnt, die nur wenig mit den Zentraltibetern gemeinsam haben. Der See ist die Wohnstätte eines Schlangensee-Bodhisattva, eines Dieners des Schlangenkönigs Anavatapta. Er ist ein Versammlungsplatz von wohltätigen Muttergöttinnen und Himmelswandlerinnen und wurde von vielen Heiligen und Adepten gesegnet. Im Zentrum des Sees gibt es ein Inselheiligtum namens Tsönying Mahadeva. Die Ursprungslegenden des Sees und der Insel erzählen von einer Zeit, in der dieser See flaches Land und eine Quelle in seiner Mitte von einem Stein bedeckt war. Solange diese Quelle immer wieder zugedeckt wurde, nachdem man ihr Wasser entnommen hatte, war sie für die Menschen wohltätig, aber eines Tages versäumte man es, sie wieder zuzudecken, und das Wasser floss nun mit einer solche Kraft heraus, dass 10000 Menschen darin ertranken. Die Dämonin dieses Sees erhielt dann später den Namen *Trishor Gyelmo* (»Königin, die Zehntausend ertränkte«), und dies ist ein weiterer Name des Sees. Guru Rimpoche blockierte diese Quelle, indem er in Gestalt eines Adlers einen Berg aus Indien trug – manche sagen auch, dass es die Spitze des Kang Rimpoche gewesen sei –, der dann zur Insel Tsonying Mahadeva wurde. Später hinterließ der Dzokchen-Adept Bairotsana 108 Schätze. Zhabkar Rimpoche oder »Kleiner Weißfuß« meditierte hier von 1806 bis 1809 und erbaute auf der Spitze der Erhebung auf der Insel einen kleinen Tempel, in dem Thukjechenpo, der »große Mitfühlende«, flankiert von Mahadeva und Trishor Gyelmo, verehrt wurde. Heute ist Tsönying Mahadeva eine paradiesische Insel mit guten Höhlen und Einsiedeleien, reichlich Wasser und Bäumen, wilden Blumen und Gemüsen wie Knoblauch und essbaren Pflanzen, Vögel in den Bäumen, Fischen im Wasser, und es ist »frei von Dieben, Bulldoggen und Ungeziefer«. Im Winter ist der See gefroren und gewährt einen leichten Zugang zur Insel. Es gibt dort auch ein kleines Kloster, in dem einige Mönche wohnen. Der Khorra-Weg rings um den See ist ungefähr 300 km lang, und das Pilgerereignis findet alle zwölf Jahre im Jahr des Schafes statt.

KUMBUM JAMPALING im *Bezirk Rushar* im Süden von Xining. Dieses Geluk-Kloster ist eines von Tibets größten Klöstern. Es wurde unter einem Sandelholzbaum erbaut, der aus dem Blut entsprang, das aus der Plazenta von Je Tsongkhapas Mutter stammte. Dieser Baum kennzeichnet den Geburtsplatz des Meisters und ist heute von einem Chörten umgeben, aber ein weiterer Baum, der sich aus einem Ableger des ursprünglichen Baumes entwickelte, weist auf seinen Blättern und Rinden selbst-manifestierte Bilder von Jampelyang, dem Bodhisattva der Weisheit, auf. Der Name des Klosters ist von dem vieltorigen Chörten abgeleitet, den Tsongkhapas Mutter hier im Jahre 1379 erbaute und von dem Jampa-(Sanskrit: Maitreya-)Lhakhang, einem der frühen Tempel, die in Kumbum Jampaling errichtet worden sind. Das Kloster wurde im Jahre 1560 gegründet und konnte trotz einer wechselhaften Geschichte als sehr großer Klosterkomplex überleben. Es ist im chinesischen Stil erbaut. Der Serdong Chenmo, der ein Bildnis des Meisters beherbergt, und der Jampa Lhakhang, der wichtigste unter zahlreichen anderen Tempeln, bilden den Kraftplatz innerhalb des Klosters. Die Mönchskollegien und Residenzen der Tulkus machen einen großen Teil des Komplexes aus. Die ethnische Mischung des Klosters entspricht der ethnischen Zusammensetzung dieses Teiles von Amdo: 400 Mönche sind Tibeter und der Rest Mongolen, Tu und einige wenige Chinesen.

JAKHYUNG GOMPA im *Bezirk Bayan Khar* (Hualong) im Süden von Xining und neben der Straße zwischen den Klöster Kumbum und *Labrang*. Dieses Kloster wurde im Jahre 1349 von Lama *Dondrub Rinchen*, dem ersten Lehrer von Je Tsongkhapa, gegründet und ist damit die älteste Geluk-Niederlassung in Amdo. Hier studierte Tsongkhapa und wurde ordiniert, bis er im Alter von sechzehn Jahren nach Lhasa übersiedelte. Außerdem liegt dieses Kloster auch in der Nähe des Geburtsplatzes des XIV. Dalai Lama, und hier wurde ihm der Kopf im Rahmen der Weihezeremonie geschoren, nachdem er als Inkarnation entdeckt worden war. Während der Kulturrevolution wurde das Kloster zerstört, aber es wurde in einem sehr schönen Stil wieder aufgebaut und beherbergt gegenwärtig etwa 500 Mönche.

DENTHIK SHELDRAK oder DENTHIK SHELKYI BAMGON im Bezirk Bayan Khar, erreichbar von Hualong Xian aus. Dies ist der Kraftplatz, zu dem einige Mönche aus Zentraltibet flüchteten, als der vom Glauben abgefallene König Langdarma im 9. Jahrhundert eine Wiedergeburt der Bön-Religion in Gang setzte. Hier wurde die Tradition der Ordinierung aufrechterhalten, bis Lume und seine Freunde am Ende des 10. Jahrhunderts kamen, um das Recht der Ordinierung einzufordern und wieder nach Zentraltibet zurückzubringen, damit sich das Klosterleben dort wieder entfalten konnte. Die Höhlen, in denen die geflüchteten Mönche lebten, befinden sich auf den Seiten eines kleinen Tales, unter dem einige Klostergebäude stehen.

LABRANG TASHIKYIL im *Bezirk Sangchu*, 280 km südlich von Lanchou in der Nähe der Stadt Xiahe, erreichbar auch vom Jakhyung Gompa aus. Dieses Geluk-Gompa war und ist noch immer Amdos größtes Kloster und eines der wenigen, das von der Kulturrevolution verschont blieb. Es wurde im Jahre 1709 von *Jamyang Zhepa*, einer Inkarnation eines der Lehrer von Je Tsongkhapa gegründet. Nach dem Dalai Lama und dem Panchen Lama ist der hier amtierende Lama der höchstrangige Geluk-Hierarch. Labrang hatte den Ruf, die schönste buddhistische Lehranstalt in Amdo zu sein. Der ummauerte Komplex, dessen Umfang fast 3 km beträgt, enthält sieben größere Tempel, fünf Fakultäten und den Palast des Tulku von Jamyang Zhepa, der in Lanchou lebt. Tausend Mönche und mehrere bestens ausgebildete Geshes sind mit diesem Kloster verbunden, aber wie die großen Klöster von Lhasa wurde es teilweise auf den Status eines Museums reduziert.

GANGYA DRAKAR im Bezirk Sangchu, etwa 50 km nordöstlich von Labrang, heute in der chinesischen Provinz Gansu. Am Fuße des Berges Dagyal gibt es eine hohe Böschung, die mehrere Kilometer lang ist. In einer Schlucht, die vor dieser Böschung liegt, befindet sich der Eingang zu einer Höhle, die den Berg mehrere hundert Meter auf mehreren Ebenen durchdringt. Dieser Berg ist der Palast der Buddha-Gottheit Demchok und außerdem auch die Wohnstätte des *Königs Dagyel Mangpoche*, der hier im Jahre 659 im Kampf mit den Chinesen starb. In der Nähe befindet sich eine Guru-Rimpoche-Höhle, und mit diesem Kraftplatz ist der große Adept *Kelden Gyamtso* aus dem 17. Jahrhundert durch seine Meditation und seine Funktion als Abt eines Geluk-Klosters verbunden. Die Essenz des Kraftplatzes ist eine Höhle namens Khandro Nekhang Rangjung (»natürlich geschaffenes Krafthaus der Himmelswandlerinnen«). Tief im Inneren der Höhle befindet sich der Demchok-Yab-Yum-See, in dem auch Shinje, der Herr des Todes, wohnt. Höhle und See sind voll von selbst-manifestierten Phänomenen. Mythische Tunnels führen aus der Rückseite des Höhlensystems heraus und enden in Pataliputra (Patna in Indien). Dadurch ist sie mit dem Körper-Mandala von Demchok, aber auch mit Lhasa und Drakar Treldzong verbunden. Die Inkarnation, die diesem Kraftplatz vorsteht, ist die Himmelswandlerin Kham Gungru Yeshe Khandro, eine weibliche Inkarnation, und der Ort und sein Kloster Gengya Dratsang gehören zum Labrang Gompa. Der nahe gelegene See Dabyal Gyentso ist mit dem Berg Dagyal assoziiert.

REBKONG in der Autonomen Tibetischen Präfektur Huangnan. Der *Bezirk Rebkong* (Tongren) bildet nur einen Teil des legendenumwobenen »Goldenen Landes Rebkong« im Süden des Machu-Flusses und im Westen von Labrang. Diese hügelige Prärielandschaft kann man als das Herz von Amdo betrachten. Die Topografie ist etwas undefiniert, aber Rebkong kann am besten durch das Mandala seiner acht Kraftplätze der »großen spirituellen Leistung« in den vier Haupthimmelsrichtungen und den vier Zwischenrichtungen bestimmt werden. Hier erlangten die großen Adepten aus Guru Rimpoches spiritueller Traditionslinie die Verwirklichung und wirkten Wunder, und die fünfzig kleinen Geluk-Klöster dieser Gegend zeugen ebenfalls von der religiösen Hingabe ihrer Bevölkerung. Rebkong war eine gesetzlose Gegend, in der sich rivalisierende Räuberbanden bekämpften, aber gleichzeitig war es auch für seine Nyingma-Yogis berühmt, die hier in zahlreichen Einsiedeleien lebten, ihre verfilzten Haare auf dem Kopf auftürmten und die geheimen Tantras aus Guru Rimpoches spiritueller Traditionslinie praktizierten. Zu rituell günstigen Zeiten versammelten sich hier bis zu 2000 Yogis zur Meditation. *Wenba Tashikyil*, die Guchu-Höhlen, Rebkong Nyingon und Rebkong Sibgon sind einige Nyingma-Gründungen in dieser Gegend.

RONGPO GONCHEN im Bezirk Rebkong im Süden der Bezirksstadt Rongpo Gyakhar. Dieses Kloster wurde im Jahre 1301 vom Sakya-Orden gegründet und wurde im 16. Jahrhundert zu einer Geluk-Institution. Heute ist es mit seinen 400 Mönchen unter der Aufsicht des jungen Rongpo Kyabgon das größte Kloster in Rebkong. In Sengeshong Yagotsang und Sengeshong Magotsang im Norden von Rongpo Gonchen ist die Malschule von Rebkong noch immer lebendig.

Kalender und Feste in Tibet

Die tibetische Zeit ist nach dem Umlauf der Planeten – vor allem des Jupiter – sowie der Sonne und des Mondes strukturiert. Der Sechzig-Jahre-Zyklus des Jupiter ergibt den Kalenderzyklus von 60 Jahren, wobei jedes 60. Jahr durch ein apokalyptisches Ritual gekennzeichnet wird. Dieser Großzyklus zerfällt in fünf Perioden zu je zwölf Jahren (der Zeit eines einzigen Jupiterzyklus), und die Glück bringende Konjunktion, die alle zwölf Jahre stattfindet, wird als Zeit der Reinigung zelebriert. Jedes der 60 Jahre ist nach einer Kombination von einem aus zwölf Tieren und einem aus fünf Elementen benannt. Der jährliche Umlauf der Sonne wird zu Neujahr (*losar*) durch die wichtigsten rituellen Feste markiert. Das Sonnenjahr zerfällt in zwölf Mondmonate, und nach der Mondphase werden die wichtigsten Festtage bestimmt. Besonders ungünstige Tage und sogar Monate werden aus dem Kalender gestrichen und am darauf folgenden Tag oder Monat wiederholt.

Der 10., 15.und 29.Tag des Mondes ist am Glück bringendsten. Der 10. Tag ist Guru Rimpoche gewidmet, denn an diesem Tag versprach der große Guru, vom »ruhmreichen, kupferglänzenden Berg« nach Dzambuling zurückzukehren. Der 15. und 20. Tag wird mit Shakyamuni Buddha assoziiert. Der 25. Tag ist den Khandromas, den Himmelswandlerinnen, gewidmet. Der 29. Tag ist den Schutzgottheiten geweiht. Dies sind die Tage, die den Zeitplan des Pilgers bestimmen – er lässt sich vom Mond leiten. Die 24 Stunden von Tag und Nacht werden in zwölf Zwei-Stunden-Phasen eingeteilt, wobei die zwei Stunden der Morgendämmerung am günstigsten für kraftvolle Rituale und die zwei Stunden der Abenddämmerung am fruchtbarsten für die Meditation sind.

Der Kalender für das neue Jahr wird von den Astrologen des Lhasa Menzikhang am Ende des alten Jahres berechnet. Es beginnt meist sechs Wochen nach dem westlichen Neujahrsfest. Jedes größere Kloster besitzt seinen eigenen Festkalender. Die nun folgenden Feste werden hauptsächlich in Lhasa begangen. Aber abgesehen von den Gedenktagen der Geburt und des Todes von großen Lamas feiern die meisten Klöster dieselben Glück bringenden Tage.

Erster Monat
Losar, das Neujahrsfest: Die ersten drei Tage des neuen Jahres in ganz Tibet, ein Familienfest für Laien mit Spiel und Trinkgelagen, aber auch öffentlicher Tanz und Karneval.

Monlam, das große Gebetsfest in Lhasa: Die Tage nach Losar vom vierten bis zum 25., vor allem im Jokhang von Lhasa. Dies ist ein Fest für Mönche, aber auch Laien können zum Jokhang pilgern. Am 25. endet es mit der Prozession von Jampa (Maitreya).

Gaton, ein Fest für Lamas: Vom 16. bis zum 18. in Lhasa. Am 15. werden rings um den Barkor Butterfiguren aufgestellt, auf den Dächern und in den Fenstern der Häuser werden Lampen entzündet.

Pelden-Lhamo-Fest zur Feier der Göttin und Beschützerin: Vom 19. bis zum 21. in Lhasa.

Zweiter Monat
Lugong Gyalpo, König der Geister: Vom 29. bis zum 30. in Lhasa. Mönchsprozession rings um den Lingkor.

Vierter Monat
Saga Dawa: Shakyamuni Buddhas Erleuchtung. Dieses Fest wird drei bis fünf Tage lang gefeiert und findet seinen Höhepunkt am Vollmondtag (dem 15.) und verschiedentlich auch danach. Es wird in Lhasa, Tsurphu, Samye Chokhor, Reteng, Tashi Lhunpo und anderen Klöstern gefeiert. Es wird getanzt, riesige Thangkas werden entfaltet.

Fünfter Monat
Weihe- und Gedenktag von Samye: Am Vollmondtag (dem 15.) in Samye Chokhor.

Sechster Monat
Padmasambhavas (Guru Rimpoches) Geburtstagsfeier: 10. Tag.

Ganden Siu Thang: Zurschaustellung von Reliquien und Thangkas im Kloster Ganden am 15. Tag.

Derpung Zhoton, das Yoghurt-Fest: Am Vollmondtag (dem 15.) im Drepung Gompa und im Norbu Lingka in Lhasa. Tanz, Picknick und Trinkgelage. In Derpung werden riesige Thangkas entfaltet. Dieses Fest wird inzwischen oft von Touristen besucht.

Siebter Monat
Yerpa Tsechu, das Yerpa-Picknick: 10. Tag in Yerpa.
Badefest: Am 27. vor allem in Terdrom.

Achter Monat
Onkor: Erster Tag, ein Erntefest.

Neunter Monat
Lhabab Duchen, Shakyamuni Buddhas Abstieg vom Tushita-Himmel: 22. Tag, Pilger reisen nach Lhasa, ein Tag religiöser Verehrung.

Zehnter Monat
Pellha Rirab, Besänftigung von Pelden Lhamo: 10. Tag, in Lhasa, Prozession auf dem Barkor.

Zwölfter Monat
Nganpa Guzom, die unheilvolle Zeit: Die Menschen bleiben von 12 Uhr mittags am 6. Tag bis 12 Uhr mittags am 7. Tag innerhalb des Hauses.

Tsegu Tor, Reinigung des alten Jahres: 29. Tag in verschiedenen Klöstern mit Tanz.

Die tibetische Diaspora und der tibetische Buddhismus im Westen

Nur hunderttausend Tibeter verließen im Jahre 1959 ihre Heimat zusammen mit dem XIV. Dalai Lama. Heute, fünfunddreißig Jahre später gibt es in den meisten großen Städten von Amerika, Europa und Ostasien tibetische Laiengemeinschaften. Hunderte von tibetischen Klöstern und Tempeln wurden in Indien und auf der ganzen Welt gebaut, und der tibetische Buddhismus ist eine der am schnellsten wachsenden Religionen auf dem Planeten. Der Dalai Lama selbst, der den Friedensnobelpreis gewonnen hat, besitzt internationalen Status als Mensch und Politiker von seltener, wenn nicht einzigartiger Integrität und hat in seinem Kreuzzug für das Überleben der tibetischen Kultur und für die unterdrückten Menschen seines Landes ein prägnantes Medienprofil erlangt. Er ist der spirituelle Führer des Geluk-Orden, und sein Name ist wohl bekannt, aber es gibt Dutzende von anderen Lamas mit ähnlichem Status, die in ihren Gemeinschaften tibetischer, asiatischer und westlicher Schüler in gleicher Weise spirituelle Führungsaufgaben erfüllen. Wie konnte diese winzige Anzahl von Vertretern eines Vier-Millionen-Volkes ein solches internationales Renommé erlangen?

Im Oktober 1959 war das Lhasa-Tal voll von Flüchtlingen aus Osttibet, zumeist Khampas, die vor der Verfolgung durch die Chinesen aus ihrer Heimat geflohen waren. Da sie um die Sicherheit des Dalai Lama fürchteten, griffen sie die Befreiungsarmee des chinesischen Volkes an, die die Gegend um Lhasa besetzt hielt. Daraufhin antwortete die chinesische Artillerie, die auf den Talhängen positioniert war, mit gnadenlosem Beschuss. Als der Aufstand von Lhasa misslungen war, begab sich ein Teil der Khampas in die Berge und schloss sich der Chuzhi-Kangruk-Guerilla an, während sich alle anderen dem Dalai Lama anschlossen. Außer ihm flüchtete ein großer Teil der Regierung, die Äbte und viele Mönche aus Lhasa und den Provinzklöstern, die Landbesitzersfamilien von Zentraltibet und Gläubige aus allen Gesellschaftsschichten, die der Warnung des Dalai Lama Glauben schenkten, dass unter dem Stiefelabsatz der wild gewordenen chinesischen Kommunisten düstere Zeiten kommen würden. Im Laufe der nächsten paar Jahre folgten diesen Flüchtlingen kleine Gruppen von Mönchen und Laien, die oft von einem Lama geführt wurden und aus Gemeinschaften aus ganz Tibet – sogar aus Amdo und dem östlichen Kham – kamen. Sie wanderten nachts, um die chinesischen Patrouillen zu vermeiden, ihre Reiserouten führten sie über die Pässe des Himalaya nach Indien, wo Premierminister Nehru ihnen Schutz und Sicherheit versprochen hatte. Viele starben auf dem Weg an Hunger, Krankheit und den Beschwerlichkeiten des Klimas und der Landschaft.

In der Befriedung oder »Befreiung« von Tibet machten die Kommunisten natürlich die herrschenden Klassen zur Zielscheibe. Diese bestanden aus dem säkularen Landbesitzersadel und den religiösen Hierarchen – Äbten und Tulkus – der Klöster, die sie ganz zu Recht als Feudalherren betrachteten. Die Chinesen entfesselten eine Revolution, die die Gesellschaft auf den Kopf stellen und den verarmten Knechten und Bauern der tibetischen Feudalgesellschaft die politische Kontrolle übergeben sollte. Ausübung der Religion galt als Beweis für reaktionäres Denken und antirevolutionäre Aktivität und wurde gnadenlos unterdrückt. Mao Tse Tungs Kulturrevolution betonte den kommunistischen Imperativ, Vertreter des alten Regimes zu eliminieren, und die Anwendung von doktrinären Strategien, von denen viele selbst vom pragmatischen kommunistischen Standpunkt nicht auf Tibet passten, bildete im Verein mit Hungersnöten, Zwangsarbeit und Einkerkerung von »Klassenfeinden« eine Strategie des Genozides. Während der späten sechziger Jahre sickerten ständig Flüchtlinge aus Tibet nach Indien und Nepal ein.

Obwohl Nehru – wie auch Nepal und Bhutan – den Tibetern Tür und Tor geöffnet hatte, konnte er die Ansiedlung von Zehntausenden von Tibetern im ökologisch unstabilen und politisch sensiblen Himalaya-Grenzland nicht so einfach hinnehmen. Deshalb wurden die tibetischen Flüchtlinge in Auffanglager in den indischen Ebenen, vor allem in Bengalen, eingewiesen, in denen sie zu Tausenden an tropischen Krankheiten starben. Nach Monaten und Jahren in den Auffanglagern wurde den Flüchtlingen je nach der tibetischen Gemeinde, aus der sie stammten, Land in Zentral- und Südindien zugeteilt. Der Dalai Lama und seine Regierung erhielten einen alten britischen Raj-Palast in Dharamsala, in dem der tibetische Führer als zahmes Sprachrohr für die indische Regierung im Propagandakrieg mit China gehalten wurde. Der XVI. Karmapa, der spirituelle Führer des Kagyü-Ordens, der in weiser Voraussicht schon vor der Flucht des Dalai Lama ein Heiligtum und einen Schatz in Sikkim angelegt hatte, besaß die Mittel und den Einfluss, um einen unabhängige Basis im Exil zu errichten. In gleicher Weise hatte Dudjom Rimpoche, das Oberhaupt des Nyingma-Ordens, das Glück, von der Nyingma-Gemeinschaft in der westbengalischen Region Darjeeling unterstützt zu werden, und blieb dadurch unabhängig.

Während die Masse der bäuerlichen Flüchtlinge zu Lagern im ungastlichen Madya Pradesh geschickt wurde, war es den Lamas mit ihren Mönchen erlaubt, überall dort religiöse Basen zu errichten, wo sie es vermochten. Sie bildeten eine unverhältnismäßig große Zahl von Exilierten, und ein großer Teil von ihnen stammt aus der Provinz Kham, und so gab es in wenigen Jahren in so gut wie jeder indischen Bergstation und an den bedeutenderen buddhistischen Pilgerorten in den indischen Ebenen, vor allem in Bodhgaya und Sarnath, tibetische Tempel oder zumindest Sakralräume in alten Häusern im Kolonialstil. Dass dies möglich war, lag an den Schätzen, die einige Lamas aus Tibet herausgebracht hatten, an internationalen, staatlichen Hilfen, die durch die Regierung des Dalai Lama in Dharamsala kanalisiert wurden, an westlichen Flüchtlingsorganisationen wie auch an einigen sympathisierenden Privatleuten in Indien und Europa. Auf diese Weise erhielten die alten religiösen Traditionen und die Lehren der spirituellen Traditionslinien eine Heimat und die Lamas ein wenig Sicherheit, um auf diese Weise ihre Flüchtlingsgemeinschaften mit der gewohnten religiösen Unterstützung zu versorgen und auch tibetischen Buddhisten von den Südhängen des Himalaya eine lebendige buddhistische Zuwendung zu bieten, die diese nie zuvor gekannt hatten.

Von dieser Basis aus begannen die Lamas eine außerordentliche Beziehung – oder sogar Liebesaffäre – mit Menschen aus dem Westen. Es war eine reziproke Beziehung, in dem spirituelle Waren gegen einen Platz in der modernen Welt getauscht wurden. Ihre anfängliche Verbindung mit nur einigen empfänglichen Menschen aus dem Westen sollte zu einer weltweiten Verbrüderung führen. Die Lamas, die spirituelle Güter zu bieten hatten, waren reife Lehrer, Gelehrte, Adepten in Meditation und Yoga, die sich mit Erfolg der rigorosen Disziplin des Mönchs- und Yogi-Trainings in ihrer Heimat unterzogen hatten. Sie besaßen ein tiefe Erfahrung in der Vermittlung der Früchte ihrer mystischen Erlebnisse an mindestens eine Generation von Gläubigen, die sie vor ihrer Flucht betreut hatten. Sie vertraten alle religiösen Orden von Tibet und verfügten über Einweihungen und machtvolle Autorität, sie sich aus spirituellen Traditionslinien ableitete, die bei einem Buddha-Adepten entsprang, der Hunderte, wenn nicht Tausende von Jahren zuvor gelebt hatte. Ihre Anziehungskraft lag vielleicht auch in ihrer Fröhlichkeit und ihrem Humor, in der glücklichen Akzeptanz und Offenheit, mit der sie aus dem physischen Leiden und der mentalen Bedrängnis von Unterdrückung und Exil wieder emporkamen. Selbst der einfachste Wandermönch besaß diese spontane Wärme. Aber die am höchsten geladenen Magneten waren die berühmten Lamas, deren tibetische Anhänger Strukturen und Vorgehensweisen für westliche Gläubige schufen – wie etwa der Karmapa Dudjom Rimpoche, Khamtrul Rimpoche und Drukpa Thuktse. Auch Lamas, die weniger bekannt waren, dennoch aber auffallende spirituelle Qualitäten aufwiesen wie Lama Kalu, Kanjur Rimpoche und Abu Rimpoche, zogen engagierte westliche Schüler an sich. All diese Lamas sind schon vor vielen Jahren verstorben und inzwischen wieder als Kinder inkarniert.

Die westlichen Charaktere in diesem Szenario waren zu Beginn sehr verschieden, was ihre Persönlichkeit und nationale Zugehörigkeit, ihre Motivation und Absicht betraf, aber was sie gemeinsam hatten, war eine Bewunderung oder Ehrfurcht vor der tibetischen religiösen Kultur und den Menschen, die sie verkörperten. Da gab es die indisch-parsische *grande dame*, eine Anhängerin des Karmapa, die ein Nonnenkloster und eine Schule gründete, um junge Tulkus für die Zulassung an westlichen Universitäten vorzubereiten – an denen unter anderen auch Chögyam Trungpa seinen Abschluss bekam. Da gab es die amerikanische Bibliophile aus der Bibliothek des Amerikanischen Kongresses, die Lamas für das Privileg entlohnte, die Manuskripte zu veröffentlichen, die sie bei ihrer Flucht aus Tibet – anstelle von Lebensmitteln – mitgenommen hatten. Ein französischer Filmemacher, der von der sinnlichen Entfaltung tibetischer Rituale fasziniert war, hatte ein Erleuchtungserlebnis, während er die Lamas filmte und gab dem europäischen Fernsehpublikum eine Vorschau auf ein Erlebnis, das Hunderte seiner Zuschauer später selbst erfahren sollten. Es gab Gelehrte wie den amerikanischen Anthropologen, der die Phänomenologie des Lamaismus studieren wollte und blieb, um sein Leben der Mönchstradition zu widmen, und andere wie der schottische Anthropologe, der zwanzig Jahre damit verbrachte, das Opus Magnum seines Guru-Lama zu übersetzen, und besessen war von der Aufgabe, die umfangreichen tibetischen Schriften zu übertragen. Diplomaten wie der kanadische Botschafter spielten eine entscheidende Rolle, wenn es darum ging, die Schlüssel zu den Schlössern eines Flüchtlingslagers zu besorgen und Reisemöglichkeiten in den Westen zu eröffnen.

Dann gab es die Reisenden im alten Hippie-Stil, die sich von den Lamas faszinieren ließen und in feste Beziehungen mit ihnen eintraten. Viele von diesen Personen waren nach Indien gekommen, um nach psychedelischen Erfahrungen zu suchen, die im spirituellen Erwachen der sechziger Jahre in Europa und Amerika begonnen hatten und in der Begegnung mit der hinduistischen *sadhu*-Tradition weitergingen. Als die Tibeter – Laien wie Lamas – auf ihren Pilgerreisen in Benares, Bodhgaya und Katmandu erschienen, führte ihre unmittelbare Affinität zu den Hippies zu lebensverändernden Beziehungen, denn die Hippies hatten weder persönliche Verpflichtungen noch Bindungen und waren sehr offen für die existenziellen Erfahrungen, die solche Treffen begleiteten. Sie hatten genug Zeit, um die Sprache zu lernen, die Liturgien zu rezitieren und mit den Lamas in ihrer eigenen Sprache zu sprechen. Sie lebten bereits ein Leben fern vom

Konsum, das auch nötig war, um mit den Tibetern in ihrer Armut zu verkehren. Sie besaßen bereits eine ähnliche philosophische Vision, sei es unterbewusst oder ausgesprochen, die eine Aufnahme tantrischer Metaphysik erleichtert, und sie hatten eine psychedelische, drogeninduzierte Empfänglichkeit für die zwischenmenschliche Übertragung und die symbolische Bedeutung. Manche Ex-Hippies leben noch immer in Indien oder Nepal und sind in Meditation und Studium versenkt. Aber sehr viele sind nach einigen Jahren in den Westen zurückgekehrt und brachten die Tradition der Lamas mit – einige, um tibetisch-buddhistische Zentren in ihren eigenen Ländern zu errichten, andere, um an den Universitäten weiter Tibetologie zu studieren, alle jedoch, um die allgemeine Unterstützung für den Dalai Lama und sein politisches Programm zu stärken und zahlreiche Lamas privat zu fördern, die später in den Westen reisen sollten.

Gegen Ende der sechziger Jahre hatte jeder der buddhistischen Orden mindestens ein größeres Zentrum in Indien. In den siebziger Jahren entwickelten sich diese Zentren zu lebendigen Lehr-Institutionen, und Lamas aller Orden, die dazu imstande waren, begannen, indische Ersatzklöster für die in Tibet zerstörten Klöster aufzubauen. Gegen Ende der achtziger Jahre war dies sowohl in Indien wie in Nepal erreicht. Nepal hatte ungefähr 10 000 tibetische Flüchtlinge aufgenommen; viele Westtibeter hatten den Himalaya an der Westgrenze von Nepal überquert und sich in Lagern auf dieser Seite niedergelassen. Viele von ihnen waren in Gruppen, geführt von ihren Lamas, aus Nangchen im westlichen Kham, gekommen und hatten sich in der Nähe der großen *stupas* von Boudhanath und Swayambhu niedergelassen. Beides sind Magneten für Pilger aus der gesamten Himalaya-Gegend. Vor allem Rotmützen-Klöster – Kagyü, Nyingma und Sakya – wurden hier errichtet, aber es gab auch das Geluk-Kopan-Kloster des Lama Thubten Yeshe, das zum Heimatkloster einer der größten internationalen buddhistischen Bruderschaften werden sollte.

In Indien war Dharamsala das Hauptquartier des Dalai Lama, der tibetischen Regierung und des Geluk-Ordens. Dort wurde die tibetische Bibliothek zu einem Zentrum des Studiums sowohl für tibetische wie auch ausländische Studenten. Die Drepung und Sera Gompas wurden in Südindien nachgebaut. Die Karma Kagyüpas, die vom XVI. Karmapa geführt wurden, entwickelten sich in Rumthek und Sikkim zu einem reichen und mächtigen Orden, bis der Tod des XVI. Karmapa in einem Krankenhaus in Chicago zu einer Spaltung führte.

Es kam zu einer Rivalität zwischen Kandidaten für den Thron des Karmapa und schließlich zu getrennten Sitzen der einzelnen Rivalen und ihrer Parteigänger – einerseits Zhamarpa, der sich in Delhi niederließ, andererseits Gyaltseb Tulku in Rumthek und Situ Rimpoche in Bir im Kangra-Tal. Die Drukchen und Drukpa Kagyü hatten ihre Basis in Hemis in Ladakh und in Darjeeling. Sakya Tridzin und der Sakya-Orden wurden in Rajpur in Dehra Dun aufgebaut. Die Nyingmapas, die immer dezentralisiert waren, hatten ihre Basis in Darjeeling, dem Katmandu-Tal, Dehra Dun und Südindien. Die Bönpos waren mit einem beachtenswerten Lama-Gelehrten namens Khenpo Tendzin Namdak gesegnet, der das Dolanji Gompa in Simla und erst vor kurzer Zeit ein Kloster im Katmandu-Tal errichtete.

Die ersten Lamas, die in den Westen reisten, waren junge Tulkus, die begierig waren, dem durch das Kastensystem eingeschränkten Indien zu entfliehen. Unter ihnen war Chögyam Trungpa, der zuerst die Oxford-Universität besuchte und dann ein Zentrum in Schottland namens Samyeling etablierte, um dann in die Vereinigten Staaten zu reisen, wo er einen ungeheuren Erfolg beim Aufbau eines Kagyü-Imperiums hatte. Lama Thubten Yeshe reiste von Kopan nach Europa um zu lehren und gründete die »Stiftung für die Erhaltung der Mahayana-Tradition«. Tarthang Tulku ging von der Sanskrit-Universität in Benares nach Berkeley in Kalifornien, um dort ein populäres Nyingma-Zentrum zu gründen. Einige der alten Großvater-Lamas wie Lama Kalu und Dudjom Rimpoche folgten dieser ersten Welle von Tulkus in den Westen und vermittelten ihren ernsthaften Studenten die Autorität und Einweihungen, die für langfristige Meditationspraxis nötig ist. Die ersten Meditationszentren wurden errichtet, und westliche Praktizierende wurden in Dreijahres-Programme eingewiesen.

Seit Beginn der engen Verbindung von Lamas mit westlichen Freunden und Anhängern in Indien hatten die Lamas ihre Studenten ermutigt, prinzipiell ihre Zuflucht zu den »drei Juwelen« – Buddha, seine Lehre und die Gemeinschaft – zu nehmen und – bei den Rotmützen – die Rezitation der elementaren tantrischen Liturgien und ihre begleitenden Meditationsübungen zu vollziehen. Aber trotz der alten und von der Zeit geprüften Binsenweisheit, dass keine buddhistische Gemeinschaft ohne Mönchsbasis gedeihen kann, kam es unter den Lamas zu Meinungsverschiedenheiten, ob es sinnvoll sei, westliche Mönche und Nonnen zu weihen. Diejenigen, die an die letztendliche Wirksamkeit der institutionellen Formen des Buddhismus in jeder Gesellschaft glaubten, hatten diesbezüglich keine Bedenken, und bald sah man westliche Mönche und Nonnen aller Orden mit den traditionellen rotbraunen tibetischen Roben in Klöstern und an Pilgerorten in Indien wie auch im Westen. Andere Lamas, vielleicht solche, die sich nicht so sicher waren, ob sie das Wesen des westlichen Bewusstseins auch vollkommen verstanden hatten, zweifelten an der Fähigkeit westlicher Menschen, die lebenslangen Gelübde, die eine Einweihung mit sich bringt, aufrechtzuerhalten.

Dieser Meinungsunterschied sollte die Lamas in Bezug auf ihre westlichen Schüler in zwei Lager spalten. Deren erstes war ein zutiefst konservatives Modell: Wenn sich der tibetische Buddhismus im Westen verwurzeln solle, wie es Guru Rimpoche prophezeit hatte (»Wenn der Eisenvogel fliegt, wird das Buddha-Dharma in den Westen gehen«), so musste es in tibetischer Form mit tibetischer Sprache und nach genau definierten und gestuften Studien- und Meditationsformen, mit traditioneller Tracht, Hüten usw. vor sich gehen. Lamas, die sich in interkultureller Kommunikation besser auskannten, deren Umgang mit Menschen aus dem Westen vertrauter war und deren persönliche Erfahrung und Vision der tantrischen Tradition einen flexibleren Zugang ermöglichte, tendierten zu einem liberaleren Programm für den Westen. Allerdings gab es auch westliche Schüler, die nicht einmal bereit waren, den einfühlsamsten Haltungen dieser Lamas zu folgen. Für sie war die tibetische Tradition ein riesiger Speicher spiritueller Geschenke, dem sie ohne Gegenleistung Elemente entnehmen konnten, die ihr verarmtes westliches Bewusstsein brauchte, um seine Gesundheit wiederzuerlangen oder sich mit mystischer Erfahrung zu bereichern. Kein Lama konnte diese individualistische Haltung gutheißen und weiterhin strukturierte Lehren vermitteln, denn die tantrische Praxis erfordert tantrisches Engagement, und das erste und wichtigste Engagement ist der Gehorsam gegenüber dem Lehrer. Als mehr Lamas in den Westen reisten und Dharma-Zentren errichteten – ob sie nun konservativ oder eher liberal eingestellt waren –, organisierten sich ihre Schüler zu sozialen Mandalas mit dem Lama in der Mitte: Diejenigen, die sich voll und ganz an ihn banden, bildeten den inneren Kreis, diejenigen, die es nur zögerlich taten, fanden sich im äußeren Kreis, und diejenigen, die nur peripheres Interesse aufbrachten, blieben außen.

Innerhalb dieser Gemeinschafts-Mandalas unterschieden sich die Lehrstile der Lamas radikal. Ein Lama konnte z.B. knechtische Disziplin zur Hauptübung und zum Beweis religiöser Hingabe machen – wie Jetsun Milarepas Mentor Marpa. Ein anderer Lama lehrte »verrückte Weisheit«, indem er Psychodrama und Alkohol verwendete, um die Hindernisse, die dem Buddha-Bewusstsein im Wege standen, zu beseitigen. Viele andere insistierten auf der dreijährigen Abgeschiedenheit als Sesam-öffne-Dich der spirituellen Verwirklichung. Manche betrachteten das philosophische und metaphysische Studium der buddhistischen Texte nicht nur als Erfordernis der tantrischen Einweihung und Praxis, sondern auch als Zweck in sich. Andere übermittelten häufige rituelle, machtvolle Segnungen, um in ihren Schülern eine elementare Empfänglichkeit für den Segen und die Unterweisung des Lamas zu wecken. Jeder Lama entwickelte seine eigenen Methoden und Stile, Aspekte und Kombinationen – je nachdem, mit welchen gesellschaftlichen und psychologischen Strukturen westlichen Bewusstseins er konfrontiert war und wie die Bedürfnisse seiner Schüler geartet waren.

Inzwischen sind die alten Großvater-Lamas verstorben, und es gibt eine neue Generation von Tulkus, die in Indien und Nepal ausgebildet wurden und die tibetische Strenge niemals kennengelernt haben. Sie sind in Klöstern aufgewachsen, die zwar von den alten Traditionen durchdrungen sind, aber in der materialistischen sozialen Umgebung des heutigen Indien. In die Koffer der Lamas sind Geldmittel geströmt – nicht nur von westlichen Schülern und Sympathisanten, sondern auch von Anhängern in den zu neuem Reichtum gelangten Ländern Malaysia, Singapur, Hongkong und Taiwan, in denen die Chinesen eine modifizierte Art der alten Beziehung zwischen Priester und Patron aufrechterhalten haben: Der Lama-Priester vollzieht psycho-magische Riten für die Langlebigkeit, Gesundheit, den Reichtum und Erfolg aller Unternehmungen des Laienpatrons, und dafür nimmt er große Spenden in Empfang, die westliche Schüler meist nicht aufbringen können. In der tibetischen und chinesischen Gesellschaft ist Reichtum ein Anzeiger von spiritueller Macht, aber ein Teil des post-christlichen Westens findet es abstoßend, demonstrativen Konsum als Zeichen von Buddhaschaft zu betrachten.

Für die jüngeren Tulkus, die gegenwärtig im Westen lehren, ist Reichtum nur ein Hindernis, das dem weiteren Wachstum ihrer Anhängerschaft im Wege steht, und dieses Hindernis steht mit der Popularität des tibetisch-buddhistischen Kultus in engem Zusammenhang. Die Anzahl von nominellen Anhängern des tibetischen Buddhismus in Europa, Amerika und Australien geht heute in die Millionen, es werden Hunderte von Zentren betrieben, und natürlich ziehen die Anführer dieser Bewegung die Aufmerksamkeit der Medien auf sich. Es wurde ihre sexuelle Aktivität durchforscht, die zum Teil als Ausbeutung von Anhängerinnen durch skrupellose Lamas betrachtet wurde, innerhalb der Tradition aber eher als ein Versagen im geschickten Einsatz psycho-sexueller Übungsmethoden verstanden wird. Auch Spaltungen zwischen den tibetisch-buddhistischen Orden haben die Aufmerksamkeit der Medien auf sich gezogen, vor allem die manchmal heftigen Konflikte zwischen den rivalisierenden Unterstützern von zwei Kandidaten für die Würde des Karmapa-Tulku. Die jüngsten politischen Polemiken zwischen einer schismatischen buddhistischen Bruderschaft in England und dem Dalai Lama selbst in Bezug auf die moralische Integrität der religiösen Verehrung eines besonders mächtigen Schutzgottes, der aus dem alten tibetisch-schamanischen Milieu importiert wurde, ist in der internationalen Presse erwähnt worden.

Trotzdem haben die Lamas seit ihrer Einkerkerung in den Flüchtlingslagern einen weiten Weg zur Akzeptanz als Hohepriester des Planeten zurückgelegt. Obwohl ihnen Scharlatanerie, Kommerzialismus, Ausbeutung von naiven Anhängern, Machtpolitik, primitive schamanische Gebräuche und nach konventionellen Begriffen unmoralisches Verhalten vorgeworden wurde, blüht und gedeiht der tibetische Buddhismus weiter. Offenbar füllen die positiven, psychologisch wohltuenden Elemente dieser komplexen, vielschichtigen Religion die spirituellen Lücken im westlichen Bewusstsein.

Die Tradition selbst kann ihren Erfolg im Westen einem mitfühlenden Kern im Geist ihrer Vertreter zuschreiben, der eine transformative Beziehung mit ihren Schülern erleichtert. Sie kann die elementare geistige Gesundheit seiner moralischen Doktrin betonen. Sie kann auf die Wirksamkeit ihrer Meditationsmethoden hinweisen, die ein ausbalanciertes, ruhiges Zentrum im Bewusstsein erzeugen kann, das dann auch fähig ist, Einblick in das Wesen der Wirklichkeit zu gewinnen. Sie kann die traditionellen Methoden beleuchten, mit denen eine Integration der unbewussten Tiefen des Geistes, in denen Bilder archetypischer Kraft schlummern, mit der oberflächlichen, bewussten Aktivität möglich ist. Und schließlich kann sie den Imperativ der Befreiung vom Leiden aufzeigen, die den Buddhas in ihren spirituellen

Traditionslinien gelungen ist. Beobachter von außen werden vielleicht eine Analyse betonen, die mit dem Gefühl einer sozialen Gemeinschaft in einem exotischen, esoterischen Umfeld zu tun hat, oder vielleicht auch ein pauschales Verlangen, diskreditierte einheimische Religionsformen zu ersetzen. Aber keine einfache Erklärung scheint zu genügen, um die Verschiedenheit der günstigen Folgen zu erklären, die allen möglichen Anhängern der Tradition zuwächst.

Der Erfolg der tibetischen Lamas in ihrer Missionsaktivität im Westen findet seine Parallele innerhalb der Laiengemeinschaften in Indien und Nepal. Vor allem im Katmandu-Tal sind ökonomische *laissez-faire*-Bedingungen einem kommerziellen Erfolg förderlich, und was die Lebhaftigkeit des Handels anbelangt, so stand der Ruf der Tibeter in Zentralasien keinem anderen Volk nach. Die Teppichindustrie, verbunden mit weniger achtenswerten Handelsaktivitäten, war die Quelle des Kapitals, das gegenwärtig in legalen Geschäftsunternehmungen in ganz Asien investiert wird. Ein bedeutender Prozentsatz der Profite geht an die Lamas. Das tibetische Handelsnetzwerk bezieht Vertreter in Städten auf der ganzen Welt mit ein. Dieser Reichtum bietet einen scharfen Kontrast zur relativen Armut der Tibeter, die noch immer in den Lagern von Zentral- und Südindien leben, aber sogar hier, wo der Ackerbau die Hauptquelle des Überlebens ist, verlassen die Männer die Gemeinschaft, um auf Handelsreise zu gehen und das flüchtige Bargeld nach Hause zu bringen, das ihr Wohlstandsniveau weit über das der indischen Dörfer hebt. Wie in der Religion so auch im Handel: Worin besteht das Geheimnis des tibetischen Erfolges?

Glossar

Bardo	Zwischenzustand zwischen Tod und Wiedergeburt, in dem strahlendes Licht und verschiedene Visionen auftauchen.
Bodhisattva	Eine spirituelle oder inkarnierte Emanation Buddhas, die sich dem Wohlbefinden aller fühlenden Wesen gewidmet hat.
Bön, Bönpo	Die autochthone schamanische Tradition Tibets und ihre Anhänger, die sich zu einem tantrischen Orden reformiert haben, der sich nur wenig von den buddhistischen Orden unterscheidet.
Buddha-Dharma	Die buddhistische Tradition, die Lehre Buddhas, das Kraftfeld einfühlsamen, psycho-spirituellen Mitgefühls.
Chakna Dorje	»Der den Dorje schwingt«, der zornvolle Bodhisattva-Beschützer des Buddha-Körpers, Vajrapani.
Chakras	Die Brennpunkte der spirituellen Energie im feinstofflichen Körper des Yogi.
Chenrezik	»Er, der mit Tränen in den Augen auf die Welt blickt«, der Bodhisattva des Mitgefühls, Beschützer der Sprache Buddhas, Avalokiteshvara.
Chörten	Ein Bauwerk oder eine Bronzestatue mit symmetrischem Grundriss, die das Buddha-Bewusstsein symbolisiert; ein »Behältnis für Opfergaben« (stupa).
chu	Strom oder Fluss. Ein tsangpo ist ein großer Strom.
Demchok	»Höchste Seligkeit«, eine persönliche Buddha-Gottheit des Mutter-Tantra, die vor allem an den großen Berg-Kraftplätzen visionär geschaut wird und im Chakrasamvara-Tantra beschrieben wird.
dharma	Siehe Buddha-Dharma.
Dorje	Das machtvolle Weihegerät der Lamas, das unzerstörbares leeres Bewusstsein symbolisiert. Donnerkeil (vajra).

Dorje Phakmo	»Diamantsau«, die Himmelswandlerin und Gefährtin der Buddha-Gottheit Demchok. Vajra Varahi.
Dorje Phurba	»Unzerstörbarer Ritualdolch«, die Buddha-Gottheit, die im Vajrakilaya-Tantra beschrieben wird.
drokpas	Nomadische Bewohner des tibetischen Hochplateaus, die Yaks und Schafe züchten.
Dukhor	»Rad der Zeit«, eine persönliche Buddha-Gottheit, die im Kalachakra-Tantra beschrieben und vom Dalai Lama verehrt wird.
Dzambuling	Der südliche Kontinent der buddhistischen Kosmologie; unsere Welt (Jambudvipa).
gelong	Ein vollkommen ordinierter Mönch (bikshu).
Geluk, (-pa)	Der »tugendhafte« Orden des tibetischen Buddhismus und der Dalai Lamas, der von Je Tsongkhapa gegründet wurde.
geshe	Ein vollkommen ordinierter Mönch, der die höchsten akademischen Prüfungen bestanden hat.
gomkhang	Die geheime Kammer, in der zornvolle Schutzgottheiten besänftigt werden.
gompa	Kloster, »Ort der Einsamkeit«.
Gompo	Eine zornvolle Schutzgottheit, insbesondere Nakpo Chenpo, der »Große Schwarze« oder Mahakala.
Guru Rimpoche	Tibets großer Guru Padmasambhava, der das schamanische Tibet im 8. Jahrhundert zum tantrischen Buddhismus bekehrte.
Jampa	Der Bodhisattva und zukünftige Buddha der »Liebenden Freundlichkeit«, Maitreya.
Jampelyang	Der Bodhisattva der Weisheit »Süße Stimme«, der das Schwert der Wachsamkeit schwingt. Schutzherr des Buddha-Bewusstseins, Manjushri.
Kagyü, Kagyüpa	Der tibetisch-buddhistische Orden, der von Jetsun Milarepa gegründet wurde. Er hat verschiedene Untergruppen, deren wichtigste die Karma Kagyüs mit ihren Karmapas sind.
kaliyuga	»Das Ende der Zeit«, die letzte Phase eines Zyklus universeller Schöpfung, eine Zeit der Degeneration, Verschmutzung und Korruption.

khandroma	»Himmelswandlerin« (dakini), weibliche Buddha-Gestalt oder wildes himmlisches Wesen, das sich manchmal auch inkarniert.
khorra	Ein religiöser Brauch, bei dem ein Kraftplatz oder eine heilige Person kreisförmig umschritten wird. Circumambulatio.
Kye Dorje	Eine Buddha-Gottheit, die im Hevajra-Tantra beschrieben wird.
la	Ein Gebirgspass.
labrang	Die Residenz eines Abtes in einem Kloster.
lama	Verehrter Lehrer, tantrischer Hierarch.
lha, lamo	Götter und Göttinnen, die hauptsächlich aus vorbuddhistischen, schamanischen Zeiten stammen und dem buddhistischen Mandala als Schutzgottheiten einverleibt wurden.
lhakhang	»Gottes-Haus«, Kapelle, Sakralraum, Sakralnische, Ort der Verehrung der Götter, manchmal auch die Versammlungshalle eines Klosters (tsuklakhang).
lu, luma	Männliche und weibliche Schlangengeister, die unter der Erde und in Flüssen und Seen wohnen. Schutzgeister von Mineralien und Schätzen, Quelle verschiedener Krankheiten (nagas).
Mandala	Symmetrisches Bild des Buddha-Bewusstseins, das in der Kunst abgebildet, im Geist visualisiert oder in der Landschaft wahrgenommen wird.
Mantra	Eine Abfolge von kraftgeladenen Silben, die bei der Meditation gemurmelt werden, um eine Buddha-Gottheit zu beschwören.
mudra	Eine Geste oder ein sinntragendes Handzeichen, das einen bestimmten Bewusstseinszustand – wie Meditation oder Opfer - symbolisiert und evoziert.
Namnang	Die Buddha-Gottheit im Zentrum eines Mandala, die in den Vairochana-Tantras beschrieben wird.
nyen	Eine der mächtigsten Arten von Berggöttern, die ursprünglich von den Bönpos verehrt wurde und dann auch von den Buddhisten als Schutzgottheiten übernommen wurden.
Nyingma,(-pa)	Der »alte«, ursprüngliche Orden des tibetischen Buddhismus, der von Guru Rimpoche gegründet wurde.

phurba	Ein geheiligter Ritualdolch, der vor allem bei Ritualen der Transformation oder Zerstörung von Dämonen und Geistern verwendet wurde.
qu (chinesisch)	Das administrative Zentrum eines Unterbezirks oder Kreises.
ri	Berg.
rime, rimepa	Die eklektische, nicht-sektengebundene Bewegung, die vor zweihundert Jahren in Kham begann, und ihre Anhänger.
Sakya, Sakya pa	Der Orden des tibetischen Buddhismus, der in dem Ort Sakya gegründet wurde.
sinmo	Eine schamanische Göttin oder Muttergöttin, die mit der Natur identifiziert wird und als inkarnierte Gestalt als ursprüngliche Ahnfrau des tibetischen Volkes gilt.
Tantra	Ein Synonym für »tibetischen Buddhismus« sowie für indische Texte, welche die Grundlage dieser im Wesentlichen mündlichen Tradition bilden.
thangka	Eine sakrale Bildrolle aus Baumwolle oder Seide, die meist die visionäre Gestalt eines Buddha zeigt.
tongpanyi	»Leere«, dem mahayana (»universelle buddhistische Tradition«) zufolge das Wesen der Wirklichkeit (shunyata).
terma	Schätze, insbesondere Schatztexte, die von Guru Rimpoche versteckt wurden, um von seinen Schatzfinder-Emanationen (tertöns) im Laufe der Jahrhunderte geoffenbart zu werden.
tso	See.
tulku	Buddha-Lama, der in einer Abfolge von Wiedergeburten inkarniert ist.
Öpakme	»Grenzenloses Licht«, Amitabha, der Buddha des »reinen Landes« im Westen.
yidam	Persönliche Schutzgottheit, die bei der Meditation und Kontemplation behilflich ist.
yupa	Bewohner der Täler, sesshafte Bauern im Gegensatz zu den nomadischen drokpas.
xian (chinesisch)	Bezirksstadt, administratives Zentrum eines Bezirks. Tibetisch: dzong.

Bibliographie

Arris, Michael: *Bhutan*. New Delhi 1980
Avedon, John: *In Exile from the Land of the Snows*. London 1986
Batchelor, Stephen: *Der große Tibet-Führer*. München 1993
Bernbaum, Edwin: *Der Weg nach Shambhala*. Freiburg ^{2}1995
–: *Sacred Mountains of the World*. San Francisco 1990
Buffetrille, Katia: "*One Day the Mountains will go Away: Preliminary Remarks on the Flying Mountains of Tibet*". Unveröffentlichtes Manuskript
–: "*The Great Pilgrimage of A-myes rMa-chen: Written Tradition, Living Realities*". Das Manuskript wird demnächst in New Delhi veröffentlicht.
Chan, Victor: *Tibet Handbook*. Chico 1994
Conze, Edward: *Buddhist Scriptures*. London 1959
Dalai Lama: *My Tibet*. Berkeley 1990
David-Néel, Alexandra: *My Journey to Lhasa*. New Delhi 1991
Dowman, Keith: *rNam thar Zangs gling ma of Nyang ral nyi ma 'od zer*. Unveröffentlichtes Manuskript
–: *The Legend of the Great Stupa*. Emeryville 1973
–: *The Divine Madman*. Clearlake 1980
–: *Tilopa's Twenty-eight Verses*. Kathmandu o.J.
–: *Masters of Mahamudra*. Albany, NY 1985
–: *Power Places of Central Tibet*. London 1988
–: *Der Flug des Garuda*. Berlin 1994
Dudjom Rimpoche: *The Nyingma School of Tibetan Buddhism*. Bd. 1 & 2, übers. v. Gyurme Dorje und Matthew Kapstein. Boston o.J.
Epstein, Lawrence/Wenbin, Peng: "*Ganja and Murdo*". In: Tibet Journal XIX/3, 1994
Ferrari, Alfonsa: *mKhyen brTse's Guide to the Holy Places of Central Tibet*. Rome 1958
Goldstein, Melvyn C./Beall, Cynthia M.: *The Nomads of Western Tibet*. Hong Kong 1990
Gyurme, Dorje: *Tibet Handbook*. Bath 1996
Huber, Toni: "*A Pilgrimage to La Phyi: A Study of Sacred and Historical Geography in South-Western Tibet*". (MA an der Universität Canterbury 1989. Wird veröffentlicht als "*A Guide to the La-Phyi Mandala: History, Landscape and Ritual in South-Western Tibet*" in New Delhi.)
–: "*What is a Mountain? An Ethnohistory of Represen Action and Ritual at Pure Crystal Mountain in Tibet*". (Unveröffentlichte Diss. an der Universität Canterbury 1993)

Huber, Toni/Tsepak Rigzin: "*A Tibetan Guide for Pilgrimage to Tise (Mount Kailas) and Mtsho Ma-pham (Lake Manasarovar)*". In: Tibet Journal XX/1, 1995
Johnson, Russell/Moran, Kerry: Kailas: *On Pilgrimage to the Sacred Mountain of Tibet. London* 1989.
Lhalungpa, Lobsang P.: *The Life of Milarepa*. New York 1977
Nebesky-Wojkowitz, René de: *Oracles and Demons of Tibet*. Kathmandu 1993
Pal, P.: *Art of Tibet*. Los Angeles 1983
Patrul Rinpoche: *The Words of my Perfect Teacher*. Übers. v. Padmakara Übersetzungszentrum, London 1994
Ramble, Charles: "*Gaining Ground: Representations of Territory in Bon and Tibetan Popular Tradition*". In: Tibet Journal XX/1, 1995
–: "*The Creation of the Bon Mountain of Kongpo*". Wird in New Delhi veröffentlicht.
Rhie, Marylin M./Thurman, Robert A. F.: *Wisdom and Compassion*. New York 1991.
Ricard, Matthieu: *The Life of Shabkar*. Albany 1994
Snellgrove, David L.: *The Nine Ways of Bon*. London 1967
Snelling, John: *The Sacred Mountain*. London 1990
Thurman, Robert [Hg.]: *The Life and Teachings of Tsong Khapa*.
Dharamsala 1982
Tucci, Giuseppe: *The Religions of Tibet*. New Delhi 1980
Vitali, Roberto: *Early Temples of Central Tibet*. London 1990
Wylie, Turrel V.: *The Geography of Tibet According to the 'Dzam gling rgyas bshad*. Rome 1962

Index

Das Totenbuch der Tibeter

Herausgegeben von Francesca Fremantle und Chögyam Trungpa
Übersetzt von Stephan Schumacher

Diederichs Gelbe Reihe, Band 6

176 Seiten mit zahlreichen Abbildungen, Paperback
ISBN 3-424-00506-1

Das Totenbuch der Tibeter – eines der großen Weisheitsbücher der Menschheit – neu herausgegeben von einem führenden tibetischen Meditationsmeister.
Nicht mehr als Thema akademischer Studien wird hier Buddhismus begriffen, sondern als lebendige Tradition, die auch im Westen Wurzeln schlägt.
So orientiert sich diese vollständige Neuübersetzung an der praktischen Anwendung des Textes.
Ein Führer durch Erfahrungsdimensionen, denen wir in persönlichen Krisen und Zeiten der Bewusstwerdung immer wieder begegnen.

Loden Sherap Dagyab Rinpoche

Buddhistische Glückssymbole im tibetischen Kulturraum

Eine Untersuchung der neun bekanntesten Symbolgruppen

Diederichs Gelbe Reihe, Band 93

192 Seiten mit zahlreichen Abbildungen, Paperback
ISBN 3-424-01122-3

In diesem Buch führt Loden Sherap Dagyab Rinpoche, tibetischer Lama, in die Faszination der allgegenwärtigen buddhistischen Symbolik ein. Er legt eine Untersuchung der neun bekanntesten buddhistischen Symbolgruppen im tibetischen Kulturraum vor, darunter die Acht Glückssymbole, die Sieben Kostbarkeiten der Königsherrschaft und die Sechs Zeichen des langen Lebens.

Geshe Lhündub Söpa/Jeffrey Hopkins

Der Tibetische Buddhismus

Mit einem Vorwort des Dalai Lama
Aus dem Englischen von Burkhard Quessel

Diederichs Gelbe Reihe, Band 13

224 Seiten mit Abbildungen, Paperback
ISBN 3-424-00573-8

Zwei Basistexte, kommentiert und mit Erläuterungen versehen, sind hier zu einem Handbuch des Tibetischen Buddhismus zusammengefasst. »Die drei Hauptaspekte des Pfades zur höchsten Erleuchtung« beschreibt in allen Einzelheiten, wie man eine Meditationssitzung vorbereitet und durchführt. In die Theorie, die den praktischen Meditationsübungen zugrunde liegt, führt »Der kostbare Kranz der Lehrmeinungen« ein.

Namkhai Norbu

Dzogchen, der Weg des Lichts

Die Lehren von Sutra, Tantra und Ati-Yoga
Aus dem Englischen von Eva Pampuch
Überarbeitet von Jakob Winkler

Diederichs Gelbe Reihe, Band 81

224 Seiten, mit zahlreichen Abbildungen, Paperback
ISBN 3-424-01462-1

Dies ist der erste und vollständige Bericht eines tibetischen Lama über Dzogchen oder »Die Große Vollkommenheit«. Es ist der Weg der Selbstbefreiung, der jeden sein wahres Wesen jenseits der Dualität erkennen lässt. Die wahre Natur des Menschen ist klar, leuchtend und bewusst, ungetrübt von Gedanken und Emotionen.

Namkhai Norbu

Spiegel des Bewußtseins

Essenz des tibetischen Buddhismus
Herausgegeben von Gerhard R. Manusch und Jakob Winkler

Diederichs Gelbe Reihe, Band 154

384 Seiten, Paperback
ISBN 3-424-01501-6

Drei Schlüsseltexte des Dzogchen, der spirituellen Essenz des Buddhismus, sind in diesem Band vereint: »Der Spiegel« ist ein Ratgeber zur Achtsamkeit. »Der Ruf des Kuckucks« vertieft das Verständnis der tibetischen Tradition der Großen Vollkommenheit. Und mit seinen »Antworten auf 16 Fragen« gibt Namkhai Norbu tiefen Einblick in die Lehre des Dzogchen, wobei er auch praktische Elemente wie die Spiritualität im Alltagsleben hervorhebt.